RÉPERTOIRE

UNIVERSEL ET RAISONNÉ

DE JURISPRUDENCE

CIVILE, CRIMINELLE,

CANONIQUE ET BÉNÉFICIALE.

OUVRAGE DE PLUSIEURS JURISCONSULTES :

Mis en ordre & publié par M. G U Y O T, Écuyer,
ancien Magistrat.

TOME QUATRIÈME.

A PARIS,

Chez J. D. DOREZ, Libraire, rue Saint Jacques,
près Saint-Yves.

Et se trouve chez les principaux Libraires de France.

M. DCC. LXXV.
Avec Approbation & Privilége du Roi.

Les Tomes 5 & 6 paroîtront au mois de mars 1776.

RÉPERTOIRE

UNIVERSEL ET RAISONNÉ

DE JURISPRUDENCE

CIVILE, CRIMINELLE,

CANONIQUE ET BÉNÉFICIALE.

A.

AUGMENTATION. On appelle ainsi un droit d'aides formé par la réunion du *parisis*, *sou & six deniers* pour livre dont voici le détail : le *parisis* étoit de cinq sous pour livre du droit principal : il tire son nom d'une monnoie appelée *parisis* qui se fabriquoit à Paris & dont la valeur étoit d'un quart plus forte que celle des tournois qui se fabriquoient à Tours.

Comme les droits ont toujours été imposés sur le pied de la livre tournois, la nouvelle augmentation de cinq sous parisis en les augmentant d'un quart, les mit dans la même proportion que

A ij

s'ils euſſent été établis ſur le pied de la livre pariſis, c'eſt ce qui fit donner le nom de *pariſis* à cette augmentation.

Le pariſis eſt compoſé 1°. de 6 deniers qui avoient été attribués aux offices de conſervateurs des fermes créés dans chaque grenier à ſel, dans chaque élection & dans chaque bureau des fermes par édit de décembre 1633.

2°. De ſix deniers attribués aux offices de lieutenans des conſervateurs, créés par autre édit de novembre 1639 :

3°. De douze deniers d'Augmentation par un arrêt du conſeil du 25 février 1643, & une déclaration du 19 décembre ſuivant portant ſuppreſſion de ces offices, avec réſerve au profit du roi des douze autres deniers qui leur avoient été attribués :

4°. De 24 deniers de nouvelle Augmentation par une déclaration du mois de ſeptembre 1645 :

Enfin d'une dernière Augmentation de douze deniers par un édit du mois de mars 1654.

C'eſt ce qui forma les cinq ſous pour livre qu'on appelle encore aujourd'hui pariſis, & qui furent établis ſur les droits des fermes aliénés ou non aliénés.

Voici maintenant ce qui concerne le ſou pour livre joint au pariſis.

On rétablit par l'édit du mois de février 1657, les offices de conſervateurs & lieutenans des fermes, avec l'attribution de douze deniers pour livre à prendre non-ſeulement ſur tous les droits des fermes, mais encore ſur le pariſis des mêmes droits : ces offices n'ayant pas été levés, l'arrêt du conſeil du 24 mars de la même année ordonna la perception de ces douze deniers pour livre qui furent appelés les douze deniers des conſervateurs.

Enfin il fut créé par édit du mois d'avril 1658, quatre tréſoriers généraux des fermes, quatre contrôleurs & quatre commis principaux, anciens, alternatifs, triennaux & quatriennaux pour chaque ferme, avec attribution de ſix deniers pour livre ſur le produit de tous les droits, même du pariſis & du ſou pour livre : ces offices n'ayant pas été levés non plus, la perception des ſix deniers pour livre des tréſoriers fut ordonnée au profit du roi par arrêt du conſeil du 10 avril 1658.

Ces différentes parties ont formé ce qu'on appelle aujourd'hui pariſis, ſou & ſix deniers, autrement *droit d'Augmentation*.

Le droit d'Augmentation a été par la déclaration du 16 avril 1663, fixé à ſeize ſous trois deniers ſur le gros, & cette fixation a été ſuivie par l'ordonnance de 1680, pour le reſſort de la cour des aides de Paris.

Par l'ordonnance rendue pour le reſſort de la cour des aides de Rouen, cette fixation n'a lieu dans la ville & la banlieue (ſeuls lieux de la Normandie où le gros ait cours) que pendant les trois foires franches de Rouen ; dans tout autre tems l'Augmentation ſe perçoit à raiſon du pariſis, ſous & ſix deniers pour livre du gros. *Voyez les édits de décembre 1633 & novembre 1639; l'arrêt du conſeil du 25 février 1643 ; les déclarations du 19 décembre 1643 & du mois de ſeptembre 1645 ; les édits de mars 1654 & février 1657; l'arrêt du conſeil du 24 mars 1657; l'édit du mois d'avril 1658 & l'arrêt du conſeil du 10 du même mois ; la déclaration du 16 avril 1663 ; les*

ordonnances des aides de 1680 ; les mémoires con-
cernant les impositions & droits en France ; le traité
général des droits d'aides, &c. Voyez aussi les articles GROS, SOU, BOISSON, BÉTAIL, POIS-
SON, &c.

AVIGNON. Ville démembrée de la Provence
& qui se trouve aujourd'hui sous la domination
du saint siége.

Aucune ville n'a peut-être éprouvé plus de
révolutions que celle d'Avignon. Quand les Romains se furent formé des établissemens dans les
Gaules, elle fut une colonie de cette nation,
& comprise d'abord dans la Gaule Narbonnoise
& successivement dans la seconde Viennoise.
Lors de la décadence de l'empire romain, le pa-
trice Constance la céda aux Bourguignons : Clo-
vis l'assiégea ensuite inutilement, après quoi
elle passa sous la domination de Théodoric roi
d'Italie & de Thierry roi d'Austrasie : les rois de
France lui donnèrent des lois après Thierry jusqu'en 730 que les Sarrasins s'en emparèrent :
Charles Martel la reprit sur ceux-ci qui y ren-
trèrent en 637 ; mais ils y furent forcés, & presque tous exterminés la même année. Elle passa
alors sous la domination des rois d'Arles & de
Bourgogne, & successivement sous celle des comtes de Forcalquier & de Toulouse. Profitant enfin
des circonstances & des troubles du tems, elle
s'acquit au douzième siècle une forte d'indépen-
dance qui lui fut confirmée par plusieurs souverains, & particulièrement par l'empereur Conrad
le salique, Henri III son fils, Guillaume III, comte
de Forcalquier, Guillaume IV, &c. & elle s'é-
rigea en république sous le gouvernement d'un
podestat électif : elle subsista ainsi jusqu'au milieu

du treizième siècle. Elle reconnut alors les comtes de Provence pour ses souverains ; ce fut Jeanne, reine de Sicile & petite fille du roi Robert comte de Provence, qui vendit cette ville pour une somme très-modique au Pape Clément VI le 19 juin 1348.

M. Dupui a solidement établi dans son traité des droits du roi, les différens moyens de nullité de cette aliénation.

Bacquet rappelle aussi dans son traité de l'aubaine, les droits du roi sur cette ville. *Il est notoire*, dit cet auteur, *que la ville d'Avignon est assise au-dedans du comté de Provence, que le roi est seigneur de la plus grande partie du pont d'Avignon, & qu'en la ville d'Avignon il y a notaires pourvus par le roi de France, qui s'intitulent notaires apostoliques & royaux.*

Le domaine de la couronne étant inaliénable, la possession d'Avignon par le saint siége ne peut être considérée que comme un engagement. C'est pourquoi les habitans d'Avignon sont déclarés regnicoles & peuvent posséder en France toutes sortes de biens, d'offices & de dignités comme les autres sujets du roi.

Des lettres-patentes de Louis XIV du mois d'avril 1698 enregistrées au parlement de Paris le 5 mai suivant portent que les docteurs, suppots, gradués & écoliers de l'université d'Avignon jouiront de tous les priviléges, honneurs, prérogatives, prééminences & libertés qui ont été attribués aux docteurs, gradués, suppots & écoliers des plus fameuses universités de France.

Mais quoique les habitans d'Avignon soit regardés comme regnicoles, dit M. de Catelan, le vice-légat d'Avignon est traité comme étranger. Cette qualité l'empêche de fulminer les bulles expédiées en cour de Rome pour des François. Telle est la jurisprudence du parlement de Toulouse, comme le prouvent deux arrêts des 30 janvier 1670 & 21 juin 1675.

C'est pour la même raison que le vice-légat d'Avignon qui exerce ordinairement sa juridiction sur les provinces ecclésiastiques de Vienne, d'Arles, de Narbonne, (*) d'Aix & d'Embrun, ne peut user du droit que ses bulles lui attribuent à cet égard, qu'il n'ait auparavant obtenu des lettres-patentes confirmatives de ce droit, & qu'il ne les ait fait enregistrer dans tous les parlemens sur le ressort desquels s'étend sa légation.

Il faut d'ailleurs qu'il promette par écrit de ne rien faire contre les libertés de l'église gallicane, & de se soumettre aux modifications apposées à ses pouvoirs par l'arrêt de vérification.

Le vice-légat d'Avignon peut conférer sur démission pure & simple faite entre ses mains & sur permutation les bénéfices vacans dans les provinces de sa légation, & il peut pareillement conférer ceux qui y vaquent par dévolution.

On tolère aussi que ce légat prévienne les collateurs ordinaires dans l'étendue de sa légation.

L'archevêque d'Avignon a séance & voix délibérative au parlement de Provence, & les

---

(*) Suivant les maximes du royaume, la province ecclésiastique de Narbonne n'est point comprise dans la légation d'Avignon. Si quelquefois cette légation s'y est étendue, ce n'a été que par des concessions particulières de nos rois, dont quelques-unes ont été enregistrées au grand conseil, mais le parlement de Toulouse n'a pas voulu les admettre.

agens généraux du clergé de France lui adreſſent les ordres du roi comme aux autres prélats du royaume.

Un arrêt du conſeil du 6 avril 1726 a maintenu cet archevêque & ſes ſuffragans les évêques de Carpentras, Vaiſon & Cavaillon dans le droit d'exercer par eux ou par leurs grands vicaires, dans leur ville épiſcopale, leur juridiction gracieuſe & volontaire. Le conſeil a pour cet effet caſſé un arrêt du parlement de Provence du 18 juin 1722. *Voyez le traité des droits du roi par Dupuy ; Bacquet, traité du droit d'aubaine ; les lettres-patentes de Louis XI du 8 mai 1479 ; la déclaration de François I, du 4 mars 1540 ; les lettres-patentes de Charles IX du mois de décembre 1571 ; celles de Henri III des mois de novembre & de décembre 1574 ; celles de Henri IV des mois d'octobre 1596, mai 1599, & ſeptembre 1605 ; celles de Louis XIII des mois de janvier & mars 1611, & celles de Louis XIV du mois d'avril 1698 ; les lois eccléſiaſtiques de France ; les libertés de l'égliſe gallicane ; les mémoires du clergé,* &c. Voyez auſſi les articles LÉGAT, COLLATION, BÉNÉFICE, GRADUÉ, UNIVERSITÉ, &c.

AVIRON. Sorte de rame dont on ſe ſert pour faire aller une nacelle ſur l'eau.

Le tarif de 1664 a fixé à deux livres dix ſous le droit d'entrée du cent d'Avirons dans les Provinces des cinq groſſes fermes, & à huit livres le droit de ſortie.

L'arrêt du conſeil du 18 août 1722 a défendu la ſortie des Avirons pour l'étranger. *Voyez le tarif & l'arrêt cités, & les articles* ENTRÉE, SORTIE, MARCHANDISES, SOU, &c.

AVIS. Ce mot reçoit différentes ſignifications.

Il se prend d'abord pour le conseil que donne un homme de loi sur les difficultés pour lesquelles il est consulté. Il se prend aussi quelquefois pour une simple déclaration de sa façon de penser, & c'est dans ce sens qu'on renvoie une affaire qui mérite un certain examen devant un ancien avocat pour avoir son Avis. C'est dans ce sens aussi qu'on dit qu'il convient de prendre l'Avis des chambres, l'Avis du siège, l'Avis des avocats & des procureurs, &c. Il se prend encore pour une délibération de parens lorsqu'il s'agit des intérêts d'un mineur, d'un insensé, d'un prodigue, &c.

En fait d'*Avis pris pour conseil*, rien de plus aisé que d'en donner, & rien de plus difficile que d'en donner de bons. Aussi n'appartient-il pas à tout le monde de se mêler d'une fonction si délicate. Il n'y a que ceux qui ont étudié dans une faculté de droit & qui y ont obtenu des grades de licence, qui aient la liberté de consulter & de signer leur Avis.

Pour en donner de sages, il faut avoir plus de connoissances & de qualités qu'on ne se le persuade communément. Il faut d'abord avoir fait une grande étude des hommes, être au fait de leurs vices, de leurs vertus & de leurs foiblesses, & cette étude demande peut-être plus d'expérience que de théorie. Tout homme qui se présente à nous sous les dehors d'un client ne se montre pas toujours tel qu'il est. Il seroit pourtant à propos de pouvoir lire au fond de son ame, de pénétrer ses vues, ses projets, ses desirs cachés, de savoir si sous les apparences de la bonne foi il ne trame point quelque injustice, si sur les plaintes qu'il fait d'un adversaire il n'est pas le premier coupable, ſi enfin ce qu'il annonce n'eſt pas auſſi-tôt le langage de l'impoſture que de la vérité.

C'eſt en lui inſpirant beaucoup de confiance qu'on peut parvenir plus aiſément à le connoître. Lorſqu'enfin il s'eſt ſuffiſamment expliqué, l'avocat à ſon tour ne doit montrer ni adulation ni amertume : ſon langage doit être celui de la ſageſſe & de la vérité. Lorſque le malheur pourſuit ſon client, il ne doit point ſe borner à le plaindre : il lui doit peut-être en ce moment plus de ſecours que de conſeils ; ce qu'il doit ſoigneuſement écarter, c'eſt toute idée de haine & de vengeance ; il doit ſavoir que la vengeance bien loin de réparer les maux ne fait que les multiplier.

S'il s'apperçoit au contraire des torts de ſon client, au-lieu de les lui diſſimuler, il doit être le premier à les lui faire vivement ſentir, & à l'engager à prévenir par une réparation volontaire, les ſuites d'une réparation forcée.

Si tranſporté d'indignation contre l'ingratitude, ce client demande qu'on lui indique les moyens de punir celui qui abuſe de ſes bienfaits, il doit employer toute ſa ſageſſe à calmer ſon courroux & lui apprendre qu'il eſt quelquefois des momens dans la vie où il faut ſavoir faire le bien ſans eſpoir de reconnoiſſance. De même s'il étoit décidé à faire une libéralité ſans y avoir aſſez réfléchi, il conviendroit de lui mettre ſous les yeux tous les inconvéniens auxquels on s'expoſe en ſuivant avec trop de précipitation les mouvemens d'un cœur généreux, & lui obſerver ſurtout qu'en ſe dépouillant on ſe dépouille ſans retour.

Eſt-ce l'époux ou l'épouſe qui viennent lui demander conſeil l'un contre l'autre ? ſes Avis dans ce moment peuvent être bien ſalutaires ! Les dons du cœur ſont alors plus puiſſans que tous les talens de l'eſprit : les douleurs ſe calment aiſément quand on fait faire ſentir qu'il n'eſt pas d'union ſi heureuſe qu'elle ne ſoit mêlée quelquefois d'amertumes ; qu'on n'a pas ſitôt fait un éclat qu'il eſt ſuivi du repentir, que rien d'ailleurs n'eſt plus ſcandaleux que de ſe donner en ſpectacle au public, que nos ennemis ont les premiers les yeux ouverts ſur nos folles démarches pour s'en réjouir ; en un mot, que les maux d'une ſéparation ne ſe préſentent en foule qu'après qu'elle s'eſt effectuée, & qu'ils ont ſouvent des ſuites irréparables pour les enfans malheureux qui en ſont les victimes.

Le premier code que l'avocat doit conſulter, c'eſt celui de la ſageſſe & de la vérité. La plupart des hommes ſont comme des aveugles qui n'apperçoivent pas les précipices où peut les conduire la route dans laquelle ils ſe ſont témérairement engagés, ou comme des enfans qui agiſſent au gré de leurs deſirs ſans ſe douter de la ſuite de leurs imprudences & de leurs écarts. Le vrai moyen de bien conſeiller ceux qui ont recours à nos lumières, c'eſt de les mettre ſur la voie de la réflexion, de calculer leurs intérêts ſur les craintes, les dangers & les inconvéniens, & de leur faire toujours prendre le parti le plus ſûr & le plus honnête.

Lorſqu'enfin il y a lieu de ſe décider par les loix, les règlemens, les coutumes, les uſages & les autorités, ceci eſt l'ouvrage de l'intelligence & du ſavoir. Quiconque ne ſe ſent pas naturellement affez inftruit pour faire une jufte application de la loi & des principes aux cas particuliers, doit avoir affez de probité pour s'abftenir de donner des confeils. Lors même qu'il fe croît le plus éclairé, il doit toujours douter de fes lumières ; rien de plus aifé que de fe faire illufion fur l'efprit alors fouvent la dupe du cœur ; mais une prudence trop timide fondée fur la foibleffe de fes connoiffances, eft auffi peu de fon état que trop de témérité. Il ne doit pas plus donner pour douteux ce qui eft certain, qu'il ne doit donner pour certain ce qui eft douteux. Il doit parler le langage de la loi, dè la jurifprudence & des autorités : miniftère délicat & qui mérite la plus grande eftime pour ceux qui s'en acquittent dignement.

Avis d'Avocats dans les affaires qui leur font renvoyées. Lorfqu'il fe préfente au barreau quelques affaires qui demandent un éxamen particulier, furtout lorfqu'il s'agit de titres, les juges ordinairement les renvoient pardevant d'anciens avocats pour en paffer par leur Avis. Lorfqu'il n'eft pas dit que leur Avis fera reçu par forme de fentence ou d'arrêt, on peut y former oppofition & plaider fur les moyens ; mais pour éviter cet inconvénient, il eft prefque toujours dit que leur Avis fera reçu par forme d'appointement & alors il fait loi. Cet ufage eft très-avantageux, en ce que les affaires qui font ainfi foumifes à un examen particulier, font décidées plus promptement & avec connoiffance de caufe.

Il y a encore beaucoup de petites affaires qui font renvoyées devant les avocats & les procureurs. On renvoie devant les avocats les défertions d'appel, les folles intimations, &c. & devant les procureurs les contestations sur des points de procédure, sur des taxes de dépens, &c.

Avis de parens. Lorsqu'il s'agit de donner un tuteur à des pupilles ou de les émanciper, on convoque leurs parens paternels & maternels pour donner leur Avis sur ce qu'ils croient de plus avantageux pour l'intérêt des mineurs. On fait ensorte qu'il y ait au moins quatre parens du côté du père & trois du côté de la mère : à défaut de parens on convoque des voisins ou des amis.

Cette convocation peut avoir lieu de même lorsqu'il s'agit de l'interdiction d'un insensé ou d'un prodigue, & en général dans tous les cas où il est question de délibérer sur le parti qu'il convient de prendre relativement à la personne & aux intérêts d'un mineur ou interdit.

Il faut que ceux qui sont appelés pour donner leur Avis soient au moins âgés de 25 ans, car il seroit singulier qu'un mineur fût admis à opiner sur le compte d'un autre mineur. Il y a cependant une exception à faire à l'égard de la mère mineure en qui l'attachement peut suppléer à l'âge pour bien des choses ; elle doit être admise à faire ses représentations, sauf à y avoir tel égard que de raison & sans la compter au nombre des parens requis.

L'Avis des parens ne fait loi qu'autant qu'il est homologué en justice ; cependant cotte homologation n'est pas observée dans l'usage lorsqu'il s'agit du mariage du mineur ; il suffit qu'il se fasse du consentement de la famille.

Il n'en est pas de même de l'aliénation de ses

biens, le tuteur ni le curateur ne peuvent y
confentir fans un Avis de parens homologué.
La même chofe s'obferve pour les interdits
comme pour les mineurs.

Lorfqu'un des parens ne peut fe tranfporter
en perfonne chez le juge pour y donner fon
Avis (*), il peut y envoyer pour lui un fondé
de fa procuration.

(*) Au lieu de fe tranfporter chez le juge, il eft d'un
ufage affez ordinaire à Paris, que les parens rédigent leur
Avis pardevant notaires, & qu'ils chargent un procureur
fondé de les repréfenter. Voici des formules d'actes pareils
fur différens objets.

*Avis de parens à l'effet d'élire un tuteur & fubrogé tu-
teur à des mineurs.*

Furent préfens les parens & amis de Louife Pafquier,
âgée de.... Louis-Charles Pafquier, âgé de.... & Charles Pafquier, âgé de.... enfans mineurs de défunt Louis
Pafquier, bourgeois de Paris, & de Marguerite fa femme,
à préfent fa veuve, comparans par ladite veuve mere de-
meurante..... (*Il faut fept tant parens qu'amis, mettre
le degré de parenté*) lefquels ont fait & conftitué leur procureur général & fpécial maître..... procureur au châtelet, auquel ils donnent pouvoir de pour eux & en leurs
noms comparoir en l'hôtel & pardevant monfieur le lieutenant-civil, & là dire & déclarer, favoir, à l'égard de ladite
veuve Pafquier, qu'elle s'en rapporte auxdits parens & amis
& à juftice pour la nomination d'un tuteur ou d'une tutrice
auxdits mineurs fes enfans, & qu'elle leur nomme pour
fubrogé tuteur le fieur..... qui à fon égard s'en rapporte.
auffi auxdits parens & amis & à juftice pour la nomination
d'un fubrogé tuteur, & leur nomme pour tutrice ladite
veuve leur mere; & pour tous les autres parens & amis
fufnommés qu'ils nomment pour tutrice auxdits mineurs ladite veuve leur mere pour régir & gouverner leurs perfonnes & biens, & pour fubrogé tuteur ledit.... ne connoif-
fant perfonne plus capable d'exercer lefdites charges; faire

Quand les parens font d'Avis différens, le

le ferment en tel cas requis & accoutumé, & généralement, &c. promettant, &c. obligeant, &c.

Autre Avis de parens pour être envoyé au dehors.

Fut préfent..... demeurant..... lequel a fait & conftitué fon procureur général & fpécial..... auquel il donne pouvoir & puiffance pour lui & en fon nom, comme oncle paternel *ou* maternel, *ou autre degré de parenté*, des mineurs ci après nommés de comparoir devant monfieur le lieutenant-particulier de monfieur le bailli d'Orléans en la châtellenie royale de Boiscommun, *ou tel autre juge qu'il appartiendra*, & là conjointement avec les autres parens au nombre requis par la coutume, confentir au nom dudit fieur conftituant, que dame Marie..... veuve du fieur Guillaume B. feigneur de..... foit & demeure tutrice de Louis.... âgée de..... ou environ & de François B. âgé de.... enfans de ladite dame Marie & dudit feu fieur fon mari, jufqu'à ce qu'ils ayent l'âge d'être mis en leurs droits, & requérir acte de ce qu'il nomme pour fubrogé tuteur auxdits enfans mineurs, la perfonne de M. pour les actions feulement que ladite veuve B. pourroit avoir à diriger contre lefdits enfans mineurs, foit pour l'exécution de fon contrat de mariage ou autrement, comme auffi pour affifter à l'inventaire des meubles & effets délaiffés par ledit défunt B. de la communauté d'entre lui & ladite dame fa veuve, clôture & homologation dudit inventaire, enfemble pour la vente des meubles & effets, & généralement pour tout ce qui peut concerner les droits & intérêts de ladite dame veuve B. contre lefdits enfans. Promettant, &c. obligeant, &c.

Avis de parens pour la nomination d'un tuteur honoraire & d'un tuteur onéraire.

Furent préfens les parens & amis de damoifelle Marie mere de C. fils mineur de défunt A. & de ladite demoifelle Marie fa femme à préfent fa veuve, comparans par, &c. lefquels ont conftitué B. auquel ils donnent pouvoir de comparoître en l'hôtel & pardevant monfieur le lieutenant-civil du châtelet, en l'affemblée qui y doit être convoquée des parens & amis dudit mineur, & là dire & déclarer qu'ils font d'Avis que ladite demoifelle mere foit élue tutrice ho-

juge

juge a la liberté de se décider pour le parti qui

---

noraire dudit mineur pour gérer, administrer sa personne &
ses biens, & attendu la minorité de ladite damoiselle, il soit
nommé pour ladite tutelle honoraire, conjointement avec
elle jusqu'à ce qu'elle ait atteint l'age de majorité seulement,
qui sera dans *tel tems*, la personne de L. oncle maternel
dudit mineur.

Et pour tuteur onéraire audit mineur, la personne de D.
& pour subrogé tuteur, la personne de E. les estimant très-
capables desdites charges, & lequel D. tuteur onéraire rendra compte de la gestion & administration de ladite tutelle
à ladite demoiselle en ladite qualité de tutrice honoraire par
chacune année ; quoi faisant il demeurera déchargé ; & pour
les appointemens qu'il convient donner audit sieur D. lesdits
parens sont d'Avis qu'ils soient fixés à la somme de mille
livres, que ladite demoiselle lui payera par an sur les revenus des biens dudit mineur pour les peines & soins qu'il
prendra au gouvernement de ladite personne & biens dudit
mineur & de ses affaires.

Avis à l'effet d'accepter par une fille émancipée d'âge,
conjointement avec son curateur, un remboursement de la
moitié d'une rente à elle appartenante, porter les deniers
au trésor royal, & pour continuer un bail ou en passer un
nouveau d'une maison à elle appartenante.

Furent présens les parens & amis de demoiselle Françoise
le Blanc fille de défunt M. le Blanc, Ecuyer, & de la dame
Girard seule héritiere de dame Nicole Dufossé, décédée
veuve de M. Jacques le Blanc, ladite demoiselle le Blanc
émancipée d'âge, procédant sous l'autorité de Nicolas....
son curateur, demeurant.... pour ce présent ; lesdits sieurs
parens & amis comparans par &c. lesquelles ont fait & constitué leur procureur maître .... procureur au châtelet,
auquel ils donnent pouvoir de comparoir pour eux pardevant M. le lieutenant-civil, en l'assemblée des parens & amis
de ladite mineure, & là déclarer qu'après avoir eu communication du contrat de constitution de deux cent livres de
rente, rachetable de la somme de quatre mille en deux
payemens, passé par maître Philippe..... & Anne.....
sa femme pardevant..... notaires le.... au profit d'An-

lui paroît le plus fage ; mais s'ils étoient d'ac-

---

dré Paul.... duquel ledit fieur Jacques le Blanc avoit droit par déclaration paffée pardevant.... ledit jour, de laquelle vente ladite demoifelle eft propriétaire au moyen de la fentence qui la lui a adjugée, rendue audit châtelet le.... & les offres faites par L..... à ladite demoifelle le Blanc, par exploit du 20 Juillet dernier, de lui payer & rembourfer deux mille livres pour moitié du rachat de ladite rente ; ils font d'Avis que ladite fomme de deux mille livres offerte pour ledit rachat foit reçue par ladite demoifelle & ledit fieur Nicolas..... qui en donneront conjointement quittance, laquelle fomme de deux mille livres fera mife ès-mains dudit fieur Nicolas..... pour être incontinent après par lui employée en rente fur l'hôtel de cette ville, à conftitution au profit de ladite demoifelle émancipée : & fur ce que ledit fieur Nicolas.... leur a fait favoir que le fieur G. principal locataire d'une maifon appartenante à ladite demoifelle le Blanc, fife rue.... à raifon de cinq cens livres, demande à l'expiration dudit bail la continuation d'icelui, ou un nouveau bail pour neuf années au même prix, à condition de contribuer pour moitié à la dépenfe qu'il convient de faire pour quelque accommodement qu'il defire faire à ladite maifon, qui peuvent aller environ à la fomme de.... dire que lefdits comparans font d'Avis que ladite demoifelle le Blanc & ledit fieur Nicolas.... fon curateur paffent un nouveau bail audit fieur G. pour neuf années, par lequel ils confentiront qu'il faffe faire les accommodemens par lui propofés, dont fera fait un état auquel ladite demoifelle le Blanc contribuera jufqu'à la fomme de.... à condition auffi que lefdits accommodemens à la fin dudit bail feront & demeureront à ladite maifon. Promettant, &c. obligeant, &c. fait & paffé, &c.

Avis de parens à l'effet de renoncer par un tuteur pour fon pupille à la fucceffion de fon pere.

Furent préfens les parens & amis d'Etienne Pelleteau, fils mineur de défunt André Pelleteau & d'Elifabeth Loret, comparans par, &c. lefquels, fur ce qui leur a été repréfenté par François Huquet, demeurant...... tuteur dudit mineur à ce préfent, qu'ayant pris communication

cord, du moins pour le plus grand nombre, il

de l'inventaire fait après le décès d'Elifabeth Loret, & du recollement qui a été fait des biens contenus audit inventaire dudit Pelleteau, à la requête d'icelui Huquet, il a reconnu que la fucceffion dudit défunt Pelleteau étoit chargée de dettes, & qu'elle feroit plus onéreufe que profitable audit mineur, en fe portant héritier de fondit pere ; qu'ainfi il feroit plus avantageux pour lui de renoncer à ladite fucceffion, & de fe tenir aux dot, douaire & conventions de fadite défunte mere, pourquoi ledit tuteur requéroit l'Avis des parens & amis defdits mineurs, fur quoi lefdits parens & amis, après avoir pris communication dudit inventaire & recollement fait depuis, après le décès dudit défunt Pelleteau & avoir mûrement délibéré entre eux, ont dit & déclaré qu'ils font d'Avis que ledit Huquet tuteur, renonce pour ledit Pelleteau mineur à la fucceffion de fondit pere comme lui étant plus onéreufe que profitable, & qu'il fe tienne aux dons, dot, douaire & conventions accordées à ladite Loret fa mere, par le contrat de mariage d'entre elle & ledit défunt fieur Pelleteau : & pour donner pareil Avis en juftice, & faire le ferment en tel cas requis, lefdits comparans conftituent leur procureur maître.... procureur au châtelet, auquel ils en donnent pouvoir, & de faire toutes chofes à ce requifes & néceffaires. Promettant, &c. obligeant, &c. fait & paffé, &c.

Autre Avis de parens pour l'émancipation d'un mineur.

Furent préfens les parens & amis de Marie-Jeanne Formel mineure, âgée de feize ans ou environ, fille de défunt Charles Formel & de Françoife de la Laure fa femme, héritière en partie dudit défunt fieur fon pere, comparans par &c. lefquels ont fait & conftitué leur procureur général & fpecial maître...... procureur au châtelet de Paris, auquel ils ont donné pouvoir de pour eux & en leurs noms comparoir pardevant Monfieur le lieutenant-civil, & là dire & déclarer pour eux, qu'ils font d'Avis que les lettres d'émancipation qu'elle a obtenus en la chancellerie du palais à Paris le vingt-deux janvier dernier, fignées fur le repli par le roi..... fcellées & infinuées le...... foient entérinées felon leur forme & teneur, & en confé-

ne lui feroit point permis de rendre un décret
entièrement contraire à leur délibération.

---

quence qu'elles jouiffe de fes biens meubles & du revenu de
fes immeubles, & que ..... foit nommé fon curateur à fes
caufes & actions ; qu'ils font auffi d'Avis que ledit fieur curateur ci-deffus nommé foit auffi élu tuteur à ladite mineur,
à l'effet feulement d'affifter à l'audition & examen du compte
que ledit fieur Jean-Simon Formel fon frere veut lui rendre & à fes autres freres & fœurs, de la tutelle & adminiftration qu'il a eue de leurs perfonnes & biens, au lieu & place
de ladite demoifelle Françoife de la Laure leur mere ; &
après ledit compte rendu, clos & arrêté, procéder avec les
autres freres & fœurs de ladite mineure au partage & divifion des biens & effets procédans de la fucceffion dudit feu
fieur Formel leur pere, & de ceux qui leur ont été depuis
adjugés, comme créanciers de ladite demoifelle leur mere
en payement des fommes à eux dues en principaux, intérêts
& frais ; faire les demandes & requifitions, & paffer les
confentemens qu'il conviendra, & à cet effet paffer & figner
tous actes, donner toutes quittances & déchaiges néceffaires, & fi befoin eft, plaider, oppofer, fubftituer qui bon
leur femblera, & généralement, &c. fait & paffé, &c.

Avis de parens à l'effet de faire enfermer un enfant.

Furent préfens les parens & amis de Vincent Barthelemi,
fils mineur de défunt maître Vincent Barthelemi & de demoifelle M fon époufe à préfent fa veuve, tutrice dudit
mineur, âgé de ..... ou environ comparans par, &c. lefquels ont donné pouvoir à maître .... procureur au châtelet, de pour eux & en leurs noms comparoir devant M. le
lieutenant-civil, à l'affemblée convoquée des parens & amis
dudit Barthelemi, par ladite demoifelle fa mere tutrice, à
l'effet de délibérer fur ce qu'il convient de faire pour empêcher,
fi faire fe peut, la diffipation & mauvaife conduite dudit
mineur, dire & déclarer qu'ils font d'Avis, qu'attendu qu'il
manque de refpect pour ladite dame fa mere, fa diffipation
& mauvaife conduite, dont lefdits conftituans ont parfaite
connóiffance, ledit Barthelemi foit mis en maifon de correction, foit en celle de faint Lazare de cette ville, ou
telle autre que ladite demoifelle fa mere trouvera à propos,

En général les parens ne font pas responsables

pour y demeurer pendant fix mois, ou plus long-tems fi
ladite demoifelle fa mere le juge néceffaire, pour y recevoir la correction & faire en forte d'opérer le changement
de conduite dudit fieur fon fils ; & que pour cet effet il foit
donné à ladite demoifelle Barthelemi tout le pouvoir néceffaire, & de payer les penfions dont elle conviendra ; prêter
par ledit fieur procureur conftitué le ferment en la manière
accoutumée pour lefdits conftituans, & affirmer pour eux
comme ils ont préfentement fait devant les Notaires fouffi-
gnés, qu'ils donnent leurs Avis en leurs ames & confcien-
ces Promettant, obligeant, &c. fait & paffe, &c.

Avis de parens à l'effet de pouvoir par une veuve confti-
tuer dot & penfion à un de fes enfans pour faire profeffion
dans un couvent.

Furent préfens les parens & amis de demoifelle F. G.
de Saint-Blimont, fille mineure de défunt meffire Antoine
de Saint Blimont & de dame C. C. L. T. de Breteuil, à
préfent fa veuve, ladite demoifelle mineure actuellement
novice au couvent des dames abbeffe & Religieufes de ...
lefdits parens & amis comparans par, &c. lefquels fur ce
qui leur a été repréfenté par ladite dame de Saint Blimont, que ladite demoifelle fa fille s'étant mife dans ledit
couvent dans la vue d'y faire profeffion, & que perfévé-
rant dans fa réfolution, elle étoit fur le point d'y faire fes
vœux pour y vivre felon les règles dudit couvent ; que pour
cet effet elle auroit réfolu de donner audit couvent la fomme
de quatre mille livres pour la dot de ladite demoifelle fa
fille, & outre de lui conftituer cent livres de penfion viagère, laquelle penfion de cent livres fera payée à ladite demoifelle & la fuivra par tout & en tous lieux où elle pourroit aller ci-après demeurer ; mais que n'ayant point rendu
compte à ladite demoifelle fa fille ni à fes autres enfans des
biens de la communauté d'entre elle & ledit défunt fieur
de Saint-Blimont leur pere, elle ne pouvoit payer ladite
fomme de quatre mille livres pour ladite demoifelle fa fille,
ni conftituer ladite penfion viagère, que du confentement &
Avis defdits fieurs fes parens & amis ; pourquoi elle requéroit lefdits fieurs comparans de donner leur Avis fur ce que

des événemens de leur Avis ; cependant lorſ-

deſſus. Sur quoi leſdits ſieurs comparans ayant délibéré entre eux , ont dit & déclaré qu'ils ſont d'Avis que ladite dame de Saint-Blimont paye pour la dot de ladite demoi-ſelle ſa fille au couvent deſdites dames abbeſſe & religieuſes de .... la ſomme de quatre mille livres, & ce qui ſe trou-vera néceſſaire pour les frais de vêture & profeſſion de la-dite demoiſelle ſa fille audit couvent; & outre qu'elle lui conſtitue cent livres de penſion viagère , laquelle ſomme ſuivra ladite demoiſelle en quelque couvent qu'elle aille ci-apiès demeurer; leſquelles ſommes ci-deſſus ſeront don-nées à ladite demoiſelle de Saint-Blimont par ladite dame ſa mere pour les droits ſucceſſifs, mobiliers & immobiliers de ladite demoiſelle en la ſucceſſion dudit ſieur ſon pere ; & que ladite dame ſoit autoriſée à paſſer & ſigner à cet effet les contrats & actes néceſſaires, & pour donner pareil Avis en juſtice, leſdits ſieurs comparans ont fait & conſti-tué leur procureur maître .... procureur au châtelet, au-quel ils donnent pouvoir de pour eux & en leurs noms , comparoir en l'aſſemblée des ſieurs parens & amis de ladite demoiſelle mineure , qui ſera convoquée à cet effet parde-vant monſieur le lieutenant-civil, pour conjointement avec eux en requérir acte , & conſentir ce que deſſus , prêter le ſerment en tel cas requis & accoutumé, & généralement, &c. promettant , &c. obligeant , &c.

Avis au ſujet du rembourſement que l'on veut faire à une mineure.

Furent préſens .... tous parens & amis aux dégrés ci-deſſus expliqués de demoiſelle R D. N. de Premilly , fille émancipée d'âge procédant ſous l'autorité de A. T. le Clerc ſon curateur, légataire univerſelle de défunte demoiſelle Angélique Cochepin ſa grande tante, leſquels ſieurs com-parans ſur ce qui leur a été repréſenté par ladite demoiſelle de Prémilly , que Meſſire Pierre de Maiſſac , &c.... offre de rembourſer la ſomme de deux mille livres, principal de cent livres de rente par lui conſtitué à ladite défunte demoi-ſelle Cochepin , par contrat du .... & payer les arrérages de ladite rente en lui donnant bonne & valable décharge , avec proteſtation de conſigner pour ſa décharge : ſur quoi qu'il s'agit de nommer un tuteur à des mineurs,

---

ladite demoiselle de Prémilly ayant pris conseil, & desirant éviter tous inconvéniens & donner entière décharge audit sieur de Maissac, elle auroit avec sondit conseil résolu de demander pardevant M. le lieutenant-civil, que ledit sieur le Clerc son curateur demeureroit & seroit élu son tuteur, à l'effet seulement de recevoir dudit sieur de Maissac le susdit remboursement, avec condition que les deniers en provenans demeureroient ès-mains de Maître R. l'un des notaires soussignés, pour être par lui portés au trésor-royal & en acquérir une rente sur les aides & gabelles, au denier.... au profit de ladite damoiselle de Prémilly, non seulement pour son avantage, mais encore pour la plus grande sûreté & décharge dudit sieur de Maissac; surquoi elle requéroit l'Avis desdits sieurs parens comparans, lesquels après avoir délibéré entre eux, ont dit & déclaré qu'ils sont d'Avis que ledit sieur le Clerc soit élu tuteur à ladite demoiselle de Prémilly à l'effet d'assister & être présent audit remboursement, & que les deniers en provenans soient laissés ès-mains dudit maître R. notaire, pour être par lui portés au trésor royal, & en acquérir *tant* de rente sur les aides & gabelles au denier..... au profit de ladite demoiselle ce Prémilly, pour son avantage & la sûreté dudit sieur de Maissac; duquel emploi sera fait mention dans la quittance de finance & contrat de constitution qui sera passé en conséquence : & pour donner pareil Avis en justice, lesdits sieurs comparans constituent leur procureur Maître..... procureur au châtelet auquel ils en donnent pouvoir, & d'en requérir acte, & généralement faire tout ce qu'au cas appartiendra. Promettant, &c. obligeant, &c.

Avis de parens contenant délibération pour le remploi de deniers de mineurs.

Furent présens, &c. tous parens des enfans mineurs de défunt..... & de dame.... à présent sa veuve, lesquels sur ce qui a été représenté par ladite dame veuve, tutrice & ayant la garde bourgeoise desdits enfans mineurs, qu'il lui a été fait le remboursement de cinq cent livres de rente qui lui étoient dues par, &c. & qui procèdent de la communauté des biens d'entre ledit défunt sieur, &c. & elle;

ils doivent faire attention à sa fortune. Dans

qu'elle a encore d'autres deniers, dont du tout doit être fait emploi; qu'il se presente à cette fin le sieur A. qui a besoin d'une somme de neuf mille livres pour employer en acquisition de rentes sur l'hôtel de cette ville, de laquelle somme il offre de passer contrat de constitution à ladite dame èsdits noms, & lui fournir l'emploi susdit. Sur quoi ladite dame desiroit avoir l'avis desdits sieurs parens, attendu l'intérêt desdits mineurs; & d'autant qu'elle leur a aussi représenté que la plus grande partie du bien & des effets de ladite communauté, & même les propres dudit défunt sieur, &c. sont en rentes & dettes actives, qui font que ladite dame veuve & tutrice peut être tous les jours exposée à de nouveaux emplois, & que si elle étoit obligée lors de chacun d'en obtenir des Avis de parens, outre les frais que cela causeroit, on pourroit par la longueur du temps perdre des occasions favorables pour lesdits remplois; pourquoi elle desireroit qu'il y fût pourvu suivant que lesdits sieurs parens le jugeront à propos; & ayant de tout conféré entre eux & cherché les moyens les plus convenables, ont fait & constitué leur procureur B. procureur au châtelet de Paris, auquel ils ont donné pouvoir de comparoir pardevant monsieur le lieutenant-civil audit châtelet, & là dire & déclarer qu'ils sont d'Avis premièrement que ladite dame, &c. èsdits noms, donne à constitution au sieur A. ladite somme de neuf mille livres, & telle autre somme dont il aura besoin en fournissant l'emploi en acquisition de rentes sur ledit hôtel de ville: & à l'égard des rentes & deniers qu'elle a & pourra avoir ci-après à remplacer, elle en fera l'emploi en constitution de rentes, acquisition d'héritages ou autrement, ainsi qu'elle jugera à propos par les Avis & conseils seulement dudit sieur C. oncle paternel & subrogé tuteur desdits mineurs, & de N. lesquels assisteront & seront présens auxdits remplois pour y donner leur Avis, sans qu'ils puissent en aucun cas être responsables de l'emploi, non plus que ladite dame veuve. *Le reste comme aux actes ci-dessus.*

Avis de parens pour élire un mari tuteur de sa femme

les pays de droit écrit, excepté les parties qui

---

mineure, à l'effet de partager les biens d'une succession qui lui est en partie échue.

Furent présens les parens & amis de dame Louise Legendre, épouse encore mineure de F Ducheron, conseiller du roi, &c. ladite dame héritière pour un sixième de défunte dame Catherine Gervais sa mere, au jour de son décès veuve de Bénigne Legendre, Ecuyer, &c. comparans par, &c. lesquels ont fait & constitué leur procureur général & spécial Me.... procureur au châtelet de Paris, auquel ils donnent pouvoir de pour eux & en leurs noms, comparoir en l'assemblée qui se doit faire devant M. le lieutenant-civil au châtelet, des sieurs parens & amis de ladite dame mineure, pour donner leur avis sur l'élection qu'il convient de faire d'un tuteur, à l'effet de procéder pour elle avec qui il appartiendra à la liquidation de ses droits en la succession de ladite défunte dame sa mere, & au partage des biens d'icelle succession ; & là dire & déclarer qu'ils sont d'Avis que ledit sieur Ducheron soit élu comme ils le nomment tuteur de ladite dame son épouse, à l'effet desdites liquidations & partage ; à quoi en ladite qualité il procédera avec qui, de la manière & ainsi qu'il appartiendra, acceptera le lot qui échéra à ladite dame son épouse, recevra ou payera soulte, fera & acceptera tous délaissemens, donnera tous consentemens nécessaires, retirera tous titres & pieces, donnera toutes décharges, & si besoin est formera toutes demandes & se pourvoira par les voies & ainsi que de droit, le tout ainsi qu'il jugera le plus à propos pour le bien & l'avantage de ladite dame ; passera & signera tous actes, & fera pour raison de ce que dessus & dépendances tout ce qui sera nécessaire ; lequel sieur Ducheron présent se rapporte sur ladite nomination à justice, faire par ledit sieur procureur constitué le serment en tel cas requis & accoutumé, & généralement promettant, &c. obligeant, &c. fait & passé, &c.

Avis de parens pour l'élection d'un tuteur à une femme mineure à l'effet d'arrêter le compte d'un exécuteur testamentaire, transiger & composer.

Furent présens, &c. tous parens & amis de dame Anne Colout mineure, épouse de messire Henri-Louis-Charles font du reffort du parlement de Paris, les parens

Martel , chevalier, marquis de Renac, & légataire univer-
felle de défunt meffire Claude Richard, chevalier, feigneur
de la Barouillere, confeiller du roi & doyen de Meffieur*
du grand confeil ; lefquels fur ce qui leur a été repréfenté
que ledit défunt fieur de la Barouillere ayant par fon teftament reçu par . . . . notaire le . . . . après plufieurs legs y
mentionnés , légué le furplus de tous fes biens, tant meubles qu'immeubles à ladite dame marquife de Martel fa
petite niece , & nommé pour exécuteur de fon teftament
Me. Philippe E . . . . . avocat au parlement, lequel en cette
qualité étant demeuré faifi & en poffeffion de tous les titres,
papiers & effets de la fucceffion dudit défunt fieur de la Barouillere, par la fin de l'inventaire qui en a été fait immédiatement après le décès dudit fieur de la Barouillere, il étoit
préfentement néceffaire de retirer dudit fieur E . . . . . dont
l'exécution étoit finie , tous les titres & papiers qu'il pouvoit
avoit concernant les biens & effets dudit défunt fieur de la
Barouillere ; arrêter fon compte d'exécution teftamentaire,
& du tout lui donner bonne & valable décharge , convenir
& tranfiger avec les héritiers des propres maternels dudit
fieur de la Barouillere , n'y ayant aucuns propres paternels ;
vendre la charge de confeiller au grand confeil, dont étoit
pourvu ledit fieur de la Barouillere ; payer les créanciers de
ladite fucceffion , pourquoi il falloit nommer un tuteur à la
dame marquife de Martel : ont lefdits fieurs comparans fait
& conftitué leur procureur la perfonne de Me . . . . . procureur au châtelet, auquel ils donnent pouvoir de pour eux
& en leurs noms comparoître par devant monfieur le lieutenant-civil en l'affemblée qui fe doit faire des parens &
amis de ladite dame , & là dire & déclarer pour eux qu'ils
font d'Avis , même qu'ils nomment & élifent pour tuteur de
ladite dame , le fieur marquis de Martel fon mari, à l'effet
d'arrêter le compte d'exécution teftamentaire ; retirer tous
les titres, pièces & effets concernant la fucceffion dudit
défunt fieur de la Barouillere ; tranfiger & compofer avec
les héritiers des propres maternels dudit défunt, leur délaiffer & abandonner les effets dont ils conviendront , ou
bien les payer en deniers comptans , & du tout donner &

font garans de la folvabilité du tuteur ou du cura-

___

retirer bonnes & valables décharges , & auffi de vendre
la charge de confeiller au grand confeil, dont étoit pourvu
ledit feu fieur de la Barouillere moyennant le prix & aux
claufes & conditions qui feront trouvées les plus avantageufes pour ladite dame ; employer le prix au payement
des créanciers, fi aucuns font privilégiés fur ladite charge
ou autres créanciers de ladite funceffion ; & aux fins ci-
deffus faire pour lefdits fieurs conftituans tout ce qu'il appartiendra, & les fermens en tel cas requis & accoutumés,
promettant, &c. obligeant, &c.

Procuration portant Avis de parens , à l'effet d'élire
un tuteur à une fille mineure, pour confentir à fon mariage,
& à la vente de fes immeubles, afin de faciliter fon éta-
bliffement.

Furent préfens les parens & amis de Jeanne d'Anglebert,
fille de défunt Jean d'Anglebert & de Jeanne Maffon, jadis
fa femme, à préfent celle du fieur Antoine Pannetier, marchand, bourgeois de Paris : favoir. . . . . lefquels ont fait &
conftitué leur procureur général & fpécial M°. . . . . procureur au châtelet de Paris, auquel ils donnent pouvoir de
pour eux & en leurs noms, comparoir audit châtelet par-
devant monfieur le lieutenant civil, pour donner leur Avis
fur ce qui eft à faire au fujet du mariage propofé entre André Pannetier, marchand, bourgeois de Paris, & ladite
Jeanne d'Anglebert, & là dire & déclarer pour lefdits conftituans, qu'ils font d'Avis dudit mariage ; & attendu que
ladite d'Anglebert ne poffède à préfent aucuns biens mobiliers, & que fes biens ne confiftent qu'en une fomme de. . . .
à laquelle ont été liquidés & fixés les biens & droits fuc-
ceffifs à elle échus par le décès dudit fieur d'Anglebert fon
pere, laquelle fomme eft immobiliaire, comme étant à
prendre fur une maifon & chantier provenans de la fucceffion dudit défunt d'Anglebert ; & comme lefdits Pannetier
& fa femme, beaupere & mere de ladite d'Anglebert,
veulent bien lui donner en argent comptant ladite fomme
de. . . . pour faciliter ledit mariage & établiffement de ladite
d'Anglebert, attendu fa minorité & vu la nature de ladite
fomme, ils ne veulent point avancer leurs deniers fans avoir

teur qu'ils ont nommés. Le juge lui-même en

leurs sûretés & décharges valables par un Avis de parens de ladite d'Anglebert : tous lesdits constituans sont encore d'Avis que lesdits Pannetier & sa femme payent en argent comptant ladite somme de.... lors & en faveur de son mariage avec ledit André Pannetier, moyennant quoi ils deviendront en son lieu & place propriétaires ou créanciers de la somme de.... qui est à prendre, comme dit est, par ladite d'Anglebert sur les maisons & héritages étant de la succession de sondit pere, de laquelle somme il sera fait toute cession & transport nécessaires sans garantie auxdits Pannetier & sa femme, pour par eux en faire & disposer comme de chose à eux appartenante ; & à l'égard des revenus que ladite somme a produits & produira jusqu'au jour dudit mariage, ils demeureront compensés avec les nourritures, logemens & entretiens que lesdits Pannetier & sa femme ont fournis & fourniront jusqu'audit jour à ladite d'Anglebert, & d'autant qu'elle est actuellement mineure & qu'elle ne peut par elle-même faire la cession & transport de ladite somme de.... auxdits Pannetier son beau pere & sa mere ; & qu'à cet effet il convient de lui élire un tuteur, lesdits constituans donnent pouvoir audit procureur de déclarer par-devant mondit sieur le lieutenant civil, savoir, ledit Henault qu'il s'en rapporte à justice & les autres qu'ils nomment & élisent ledit Henault à ladite charge de tuteur de ladite d'Anglebert, afin de faire pour elle ladite cession & transport auxdits Pannetier & sa femme ; à l'effet de quoi il interviendra & sera présent au contrat de mariage desdits Pannetier & demoiselle Danglebert, par lequel au moyen de la promesse que lesdits Antoine Pannetier & Jeanne Masson sa femme feront à ladite demoiselle Danglebert, de lui payer en deniers comptans la veille de son mariage ladite somme de.... il fera cession & transport sans garantie auxdits Pannetier & sa femme de ladite somme de.... que ladite demoiselle Danglebert doit prendre sur les biens de la succession de sondit pere, pour tous ses droits en ladite succession, & consentira ledit Henault audit nom que ladite somme de.... qui sera promise par lesdits Pannetier & sa femme à ladite demoiselle Danglebert, soit par eux payée à son futur époux & à

eſt ſubſidiairement reſponſable ; ce qui nous
paroît un peu étrange, parce qu'enfin ce n'eſt
pas à lui de ſavoir quel eſt le plus ſolvable des
parens. On obſerve cependant qu'il ſuffit que le
tuteur ait été ſolvable lors de ſa nomination,
pour qu'il n'y ait point de garantie pour une
inſolvabilité ſurvenue depuis. Le danger d'être
recherché en pareille occaſion fait que ceux
qui ſont exempts de tutelle ſont exemps de
nommer un tuteur.

Lorſqu'il s'agit d'exercer une garantie contre
les parens, elle ne peut avoir lieu que contre
ceux qui ont nommé & contre ceux qui ont fait
refus de comparoître : ces derniers ſont préſumés avoir approuvé ce qui ſeroit fait par le plus
grand nombre, ou du moins ils ſont dans leur
tort de n'avoir point comparu pour empêcher
par leurs repréſentations la nomination d'un tuteur inſolvable.

En fait de garantie ſur cet article, il eſt à
obſerver que les parens ne ſont point ſoli-
daires les uns pour les autres & que chacun ne
ſupporte l'inſolvabilité du tuteur que pour ſa
part & portion.

Dans le pays coutumier, les parens ne ſont
point garans de l'inſolvabilité de celui qu'ils ont
nommé : il faut pourtant excepter de cette
maxime générale les provinces de Bretagne &
de Normandie où les parens ſont tenus de cette

---

elle la veille de leur mariage ſur leur ſeule & ſimple quittance, & qu'ils en ſoient valablement déchargés ; faire pour
leſdits conſtituans le ſerment en tel cas requis & accoutumé, demander l'homologation du préſent Avis, & généralement, &c. promettant, &c. obligeant, &c.

infolvabilité. Peut-être feroit-il à défirer qu'il
en fût de même dans tout le royaume : on ne
verroit pas fi fréquemment diffiper les biens des
mineurs.

Cette garantie a donné lieu pour la Bretagne
à un édit du mois de décembre 1732, enregiftré au parlement de Rennes le 9 mars 1733 ;
cet édit qui contient 42 articles fe trouve dans
le fecond volume de la dernière édition des arrêts d'Augeard.

Le parlement de Normandie a fixé fa jurifprudence fur cette matière par deux règlemens,
l'un de l'année 1666, connu fous le nom de
placités, & l'autre de 1673. Nous obferverons
à l'égard de la Normandie, qu'il fe pratique dans
cette province un ufage fort ancien qu'on
appelle de *condefcendance*, fuivant lequel un
parent nommé tuteur peut fe décharger de cette
fonction fur un plus proche parent, par la raifon
que dans le droit elle concerne celui qui eft
le premier appelé à recueillir la fucceffion du
pupille. Mais fi ce parent fur lequel la charge
a été rejetée n'eft pas folvable, celui qui l'a
fubftitué à fa place répond feul de fon infolvabilité.

Au furplus il eft bon de remarquer que lorfque par fon teftament un père a nommé un tuteur
à fes enfans, les parens ne font plus expofés aux
mêmes fuites de la garantie. Il eft vrai qu'en
pays coutumier il faut que cette nomination foit
confirmée par le juge fur un Avis de parens,
mais il fuffit que le tuteur défigné ne foit pas
notoirement infolvable pour que les parens
foient à l'abri de toute recherche : on préfume
qu'ils n'ont pas eu plus de connoiffance de la

mauvaise conduite ou du peu de fortune de ce tuteur que le père, qui est censé ne l'avoir nommé que pour le plus grand intérêt de ses enfans, n'en avoit lui-même. Voyez le *traité des minorités ; les questions mixtes de Boullenois ; les deux règlemens du parlement de Normandie de 1666 & 1673 ; l'édit de décembre 1732 pour le parlement de Rennes ; le parfait notaire ; la collection de jurisprudence, &c.* Voyez aussi les articles TUTEUR, MINEUR, ÉMANCIPATION, GARANTIE, PRODIGUE, VENTE, MARIAGE, &c. (*Article de M. DAREAU, avocat au parlement, de la société littéraire de Clermont-Ferrand.*)

AVITINS. Dans les coutumes de Navarre, de Solle, de Labour, de Bayonne, de Béarn, &c. on appelle *biens Avitins*, des biens qui ont été possédés successivement par trois personnes de la même famille.

Plusieurs de ces coutumes défendent à ceux qui possèdent des biens Avitins, d'en aliéner l'universalité : celle de Béarn est de ce nombre ; elle excepte néanmoins les cas de nécessité, qu'elle laisse à l'arbitrage des jurats du lieu de la situation des biens ou des juges de la cour du sénéchal. Ces cas de nécessité sont le rachat de la prison, l'incendie, l'établissement des enfans, le payement des dettes contractées pour alimens, rançon & autres causes semblables.

Mais cette coutume permet l'aliénation particulière de quelques portions de ces sortes d'héritages sans connoissance de cause, pourvu que l'aliénation soit faite à titre onéreux, & qu'elle n'ait pas pour objet de frauder le plus proche héritier.

Quelques-unes des coutumes qui admettent

les biens Avitins en permettent l'aliénation aux propriétaires non mariés, & ne l'interdifent qu'à ceux qui ont des héritiers directs.

AUMONE. C'eft ce que l'on donne aux pauvres par charité.

Les loix civiles ont comme celles de l'églife, impofé aux bénéficiers l'obligation de faire l'Aumône. C'eft pourquoi chaque évêque avoit autrefois fon majordome ou vidame pour pourvoir aux befoins des pauvres & des étrangers.

Suivant l'ordonnance de Charles IX du 3 novembre 1572, & celle de Melun de 1580, les eccléfiaftiques & bénéficiers doivent contribuer aux Aumônes publiques & générales qui fe font pour la nourriture des pauvres dans des temps malheureux tels que font ceux de famine ou de pefte. Dans ces cas les affemblées tant des eccléfiaftiques que des laïques, pour la taxe des Aumônes, doivent fe tenir au palais épifcopal. C'eft l'évêque qui y préfide, ou le grand-vicaire fi l'évêque eft abfent. Dans les lieux où il n'y a point d'évêque, l'affemblée fe tient chez l'eccléfiaftique le plus qualifié de l'endroit. Cela doit être ainfi obfervé même dans les villes où il y a un parlement fans fiège épifcopal.

Quoique l'ordonnance de 1572 ait déterminé les cas dans lefquels les eccléfiaftiques peuvent être contraints de faire l'Aumône, les cours ne laiffent pas que de maintenir par leurs arrêts les Aumônes que le feul ufage a introduites. Ainfi par arrêt du parlement d'Aix du 10 octobre 1688, le prieur décimateur de l'églife de Reillane fut condamné à aumôner le tiers de fon revenu fuivant la coutume.

Par un autre arrêt du 23 juin 1653, le même parlement

parlement condamna le fermier de l'Archevêque d'Aix à faire les Aumônes ordinaires pendant la vacance du siège.

L'article 23 de l'édit du mois d'avril 1695 charge les juges royaux du soin de faire acquitter les Aumônes lorsque les titulaires des bénéfices négligent de remplir cette obligation.

Un edit du mois de mai 1681, enregistré au parlement de Rouen le 23 juin suivant, a ordonné que toutes les Aumônes de fondations, soit en argent, soit en pain, vin ou autrement dont les communautés séculières & régulières de Rouen étoient chargées envers les pauvres appartiendroient à l'hôpital, & que tous les revenus des aumôneries des abbayes & prieurés de cette ville seroient réunis au même hôpital.

C'est au juge laïque qu'appartient la connoissance des fraudes de ceux qui amassent les Aumônes.

On applle *Aumônes fieffées*, certaines fondations que nos rois ont faites en faveur des églises, des monasteres, des hôpitaux, & dont le payement est assigné sur le domaine de la couronne pour être fait en deniers ou en nature, suivant les états arrêtés au conseil.

Et en parlant des legs ou donations de terres, faits à l'église par le roi ou par quelque seigneur sans aucune autre obligation que de reconnoître qu'on le tient de celui qui les a données, on dit qu'*elles relèvent ou sont tenues en franche aumône.*

AUMÔNE, est aussi le nom d'une peine pécuniaire que le juge inflige pour certains délits.

L'Aumône se prononce le plus souvent contre des accusés qui ont obtenu des lettres de grâce pour avoir commis quelque homicide. On n'ordonne communément l'entérinement de ces lettres qu'à la charge de payer une Aumône que l'on fixe à une somme plus ou moins forte suivant les circonstances du délit & la qualité des parties.

L'Aumône se prononce aussi quelquefois contre des officiers pour négligence & abus par eux commis dans leurs fonctions ; & dans ce cas on joint ordinairement l'admonition à l'Aumône.

L'Aumône n'étant pas une peine infamante on peut la prononcer sur une instruction ordinaire sans qu'il soit besoin de recoller ni confronter les témoins.

Divers arrêts ont même condamné à l'Aumône en matière civile. Un entr'autres du 23 avril 1749 a condamné le nommé Ramet à se charger de l'enfant qu'il avoit eu de la fille Jeanne Thomas & à trois livres d'Aumône.

Par la déclaration du roi du 11 janvier 1685, il est défendu aux cours & à tout autre juge, en condamnant des accusés à des amendes envers le roi, de prononcer contre eux des condamnations d'Aumônes pour être employées en œuvres pies, à moins toutes fois qu'il ne s'agisse d'un cas de sacrilege & que l'Aumône ne fasse partie de la réparation. La même déclaration ajoute que les cours & les autres juges royaux pourront condamner à des Aumônes applicables au pain des prisonniers seulement, les accusés qui auront obtenu des lettres de rémission, attendu qu'il ne doit être prononcé contre eux aucune amende envers le roi.

Dans les autres cas où l'amende ne peut avoir lieu envers le roi, la déclaration citée veut que les Aumônes que les juges prononceront soient appliquées ou au pain des prisonniers, ou aux religieux mendians, ou aux hôpitaux & autres lieux pitoyables, à peine de désobéissance.

Par arrêt du 6 mars 1714, le parlement de Paris infirma une sentence du juge de Montmorillon en ce qu'elle avoit ordonné l'application à œuvres pies de 150 livres d'Aumône à quoi elle avoit condamné un prêtre déclaré atteint & convaincu d'avoir abusé du tribunal de la pénitence pour séduire ses paroissiennes.

Par un autre arrêt du 23 mars 1763, le même parlement infirma une sentence du bailliage d'Epernay par laquelle il avoit été ordonné que différentes Aumônes auxquelles des ecclésiastiques avoient été condamnés pour n'avoir pas tenu des registres de baptême, mariage & sépulture conformément à la déclaration du 9 avril 1736, seroient employées à l'acquisition d'un christ qui seroit placé dans l'auditoire.

M. l'avocat général représenta qu'il n'étoit pas convenable de décorer le temple de la justice avec les dépouilles des coupables; & en conséquence l'arrêt cité ordonna que les aumônes prononcées appartiendroient à l'hôpital.

Lorsqu'un accusé condamné à l'Aumône est prisonnier, il ne peut obtenir son élargissement qu'en consignant cette Aumône entre les mains du greffier. C'est une disposition de l'article 29 du titre 13 de l'ordonnance de 1670. *Voyez les ordonnances du 3 novembre 1572 & de Melun de 1580; la loi 2. c. de episcop. & la loi 6. paragrap. sane si servus infin. c. de his qui ad ecclef. les lois ecclésiastiques de France; l'édit du mois d'avril 1695; les arrêts d'Expilly, de Boniface &*

de Maynard ; Fevret , traité de l'abus ; l'édit du mois de mai 1681 ; Bacquet , traité des francs-fiefs ; les déclarations des 21 janvier 1685 & 29 octobre 1720 ; le traité de la justice criminelle de France ; l'ordonnance criminelle de 1670 , &c. Voyez aussi les articles PAUVRES, VAGABONDS, CLERGÉ, BIENS D'ÉGLISE, BÉNÉFICE, HÔPITAL, RELIGIEUX, &c.

AUMONERIE. C'est dans plusieurs abbayes un officie claustral dont le titulaire est chargé de distribuer annuellement certaines aumônes.

Il se faisoit autrefois dans le royaume des aumônes aux portes de la plupart des abbayes : il y avoit pour cela des fonds affectés : l'abbé qui en avoit l'administration donnoit une certaine somme aux religieux ou à l'aumonier du monastère pour la distribuer aux pauvres ; mais comme ces aumônes aux portes des abbayes servoient de prétexte à des attroupemens de vagabons & gens sans aveu , plusieurs arrêts du conseil ont défendu les distributions de cette espèce & ont ordonné que les fonds ou sommes destinées à ces aumônes feroient données aux hôpitaux des villes les plus voisines des abbayes pour y nourrir les pauvres des lieux.

Depuis le partage des biens entre l'abbé & les religieux , les aumônes de fondation font à la charge du tiers lot à moins qu'elles n'aient été attachées à un office exempt de partage. *Voyez l'édit du mois de mai 1681 ; le dictionnaire de droit canonique* , & les articles OFFICE CLAUSTRAL, OBLAT, HÔPITAL, AUMÔNE, &c.

AUMONIER. On donne en général ce titre à des ecclésiastiques attachés à la personne d'un prince, d'un évêque, d'un grand pour leur dire la meſſe, leur faire la prière, &c.

Le père Thomaſſin après avoir rapporté les diſpoſitions de trois canons faits vers le treizième ſiècle dans trois différens conciles, remarque 1°. que les chapelains des rois & des évêques étoient alors aſſujettis à une égliſe ſelon l'ancienne diſcipline. 2°. Qu'ils devoient y faire réſidence ſelon l'ancien uſage de tous les bénéficiers; 3°. que les grands ne pouvoient avoir aucun chapelain ou Aumônier que de la main ou par la conceſſion de l'évêque; 4°. que tous ces chapelains devoient être dans les ordres ſacrés; 5°. que le premier chapelain de l'évêque étoit comme l'archi-chapelain & le ſupérieur de tous les autres. Enfin que les chapelains des châteaux devoient ſe regarder comme les gardes & les défenſeurs du patrimoine de l'égliſe dans tout le voiſinage.

Le même auteur ajoute que les conciles de ce temps-là prirent un ſoin particulier de conſerver l'autorité des évêques dans l'inſtitution des chapelains ou Aumôniers, parce que les laïques en avoient fait comme leur patrimoine; c'étoient de purs bénéfices auxquels ils nommoient comme collateurs libres: que les conciles changèrent cet uſage & rétablirent l'autorité & l'inſtitution épiſcopale dans ces chapelles; mais que dans la ſuite les laïques ſe choiſirent de nouveau leurs chapelains. Le pape Nicolas VI répondant en 1447 à diverſes conſultations ſur ce ſujet, ſe contenta d'exiger des particuliers qui étoient dans le cas d'avoir des Aumôniers, qu'ils les nommaſſent avec la ſimple permiſſion de l'évêque, & qu'ils ne les fiſſent pas loger avec les ſéculiers.

La plupart de ces chapelles étant devenus insensiblement des titres de bénéfices, le droit de ces particuliers s'est converti en patronage & on ne voit plus aujourd'hui que les Aumôniers en titre du roi, des princes & des prélats, à qui l'on puisse appliquer les canons des conciles dont parle le père Thomassin.

Il y a chez le roi trois sortes d'Aumôniers, savoir, le grand Aumônier, le premier Aumônier & les Aumôniers de quartier.

Le grand Aumônier est le chef de la chapelle du roi, il est à proprement parler l'évêque de la cour ; il en a les prérogatives & en fait les fonctions. Sa charge est presque aussi ancienne que la monarchie. Sous les rois de la première race celui qui en étoit revêtu s'appeloit *apocrisiaire* ; sous les rois de la seconde race, on le nomma archi-chapelain & sous ceux de la troisième grand Aumônier. Il fut d'abord appelé *apocrisiaire* ; parce que sa principale fonction étoit de répondre à ceux qui venoient le consulter (*). L'apocrisiaire partageoit avec le comte du palais l'administration des affaires du royaume ; il étoit pour le spirituel, ce qu'étoit le comte pour le temporel : il occupoit un des premiers rangs aux états généraux, & il avoit pour associé & pour collègue le chancelier.

L'archi-chapelain hérita de l'autorité de l'apocrisiaire, il étoit le chef de la chapelle, il disposoit de toutes les places ecclésiastiques de la cour, étoit appelé aux états généraux, présidoit aux assemblées de l'église gallicane, & jugeoit en dernier ressort toutes les affaires spiri-

_____

(*) Le mot apocrisiaire vient du Grec *apocrisis*, réponse.

tuelles dont la connoiſſance appartenoit au roi : ſouvent même la dignité de chancelier étoit unie à la ſienne. Goſlin évêque de Paris eſt qualifié archi-chapelain & archi-chancelier de France ſous Charles le chauve, Louis II & Carloman.

- Le ſucceſſeur de l'archi-chapelain n'eut pas d'abord le titre qu'il porte aujourd'hui. Au commencement on ne l'appeloit pas autrement qu'Aumonier du roi : on le nomma enſuite grand Aumônier du roi : enfin on lui donna le titre de grand Aumônier de France. Le cardinal de Meudon eſt le premier qui en ait été décoré.

Depuis le célèbre Amyot évêque d'Auxere, précepteur des rois Charles IX, & Henri III ; & grand Aumonier de France, non moins connu par ſes écrits que par ſes dignités, les grands Aumôniers ſont commendeurs-nés de l'ordre du Saint-Eſprit, & ils prêtent ſerment de fidélité entre les mains du roi.

C'eſt le grand Aumônier qui expédie le certificat du ſerment de fidélité que prêtent au roi pour les dignités eccléſiaſtiques les nouveaux archevêques ou évêques, l'abbé général de l'ordre de cîteaux, & quelques autres abbés, auſſi bien que le certificat du ſerment de fidélité que prêtent à ſa majeſté pour les dignités qui ont rapport à la religion, les grands prieurs de l'ordre de Malte, &c. Il ſe trouve au lever & au coucher du roi pour aſſiſter aux prières de ſa majeſté. Il eſt préſent au repas public du roi pour la bénédiction de la table & pour les graces. A la meſſe du roi, il préſente à ſa majeſté ſon livre de prière & lui donne l'eau bénite ; quand le roi va à l'offrande, il l'accompagne juſqu'à l'autel : à certaines fêtes de l'année, il lui préſente a

baifer l'évangile & la paix. Quand le grand Aumônier eft abfent , cet honneur eft dévolu au
premier Aumônier , & en l'abfence de celui-ci
aux Aumôniers de quartier préferablement aux
cardinaux qui feroient préfens. Il eft d'ufage que
le jour de la fcène le grand Aumônier quand
il eft évêque donne l'abfoute avec la croffe & la
mître.

C'eft lui qui adminiftre au roi la communion
& les autres facremens & qui le difpenfe quand
il le faut de l'abftinence pendant le carême & les
autres jours où l'on doit l'obferver.

Il baptife les enfans de France & ceux dont
le roi eft parrain ; il fiance & marie devant le roi
les princes & les princeffes ; mais toujours en
préfence du curé , qui infcrit fur les regiftres
de la paroiffe les actes relatifs à ces cérémonies.

Quand le roi dans un heureux événement ,
comme a l'occafion de fon facre , de la naiffance
d'un prince , de fa première entrée dans une ville
ou de quelque victoire fignalée , &c. donne la
liberté à des prifonniers , c'eft le grand Aumônier
qui eft chargé de les délivrer.

Sa fonction primitive & celle qui a donné le
nom à fa dignité , eft la diftribution des aumônes
du roi ; il difpofe en conféquence de tous les
fonds deftinés à cet objet ; il a auffi l'intendance
de l'hôpital des quinze-vingts de Paris , & de
quelques autres maifons de piété.

Ses anciens appointemens fur l'état général
de la maifon du roi font de 1200 livres d'une
part, 1200 livres de penfion , 6000 livres pour
fon plat & livrée , & 6000 livres en qualité de
commandeur de l'ordre du Saint-Efprit ; en tout
14400 livres.

Rouillard, Loiseau, Marcel, le père Anselme & quelques autres auteurs mettent le grand Aumônier au nombre des grands officiers de la couronne & de la maison du roi.

Les Aumôniers de quartier sont au nombre de huit & il y en a deux qui servent chaque quartier. Ils sont commensaux de la maison du roi & jouissent non-seulement des priviléges attachés à cette qualité, mais ils en ont encore de particuliers, tels que celui d'être de même que les conseillers-clercs des parlemens, réputés présens dans les chapitres dont ils sont chanoines.

Il y a aussi des Aumôniers attachés aux hôpitaux militaires, aux régimens & aux vaisseaux.

Suivant les ordonnances militaires, l'Aumônier d'un hôpital ne doit pas souffrir qu'un soldat, cavalier ou dragon catholique soit trois jours dans l'hôpital sans se confesser, & il ne doit pas attendre que le médecin ou chirurgien-major l'avertisse à ce sujet. Il est tenu de dire tous les jours la messe à une heure règlée, de faire la prière le soir & ensuite une ronde dans les salles, ensorte qu'il ne néglige rien pour l'administration des sacremens.

L'Aumônier doit aussi de temps en temps faire des exhortations dans les salles & coucher dans l'hôpital, si cela est possible, ou du moins très à portée. Lorsqu'il y a deux Aumôniers, il suffit qu'un des deux couche chaque nuit à l'hôpital.

L'Aumônier est chargé de tenir un registre fidèle des soldats qui viennent à mourir & de le faire signer à la fin de chaque mois par deux officiers de l'hôpital & par le commissaire des guerres. Il faut ensuite qu'il tire de ce registre deux certificats qui constatent la mort de chaque foldat, cavalier ou dragon & qui doivent être fignés & légalifés par le commiffaire des gueres: l'un de ces certificats s'envoie au régiment & l'autre à la famille du défunt.

Les Aumôniers des troupes du roi font partie de l'état major de chaque régiment.

L'ordonnance du 3 octobre 1774 concernant le corps royal de l'artillerie, attribue par jour à chaque Aumônier de ce corps une livre fept fous dix deniers en temps de paix, & deux livres fix deniers deux tiers en temps de guerre.

L'Aumônier de chaque régiment d'infanterie doit avoir une livre treize fous, quatre deniers par jour en temps de paix & deux livres cinq fous fix deniers deux tiers en temps de guerre, conformément à l'article 30 de l'ordonnance du 26 avril 1775.

Celle du premier décembre 1774 attribue une livre fept fous neuf deniers un tiers par jour à l'Aumônier de chaque regiment de grenadiers royaux lorfqu'il fervira en campagne.

Le roi ne paye les Aumôniers des régimens de cavalerie & de dragons qu'en temps de guerre. Ces Aumôniers ont alors chacun deux livres par jour.

Les Aumôniers des troupes du roi doivent être approuvés de l'évêque diocèfain ou de leur fupérieur régulier s'ils font religieux. Il en eft de même des Aumôniers de vaiffeaux.

L'article premier du titre 2 du livre 2 de l'ordonnance de la marine veut qu'il y ait un Aumônier dans les navires qui font des voyages de long cours.

Par une autre ordonnance du 2 juin 1694, le roi avoit enjoint à tous les propriétaires & ca-

pitaines de navires de vingt-cinq hommes d'é-
quipage & au-deffus deftinés pour les voyages
de long cours, d'y embarquer un Aumônier qui
devoit avoir trente livres par mois avec la table
du capitaine, à peine contre les propriétaires &
capitaines de 1500 livres d'amende dont les capitaines payeroient le tiers fans pouvoir en être
déchargés fous quelque prétexte que ce fût.
Mais fur ce qu'il fut repréfenté que les bâtimens
fur lefquels vingt-cinq hommes d'équipage fuffi-
foient, étoient trop petits pour que le fervice
divin s'y fît avec décence & que d'ailleurs les
profits que faifoient ces bâtimens n'étoient pas
fuffifans pour fupporter la dépenfe d'un Aumônier, le roi rendit une nouvelle ordonnance le
2 février 1701, par laquelle l'obligation de
prendre des Aumôniers fut reftreinte aux navires
de trente hommes d'équipage & au-deffus.

D'un autre côté, les Aumôniers n'ayant pas
été jugés moins néceffaires fur les navires armés
en courfe que fur ceux qui font des voyages de
long cours, le roi par fon ordonnance du 30
août 1702 régla qu'il y auroit un Aumônier fur
chaque navire corfaire du port de cent tonneaux
& au-deffus. Cette ordonnance fut fuivie d'une
autre du 11 mars 1705 qui étendit cette obligation à tout armateur de bâtiment corfaire d'un
pont & demi & de foixante hommes d'équipage,
avec injonction de pratiquer un logement convenable pour l'Aumônier, de pourvoir à fa fub-
fiftance & de lui payer des appointemens, lefquels, en cas de conteftation, devoient être
réglés par les officiers de l'amirauté.

Plufieurs armateurs & capitaines de navires
ayant négligé de fe conformer à ces ordonnances,

le roi fit renouveler l'obligation de les exécuter par une lettre que M. de Pontchartrain écrivit à ce fujet aux officiers des amirautés le 17 juillet 1709. (*) Aux termes de cette lettre il fuffifoit qu'il y eût trente hommes d'équipage fur un navire pour qu'on fût obligé d'y embarquer un Aumônier ; mais par le règlement du 5 juin 1717, cette obligation a été reftreinte aux vaiffeaux dont les équipages font au moins de quarante hommes, & l'amende, en cas de contravention, ne doit plus être que de 200 livres.

L'Aumônier d'un vaiffeau doit célébrer la meffe les fêtes & dimanches, adminiftrer les facremens aux gens du vaiffeau, & faire tous les jours, matin & foir, la prière publique, où cha-

---

(*) *Lettre écrite par M. de Pontchartrain aux officiers des amirautés le 17 juillet 1709, au fujet des Aumôniers des vaiffeaux.* MESSIEURS, le roi a réglé par fes ordonnances des 2 février 1701 & 30 août 1702, qu'il feroit embarqué des Aumôniers fur tous les vaiffeaux qui feront des voyages de long cours, dont les équipages feront de trente hommes & au-deffus, & fur les navires de 100 tonneaux & au-deffus qui feront armés pour courre fur les ennemis de l'état ; cependant fa majefté eft informée que les propriétaires armateurs & capitaines de ces navires ont négligé l'exécution de ces ordonnances, de forte que les matelots, foldats & fes autres fujets ont été privés des fecours fpirituels, elle m'a ordonné de renouveler fes ordres à cet égard pour les faire obferver à l'avenir avec plus d'exactitude & de vous faire favoir que fon intention eft que vous teniez la main à leur exécution avec tout le foin & toute l'attention poffible dans l'étendue des ports de votre juridiction. Informez-moi de ce que vous ferez. Je dois vous dire que fa majefté s'en prendra à vous de l'inexécution de fes ordres. Je fuis, meffieurs, votre très-affectionné à vous fervir, PONTCHARTRAIN.

cun doit affifter à moins qu'il n'ait quelque empêchement légitime. Telle eft la difpofition de
l'article 3 du titre 2 du livre 2 de l'ordonnance
de la marine.

Par l'article 4 , il eft défendu aux propriétaires,
marchands , paffagers , mariniers & autres de
quelque religion qu'ils foient, qui fe trouveront
fur un navire, d'apporter aucun trouble à l'exercice de la religion catholique , & il leur eft enjoint de porter honneur & révérence à l'Aumônier , à peine de punition exemplaire. Voyez *le
traité de la difcipline eccléfiaftique par le p. Tho-
maffin ; l'hiftoire des grands officiers de la couronne par le père Anfelme ; les mémoires du clergé ;
l'hiftoire de la chapelle des rois de France par l'abbé
Archon ; la bibliothèque canonique ; les ordonnances
des 22 novembre 1728 & premier janvier 1747 ; le
code militaire ; les ordonnances des 21 décembre
1762 , 3 octobre & premier décembre 1774 & 26
avril 1775 ; les commentaires de MM. Jouffe &
Valin fur l'ordonnance de la marine du mois d'août
1681 ; les ordonnances des 2 juin 1694 , 2 février
1701 , 30 août 1702 & 11 mars 1705 ; le règlement & les lettres patentes des 5 & 8 juin 1717 ,*
&c. Voyez auffi les articles ABSENT, COMMEN-
SAL, RÉSIDENCE, BÉNÉFICIER, VOYAGE, &c.

AUNE. Bâton d'une certaine longueur qui
fert à mefurer les étoffes, les toiles, les ru-
bans, &c.

L'Aune de Paris eft de trois pieds , fept pouces
& huit lignes conformément à l'étalon qui eft
dans le bureau des marchands merciers, & qui
par l'infcription gravée deffus, paroît avoir été
faite en 1554, fous le règne de Henri II.

L'Aune de Paris eft en ufage dans la plûpart

des villes de province, quoique plufieurs de ces villes aient une Aune particuliere.

Par arrêt du confeil du 24 juin 1687 il fut ordonné qu'en Languedoc on fe ferviroit de l'Aune de Paris au lieu de la mefure appelée *canne*, qui étoit alors en ufage dans cette province. Le 27 octobre de la même année, la même chofe fut ordonnée pour le Dauphiné.

L'article 11 du titre 1 de l'ordonnance de 1673 enjoint à tous négocians & marchands tant en gros qu'en détail, d'avoir des Aunes ferrées & marquées par les deux bouts avec défenfes d'en employer d'autres à peine de faux & de 150 livres d'amende. Sans cette précaution les Aunes fe raccourciroient par l'ufage & deviendroient de fauffes mefures. Voyez *l'ordonnance de 1673, le dictionnaire du commerce, l'encyclopédie*, &c. Article de M. DAREAU, avocat au parlement, &c.

AUNEUR. Il fut créé par édit de 1571, de décembre 1582, de mai 1584 & d'octobre 1620 des offices d'Auneurs - contrôleurs - vifiteurs & marqueurs de draps. Il fut enfuite créé d'autres offices d'Auneurs-contrôleurs-vifiteurs & marqueurs de toiles par édit de janvier 1686 & de juin 1627. Les fonctions de ces Auneurs étoient de voir les draps & les toiles qui fortoient des manufactures, de les mefurer, marquer & contrôler, & il leur étoit attribué certains droits pour cette opération.

Louis XV fe fit rendre compte en 1767 de l'exécution qu'avoient eue ces différens édits de création : il reconnut que dans certains endroits ces offices étoient pourvus de titulaires, que dans d'autres ils avoient été aliénés à des corps & communautés & même à des feigneurs ; que dans d'autres enfin où ces offices n'avoient point été aliénés, les droits s'en percevoient souvent par des gens qui s'en étoient mis en possession sans titre ni qualité. En conséquence sa majesté jugea à propos de réunir par arrêt de son conseil du 18 mai 1767 ces mêmes offices ensemble les droits qui en dépendoient, au domaine de sa couronne ; & de préposer à l'exercice des droits dépendans de ces offices, sauf à rembourser les aliénataires suivant leur quittance de finance : elle déclara en même temps ne point comprendre dans cette réunion les offices de cette nature établis dans la ville de Paris.

L'année d'après on reconnut qu'il pourroit naître plusieurs inconvéniens en laissant subsister les offices dont il s'agit, & par édit du mois d'avril 1768, ils furent supprimés. On ne laissa continuer la perception des droits qui leur étoient attribués que dans les lieux où ils se percevoient antérieurement au 18 mai de l'année précédente. Il fut dit que dans six mois les titulaires de ces offices, les corps, communautés & seigneurs particuliers qui les avoient acquis ou réunis & qui étoient en possession de percevoir en tout ou en partie les droits qu'on y avoit attribués, seroient tenus d'envoyer au contrôleur général leurs titres de propriété pour procéder à la liquidation des finances payées, & être ensuite pourvu à leur remboursement, & que jusqu'à ce remboursement effectué, l'intérêt du montant de ces liquidations leur seroit payé à raison de quatre pour cent, sans retenue.

Les droits attribués à ces offices furent pareillement supprimés ; mais il fut dit que dans les lieux où ils se percevoient antérieurement au 18 mai de l'année d'auparavant ils continueroient d'être perçus au profit de fa majefté jufqu'au 31 décembre 1774, comme devoient être perçus ceux des offices de cette nature qui avoient été réunis au domaine par l'arrêt du confeil du 18 mai 1767, & que les fonctions attribuées à ces offices feroient remplies par des commis qui feroient la perception de ces droits pour aider au rembourfement des officiers.

Et comme il y avoit encore dans ce temps-là beaucoup d'autres offices de la même nature à peu-près que ceux des Auneurs, le roi par une déclaration du 15 décembre 1770, regiftrée en juillet 1772, voulut que tous ces offices à quelque époque & fous quelque dénomination qu'ils euffent été créés demeuraffent éteints & fupprimés, fous la réferve néanmoins de la jouiffance y exprimée au profit de fa majefté pendant tout le temps déterminé par l'édit d'avril 1768, c'eft-à-dire jufqu'au 31 décembre 1774.

Il y a une communauté de cinquante jurés Auneurs vifiteurs de toiles créés en titre d'offices héréditaires, avec attribution d'un denier & demi par aune pour droit de mefurage. Ils prêtent ferment devant le lieutenant général de police. Ces offices avoient été fupprimés par un édit du mois de feptembre 1719, mais ils furent rétablis par un autre édtt du mois de juin 1730. Ils ont deux bureaux où ils font leurs fonctions & la perception de leurs droits, l'un à l'hôtel des fermes & l'autre à la halle aux toiles.

A l'égard des Auneurs de draps, les maîtres & gardes drapiers & merciers de Paris étoient en poffeffion d'avoir douze prépofés dont les fonctions étoient d'auner les draps fous la halle

ou

ou dans les magazins & boutiques des marchands quand ils en étoient requis par ceux-ci ou par les forains ou leurs commissionnaires, & cette possession leur avoit été confirmée par des lettres patentes du mois d'octobre 1638 contre un traitant, lorsque Louis XIV en 1704 jugea à propos d'ériger ces sortes de fonctions en titre d'office.

Les maîtres & gardes de la draperie firent aussi-tôt leurs remontrances pour faire voir combien l'érection de ces offices nuiroit à leur commerce; ils offrirent une finance, & moyennant quatre cens mille livres, ces mêmes offices furent supprimés par une déclaration du 30 décembre de la même année 1704; il fut dit en même temps que les fonctions attribuées à ces offices continueroient d'être exercées par ceux que nommeroient les maîtres & gardes en charge des deux corps des marchands drapiers & merciers. Comme il n'étoit pas juste que ces marchands drapiers & merciers eussent emprunté une somme si considérable sans indemnité, il fut arrêté au conseil un tarif portant attribution de divers droits de visite & d'aunage suivant la nature & la qualité des étofes qui entreroient à la halle aux draps, qui seroient portées à la foire Saint-Germain ou qui rentreroient à Paris au retour des deux foires franches de Saint-Denis.

Quoique les offices d'Auneurs soient supprimés dans les provinces, cependant dans les lieux où il y a des manufactures il y a toujours des Auneurs préposés pour les étoffes & pour les toiles. Le règlement général des manufactures de lainage du mois d'août 1669 défend d'auner aucun ouvrage de ces manufactures qu'il ne soit marqué du lieu de la fabrique & que le nom de l'ouvrier ne foit fur le chef & premier bout de la pièce, à peine de cinquante livres d'amende & d'interdiction des fonctions d'Auneur en cas de récidive. Il eft auffi défendu d'auner autrement que *de bois à bois juftement & fans évent*, à peine de cent livres d'amende pour chaque contravention.

Suivant ce même règlement les courtiers ne peuvent être Auneurs, ni les Auneurs courtiers, commiffionnaires ou facteurs, ni acheter ou faire acheter des laines ou marchandifes de draperie & fergeterie pour leur compte ni pour qui que ce foit pour les revendre directement ni indirectement à leur profit, à peine de confifcation de ces marchandifes, de cent livres d'amende & de privation de leurs fonctions.

Un arrêt du confeil du 3 octobre 1689 donne le choix à l'acheteur de faire auner toutes les pièces dont il fait l'emplette, tant par la lifière que par le dos ou faîte & d'en payer le prix fur le pied du moindre aunage qu'elles contiennent. *Voyez le règlement des manufactures de lainage du mois d'août 1669.* (*Article de M. D A R E A U, avocat au parlement.*)

AVOCAT. C'eft le titre qu'on donne à ceux qui ayant pris des grades de licence dans une faculté de droit, fe confacrent à défendre de vive voix ou par écrit les intérêts des citoyens. Ce mot dérive de l'adjectif latin *Advocatus* qui fignifie *appelé;* parce que chez les Romains, dans les affaires qui demandoient une grande connoiffance des lois, on appeloit à fon fecours ceux qui en faifoient une étude particulière. On les nommoit auffi *patrons, défenfeurs,* parce qu'ils prenoient encore fous leur protection ceux dont ils défendoient ou les intérêts, ou l'honneur ou la vie. On leur donnoit quelquefois en même temps le titre d'*Orateurs* lorſqu'on leur voyoit déployer avec chaleur toute la force de l'éloquence en *pérorant* pour leurs clients. Toutes ces différentes dénominations conviennent encore dans nos mœurs à ceux qui font la profeſſion d'Avocat.

L'origine de cette profeſſion eſt auſſi ancienne que le monde même : par-tout où les hommes ont vécu en ſociété, il y a eu néceſſairement des Avocats, parce que l'ignorance a été partout l'appanage de la plupart des hommes, & que l'injuſtice a cherché par-tout à exercer ſa tyrannie. Ceux qui ont été les plus ſages, les plus éclairés & les plus courageux parmi leurs concitoyens en ont été les premiers patrons, les premiers défenſeurs ; on a eu néceſſairement recours à leur zèle, à leurs talens, à leurs lumières. La réputation déterminoit leur état, & la reconnoiſſance publique étoit le ſalaire de leurs travaux.

Cette profeſſion a dû être plus brillante dans les républiques que daus les pays régis par la loi d'un ſeul : auſſi voyons-nous qu'elle y étoit bien plus cultivée & plus honorée qu'elle ne l'eſt de nos jours dans la plupart des gouvernemens de l'Europe. Ce n'eſt pas qu'on n'ait encore beaucoup d'eſtime & de conſidération pour ceux qui ſe conſacrent à l'étude des lois ; mais cette carrière ne conduit plus auſſi eſſentiellement aux premières places, aux dignités, qu'elle y conduiſoit chez les Grecs & chez les Romains. La diſcuſſion des grandes affaires politiques n'eſt point dans les monarchies entre les mains des Avocats ; leurs talens se bornent à défendre les intérêts des particuliers, & leur récompense à la gratitude de leurs clients.

Quoi qu'il en soit, leur profession n'en est pas moins essentielle au bonheur de la société, surtout en France où le souverain se fait gloire de tout régir par des loix positives. Ces lois aujourd'hui si prodigieusement multipliées, rendent le ministère des Avocats plus recommandable que jamais. Il ne suffit pas de les tenir en dépôt dans des volumes : si elles ne sont connues & enseignées, elles ne produisent aucun fruit. Il faut donc qu'il y ait des hommes assez courageux pour en faire le sujet de leurs méditations & devenir comme une loi vivante pour ceux qui incapables de s'occuper d'une étude pareille, cherchent néanmoins à se conduire suivant les principes du gouvernement & les devoirs de la société.

Ce sont ceux qui dans le sein de la retraite, séparés du monde & de ses plaisirs, se dévouent à une étude si pénible, que nous appelons *jurisconsultes*, pour les distinguer plus particulièrement de ceux qui sont appelés au barreau pour y discuter les droits de leurs parties, & qu'on nomme *Avocats plaidans*. Ce n'est pas que la profession dans toute son étendue ne soit commune aux uns & autres ; mais il est assez ordinaire qu'elle se partage entre la consultation & la plaidoirie suivant le goût & le talent particulier de ceux qui l'embrassent. Souvent l'Avocat plaidant & l'Avocat consultant travaillent de concert pour le même but : l'un fournit les armes & l'autre en fait usage. L'honneur du triomphe devroit ce semble se partager ; mais le public ne voit que l'athlète qui se montre au palais : les acclamations sont pour lui , & le jurisconsulte n'a d'autre avantage que de pouvoir s'applaudir en silence d'avoir ordonné le combat en prescrivant la marche qui devoit conduire au succès.

Au reste, soit qu'on se rende utile par le conseil, par la plume ou par la parole, la profession en elle-même n'en est pas moins digne de la plus grande recommandation. De toutes les connoissances humaines, la science des lois est sans contredit la plus importante dans l'ordre politique. Il est bien moins nécessaire qu'on ait de grands historiens, de grands peintres, de grands physiciens, que de grands jurisconsultes qui en se rendant les dépositaires du code de la société, puissent nous enseigner ce qui est juste & ce qui ne l'est pas, ce qui est permis & ce qui est défendu, qui nous montrent ce que nous nous devons à nous-même, ce que nous devons à autrui, au prince, à la patrie, à la religion.

Mais pour se rendre digne d'un titre si distingué , il faut des talens & des qualités qui n'appartiennent point aux commun des hommes. Il faut avoir été comme préparé dès ses premières années à une étude qui exige un grand nombre d'autres connoissances préliminaires ; la plus essentielle est celle de l'esprit & du cœur humain. Il faut connoître les hommes, être au fait de leurs vertus, de leurs vices, de leurs foiblesses, être doué de la plus grande intelligence & du plus grand discernement , & sur-tout d'une grande justesse pour faire l'application des règles

& des principes aux cas particuliers. Outre les qualités de l'esprit, il faut encore celles du cœur : un sacrifice généreux de ses plaisirs, de sa liberté ; un courage propre à surmonter les obstacles qui peuvent se présenter ; un zèle ardent à venir au secours de l'innocent & du malheureux ; une noble franchise pour ne parler jamais que le langage de la vérité, & sur-tout un désintéressement à toute épreuve pour que rien ne puisse altérer la grandeur d'ame qui doit principalement caractériser le jurisconsulte.

Quiconque ne se sent point tous ces avantages ne doit pas s'ingérer dans l'exercice d'une profession qui les demande si essentiellement. Rien de plus dangereux pour la société qu'un Avocat mal instruit & qui ne tend qu'à la fortune. Son ignorance & son ambition seront toujours le fleau de ceux qui auront assez peu de discernement pour s'adresser à lui. Les talens & la probité doivent être nécessairement le partage de l'homme de loi. Les talens sans la probité sont le plus funeste présent qu'il ait pu recevoir de la nature ; la probité sans les talens ne suffit pas non plus : avec la meilleure foi du monde, on peut faire souvent des fautes irréparables. L'Avocat doit donc être tout ensemble & homme de bien & homme éclairé. *Vir probus, dicendi peritus.* Mais sur-tout qu'il ait de la probité ; on peut ajouter qu'elle aide beaucoup à l'intelligence : l'esprit se porte facilement à l'équité, quand on en a dans le cœur l'amour & les principes.

C'est aussi parce qu'on sait combien il est important d'être instruit & d'avoir des mœurs, qu'avant de pouvoir s'ingérer dans les fonctions du jurifconfulte, on exige une étude dans les facultés de droit pendant un certain temps déterminé par les règlemens, avec des certificats de catholicité, pour s'affurer des talens & de la conduite de ceux qui afpirent à la profeffion (*). Il eft vrai que la fcience que l'on acquiert aujourd'hui dans ces écoles publiques n'eft guere capable de former un jurifconfulte; mais enfin on peut toujours juger pendant ce temps-là de l'aptitude des fujets; de forte que les titres de licence qu'ils obtiennent devroient être plutôt regardés comme une permiffion de fe livrer à l'étude des lois, que comme une atteftation de leur fcience actuelle. Il feroit feulement à defirer ou qu'on pût fur un nouveau plan réformer les études des univerfités, ou du moins qu'on n'accordât de degrés qu'à ceux que l'on jugeroit capables d'acquérir des connoiffances, ce qu'il feroit aifé de reconnoître avec un peu de zèle & d'attention.

Il fembleroit qu'avec les licences qu'on rapporte d'une faculté, on peut tout de fuite fans d'autres formalités, fe préfenter au barreau & y exercer la profeffion, mais on eft encore obligé de faire ferment devant la cour où l'on fe propofe de plaider, *qu'on obfervera les édits, les règlemens, &c.* Ce ferment qui n'eft autre que celui qui fe renouvelle tous les ans à la

---

(*) Anciennement on ne connoiffoit point ces études particulières, on s'attachoit à d'anciens avocats, on tâchoit de s'initier auprès d'eux dans l'exercice de la jurifprudence, & quand une fois ils certifioient qu'un fujet avoit acquis les connoiffances convenables, on l'infcrivoit au rang des maîtres.

D iv

Saint-Martin eſt d'un ancien uſage ; il fut introduit du temps de Juſtinien ; on le réitéroit à
chaque entrée de cauſe avec déclaration qu'on
n'entendoit nullement favoriſer la fraude ni la
calomnie. On le prêta enſuite de 3 mois à autres, puis chaque année, & on le continue ainſi
plutôt par habitude qu'autrement. Nous avons
lieu de croire que ce ferment n'eſt néceſſaire
que pour ceux qui ſont appelés au barreau pour
diſcuter en préſence des juges les droits de leurs
clients, & que ceux qui ſont licenciés en bonne
forme peuvent de plein dtoit, ſans autre ferment que celui qu'ils ont prêté dans la faculté,
écrire & conſeiller librement. Lorſque ce ferment a été prêté dans une cour ſupérieure, on
peut poſtuler dans tous les ſièges du reſſort ſans
autre affirmation ; mais il ne s'étend point d'une
cour à une autre ; ainſi il faut un nouveau ferment ſi l'on change de reſſort. On fait cependant
une exception pour le parlement de Paris :
l'opinion commune eſt que lorſqu'on a prêté
ferment dans cette cour, qui eſt eſſentiellement
la cour des pairs, on n'eſt point obligé de le
réitérer dans les autres cours du royaume.

Un grand privilège attaché à la profeſſion de
l'homme de loi, c'eſt cette liberté qu'il a de
l'exercer quand il lui plaît & où il lui plaît. On
ne peut pas lui faire une injonction d'être plus
ou moins ſtudieux, plus ou moins ſavant, & de
porter ſes lumières & ſes talens plutôt dans un
pays que dans un autre : tout eſt à ſon choix,
à la liberté. L'Avocat ne contracte avec perſonne & perſonne ne contracte avec lui. Comme
on eſt libre de recourir à ſes conſeils ou de les
rejeter, il eſt maître auſſi de les donner ou de

les refuſer. S'il a quelque empire, cet empire n'eſt autre que celui que donnent les lumières, les talens & la probité ſur l'eſprit & le cœur des hommes; les hommes à leur tour n'ont ſur lui d'autre droit que celui qui naît de l'intérêt qu'inſpirent aux ames ſenſibles & vertueuſes le malheur & l'oppreſſion. Lorſqu'il ſe préſente au barreau, il y vient comme un homme libre, comme un homme dont les juges attendent la préſence pour leur parler le langage de la juſtice & de la vérité. Et ce qui dénote particulière-ment cette liberté, c'eſt la faculté qu'il a de leur parler le bonnet ſur la tête. C'eſt ainſi que chez les Romains ſe montroient les hommes libres: le bonnet y étoit la marque diſtinctive de la liberté dont on décoroit ceux qui par l'affran-chiſſement ſortoient de l'eſclavage.

Cependant lorſqu'au palais l'Avocat prend des concluſions pour ſa partie, ou qu'il fait lec-ture de quelques pièces de procédure, il eſt d'uſage qu'il ſoit découvert; c'eſt que dans ces momens il repréſente le procureur & la partie qui ſont alors comme des ſupplians aux pieds des juges; mais auſſi-tôt que les concluſions ſont priſes, il a droit de ſe couvrir; & au parlement de Paris, par un uſage ſans doute fort ancien, à peine l'Avocat a-t-il fini de conclure, que le préſident lui dit: *Avocat ſoyez couvert*, comme pour le prévenir qu'il a droit dans ce qu'il va dire, de parler avec franchiſe & liberté: uſage qui fait autant d'honneur aux magiſtrats qui reconnoiſſent l'importance de la profeſſion, qu'à l'Avocat qui l'exerce. Cette liberté d'être couvert ſubſiſte encore dans les momens où il fait lecture des autorités qu'il emploie à l'appui de son opinion ; c'est toujours le langage des jurisconsultes qu'il parle alors, & toujours avec la liberté de le faire valoir.

Quoiqu'il se trouve des cas où les juges nomment tel ou tel Avocat pour servir de conseil ou de défenseur à telle ou telle partie, il ne faut pas en conclure qu'on entende par-là gêner la liberté de cet Avocat ; il est toujours le maître d'accepter ou de refuser ; mais s'il revenoit à ses collègues que son refus n'est fondé que sur une raison d'intérêt personnel, il n'en faudroit pas davantage pour le faire rejeter de leur sein. Malgré la grande liberté de leur profession, les Avocats ont toujours pour maxime que leur zèle & leur entier dévoument est dû à ceux qui se trouvent dans le cas d'en avoir besoin.

Il s'est pourtant trouvé des cas où les juges ont enjoint à des Avocats de plaider une cause. Ceci est arrivé au parlement de Toulouse. Mais les juges dans ces momens ne faisoient pas attention à la liberté inhérente à cette profession ; la seule idée de contrainte est trop révoltante pour qu'on puisse s'arrêter long-temps à un préjugé pareil.

Si l'Avocat n'exerce pas un état aussi distingué que le magistrat, on sait néanmoins qu'il ne faut pas moins de mœurs & de lumières à l'un qu'à l'autre. Les magistrats eux-mêmes savent rendre à l'ordre des Avocats toute la justice qui lui est due ; ils le regardent comme le séminaire de la magistrature. Anciennement, avant que tout fût érigé en titre d'office, les Avocats étoient les conseillers nés des tribunaux auxquels ils étoient attachés. Et au fond dans l'origine, les premiers magistrats furent ceux d'entre les Avocats qu'on choisit pour assister avec plus d'assiduité aux audiences, aux assises, afin qu'il s'en trouvât toujours un nombre suffisant pour rendre des arrêts ou des jugemens. Les autres Avocats, quand leurs occupations le leur permettoient, avoient toujours le droit de se présenter & d'opiner. Dans la suite des temps, cette faculté d'opiner a été restreinte aux auciens Avocats, & ce droit qui est de pure faculté non sujet à prescription, appartient encore aux anciens du parlement de Paris. Tous les ans à la rentrée de la cour, le greffier lit, d'après le tableau, le nom de plusieurs anciens Avocats qui doivent s'asseoir les uns au-dessous des conseillers laïques, les autres au-dessous des conseillers clercs. Ces anciens Avocats étoient autrefois consultés avant la prononciation des arrêts ; c'est delà que les anciennes ordonnances donnent aux Avocats le titre de conseillers, *Advocati consiliarii*. Trop distraits dans la suite par les occupations du cabinet, ils ont cessé d'assister aux audiences ; mais on n'a pas cessé de leur indiquer la place qu'ils doivent y avoir. L'invitation même *de la venir prendre sur les fleurs de lys*, leur fut particulièrement réitérée en 1707 par le premier président Portail.

Il étoit encore d'usage anciennement que les Avocats accompagnassent le parlement aux cérémonies publiques. Il y a deux arrêts l'un du 13 juin 1430, & l'autre du 4 novembre 1514, par lesquels les Avocats sont avertis de se trouver à l'entrée de deux reines. Celui de 1514 ajoute qu'ils s'y trouveront *vêtus de robe d'écarlate & chaperons fourrés*. Sans doute qu'ils commençoient alors à se soucier peu de cette cou-

leur ; il paroît même qu'aujourd'hui elle leur eſt
devenue tout-à-fait indifférente , bien perſuadés
qu'elle n'ajoute rien au talent ni au mérite.
Uniquement jaloux de la paix & de la tranqui-
lité au ſein de leur retraite , ils ſe ſoucient encore moins que jamais de paroître dans les cérémonies publiques. Ce n'eſt pas qu'ils ſe refu-
ſaſſent dans l'occaſion à une invitation qu'on leur
feroit de s'y trouver. Le 26 août 1723 , ils accompagnèrent le parlement pour jeter de l'eau
bénite au cadavre du préſident de Mêmes , & ils
ne plaidèrent point ce jour-là aux audiences des
autres cours. Ils l'accompagnèrent encore le
30 juillet 1726 , au *Te Deum* qui fut chanté dans
la chapelle du palais pour le rétabliſſement de
la ſanté du roi , & ils eurent ſéance ſur les
mêmes ſièges que la cour. Il en fut de même
en 1729 , à l'occaſion de la naiſſance du dauphin.

Toute la différence qui ſe trouve aujourd'hui
entre les magiſtrats & les juriſconſultes , c'eſt
que la juridiction des uns eſt bornée & conten-
tieuſe , & que celle des autres eſt toute gracieuſe & univerſelle ; qu'elle eſt libre pour
ceux-ci & forcée pour ceux-là. Le magiſtrat
n'étend ſa juridiction que ſur les affaires & ſur
les parties qui ſont de ſon diſtrict ; il eſt obligé
de les écouter & de leur donner ſa déciſion.
L'avocat au contraire a le globe entier pour
territoire. Tous les hommes , de quelque pays
ou qualité qu'ils ſoient , peuvent s'adreſſer à lui ,
& il eſt le maître de donner ou de refuſer ſon
opinion , ſuivant le degré d'eſtime & de confiance qu'on veut bien lui marquer. Il ne peut
rien d'autorité , mais il peut tout par ſa ſageſſe

& fes lumières. On peut même dire qu'il est le premier magiftrat parmi fes concitoyens. Combien de querelles, de conteftations n'étouffe-t-il pas dans leur naiffance ! Il eft le génie tutélaire du repos des familles, l'ami des hommes, leur guide & leur protecteur.

Les Avocats font encore en quelque façon les troupes auxiliaires de la magiftrature : lorfqu'il fe préfente quelque affaire qui demande l'examen particulier d'un homme éclairé, il eft très-ordinaire que les juges la renvoient devant un ancien Avocat pour en paffer par fon avis. Cet ancien examine l'affaire & donne fon avis ; on rapporte cet avis à la cour & elle rend arrêt qui le confirme. Dans les fièges où les juges ne font pas en nombre fuffifant, foit à caufe d'abfence, de maladie, de récufation ou d'autre empêchement, les Avocats du lieu, qu'on nomme autrement gradués, les fuppléent de plein droit : ils y font autorifés par les ordonnances. Sur quoi il eft bon d'obferver que les gens du roi leur font préférés dans les caufes qui n'intéreffent point le miniftère public.

Les Avocats fuppléent à plus forte raifon les gens du roi lorfque ceux-ci manquent. Il y a pourtant quelques tribunaux où le dernier reçu des confeillers fait en cas d'abfence, les fonctions du miniftère public : mais c'eft un abus ; lorfqu'un juge a fa fonction déterminée comme juge, il eft obligé de la remplir préférablement à toute autre. Les officiers du préfidial de Guéret voulurent en 1741 troubler les Avocats du fiège dans la poffeffion où ils étoient de repréfenter les gens du roi en leur abfence ; les Avocats fe pourvurent au parlement de Paris ; ils obtinrent arrêt provifoire en leur faveur, & leur poffeffion s'eft depuis toujours continuée.

Anciennement lorfque le premier juge d'une juftice royale venoit à manquer, on envoyoit un Avocat de la cour pour le remplacer. Philippe Meynon fut commis par arrêt du 5 feptembre 1582, pour rendre la juftice au bailliage de Montfort-l'Amauri. On a même vu des Avocats exercer par commiffion l'office de chancelier de France fous le titre de garde des fceaux. François de Montholon Avocat au parlement de Paris, fut commis à cet effet par lettres patentes données à Blois le 6 feptembre 1588 enregiftrées le 29 novembre de la même année. Les fonctions de lieutenant du bailliage du palais à Paris étoient affectées en cas de vacance du fiège au doyen des Avocats. François Brodeau fut maintenu dans cette poffeffion comme doyen des Avocats par arrêt du 15 mai 1564. Aujourd'hui encore dans tous les fièges, lorfque le juge manque, c'eft le premier officier fubféquent & le plus ancien des gradués fucceffivement qui le repréfentent. Le parlement ne donne plus de commiffion particulière, ce qu'il pourroit cependant faire fi des circonftances particulières l'exigeoient.

Il y a une fi grande affinité entre l'athlète du barreau & le magiftrat, qu'il eft difficile de louer l'un au préjudice de l'autre. On ne fait s'il n'eft pas auffi glorieux de combattre que de juger du combat. Les plus grands magiftrats, avant de paffer aux charges, fe croyoient auffi honorés du titre d'Avocat que de la dignité de leur nouvel état. On en a même vu quelques-uns reprendre avec plaifir l'exercice d'une profeffion qui avoit fait leurs délices dans la vie privée.

Il eft affez ordinaire que les cours difpenfent ceux des Avocats qui ont fréquenté noblement le barreau, ou qui fe font fait connoître dans le public par leurs travaux dans la jurifprudence, de l'examen qu'on eft obligé de fubir pour paffer à des offices de judicature. On en ufa ainfi en 1723 envers M. Furgaud, Avocat exerçant depuis 18 ans, lors de fa réception à l'office d'auditeur des comptes; la chambre le difpenfa de l'examen ordinaire par arrêt du 11 décembre; & M. le premier préfident lui dit, *qu'elle avoit été charmée de trouver cette occafion de marquer en fa perfonne aux Avocats la confidération qu'elle avoit pour leur ordre.*

Comme la profeffion d'Avocat demande beaucoup de courage pour l'exercer noblement furtout au barreau, & qu'il feroit dangereux que l'Avocat fût retenu par la crainte de déplaire injuftement à un adverfaire puiffant & redoutable, les magiftrats fe font alors comme un devoir de le prendre particulièrement fous leur protection. On ne peut lui manquer dans ces momens fans offenfer la juftice elle-même. Par arrêt du 12 juillet 1638, une partie pour avoir injurié en pleine audience l'Avocat de fa partie adverfe, fut condamnée en cent livres de réparation. Une femme pour avoir fouffleté fon Avocat adverfe en 1752, lorfqu'il fortoit de l'audience de la feconde chambre des requêtes, fut condamnée à une amende honorable féche en préfence des juges.

Ce n'eft pas feulement dans le temple de la juftice que les Avocats doivent être à l'abri de l'outrage, il est encore particulièrement défendu de les insulter dans quelque circonstance que ce soit à l'occasion de leur ministère. Mᶜ. Domyné de Verzet, Avocat au parlement de Paris, avoit fait un mémoire où il n'avoit pu s'empêcher de peindre la calomnie dont son client étoit persécuté avec les traits les plus propres à la caractériser : ce mémoire eut tout le succès qu'on devoit en attendre. Un abbé Giraud, ancien prêtre de l'Otatoire, chercha à se venger des couleurs dont son portrait avoit été chargé : il fit distribuer un mémoire où Mᶜ. Domyné se trouvoit maltraité ; & ce mémoire qu'aucun Avocat n'avoit voulu souscrire, fut signé d'un procureur pour passer à l'impression. M. Joly de Fleury, pour lors Avocat général, n'attendit pas que ce mémoire lui fût dénoncé ; il crut devoir de son propre mouvement, procurer à l'ordre des Avocats dans la personne de Mᶜ. Domyné, toute la satisfaction qu'on devoit attendre de son zèle pour l'honneur de la profession : le 16 janvier 1765, il dénonça lui-même à la cour le mémoire de l'abbé Giraud ; & sur son réquisitoire, la cour supprima ce mémoire, fit défenses au procureur d'en signer à l'avenir de pareils à peine d'interdiction, & ordonna que l'arrêt seroit non-seulement imprimé & affiché par-tout où besoin seroit, mais encore transcrit sur le régistre de la communauté des procureurs de la cour.

Si la justice veille à ce que les Avocats ne soient pas impunément insultés à l'occasion de leur ministère, elle exige aussi de leur part une grande modération pour ne rien dire qui soit étranger à leur cause & qui puisse offenser une
partie

partie fans fujet. Le champ de Thémis ne doit point être pour eux une arène de gladiateurs. Il eft vrai qu'il fe préfente des affaires qui exigent une noble hardieffe pour combattre avec fuccès l'injure & l'iniquité ; mais les expreffions de l'orateur doivent toujours fe mefurer fur la nature des faits & fur la réalité des preuves. Autrement, s'il fort fans néceffité des bornes de l'honnêteté & de la bienféance, il devient repréhenfible & les juges peuvent lui impofer filence, ou du moins l'avertir de fes devoirs.

Il y a plus, lorfqu'il eft évident qu'il s'eft prêté avec connoiffance de caufe à l'injure, il peut être pris à partie & encourir non-feulement des dommages intérêts ; mais encore une interdiction & des peines infamantes. C'eft ainfi que le fieur Roi-de-Prenelle ayant eu à fe plaindre de plufieurs mémoires injurieux répandus contre lui dans le public de la part du fieur Defchamps négociant, & de Me. Mannory Avocat au parlement qui les avoit fignés, il intervint le 28 août 1761 arrêt par lequel tous ces mémoires furent fupprimés comme contraires à l'honneur & à la réputation du fieur de Prenelle. Defchamps & l'Avocat furent condamnés à 500 livres de dommages - intérêts & aux dépens même *folidairement* avec défenfes de récidiver fous peine de punition *exemplaire & même corporelle*. Il fut en outre ordonné que l'arrêt feroit imprimé & affiché.

Un autre Avocat du parlement de Paris chargé de la défenfe d'un père qui s'oppofoit au mariage de fa fille, s'avifa de faire un mémoire extrêmement injurieux à la partie adverfe, mais par arrêt du 20 mai 1748, il lui fut fait défenfes de compofer à l'avenir de pareils mémoires & de les figner. Il fut même dit que dès ce moment il demeureroit rayé du tableau des Avocats, & il fut permis de faire imprimer l'arrêt.

Un autre Avocat du parlement de Bretagne , dûement atteint & convaincu du crime de calomnie & d'être l'auteur des mémoires imprimés, ainfi que des notes marginales manuscrites produites au procès, qu'il avoit diftribuées & fait diftribuer, fut condamné par arrêt du 17 octobre 1743, à un banniffement de 10 ans hors du reffort du parlement, avec défenfes de récidiver & d'enfreindre fon ban *à peine des galères.* Il fut de plus interdit à perpétuité de toutes fonctions d'Avocat dans ce même reffort & condamné à 3 livres d'amende envers le roi.

Rien de plus indigne en effet pour des Avocats que de s'écarter de la modération qui leur eft prefcrite dans les fonctions de leur ministère : l'injure eft la reffource ordinaire des efprits médiocres ; elle fait pour eux ce que font les liqueurs fortes fur des tempéramens débiles : elles les foutiennent pour quelques momens , mais leur foibleffe ne tarde pas à reparoître. C'eft par une expofition fidèle des faits , par la pureté de la diction & par les charmes d'une éloquence fimple & naturelle , qu'un Avocat peut fe faire admirer. *Non probris fed rationibus decertandum.*

Il ne fuffit pas à l'Avocat, lorfqu'il eft au barreau , de fe refpecter lui-même en refpectant le public : il faut encore qu'il fe comporte envers les magiftrats ou les juges devant lefquels il plaide , avec toute la décence & toute la retenue poffible ; & qu'il donne par-là à fes cliens l'exemple de la soumiſſion & du reſpect qu'on doit à leurs déciſions.

Lors même qu'il y a ouverture à un appel, il doit s'abſtenir de déclamer contre les juges dont il entreprend de faire réformer la ſentence : il peut dire qu'ils ont donné dans l'erreur, mais il ne doit jamais attaquer leur probité, à moins qu'il n'y ait lieu de les prendre à partie.

Lorſqu'un Avocat ſort de lui-même des bornes qui lui ſont preſcrites, il peut être déſavoué. Mais il faut que ce déſaveu ſe forme ſur le champ par la partie ou par le procureur qui ſont cenſés préſens à l'audience, ſans quoi il eſt préſumé n'avoir rien avancé que de leur aveu. Nous ajouterons à cet égard que ſi la partie adverſe ne reclame pas ſur le champ, elle n'eſt plus recevable à ſe plaindre par la ſuite ; c'eſt ce qui a été jugé par arrêt du 14 février 1759, en faveur d'un Avocat du ſiège de Mayenne contre l'Avocat fiſcal de la juſtice d'Averton.

D'après ce que nous venons de dire de la profeſſion d'Avocat, il eſt ſans contredit qu'on ne peut pas en exercer de plus intéreſſante dans l'ordre politique. Rien de plus digne de l'eſtime & nous oſerions dire de la vénération publique, qu'un Avocat rempli de ſcience & de talens, qui ſe comporte avec la ſageſſe & la circonſpection qu'il doit à ſon état. Chez les Romains cette profeſſion n'étoit pas permiſe à tous ceux qui auroient voulu y aſpirer ; il falloit pour l'exercer, être homme de naiſſance & de diſtinction. Parmi nous, quiconque a des talens & de la probité peut s'y engager : elle eſt plutôt un objet d'émulation que de choix. On peut l'embraſſer ſans craindre de déroger à la nobleſſe

la plus relevée ; elle eſt noble par elle-même :
il y a des pays où les roturiers qui l'exercent
ſont en poſſeſſion de prendre la qualité de no-
bles, notamment|à Lyon & dans le Dauphiné.
Il eſt vrai qu'à ce ſujet les Avocats furent
inquiétés en 1669 par les traitans qui vou-
loient les envelopper dans la recherche des faux
nobles de laquelle ils s'étoient chargés : mais
leurs démarches furent blâmées au conſeil ; on
ordonna de rendre aux Avocats les originaux
des aſſignations qu'ils avoient reçues. Il y a plus ;
anciennement auſſitôt qu'un Avocat au Parlement de Paris avoit exercé pendant 5 ans , il
pouvoit prendre la qualité de *noble*. Par arrêt de
la cour des aides du 12 juin 1619, il fut permis à
Jean le Meûnier Avocat, de prendre cette qualité dans toute ſorte d'actes où il ſeroit nommé.

Les eccléſiaſtiques peuvent-ils ſe livrer à la
profeſſion d'Avocat ? Dans ces temps d'ignorance où le clergé avoit l'avantage de conſerver
quelques notions du droit civil & canonique ,
les eccléſiaſtiques ſéculiers & réguliers ne fai-
ſoient aucune difficulté d'aller plaider dans les
tribunaux laïques les cauſes des particuliers dont
il ſe chargeoient : mais dans la ſuite ces exercices les éloignant trop de l'eſprit de leur état ,
le concile de Latran fit défenſes aux clercs ſéculiers & réguliers de s'immiſcer à l'avenir devant les tribunaux laïques , dans la diſcuſſion
d'aucune affaire temporelle pour les gens du
monde : il permit ſeulement aux clercs ſéculiers
de continuer à traiter leurs affaires perſonnelles,
celles de l'égliſe & celles des pauvres. A l'égard
des tribunaux eccléſiaſtiques , il laiſſa aux clercs
la liberté d'y plaider comme auparavant.

Mais en France ce concile n'a point eu fon exécution fur cet article. La profeffion d'Avocat eft libre aux eccléfiaftiques comme aux gens du monde dans tous les tribunaux où elle peut s'exercer fans aucun mêlange avec l'état du procureur. Mais s'ils fe rendoient répréhenfibles dans l'exercice de cette profeffion, ils demeureroient foumis à la juridiction féculière où ils auroient prévariqué, fans pouvoir obtenir leur renvoi devant le juge d'églife.

Anciennement un Clerc-Avocat qui auroit prêté fon miniftère pour pourfuivre en juftice la mort d'un criminel, feroit tombé dans l'irrégularité. Mais aujourd'hui comme la peine publique ne peut plus être requife que par les officiers du parquet, & que l'Avocat doit fe borner à demander des réparations civiles pour fa partie, il n'encourt pas plus d'irrégularité dans les matières criminelles que dans les affaires ordinaires.

Chez les Romains, dans les premiers temps, les femmes mêmes étoient admifes à la profeffion du barreau. On vit à Rome avec admiration deux femmes généreufes, Amafie & Hortenfe s'en acquitter avec éloge. Ce fut une femme nommée Afranie qui donna occafion par fes imprudences & fes trop vives déclamations, d'écarter les femmes du barreau. Le code Théodofien ne leur permet plus de parler que pour elles & non pour autrui.

Quoique la vie de l'Avocat foit celle d'un homme privé qui n'eft effentiellement attaché à aucune fonction néceffaire, on ne laiffe pourtant pas de le regarder comme un homme public, & fous cet afpect il lui eft défendu d'écrire de fa main aucun acte fous fignature privée où il ne doit point être partie. Cela a été ainfi décidé par nombre d'arrêts du confeil qui ont condamné en pareil cas des Avocats à l'amende. Voyez à ce fujet l'article ACTE.

Comme la profeffion d'Avocat a toujours mérité des encouragemens à raifon de fon importance & des travaux de ceux qui l'exercent, elle a joui dans tous les temps, depuis les Romains jufqu'à nous, de l'exemption générale de toutes les charges publiques (*).

Nous ne connoiffons point à la vérité de loi en France qui affranchiffe les Avocats des charges publiques, mais nous n'en connoiffons pas non plus qui les y foumette; & cette poffeffion immémoriale où ils font de cette franchife, eft peut-être plus glorieufe pour eux que la loi la plus pofitive. Ce n'eft pas que nombre de particuliers ingrats & ignorans qui fe foucient fort peu de la profeffion du barreau, n'aient fouvent cherché à les confondre avec les autres citoyens pour les charges civiles, & fouvent ils y auroient réuffi fi les magiftrats n'avoient montré leur zèle à les maintenir dans leurs prérogatives. Au refte rien de plus naturel que cette exemption: la vie entière de l'homme fuffit à peine pour parcourir la vafte étendue des connoiffances que doit avoir un jurifconfulte.

_____

(*) La loi _Sancimus_ contient des peines contre ceux qui voudroient affujettir les Avocats à autre chofe qu'à l'exercice de leur profeffion: _nulla togalis infpectio, nulla peræquatio ingeratur; nulla operis inftructio, nullum ratiocinium imponatur, nullum deniqué aliud eis mandetur præter arbitrium._

Peut-il vaquer à l'étude, se consacrer aux intérêts d'autrui & remplir en même-temps les fonctions d'une collecte, d'une tutelle, faire des corvées, &c.

L'exemption dont il s'agit ici ne s'entend que de ces charges qu'on est obligé de remplir par soi-même & non de celles qu'on acquitte en argent, comme de la taille, des impôts, des subsides, &c. Il en est de même de ces servitudes mains-mortables qui règnent encore dans quelques provinces du royaume comme dans la Bourgogne, le Nivernois, le Berry, la haute marche; l'Avocat est, sans doute, bien exempt de ces devoirs personnels tels que le guet, la garde, la corvée, & de tous ces assujettissemens qui sentent la contrainte & l'esclavage; mais il n'est pas exempt de les payer lorsqu'ils sont établis à raison d'une possession de biens qui dans l'origine n'ont été accordés qu'à la charge d'acquitter ces devoirs & qu'ils peuvent se convertir en argent.

Dans les coutumes locales où la servitude est personnelle & où il suffit qu'on soit issu de parens serfs pour être serf soi-même, en quelque lieu que l'on se retire, nous ne croyons pas que le seigneur fût en droit de révendiquer la succession d'un Avocat issu de parens serfs sur son territoire, du moins pour son mobilier & pour les acquêts qu'il auroit fait en pays de liberté, dès que ce mobilier & ces acquets seroient le fruit de ses travaux dans la profession.

Nous prendrons occasion de remarquer à ce sujet que ce que gagne un Avocat dans la profession du barreau, est regardé comme une sorte de pécule tel que le pécule militaire, & qui

lui eſt tellement propre, que fût-il encore ſous
la puiſſance paternelle, il eſt en droit de diſpoſer de ce pécule comme bon lui ſemble.

Pour en revenir aux prérogatives de la profeſſion, les Avocats ont ſouvent éprouvé des
difficultés dans quelques cours des aides pour
l'exemption de la collecte. Celle de Paris leur a
toujours été favorable comme on peut le remarquer par deux arrêts, l'un du 8 juillet 1672,
en faveur de M^e. François Mangon Avocat au
ſiège royal de Niort, & l'autre du 11 juillet
1760 rendu pour M^e. Jean Foureau contre les
habitans de la paroiſſe de Saint-Maxime de la
ville de Confollant. Mais aujourd'hui toutes les
cours ſont d'accord ſur ce point, & il ſuffit
qu'un Avocat exerce noblement & ſans déro-
geance, ſoit dans les capitales, ſoit dans l'intérieur des provinces, pour qu'il ſoit défendu de
le ſoumettre à des charges ſi oppoſées à la tranquillité néceſſaire à ſon état.

Il en eſt de même des fonctions de Marguillier dans une paroiſſe. Un Avocat ne peut point
être marguillier comptable ; mais il peut être
marguillier d'honneur. Il peut de même être
employé pour les intérêts des pauvres & des
hôpitaux : mais c'eſt alors ſes conſeils & ſes lumières que l'on recherche, & il manqueroit
aux devoirs de ſon état, ſi en cas pareil il refu-
ſoit ſes ſervices.

Les Avocats ont encore un droit de préféance
en bien des occaſions : ils précèdent dans les
cérémonies publiques les notaires, les procureurs & même les anciens marguilliers comptables. Dans les villes où il n'y a point de collège de
médecine, ils vont avec les médecins ſuivant la

date de leur réception dans l'endroit ; & dans celles où il y a collège, les médecins comme ayant pour l'ordinaire le grade de docteur de plus que les Avocats, ont la préféance sur ceux-ci, mais s'ils se trouvoient en concurrence avec un Avocat-docteur, ce dernier seroit préféré comme étant d'une faculté plus ancienne que celle de médecine.

Les Avocats n'ont jamais la préféance sur les juges devant lesquels ils exercent leur ministère, quand même ces juges ne seroient point gradués. Il est de droit politique qu'un juge quelconque l'emporte sur l'Avocat. Quoique dans certains endroits les Avocats renoncent à plaider devant certains juges, ces juges n'en ont pas moins la préféance sur eux : un refus de plaider dans leur tribunal ne change rien à l'ordre des choses.

Dans les endroits où les Avocats sont convoqués pour assister avec les premiers juges à une cérémonie publique, il est de règle alors qu'en accompagnant ces mêmes juges, ils précèdent tous les officiers des autres juridictions. Voici un exemple de ce qui est arrivé à ce sujet au présidial de Guêret : un ancien officier du présidial vint à décéder en 1759 ; les Avocats furent invités à se trouver au convoi funèbre en la manière accoutumée. L'un de ces Avocats étoit en même temps procureur du roi à l'élection de l'endroit, & en cette qualité il se crut fondé à précéder ses collègues même les plus anciens : ceux-ci s'y opposèrent & soutinrent qu'on devoit suivre l'usage. Le procureur du roi fit part à sa compagnie de cette prétention : les élus intervinrent & formèrent une contestation à ce fujet. M. Lenain pour lors intendant de fa généralité de Moulins, fut nommé commiffaire en cette partie. Il y eut des mémoires fournis de part & d'autre. Les Avocats fe retranchèrent fur l'ancien ufage, & les élus abandonnèrent leur prétention. Mais il eft toujours vrai de dire qu'à part la circonftance que les Avocats accompagnoient le préfidial avec lequel ils étoient cenfés pour lors incorporés, les élus étoient dans le cas de les précéder.

Lorfqu'un Avocat fait les fonctions de fubftitut dans le tribunal où il plaide, il eft décidé qu'il n'a aucune préféance fur fes confrères ; il eft obligé de prendre fon rang de réception au barreau pour les caufes qu'il eft obligé de difcuter comme Avocat.

Il eft rare que les Avocats aient des conteftations pour les préféances : une grande modeftie doit être leur partage habituel ; ils ne doivent jamais forcer la confidération publique ; elle doit naître des fentimens & de l'eftime qu'on a pour eux.

En parlant des prérogatives de la profeffion, il eft bon de remarquer encore que douze des plus anciens Avocats du parlement de Paris & fix aux autres parlemens, ont droit de *committimus*. Ce privilège leur eft attribué par l'article 17 du titre 4 de l'ordonnance de 1669. Au refte cette ordonnance ne fait que confirmer un ancien ufage attefté par un arrêt du parlement de Paris du 2 mars 1555: Tous ceux qui avoient 10 ans d'exercice jouiffoient de ce droit : mais quelles que foient aujourd'hui les prérogatives de l'ordre, il eft toujours vrai de dire qu'elles ne font que pour ceux qui exercent réellement la profession. Cet exercice est réel pour ceux qui dans le sein de leur retraite sont reconnus dans le public pour s'occuper de l'étude des lois & pour donner des conseils à ceux qui ont recours à leurs lumières ; pour ceux qui également jaloux d'être utiles , travaillent & donnent des ouvrages de jurisprudence ; pour ceux enfin qui vont discuter sous les yeux des juges les intérêts de leurs cliens ou qui fréquentent habituellement le barreau afin de s'instruire. Autrement il ne suffit pas d'être décoré du titre d'Avocat : ce titre par lui-même fort stérile, n'intéresse la société qu'autant qu'on y joint les talens & l'exercice. Cependant dès qu'un Avocat est sur le tableau, il est présumé de plein droit occupé de la profession : on pense que ses collegues ne le conserveroient point parmi eux s'il n'étoit point dévoué à leurs travaux. D'ailleurs un Avocat sur le tableau ne travaillât - il point, pourroit toujours être utile à la profession en aidant à maintenir l'ordre & la discipline.

Il est de maxime que les Avocats entr'eux ne font point corps. Ce sont des savans auxquels il est permis de se répandre sur la surface de la terre pour faire part aux hommes du fruit de leurs recherches & de leurs méditations , sans qu'il y ait entr'eux d'autre liaison que celle de l'estime & du savoir. Il est vrai que dans les villes ou ils peuvent se trouver en certain nombre, ils se réunissent en société, afin d'avoir plus particulièrement occasion de se connoître & de s'instruire ; & c'est delà qu'est venue la formation de ce qu'on appelle le *tableau des Avocats*, lequel n'est autre chose qu'un catalogue des associés entr'eux. C'est parce qu'ils ont été

maîtres de s'affocier, qu'ils fe difent auffi maîtres de leur tableau. Leur droït à cet égard
femble fe reconnoître plus particulièrement, en
ce qu'ils renouvellent ce tableau tous les ans ;
renouvellement qui paroît indiquer en même-
temps la liberté qu'ils ont d'y faire tel changement qu'il leur plaît.

Ce tableau a pris dans la fuite des temps la
plus grande faveur dans l'opinion des juges &
dans celle du public. Les juges l'ont regardé
comme propre à maintenir les mœurs & à faire
naître l'émulation, parce qu'on n'y infcrit que
ceux qui après un certain temps d'épreuve fe
font fait connoître par leurs talens & leur bonne
conduite (*). Ils ont cru dès-lors qu'il convenoit d'attribuer à ces Avocats la difcuffion par
écrit des affaires principales, préférablement
aux autres Avocats qui ne commençoient qu'à
s'exercer dans la carrière. C'eft ce qui fait que
tout Avocat aujourd'hui afpire à être fur le tableau formé près de la cour où il entend exercer
la profeffion. Le public de fon côté croit pouvoir fe livrer avec plus de confiance aux talens
& aux lumières de ceux qui fe trouvent infcrits
fur ce même tableau.

Quand le temps d'épreuve eft écoulé, on ne
fait nulle difficulté d'infcrire tout Avocat contre
lequel il ne fe trouve aucun motif d'exclufion.
C'eft cette même facilité qû'ont les Avocats

(*) Ce temps d'épreuve eft appelé le temps du ftage lequel eft plus ou moins long fuivant les différens fiéges. Le
ftage au parlement de Paris étoit anciennement de deux ans,
il a été enfuite de trois ans, & il eft aujourd'hui porté à
quatre.

d'admettre parmi eux les nouveaux confrères qui fe préfentent avec la recommandation des mœurs & des talens, qui a fait plus particulièrement agiter dans ces derniers temps la queftion de favoir fi les Avocats font tellement maîtres de leur tableau, qu'il leur foit entièrement libre de refufer ceux qui peuvent leur déplaire ou même de fupprimer ceux dont ils croient avoir lieu d'être mécontens, & cela de leur feule autorité, fans être obligés de rendre raifon à perfonne de leur conduite à cet égard.

D'abord pour ce qui eft de l'aggrégation, on dit que la profeffion d'Avocat eft de droit public, que dès-lors la poffibilité ou l'impoffibilité de l'exercer ne doit point dépendre de ceux mêmes qui l'exercent, & qu'il doit être réfervé aux magiftrats qui veillent à la manutention de l'ordre public, de juger fi l'Avocat qui fe préfente pour la profeffion du barreau eft digne ou non de l'exercer ; qu'auffi-tôt qu'il n'y a rien à lui reprocher, on ne peut fans lui faire injure, refufer de l'admettre au rang de ceux qui l'ont embraffée.

Les Avocats répondent qu'ils font maîtres de leur tableau, maîtres d'en faire & de n'en pas faire, & que cette faculté ne fauroit fe concilier avec la néceffité d'y infcrire malgré eux un fujet quelconque ; qu'ils ne peuvent pas à la vérité empêcher ce fujet d'exercer la profeffion qui fous ce point de vue eft de droit public, dès que les magiftrats le trouveront agréable, mais qu'on ne fauroit les forcer à fraternifer avec lui (*).

_____

(*) Jamais le chancelier Poyet ne put les forcer à le ré-

Nous nous abstiendrons de donner notre opinion particulière à cet égard : nous observerons seulement que les Avocats du siége de Poitiers ayant témoigné un refus constant d'admettre parmi eux le sieur Roblin, celui-ci s'est pourvu au parlement de Paris, & par arrêt contradictoire du 28 juin 1775, il a été ordonné que cet Avocat seroit inscrit & qu'il jouiroit librement suivant son rang de l'exercice de sa profession.

D'un autre côté, M^e. L . . . . célèbre Avocat au parlement de Paris ayant déplu à ses confrères, & ceux-ci persistant à le croire dans le cas de la radiation a été rayé de leur tableau par délibération du mois de février 1775 laquelle a été suivie d'un arrêt d'homologation. M^e. L.... a cru devoir reclamer contre cette délibération : il s'est pourvu par opposition contre l'arrêt qui l'homologuoit. Il a été entendu sur son opposition à différentes reprises, & malgré tout le regret qu'on avoit de voir écarter du barreau un orateur qui y faisoit briller les talens d'Athènes & de Rome, il n'en a pas moins été déclaré non recevable dans son opposition par arrêt rendu contradictoirement avec les gens du roi le 29 mars 1775 (*).

---

tablir parmi eux. Il en fut de même d'un lieutenant civil du châtelet de Paris ; il ne put seulement pas obtenir qu'ils communiqueroient avec lui. Ils marquèrent le même refus à M. de la Bedoyère qui avoit été avocat général à la cour des aides de Paris

(*) M^e. L.... a publié dans cette affaire des mémoires vraiment intéressans & dignes d'être lus, soit pour les choses qu'ils renferment, soit pour la manière dont elles sont traitées.

Ce feroit une erreur de croire qu'un Avocat rayé n'eft plus capable d'aucun emploi civil; cela ne pourroit être qu'autant que la radiation auroit eu pour caufe une infidélité, une baffeffe; mais comme on eft dans l'ufage de rayer pour différentes caufes étrangères aux devoirs de la fociété, fi la radiation n'avoit lieu que pour des fautes de l'efprit plutôt que pour des vices du cœur, ce feroit une févérité injufte que de le punir comme s'il avoit commis un délit dans un genre grave : nous ne connoiffons d'autre note ignominieufe que celle qui réfulte d'un jugement de condamnation fur une procédure conforme aux ordonnances. Un Avocat rayé n'eft autre chofe qu'un homme qui a déplu à des confrères qui l'avoient admis parmi eux. Séparé d'eux il peut continuer toutes les fonctions du jurifconfulte qui n'ont rien de commun avec eux. Cette faculté ne lui feroit enlevée qu'autant qu'il y auroit un jugement d'interdiction, & quand ce jugement n'intervient pas, on doit préfumer qu'il ne s'eft rendu coupable d'aucune baffeffe qui puiffe le priver de l'exercice des fonctions attachées à un caractère indélébile.

Ce qui vient à l'appui de notre affertion, c'eft qu'il n'eft pas fans exemple, du moins au parlement de Paris, qu'un Avocat rayé rentre en grace avec fes confrères ; on en connoit même quelques-uns qui ne font aujourd'hui fur le tableau que par réhabilitation. Dès ce moment tout eft oublié, il fraternife avec eux comme auparavant : ce qui certainement n'auroit pas lieu s'il avoit encouru quelque infamie, car l'infamie eft fans retour.

La radiation eft la plus haute peine que les

Avocats puiſſent infliger à un de leurs confrères: ils peuvent en prononcer de moindres quand la faute eſt légère : une réprimande, une admonition ſuffiſent quelquefois. Ils doivent d'autant plus difficilement ſe déterminer à la radiation, qu'une telle punition peut cauſer un tort conſidérable, eu égard à la ſenſation qu'elle a, coutume de faire dans le public.

Par une ſuite de cette confiance que les Avocats aſſociés au tableau ont les uns pour les autres, il eſt d'uſage qu'ils ſe communiquent reſpectivement leurs écrits, leurs pièces, leurs procès ſans aucun *recepiſſe*; tant l'opinion d'une grande probité règne parmi eux, & l'on ne voit pas que cet uſage qui eſt de toute ancienneté entraîne aucun abus ni aucune infidélité.

Comme il n'eſt pas naturel qu'un Avocat paſſe toute ſa vie à l'étude des lois & qu'il s'occupe des affaires d'autrui ſans aucun eſpoir de récompenſe, il lui eſt permis de recevoir des honoraires de ſes cliens ; mais il faut qu'ils ſoient offerts volontairement : dans le droit un Avocat auroit action ouverte pour forcer ſon client à la reconnoiſſance, mais il eſt de police au barreau que celui qui la formeroit ſeroit dans le cas de la radiation: cependant les gens du roi ont quelquefois conclu d'office au payement des honoraires de l'Avocat. La choſe eſt arrivée au parlement de Paris le 15 mars 1766 ſur les concluſions de M. Barentin avocat général.

Dans preſque tous les ſiéges il y a des tarifs qui règlent les honoraires des Avocats ; il a même été un tems où l'on croyoit qu'ils étoient obligés de mettre un reçu de leurs honoraires au bas de leurs écritures, mais on n'a jamais

pu

pu les affujettir à cette pratique ; le tarif n'eft
que pour règler ce qui doit paffer en taxe à la
partie , car il ne feroit pas jufte qu'une partie
condamnée fupportât le poids d'une générofité
exceffive de fa partie adverfe. L'ordonnance de
1667 & celle de 1673 concernant les épices,
veulent à la vérité que les Avocats mettent
fur leurs écritures le reçu de leurs honoraires ;
mais les Avocats offenfés des difpofitions de ces
ordonnances fe font toujours maintenus dans
l'ufage de ne donner aucun reçu. Leur délicateffe
eft même telle encore qu'ils s'offenferoient des
quittances d'honoraires que donneroit un de
leurs confrères ; cependant il n'y auroit pas lieu
à fe formalifer fi la quittance n'étoit donnée
par l'Avocat que pour conftater ce qu'il auroit
reçu & pour fervir de fondement à une jufte
répétition en faveur de celui qui auroit été
chargé de débourfer les honoraires , ou pour
fervir au client de mémoire de l'emploi de fon
argent.

On a cru pendant un tems que les Avocats
étoient incapables de recevoir aucune libéralité
de leurs cliens par donation ou par teftament,
fous prétexte qu'ils étoient alors préfumés avoir
fait ufage de l'empire que leur donnoit leur état
fur l'efprit de ceux dont il avoient la confiance ;
mais aujourd'hui on eft pleinement revenu de
cette fauffe jurifprudence qui étoit injurieufe à
l'opinion que l'on doit avoir de la probité des
Avocats. On a vu que s'il étoit libre de donner à un étranger fans qu'on y fût invité par
aucun fervice de fa part, il étoit bien plus naturel de permettre qu'on fe montrât reconnoiffant
envers quelqu'un à qui l'on pouvoit avoir des

obligations. Ainſi il ſuffit que l'Avocat qui ſe trouve gratifié dans le teſtament de ſon client jouiſſe de la réputation d'un homme de bien, & qu'il ne paroiſſe ou qu'on ne puiſſe prouver aucune ſuggeſtion de ſa part pour qu'on ne doive point le priver de la libéralité qui lui eſt acquiſe. Deux arrêts des 7 mars 1652 & 12 mai 1755 l'ont ainſi jugé. Un autre arrêt du 8 mars 1769, rendu ſur les concluſions de M. Seguier Avocat général, a pareillement jugé d'après les mêmes principes, qu'un Avocat avoit pu recevoir un diamant de 900 livres qui lui avoit été légué par ſon client.

A l'égard des droits litigieux il eſt expreſſément défendu aux Avocats de s'en rendre ceſſionnaires; outre que les ordonnances entr'autres celle de 1629 le preſcrivent ainſi, c'eſt que rien n'eſt plus contraire à la nobleſſe de leur profeſſion. La nullité d'une pareille ceſſion ne ſouffriroit aucune difficulté ; & l'Avocat ceſſionnaire ſeroit dans le cas non-ſeulement de la radiation, mais encore de l'interdiction. Il n'en ſeroit pas tout-à-fait de même s'il avoit un intérêt particulier à cette ceſſion. Il ne leur eſt pas permis, non plus d'entrer en marché avec leurs clients pour les défendre. Une conduite pareille ſeroit tout-à-fait répréhenſible.

Lorſque les Avocats au parlement ſe retirent dans quelque ſiége du reſſort pour y exercer la profeſſion, ils ne doivent avoir rang au tableau qu'à compter de l'année qu'ils ont été placés ſur celui des Avocats ſuivant lacour. Quelques-uns prétendent qu'ils ont ce rang à compter de la date de leur preſtation de ſerment, mais c'eſt un abus à reformer, autrement il pourroit ar-

river qu'un sujet qui se seroit borné à la prestation du serment sans avoir jamais exercé, pourroit avoir tout à coup l'envie de se faire inscrire
au tableau d'un siège , & dans ce moment ne
seroit-il pas singulier de le voir primer des anciens de l'ordre qui seroient déjà par un long
exercice en possession de leur état. Tout l'avantage qu'il auroit, ce seroit de l'emporter sur ceux
qui se trouveroient en stage.

Comme il arrive souvent que les Avocats
attachés à un siège se contentent d'une prestation
de serment devant les officiers de ce siège , il
ne s'ensuit pas que ceux qui ont ensuite prêté
serment au parlement doivent l'emporter sur
ceux qui ne l'ont prêté que devant ces officiers.
Ceux qui se trouvent les plus anciens dans le
siège conservent leur rang d'ancienneté sur ceux
qui n'ont prêté serment qu'après eux au parlement.

Lorsqu'un Avocat quitte le siège , on l'ôte du
tableau par omission, & non point par radiation;
& si dans la suite il s'y représente on lui donne
le même rang qu'il avoit auparavant , à moins
qu'il n'ait dérogé pendant cet intervale.

Les Avocats ne font ordinairement aucune
difficulté de recevoir parmi eux un procureur
qui a exercé dans le même tribunal qu'eux son
état avec honneur. On prétend même qu'au
parlement de Normandie , lorsqu'un procureur
a vingt ans de reception & qu'il renonce à son
office, il peut passer au serment d'Avocat de
plein droit sans qu'il lui faille des licences prises
dans une faculté ; mais on ajoute que ce titre
est purement honoraire pour eux & qu'ils ne
font aucun exercice de la profession. Ancienne-

ment la chofe fe pratiquoit ainfi au parlement de Paris , mais depuis qu'on a exigé des grades pris dans une univerfité , les procureurs font obligés de fe faire graduer.

Lorfqu'un Avocat fur le tableau a quitté le barreau pour paffer à l'état de procureur , & qu'enfuite il veut reprendre la profeffion d'Avocat , il eft dans le cas d'effuyer des difficultés. On ne trouve pas furprenant qu'un procureur qui n'a jamais fait d'autres fonctions que celles de fon état, paffe dans la fuite au barreau quand fes talens l'y appellent ; mais on penfe différemment d'un Avocat qui a abdiqué une profeffion noble qu'il exerçoit, pour en embraffer une autre moins noble & moins diftinguée. On préfume qu'il s'eft laiffé entraîner par des motifs de cupidité , & dès-lors on fe croit fondé à l'abandonner fans retour. Ceci dépend abfolument de la délicateffe qui règne dans un fiège. Les Avocats au parlement de Paris ne refufent point de rétablir un confrère qui a été procureur , mais alors ils ne lui donnent rang que du jour qu'ils le rétabliffent.

Au furplus ce que nous venons de dire dépend beaucoup des ufages introduits dans les fièges. Ces ufages ne font pas les mêmes partout : dans l'incertitude nous croyons qu'il eft tout naturel de fe conformer aux obfervations que nous venons d'établir ; elles font comme un réfumé de ce que nous avons recueilli de plus conftant & de plus général.

L'Avocat qui a paffé à l'état de procureur ne peut plus faire aucune des fonctions qui dépendoient de fa profeffion. Il a les mains liées pendant qu'il demeure procureur. Un arrêt du

18 janvier 1749 l'a ainſi jugé. On ſent aiſément le danger qu'il y auroit de lui laiſſer la liberté dès deux profeſſions.

La réception d'un Avocat dans un ſiège doit être gratuite, cependant on tolère la perception d'un droit qu'on appelle *droit de chapelle*, qu'on eſt préſumé employer à des œuvres de piété. Il y a un règlement qui défend de le porter au-delà de 30 livres.

Lorſque les Avocats ſont au barreau, il leur eſt enjoint par les ordonnances d'être reſpectueux envers les juges; ils doivent les premiers le bon exemple aux clients qui les environnent; ils peuvent, comme nous l'avons dit, plaider couverts, mais ils doivent être debouts & les mains nues, pour marquer qu'ils n'entendent tenir d'autre langage que celui de la vérité. Ils doivent encore être vêtus, diſent les règlemens, *en habits décens*. Ces habits décens ſont la robe longue, le rabat, le bonnet quarré & le chaperon (*); ils doivent être munis des pièces de la cauſe qu'ils diſcutent pour faire voir qu'ils ſont chargés de cette diſcuſſion; ils ne ſont point ſujets au déſaveu dans les faits qu'ils articulent; ils ſont préſumés les avoir reçus verbalement ou par écrit du procureur ou de la partie; cependant s'il y avoit preuve de mauvaiſe foi de leur part, ils pourroient être déſavoués & condamnés à des dommages-intérêts.

La diſcrétion eſt une qualité eſſentielle à l'A-

(*) Lorſqu'un avocat tombe dans l'interdiction par un ſimple décret d'ajournement perſonnel ou autrement, il ne peut plus prendre la robe de palais qu'il ne ſoit réhabilité.

vocat comme dépositaire de la confiance de ses clients & de leurs secrets souvent les plus importans. Il n'est point obligé de révéler comme témoin ce qu'il ne sait que comme Avocat, à moins que son client ne lui eût montré frauduleusement de la confiance que pour écarter son témoignage. Ainsi lorsqu'il est assigné comme témoin, & qu'en déposant il ne pourroit le faire qu'en trahissant la confiance d'autrui, au lieu de prêter serment de dire vérité, il doit déclarer qu'ayant été consulté sur l'affaire pour laquelle il paroît devant le juge, il répugne à son état & à son cœur de s'ouvrir directement ni indirectement, & qu'ainsi il requiert d'être dispensé de déposer. Le juge doit recevoir cette déclaration par un acte séparé de l'enquête ou de l'information, en forme de procès-verbal, pour qu'elle soit communiquée ou au ministere public ou à la partie intéressée, & pour l'ordinaire l'Avocat est dispensé de déposer, à moins qu'il ne soit question d'un affaire qui intéresse essentiellement le souverain ou l'état.

Quoiqu'un jeune homme puisse exercer la profession d'Avocat avant l'âge de vingt-cinq ans qui est l'époque ordinaire de la majorité, il ne s'enfuit pas qu'il soit réputé majeur pour ses affaires personnelles. L'expérience nous apprend que nous avons souvent plus de lumières & de maturité pour les affaires d'autrui que pour celles qui nous concernent personnellement.

Pour exercer la profession d'Avocat il faut être de la religion catholique. Cette profession feroit interdite parmi nous à quiconque se déclareroit pour un culte étranger.

Les Avocats ne donnent jamais de *recepiſſe* des pièces qu'ils tiennent des procureurs ou des clients ; il leur ſuffit de déclarer qu'ils les ont remiſes pour qu'ils en ſoient déchargés ; cependant ſi l'on offroit de prouver non pas qu'ils les avoient il n'y a qu'un moment, mais qu'ils les ont encore actuellement, on pourroit accueillir cette preuve, les forcer à les remettre, & même les punir de leur mauvaiſe foi.

Voilà à-peu-près ce que l'on peut ſavoir d'intéreſſant ſur la profeſſion d'Avocat. Nous ajouterons ſeulement que les juges dans tous les tems ont cherché tantôt à l'honorer, tantôt à lui donner des entraves : on ne ſauroit croire combien il y a d'arrêts ou de préjugés différens ſur les mêmes points, & dans les différentes cours du royaume. Voyez *Chenu, en ſon recueil de règlemens & en ſon livre des offices ; Bouchel, en ſa bibliothèque ; Guenois, en ſes conférences, Huſſon, en ſon livre de advocato ; le dictionnaire des arrêts ; d'Agueſſeau, en ſes harangues ; les règles pour former un Avocat ; les lettres ſur la profeſſion d'Avocat ; le traité des injures dans l'ordre judiciaire ; le journal des audiences ; les mémoires du clergé*, &c. Voyez auſſi les articles JUGE, PROCUREUR, BATÔNIER, AVOCAT AU CONSEIL, AVOCAT GÉNÉRAL, HONORAIRES, ÉCRITURES, MÉDECIN, LÉGS, &c. (*article de* M. DAREAU, *avocat au parlement, de la ſociété littéraire de Clermont-Ferrand.*)

AVOCAT AUX CONSEILS. C'eſt un Avocat établi pour inſtruire, diſcuter & plaider toutes les affaires qui ſe portent dans les différens conſeils du roi, ou devant les différentes commiſſions du conſeil, & pour préſenter & ſuivre

F iv

toutes les demandes qui font également de nature à y être portées (*).

(*) *Provifions d'un office d'Avocat aux confeils pour le fieur Ignace-Frederic de Mirbeck.*

LOUIS, par la grace de Dieu, roi de France & de Navarre : à tous ceux qui ces préfentes verront, falut : favoir faifons que pour la pleine & entière confiance que nous avons en la perfonne de notre cher & bien aimé le fieur Ignace-Frederic de Mirbeck, Avocat au parlement & ci-devant à la cour fouveraine & aux confeils de Lorraine, & en fes fens, fuffifance, probité, capacité & expérience, fidé-lité & affection à notre fervice, pour ces caufes & autres, en agréant & confirmant la nomination qui nous a été faite de fa perfonne par notre très-cher & féal chevalier, vice-chancelier, garde des fceaux de France, le fieur de Maupeou, nous lui avons donné & octroyé, donnons & octroyons par ces préfentes, l'office d'Avocat en nos confeils dont étoit pourvu le fieur René-Julien Bouvet dernier poffeffeur, qui en a fait la réfignation en nos mains en faveur dudit fieur de Mirbeck, par acte du 28 feptembre dernier, ci avec ladite nomination & autres pièces concernant ledit office, attachée fous le contrefcel de notre chancellerie ; pour ledit office, avoir, tenir & dorénavant exercer, en jouir & ufer par ledit fieur de Mirbeck aux honneurs, pouvoirs, libertés, fonctions, autorités, privilèges, droits, exemptions, franchifes, immunités, prérogatives, prééminences, fruits, profits, revenus, émolumens audit office appartenans, tels & tout ainfi qu'en a joui ou du jouir ledit fieur Bouvet, qu'en jouiffent & doivent jouir les autres pourvus de pareils offices, conformément aux édits des mois de feptembre 1643, janvier 1644, août 1646 & feptembre 1738. Si donnons en mandement à notre cher & féal chevalier le fieur de Maupeou, vice-chancelier, garde des fceaux de France, que lui étant apparu des bonnes vie & mœurs, âge compétent, converfation & religion catholique, apoftolique & romaine dudit fieur de Mirbeck, & ayant pris le ferment requis & ac-coutumé, il le reçoive, mette & inftitue de par nous en poffeffion dudit office & l'en faffe jouir & ufer pleinement & paifiblement, aux honneurs, pouvoirs, libertés, fonctions,

Ces fonctions étoient remplies autrefois par des Avocats au parlement. M. le chancelier les choisissoit & leur donnoit un brevet en forme de matricule. Ces commissions furent érigées en titre d'office en 1645.

Ces offices sont à la nomination de M. le chancelier. Ils tombent dans ses parties casuelles ; mais les provisions s'expédient au nom de sa majesté.

Le nombre des Avocats aux conseils fut arrêté à 170 lors de leur création primitive en titre d'office. Ce nombre à souffert depuis beaucoup de variations ; mais il a été fixé irrévocablement à 70.

C'est l'état actuel de la compagnie qui prend indifféremment ce titre où celui de collège des Avocats aux conseils.

Pour mettre de l'ordre dans ce que nous avons à dire du ministère de l'Avocat aux conseils cet article sera distribué en plusieurs parties : nous examinerons 1°. Quels doivent être ceux qui aspirent à être pourvus d'un de ces offices? 2°. Quelles sont les fonctions de l'Avocat aux conseils? 3°. Quels sont ses droits & ses privilèges? 4°. quelle est la discipline de la compagnie?

---

autorités, privilèges, droits, exemptions, franchises, immunités, prérogatives, fruits, profits, revenus & émolumens susdits & y appartenans, & lui fasse obéir & entendre de tous & ainsi qu'il appartiendra és choses concernant ledit office; car tel est notre plaisir; en témoin de quoi nous avons fait mettre notre scel à ces présentes. Donné à Fontainebleau le quatrième jour d'octobre, l'an de grâce 1767 & de notre règne le cinquante-troisième.

Par le ROI, D'AMOUXS.

5°. Quel eſt le rang des Avocats aux conſeils, relativement aux autres Avocats ?

1°. Quels ſont ceux qui peuvent être pourvus d'un office d'Avocat aux conſeils ?

Aucun ne peut en être pourvu, s'il n'a été reçu Avocat en parlement. C'eſt la diſpoſition de l'article premier du titre 17 du règlement du 28 juin 1738.

Suivant l'article 3 du même titre, celui qui pourſuit ſa réception dans un de ces offices doit être agréé par M. le chancelier. Dès qu'il en a obtenu *le ſoit montré* aux doyen & ſyndics des Avocats aux conſeils, il ſe préſente à leur aſſemblée. S'ils trouvent qu'il ait les qualités requiſes, ils en rendent compte à M. le chancelier. En conſéquence, un de MM. les maîtres des requêtes eſt commis à l'effet d'informer des vie, mœurs & religion du récipiendaire.

Au reſte, on a ſagement établi que les ſécretaires, clercs, ou commis de ceux qui ont entrée, ſéance, ou voix délibérative au conſeil, ne pourront être pourvus d'offices d'Avocat aux conſeils tant qu'ils demeureront dans cet état.

A l'égard des clercs mêmes des Avocats aux conſeils, ils ne peuvent pareillement être pourvus de ces offices, ſi, après avoir ceſſé d'être clercs, ils n'ont fréquenté le barreau pendant deux ans au moins. Ils ſont tenus d'en rapporter des preuves en bonne forme. Cela eſt ainſi preſcrit par l'article 2 du titre cité.

Le récipiendaire ſubit un examen.

Lors de ſon admiſſion dans la compagnie il prononce un diſcours latin.

Cet examen quoique ſérieux & ſevère, ne roule pourtant pas à beaucoup près ſur l'univerfalité des connoiſſances néceſſaires à un Avocat aux conſeils. Le cercle de ces connoiſſances eſt très-conſidérable. Le miniſtère de l'Avocat aux conſeil n'eſt point borné à une partie du royaume ; il embraſſe les uſages, les lois, la juriſprudence de tous les tribunaux.

Il doit poſſéder parfaitement toutes les ordonnances & les formalités qu'elles ont introduites pour juger des moyens de caſſation qui s'élevent contre les arrêts & les jugemens en derniers reſſort.

La ſcience du droit public du royaume eſt ſur-tout néceſſaire à l'Avocat aux conſeils. La plupart des queſtions qu'il traite tiennent à quelque branche de cette ſcience importante, ſur-tout dans les affaires qui ſe portent directement au conſeil des dépêches.

La variété & la multiplicité des objets dont s'occupent les différens conſeils du roi & les bureaux du miniſtère exigent qu'un Avocat aux conſeils ait au moins une idée très-étendue de toutes les parties de l'adminiſtration. Ainſi les affaires eccléſiaſtiques & civiles, la théorie du commerce & celle des finances, les lois foreſtières, les lois Domaniales, les lois criminelles, les lois burſales, &c, les uſages maritimes, les ſtatuts des colonies, &c. ce qui concerne l'agriculture, l'induſtrie, les manufactures, &c. tout eſt de ſon reſſort.

2°. Les fonctions des Avocats aux conſeils ſont déterminées & les devoirs de leur miniſtère ſont renfermés dans le règlement du 28 juin 1738, *concernant la procédure que ſa majeſté veut être obſervée en ſon conſeil.* C'eſt un des monu-

mens les plus refpectables de l'adminiftration du
celèbre chancelier d'Aguefleau.

- Le préambule annonce que le roi s'étant fait
repréfenter les règlemens généraux faits en
1660, 1673 & 1687, & les autres règlemens
particuliers donnés en conféquence au fujet des
procédures pour l'inftruction & le jugement des
affaires qui doivent être portées en fon confeil,
fa majefté a jugé à propos de réunir dans un
feul règlement général tout ce qui lui a paru devoir être confervé dans les règlemens précédens
& tout ce qu'elle a cru devoir y ajouter pour
rendre la forme de procéder plus fimple & plus
facile & l'expédition des affaires plus prompte
& moins oréreufe à fes fujets.

., La première partie de ce règlement traite
de la manière d'introduire les différentes efpèces d'affaires qui font portées au confeil & des
règles propres à chacune de ces affaires.

- C'eft-là que l'on voit avec évidence la preuve
de ce que nous avons dit dans le paragraphe
précédent, de la multiplicité & de la variété
des objets qui occupent le miniftère de l'Avocat
aux confeils. En effet, les huit premiers titres
des chapitres de la première partie du règlement annoncent que les Avocats aux confeils
font chargés d'y préfenter les inftances d'évoca-
tion fur parentés & alliances, celles en règlement de juges en matière civile & criminelle,
les oppofitions au titre des offices, les demandes
en rapport de provifions ou lettres de juftice
expédiées en chancellerie, les demandes en caffation d'arrêts ou de jugemens rendus en dernier
reffort dans tous les tribunaux du royaume &

des colonies qui jugent fouverainement ou en dernier reffort, les demandes en caffation de jugemens de compétence rendus en faveur des prévôts des maréchaux ou des fièges préfidiaux, les demandes en contrariété d'arrêts, autres que celles dont la connoiffance eft attribuée au grand confeil, les demandes en révifion des procès criminels, les appels des ordonnances ou jugemens des intendans ou commiffaires départis, ou autres juges commis par le confeil, & des capitaineries royales.

Les autres matières non comprifes dans les huit premiers titres font l'objet du titre 9, & les oppofitions aux arrêts du confeil, celui du titre 10.

La feconde partie du règlement fixe la manière de procéder à l'inftruction des affaires portées au confeil & les règles communes à cette inftruction. Cette feconde partie eft compofée de dix-fept titres qui fixent & qui fimplifient tous les détails de la procédure.

Sa majefté n'avoit pas cru devoir comprendre dans ce règlement général ce qui regarde les affaires dont la connoiffance eft renvoyée par des arrêts particuliers par devant des commiffaires du confeil. Ces attributions paffagères ne fembloient pas devoir être l'objet d'un règlement perpétuel. Cependant comme il y en a plufieurs qui font toujours fubfiftantes, & comme il étoit important de faire obferver des règles fixes & uniformes fur la procédure propre à ces fortes d'affaires, fa majefté jugea à propos d'expliquer féparément fes intentions fur ce fujet, par un autre règlement du même jour 28 juin 1738 concernant la procédure à obferver pour l'inſtruction des affaires renvoyées devant des commiſſaires nommés par arrêt de ſon conſeil.

La' plaidoierie & l'inſtruction des cauſes, inſtances & procès portés au tribunal des requêtes de l'hôtel au ſouverain appartiennent encore aux Avocats aux conſeils, à l'excluſion de tous autres Avocats. Ce droit dans lequel ils avoient été troublés leur a été confirmé ſolennellement par les lettres-patentes du 24 juillet 1771. On lit dans ces lettres que le motif du légiſtateur a été de ſeconder les ſentimens d'honneur & de déſintéreſſement dont les Avocats aux conſeils n'ont ceſſé de lui donner des preuves, ainſi que de leurs talens.

Les mêmes lettres confirment également les Avocats aux conſeils dans la faculté de plaider toutes les cauſes dont ils ſeront chargés tant au Parlement, qu'au tribunal des requêtes de l'hôtel, ſoit au ſouverain, ſoit à l'ordinaire & dans tous les autres tribunaux.

Ces lettres-patentes ne font qu'ordonner à cet égard l'exécution de la déclaration du 22 février précédent.

3°. La diſcipline des Avocats aux conſeils a été fixé par le titre 17 de la ſeconde partie du règlement général. Les diſpoſitions en ſont de la plus grande ſageſſe.

Ce titre renferme douze articles. Nous avons rendus compte des trois premiers.

Le quatrieme a pour objet de remédier à un abus très-dangereux. De vils ſolliciteurs de procès, intriguans ſans caractère & ſans connoiſſance, ſe ſont immiſcés de tout tems dans la pourſuite des affaires du conſeil. Ils fatiguent les

co-opérateurs de l'administration, ils surchargent les bureaux de demandes ridicules ou infidèles ; ils éblouiffent les parties par des espérances trompeufes, leur vendent très-cher des fervices très-équivoques & finiffent prefque toujours par tromper leur confiance. Pour prévenir autant qu'il eft poffible les fuites de leurs entreprifes & de leurs friponneries, l'article en queftion « fait défenfes aux clers, folliciteurs & à
» tous autres qu'aux Avocats aux confeils, de
» figner aucun acte de procédure, foit d'inf-
» truction ou autres, ni même de les cotter du
» nom defdits Avocats, à peine de faux ; & ne
» pourront lefdits Avocats leur prêter leur mi-
» niftère directement ou indirectement, ni figner
» pour eux aucunes écritures ou expéditions, à
» peine d'interdiction pour la première fois,
» & de privation de leurs charges pour la fe-
» conde ».

Les autres articles ne font pas moins effentiels ; nous croyons devoir en rapporter les propres termes.

ARTICLE V.

» Ne pourront pareillement lefdits Avocats
» occuper pour leurs confrères, ou leur prêter
« leur nom directement ou indirectement, en
» quelques affaires que ce puiffe être, quand mê-
» me ce feroit pour des parties qui n'auroient
» pas des intérêts oppofés ; & ce, fous telle
» peine qu'il appartiendra, fauf aux parties qui
» auroient un même intérêt à conftituer le même
» Avocat «.

ARTICLE VI.

» Aucun Avocat aux confeils ne pourra faire
» fonction de fecrétaire, clerc, ou commis de

» ceux qui ont entrée ; féance & voix délibé-
» rative au conseil, ni pareillement d'intendant
» ou agent de quelque personne que ce puisse
» être ; ce qui sera observé, à peine de deftitu-
» tion de son office ; à l'effet de quoi, les doyen
» & findics desdits Avocats feront tenus de se
» retirer par devers M. le chancelier pour y
» être par lui pourvu «.

ARTICLE VII.

» Les Avocats aux conseils tiendront une fois
» la femaine une assemblée composée des doyen,
» findics, greffier, & de ceux d'entr'eux qui
» feront députés par chaque mois ; à laquelle
» assemblée les autres Avocats pourront se trou-
» ver si bon leur semble «.

ARTICLE VIII.

» Les députés feront tenus dans le mois de
» leur députation, & les Avocats nouvellement
» reçus, dans les trois premières années de leur
» réception, de se trouver à toutes lesdites af-
» semblées, à peine de 3 livres d'aumône pour
» chaque contravention, s'ils ne font excusés
» par les findics, pour caufes justes & légitimes.

ARTICLE IX.

» Dans lefdites assemblées feront examinées
» les plaintes touchant la discipline desdits Avo-
» cats, l'irrégularité des procédures, & en
» général, l'inobservation des règlemens, no-
» tamment en ce qui concerne les termes inju-
» rieux dont aucun desdits Avocats se plaindront
» contre leurs confreres ; fur quoi l'assemblée
» pourra mulcter les contrevenans de telle au-
» mône qui fera jugée convenable, jufqu'à la
» fomme de 100 livres, applicable à l'hôpital
» général «.

ARTICLE X.

ARTICLE X.

» Ne pourra néanmoins ladite assemblée pren-
» dre connoissance de la révocation qui auroit
» été faite d'un Avocat par sa partie ; & l'Avo-
» cat que ladite partie aura constitué à la place
» du premier , ne pourra se dispenser d'occuper
» pour elle , sous prétexte de vouloir y être
» autorisé par l'avis de ladite assemblée , par
» devant laquelle , ou par devant lesdits syndics
» en charge , les parties ou leurs Avocats ne
» pourront être obligés de se pourvoir au sujet
» de ladite révocation ».

ARTICLE XI.

» Les délibérations qui auront été prises dans
» lesdites assemblées ne pourront être attaquées
» par opposition ni par appel , sauf à ceux qui
» auront à s'en plaindre à se retirer par devers
» M. le chancelier pour y être pourvu , ainsi
» qu'il appartiendra «.

ARTICLE XII.

» Les doyen & syndics desdits Avocats seront
» tenus de remettre tous les mois à M. le chan-
» celier un extrait des délibérations prises en
» ladite assemblée sur tous les points contenus
» en l'article IX ci-dessus ; concernant la disci-
» pline des Avocats aux conseils ».

Depuis l'époque de ce règlement , le collége
des Avocats aux conseils a maintenu & confirmé
l'exécution des différens points de sa discipline
par plusieurs délibérations prises dans ses assemblées. Ces délibérations ont occasionné une singulière méprise dans un procès célèbre. M. de
Beaumarchais s'est exprimé légèrement sur les
règlemens intérieurs des Avocats aux conseils ;
mais il ne les a dépréciés que parce qu'il n'en a

Tome IV. G

pas bien faifi l'efprit. En effet, il a pris pour un refus prémédité de défendre fes intérêts, la liberté très-naturelle que tous les Avocats aux confeils avoient de fe charger de fa défenfe, ou de ne la point accepter.

Cette erreur de M. de Beaumarchais n'empêche pas qu'on ne doive rendre hommage à la fageffe, à la juftice, à l'utilité de la difcipline des Avocats aux confeils. Il feroit à defirer que toutes les compagnies euffent également des ftatuts de difcipline clairs & précis. Les membres fauroient leurs devoirs; ils ne craindroient pas d'être inquiétés pour des dénonciations calomnieufes & fur des griefs non prévus. Le public gagneroit auffi à cette régularité.

4°. Les Avocats aux confeils font confidérés comme étant toujours à la fuite de fa majefté; en conféquence, ils jouiffent de tous les privilèges, franchifes, prérogatives, exemptions & immunités des commenfaux tant qu'ils exercent les fonctions de leur office, & lorfqu'après vingt ans d'exercice, ils ont obtenu des lettres de vétérance.

L'article 13 du titre 4 de l'ordonnance du mois d'août 1669 n'accordoit le droit de *committimus* au grand fceau qu'aux quinze anciens Avocats aux confeils, fuivant l'ordre du tableau; mais aujourd'hui tous les Avocats aux confeils jouiffent de ce droit; fuivant un arrêt du confeil du 26 octobre 1671, confirmé par un autre du 18 décembre 1740, & en dernier lieu, maintenu par des lettres-patentes données à Compiègne le 26 juillet 1771. Le préambule de ces lettres annonce que ce droit leur avoit été accordé long-tems avant l'ordonnance de 1669,

qu'ils y ont été confirmés dans toutes les occafions, & qu'il leur eft même néceffaire, *vu
l'affiduité & l'importance du fervice qu'ils font tenus
de remplir auprès des confeils du roi & la multiplicité des fonctions auxquelles ils fe livrent, à la
fatisfaction de fa majefté.*

Mais lorfqu'il s'agit de reftitution de pièces,
titres, papiers, ou procédures engagés dans des
inftances portées aux confeils, on ne peut former de demande fur ce point contre les Avocats ailleurs qu'au confeil. C'eft ce qui a été
jugé par arrêt du confeil d'état du roi le 26 août
1755 en faveur d'un Avocat aux confeils contre
lequel on s'étoit d'abord pourvu au parlement.

L'Avocat aux confeils a pour le payement de
fes débourfés & honoraires une action qui dure
cinq années, à compter du jour du jugement de
l'inftance. Cette action eft fondée fur une loi
romaine, dont la difpofition n'a point été adoptée par les Avocats au parlement de Paris, mais
qu'on ne fauroit cependant regarder que comme très-fage. On ne peut à cet egard oppofer
aux Avocats aux confeils aucune fin de non recevoir. C'eft ce qui a été jugé aux requêtes de
l'hôtel au fouverain le 17 avril 1704.

5°. Enfin les Avocats aux confeils peuvent être
confidérés relativement aux autres Avocats.

On a vu qu'ils jouiffoient du droit exclufif de
plaider & d'écrire aux requêtes de l'hôtel au
fouverain, & de la concurrence avec les autres
Avocats dans tous les tribunaux.

Il s'eft élevé de fréquentes conteftations entre
les Avocats aux confeils & les Avocats au parlement, pour raifon de leur préféance dans les
confultations, arbitrages & autres occafions. Ce

fut pour prévenir les retardemens caufés, par ces conteftations dans les affaires des particuliers qui avoient befoin de leurs miniftère, que Louis XIV ordonna par arrêt du confeil du 21 février 1683 „ que les Avocats aux confeils & les Avocats au parlement garderoient entr'eux dans les affemblées générales & particulières, confultations, arbitrages & ailleurs le rang & la préféance, fuivant la date de leurs matricules.

Cette difpofition a été confirmée par la déclaration du 6 février 1709, enregiftrée au parlement le 23 du même mois & de la même année, & par la déclaration déjà citée du 22 février 1771.

De tous ceux qui exercent la profeffion noble & laborieufe d'Avocat, les Avocats aux confeils font ceux que leurs fonctions approchent plus près du Trône, puifque leur miniftère eft tout entier dévoué aux affaires qui fe rapportent devant le roi, ou devant le chef de la juftice en France. C'eft à cette glorieufe prérogative qu'on a voulu faire allufion dans la devife des jetons qui fe diftribuent dans leurs affemblées. On y voit des aigles dirigeant leur vol & leurs regards vers le foleil, & l'infcription annonce qu'il n'eft donné qu'à eux d'envifager cet aftre. *Solis fas cernere folem.* Voyez les lois citées dans cet article & les articles CONSEIL, PRÉSÉANCE, AVOCAT, COMMITTIMUS.

Nous finirons celui-ci par une note fur les Avocats aux ci-devant confeils de Lorraine. Leurs offices avoient été créés héréditaires, au nombre de quinze, par édit du duc Léopold de Lorraine, des 20 janvier 1699 & 10 janvier

1719, ils rempliſſoient aux conſeils de Lunéville des fonctions très-étendue. Le conſeil de Lorraine jugeoit toujours le reſcindant & le reſciſoire. Il prononçoit également ſur l'injuſtice & ſur l'irrégularité des arrêts dont on lui demandoit la caſſation. D'ailleurs on n'expédioit aucun arrêt en finance ni aucunes lettres en chancellerie que ſur une requête ſignée d'un de ces Avocats : cette précaution très-ſage évitoit aux adminiſtrateurs bien des inconveniens. Les demandes étoient claires & préciſes ; on n'avoit ni ſurpriſes, ni fauſſes énonciations à craindre , & l'on ne riſquoit pas de compromettre la majeſté des déciſions ſouveraines , en les faiſant porter ſur la baſe d'un placet infidèle ou d'un mémoire haſardé.

En 1766 le décès du roi de Pologne fit ceſſer l'exiſtence & les pouvoirs des différens conſeils que ce prince avoit créés depuis ſon avènement aux duchés de Lorraine & de Bar. Une déclaration donnée à Verſailles le 16 juin de cette année , a ſupprimé les quinze offices d'Avocats en ces conſeils; leurs fonctions ont été attribuées aux Avocats aux conſeils du roi , chargés du rembourſement de leurs finances (*).

AVOCAT CONSISTORIAL. On appelle ainſi des officiers de la cour de Rome dont la fonction

_____

(*) Nous ſaiſiſſons avec plaiſir l'occaſion de rendre ici un hommage public à l'auteur de cet article. Il eſt de M. de MIRBECK, Avocat aux conſeils & ſecrétaire du roi, non moins connu par ſes talens & par l'étendue des connoiſſances qu'il a acquiſes dans toutes les parties de la juriſprudence, que par la nobleſſe avec laquelle il remplit les fonctions de ſon état.

eſt entr'autres de plaider ſur les oppoſitions aux proviſions des bénéfices. Ces officiers ſont au nombre de douze.

On les appelle *Avocats Conſiſtoriaux*, parce qu'ils font à Rome dans le conſiſtoire (qui eſt un conſeil auquel le pape préſide) la même fonction que font en France les Avocats aux conſeils du roi. Voyez CONSISTOIRE. (Article de M. DAREAU, Avocat au parlement).

AVOCAT DU ROI. C'eſt un officier chargé dans certains ſièges royaux de diſcuter les affaires où le roi, l'égliſe, le public & les mineurs peuvent avoir quelque intérêt, & d'en faire ſon rapport à l'audience.

Anciennement cette fonction étoit dévolue de plein droit au plus ancien gradué du ſiège. Elle lui appartient encore dans pluſieurs endroits en l'abſence de l'Avocat du Roi ; dans d'autres c'eſt le dernier inſtalé des juges qui fait les fonctions de cet officier : mais c'eſt un abus.

L'Avocat du Roi peut faire les fonctions d'Avocat ordinaire dans les affaires qui n'intéreſſent que les particuliers : ce droit lui eſt acquis par l'édit de création de ſon office, & il le conſerve encore aujourd'hui ; mais lorſqu'il en fait uſage, il doit paſſer au barreau ſans autre rang ſur les autres Avocats que celui de ſon ancienneté de matricule au tableau. En un mot un Avocat du Roi ne diffère guères des autres Avocats du ſiège, qu'en ce qu'il eſt chargé de la diſcuſſion de certaines affaires excluſivement à eux. Aux rentrées du palais après avoir requis le ſerment des gens du barreau, il le fait lui-même le premier en allant toucher les livres ſaints. Du moins c'eſt ce qui ſe pratique dans différens ſièges, comme au parlement de Paris à l'égard des Avocats généraux.

L'Avocat du Roi ne peut jamais suppléer les juges dans les affaires qui sont de son ministère, mais il le peut dans les autres, & même aujourd'hui il y est autorisé préférablement aux autres Avocats plus anciens que lui.

Quoique l'Avocat du Roi fasse les fonctions des autres Avocats dans les affaires qui n'intéressent point le ministère public, il ne laisse pas d'avoir sur eux la préséance dans les cérémonies publiques. Lorsqu'il parle comme Avocat du Roi, il doit être debout, mais il peut être couvert & avoir les gants aux mains. Il a droit de parler aussi long-temps qu'il le juge à propos, sans que les juges puissent lever l'audience. Lorsqu'il a fini le rapport de la cause & qu'il a donné ses conclusions, il ne doit point être présent à la délibération des juges, ni l'interrompre, à moins qu'il ne lui soit échappé quelque observation intéressante. Mais après la prononciation de leur jugement, il peut, dit-on, appeler de leur décision à leur face, ce qui n'est point permis aux autres Avocats (*).

(*) On ne voit pas qu'un Avocat du Roi fasse jamais usage de cette faculté, nous osons même croire que l'exercice en seroit indécent & de mauvais exemple. Voyez cependant un arrêt du 24 février 1628 rapporté par Duchesne qui semble en donner la permission ; mais cet appel à la face des juges ne seroit excusable qu'autant qu'ils auroient formellement blessé les ordonnances, & qu'il seroit intéressant d'arrêter sur le champ l'exécution de leur jugement ; sur cuoi il est bon de remarquer que quoique dans les affaires dont le jugement est susceptible d'une exécution provisoire, le simple appel des particuliers ne soit point suspensif, il n'en

Dans une caufe où l'Avocat du Roi eſt feul appelant, il eſt obligé de parler avant l'Avocat de la partie intimée. Il ne peut point forcer les procureurs non plus que les Avocats à lui communiquer ailleurs qu'au parquet les caufes qui intéreſſent ſon miniſtère, & il doit s'y trouver aux heures règlées pour chaque fiège. Cette communication doit être gratuite, c'eſt-à-dire qu'il n'a rien à recevoir pour chaque rapport qu'il fait d'une affaire à l'audience, quand même on lui offriroit volontairement des honoraires. C'eſt ce qui réfulte formellement de l'article 31 de l'arrêt de règlement du 10 juillet 1665 (*). Il n'en eſt pas de même des procès par écrit ; il peut avoir des épices. Dans quelques fièges il eſt taxé par les juges ; dans d'autres il ſe taxe lui-même : ceci dépend de l'uſage.

Lorſque le procureur du Roi eſt abſent, l'Avocat du Roi en fait les fonſtions préférablement aux autres Avocats.

La fonſtion d'Avocat du Roi demande des talens particuliers. Il ne lui ſuffit pas d'être bon jurifconfulte, il faut auſſi qu'il foit quelquefois orateur, & il ne le devient qu'en ſe familiariſant avec les belles-lettres. Il lui faut une grande

---

eſt pas de même d'un appel interjeté par le miniſtère public. Un appel de ſa part fait préfumer une contravention formelle aux ordonnances & aux règlemens, & le légiſlateur en ce cas eſt préfumé n'avoir point voulu laiſſer ſubfiſter cette exécution proviſoire contre ſon propre intérêt & celui du public.

(*) En Lorraine, il eſt dû à l'Avocat du Roi quarante fous lorſqu'il porte la parole dans une affaire d'audience. Cela eſt ainfi règlé par l'ordonnance du mois de novembre 1707 & par la déclaration du roi Staniflas duc de Lorraine, du 25 janvier 1752.

ſagacité & beaucoup de juſteſſe dans l'application des règles & des principes. Après que deux Avocats ont combattu avec des armes à peu-près égales ; dans ces momens où les juges eux-mêmes ainſi que le public ſont encore incertains à qui ils décerneront l'honneur du triomphe, c'eſt à lui de diſſiper les nuages, & d'indiquer le vrai point de la difficulté qui ſe trouve comme perdu au milieu d'une foule de faits & de circonſtances.

Il y a des ſièges, tels que le préſidial de Gué-ret, où l'Avocat du Roi eſt en même temps pourvu d'un office de conſeiller au même tribunal, pour en faire les fonctions, lorſque ſon miniſtère n'eſt point intéreſſé. Mais c'eſt un abus occaſionné par ces temps malheureux où Louis XIV recouroit à des créations d'offices pour augmenter ſes ſubſides ſans fatiguer ſes peuples. Il eſt à deſirer qu'on ouvre les yeux ſur un abus pareil : un Avocat du Roi eſt fait pour veiller à à l'exécution des ordonnances, pour remóntrer aux juges leurs devoirs, & pour être en quelque façon le cenſeur de leur conduite : mais comment peut-il s'acquitter avec exactitude d'une fonction ſi délicate, lorſqu'il ſe trouve lui-même au nombre des juges qu'il convient de cenſurer? (Article de M. DAREAU, Avocat au parlement, &c.)

AVOCAT-FISCAL. C'eſt le titre que prend dans un duché & quelquefois dans une juſtice ſeigneuriale, celui qui y fait les mêmes fonctions que celles que fait un Avocat du Roi dans un ſiège royal. (Article de M. DAREAU, Avocat au parlement, &c.)

AVOCAT-GÉNÉRAL. C'eſt le titre qu'on

donné à ceux d'entre les officiers du parquet d'un parlement ou d'une cour souveraine qui sont chargés de discuter à l'audience devant les juges les causes où le roi, l'église & le public peuvent avoir quelque intérêt.

Anciennement on n'appeloit Avocats-Généraux que les Avocats qui se chargeoient des causes des particuliers : on les appeloit Généraux pour les distinguer des Avocats du roi, qui ne plaidoient que les causes qui intéressoient le roi & le public ; ces derniers n'étoient appelés qu'Avocats du roi, quoique le procureur du roi au parlement fût dès-lors qualifié de procureur-général.

Ils ont été établis à l'instar de ce qui se pratiquoit chez les Romains, où les empereurs avoient un Avocat pour eux appelé *patronus fisci* : il en est fait mention dans la loi 21 au code *si adversus fiscum*.

Ils partagent d'ailleurs avec le procureur-général les fonctions que remplissoient à Rome les censeurs.

Les registres du parlement nous apprennent que dès l'an 1300 Jean de Vassoigne étoit Avocat du roi au parlement, & que dans la même année Jean du Bois exerça cette fonction.

On trouve au nombre de leurs successeurs le célebre Pierre de Cugnières qui introduisit l'usage des appels comme d'abus ; & Pierre de la Forest, qui fut depuis chancelier de France.

On donnoit déja des provisions de cet office dès l'an 1331 ; il y en a au premier registre du dépôt au feuillet 201 pour Gérard de Montaigu: les lettres du roi le nomment *Advocatum nostrum pro nobis & noftris caufis civilibus in parlamento noftro præfenti, cæterifque parlamentis futuris.*

On voit par-là que la fonction d'Avocat du roi étoit dès-lors permanente, & qu'il y avoit deux Avocats du roi, l'un clerc pour les caufes civiles, & l'autre laïque pour les caufes criminelles.

On trouve encore au feuillet 82 du troifième regiftre du dépôt d'autres provifions d'Avocat du roi données en 1347, à Robert le Cocq, au lieu de Pierre de la Foreft.

L'ordonnance de Philippe de Valois du 11 mars 1344 nous apprend que la place des Avocats & procureurs du roi étoit alors fur le premier banc appelé depuis banc des baillis & fénéchaux. En effet il eft dit que les jeunes Avocats ne doivent point s'affeoir fur le premier banc où les Avocats & procureurs du roi, les baillis, fénéchaux & autres perfonnes qualifiées ont coutume de s'affeoir.

Dans des lettres du roi Jean du 22 janvier 1352, il eft fait mention de fon procureur-général & de fes avocats au parlement. *Procurator nofter generalis, atque advocati noftri dicti parlamenti.*

Ainfi, quoique le procureur du roi au parlement prît dès-lors le titre de procureur-général, fes Avocats avoient fimplement le titre d'Avocats du roi.

Dans d'autres lettres de Charles V alors régent du royaume, du mois de feptembre 1358, on voit qu'une information ayant été faite par ordre du roi par le prévôt de Paris, fur une grace demandée par les couturiers ou tailleurs, elle fut renvoyée au confeil & aux requêtes de l'hôtel, & enfuite communiquée aux procureurs & Avocats du roi en parlement.

Plufieurs Auteurs rapportent de Guillaume de Dormans qu'il avoit été long-temps Avocat-Général au parlement avant d'être Avocat du roi. Il eft certain en effet qu'il avoit d'abord été Avocat pour les parties ; néanmoins dans des lettres du 20 février 1359, données par Charles V en qualité de régent du royaume, il le qualifie *Advocato Generali dicti genitoris noftri & noftro.* Il nomme enfuite deux autres Avocats auxquels il donne fimplement cette qualité, *in parlamento Parifienfi Advocatis.* Les Avocats du roi ne prenoient pourtant pas encore le titre d'Avocat-Général ; ainfi pour concilier cette contradiction apparente, il faut entendre ce qui eft dit de Guillaume de Dormans, qu'il étoit tout à la fois Avocat général, c'eft-à-dire des parties, & Avocat du roi & du dauphin comme cela étoit alors compatible : en effet ce même Guillaume de Dormans & les deux autres Avocats dont il eft fait mention dans les lettres dont on vient de parler, ne font tous qualifiés dans d'autres lettres du même Charles V qu'Avocats en parlement.

Ce que l'on vient de dire eft confirmé par d'autres lettres du même prince du 28 mai 1359, dans lefquelles il qualifie feu Mᵉ. Regnaud Daci vivant, *Avocat Général en parlement*, & auffi fpécial de Monfieur (le roi) & de nous.

Le procureur général du roi s'étant oppofé à certaines lettres, Charles V adreffa le 19 juillet 1367 *aux Avocats & procureur général* de fon parlement une lettre clofe ou de cachet, par laquelle il leur enjoint de ne point s'oppofer à fes lettres ; l'adreſſe de cette lettre de cachet eſt en ces termes : *à nos bien amès nos Advocats & procureur-général en notre parlement à Paris.* Le titre de Général ne tombe encore comme on voit que ſur ſon procureur.

Il s'exprima à peu-près de même dans des lettres du 12 décembre 1372 : *Défendons à notre procureur-général & Avocat en parlement*, &c.

Dans d'autres lettres du 16 juillet 1378 Mᵉ. Guillaume de Saint-Germain eſt qualifié procureur-général du roi notre ſire , & Mᵉ. Guillaume de Sens *Avocat du roi audit parlement.*

Les Avocats Généraux ont été inſtitués non-ſeulement pour porter la parole pour le procureur-général, mais auſſi pour donner conſeil au procureur-général ſur les diverſes affaires qui ſe préſentent ; c'eſt pourquoi ils ont le titre de conſeillers du roi. On leur donnoit ce titre dès le commencement du quatorzième ſiècle , ainſi qu'on le voit dans le quatrième regiſtres après les *olim* , où le roi dit, *procuratore noſtro Advocatiſque conſiliariis noſtris in parlamento ſuper præmiſſis . . . . . diligenter auditis.*

Il paroît que dès leur première origine il y en a toujours eu deux ; & que comme les autres officiers de la cour étoient moitié clercs & moitié laïques , de même auſſi l'un des Avocats du roi étoit clerc & l'autre laïque.

On trouve en effet dans les regiſtres du parlement que le 18 février 1411 le parlement fut mandé par députés au conſeil privé qui ſe tenoit à l'hôtel ſaint Paul, & là en préſence du roi Charles VI, M. Jean du Perrier chanoine de Chartres, un des Avocats du roi , parla contre le cardinal de Piſe , à l'occaſion de certaines lettres closes que ce cardinal avoit envoyées à Rome *au deshonneur & dommage du roi.*

Il y en a encore un exemple sur le regiftre du 23 novembre 1476. Le roi de Portugal ayant été reçu à Paris, le roi Louis XI voulut qu'il allât au parlement à l'audience où François Halle archidiacre de Paris, Avocat du roi, & Pierre de Brabant Avocat en la cour & curé de saint-Euf-ftache de Paris plaidèrent une caufe en régale. La chronique dit qu'il faifoit *moult bel les ouir.*

Outre les deux Avocats ordinaires du roi il y en avoit quelquefois un troifième : c'eft ainfi qu'en 1428 Jean Rabateau ou Rabatelli fut reçu Avocat criminel. On pourroit peut-être croire que l'on donnoit ce titre à celui qui étoit laïque parce que fon collegue étant clerc ne pouvoit fe mêler des affaires où il s'agiffoit de prononcer quelque peine emportant effufion de fang ; mais ce qui détruit cette conjecture, c'eft que ce même Jean de Rabateau étoit déja Avocat du roi dès 1421 ; de-forte qu'en 1428 on ne fit que le commettre fpécialement pour les affaires criminelles.

Quelquefois en attendant qu'il y eût une des deux places d'Avocat du roi vacantes, on en commettoit un troifième auquel on donnoit le titre d'Avocat du roi extraordinaire, tel que fut Philippe l'Huillier, nommé en 1471. L'office dont il étoit pourvu ne fut pourtant fupprimé que le 6 avril 1491. Tel fut encore l'office que le roi créa en faveur de Jean Olivier (depuis premier préfident) lequel au commencement du dix-feptième fiècle fut Avocat du roi extraordinaire jufqu'après la mort de Guillaume Volant, qu'il le devint ordinaire.

Quelques-uns furent aussi commis pour exercer cette fonction pendant l'absence des titulaires : c'est ainsi que pendant les troubles de la ligue Pierre de Beauvais, Félix le Vayer, Jean le Maître & Louis d'Orléans furent commis en janvier 1589 pour les affaires du parlement à la place de ceux qui se retirerent.

De même Hugues le Maître fut nommé en 1589 par le roi pour exercer à Châlons où il y avoit une portion du parlement.

Antoine Loifel fut pareillement nommé pour exercer cette fonction lors de la réduction de Paris en 1594.

Mais toutes ces commissions données à un troisième Avocat du roi au parlement étoient des graces personnelles, & cessoient à la mort des officiers auxquels elles avoient été accordées.

Quelques-uns prétendent qu'Antoine Séguier reçu Avocat du roi en 1587 fut le premier auquel le titre d'Avocat-Général fut donné ; cependant Henrys dit que ce fut Gabriel de Marillac qui le premier prit ce titre aux grands jours de Moulins parce qu'il y faisoit aussi la fonction de procureur-général. On trouve même que cette qualité d'Avocat-Général fut donnée à Pierre Lizet dans des lettres du 30 juillet 1526 qui lui permirent de consulter pour les parties dans les affaires où le roi n'auroit pas d'intérêt.

Ce qui est de certain c'est que depuis Antoine Séguier tous les Avocats du roi au parlement ont été qualifiés d'Avocats-Généraux ; néanmoins dans le style des arrêts ils ne sont jamais qualifiés qu'*Avocats dudit seigneur roi*.

Les deux premières places d'Avocat-Général n'ont point été créées en titre d'office ; elles font prefque auffi anciennes que le parlement; la troifième fut créée en 1690 pour M. Henry-François Dagueffeau qui fut depuis procureur-général & enfuite chancelier de France.

Chaque Avocat-Général à fa réception reçoit du corps de ville un compliment & le préfent d'une belle écritoire d'argent.

Le premier Avocat-Général précede le procureur-général, comme portant la parole pour lui ; les deux autres marchent après lui.

La place des Avocats-Généraux aux grandes audiences étoit autrefois fur le banc des baillis & fénéchaux ; ce ne fut que le 9 février 1589 qu'ils commencerent à fe placer fur le banc des fecrétaires de la cour par rapport au préfident de Verdun qui étoit un peu fourd.

Leur place aux petites audiencees eft derrière le premier banc ou premier barreau.

Ils font à la tête du barreau comme étant les premiers dans l'ordre des Avocats ; c'eft pourquoi ils paffent auffi les premiers au ferment. M. Talon portant la parole à la grand'chambre le 27 janvier 1687, difoit que *le plus grand avantage des charges qu'ils ont l'honneur d'occuper, c'eft celui d'être les premiers de l'ordre des Avocats, d'être à la tête d'un corps fi illuftre ; duquel ils eftiment à honneur de faire partie :* d'où il conclut qu'*ils étoient obligés d'en maintenir les avantages.*

Pour ce qui eft des fonctions des Avocats-Généraux ils en ont plufieurs qui leur font propres, & d'autres qui leur font communes avec le procureur-général, & qui appartiennent aux gens du roi collectivement ou concurremment.

En général on peut diftinguer deux fonctions qui font tout le partage du miniftère public, celle telle de prendre des conclusions à raison de l'ordre public dans les affaires des particuliers ; & celle de plaider pour le roi contre les particuliers dans les affaires du domaine & des droits de la couronne.

Quant au détail de ces fonctions, ou elles font intérieures & s'exercent dans le conseil particulier du parquet ; ou elles font extérieures & font relatives au roi, au parlement, au public ; aux parties, au barreau.

Dans l'intérieur du parquet, les Avocats-Généraux font le conseil du procureur-général pour donner les conclusions qui font de son ministère dans les affaires importantes. Ils forment avec lui le conseil du gouvernement fur les projets des actes de législation qui doivent être adressés au parlement, tels que les projets de lois, d'édits & déclarations concernant les impofitions ; & généralement toutes les opérations de justice, police ou finance.

On a coutume de leur adresser ces projets pour avoir leur avis qu'ils donnent en commun & de concert avec le premier préfident à qui on adresse toujours en même temps copie des mêmes projets.

Ils forment de même en commun & d'ordinaire avec le même magistrat, les projets de règlemens & de réformations qu'ils estiment nécessaires de présenter au roi pour être revêtus de son autorité, ou au parlement pour être mis en forme de règlement concernant la discipline du parlement même, ou celle des fièges inférieurs ; ou le bien de la police ; la poursuite des crimes & généralement tout ce qui se présente au parlement par requête du procureur-général.

Dans ce même intérieur du parquet ils font par la même voie de la communication des miniſtres ou des parties intéreſſées les cenſeurs & les contradicteurs des privilèges & conceſſions qui s'accordent aux corps ou aux particuliers, pour empêcher qu'il ne s'y gliſſe rien de contraire aux maximes du royaume, aux ordonnances, aux droits de la couronne, à l'ordre public, à celui des juridictions & aux droits du parlement.

Les fonctions extérieures des gens du roi ont pluſieurs branches comme on vient de l'annoncer.

Relativement au roi c'eſt d'aller exécuter auprès de ſa majeſté les commiſſions du parlement, de mander le jour, le lieu & l'heure pour les députations, lui expliquer les demandes ou repréſentations dont la compagnie les charge quelquefois, recevoir de la bouche du roi les réponſes à ces demandes, & les ordres verbaux qu'il juge à propos de faire paſſer à ſon parlement, qui ne reconnoît aucun autre canal que celui des gens du roi pour recevoir des ordres de ſa majeſté.

Pour raiſon de ces fonctions ils ont toujours accès près du roi, en avertiſſant M. le Chancelier lorſqu'il y eſt, mais ſans autre canal que celui du premier gentilhomme de la chambre ou en ſon abſence du premier valet-de-chambre : quant aux ordres par écrit du roi au parlement, ils les reçoivent de M. le chancelier ou des miniſtres qui les ont expédiés, & en ſont auſſi les ſeuls porteurs auprès de la compagnie.

Relativement au parlement leurs fonctions ſont de lui apporter les ordres du roi verbaux ou écrits, de faire les meſſages & les commiſſions dont on vient de parler auprès du roi, d'entrer avec le procureur-général toutes les fois qu'il entre, de prendre la parole sur. lui pour annoncer ou expliquer les réquisitions, requêtes, conclusions ou ordres du roi qu'il apporte ; de faire la même chose en l'absence du procureur-général en se faisant accompagner par un substitut qui tient à la main les conclusions par écrit s'il y en a ; de faire la mercuriale alternativement avec le procureur-général, droit néanmoins qui n'appartient qu'à l'ancien Avocat-Général ; d'introduire à la cour les maîtres des cérémonies lorsqu'ils viennent l'inviter de la part du roi aux *Te Deum* ou pompes funèbres, ou d'autres gentilshommes envoyés par le roi ; ceux qui font envoyés par les princes ; les officiers de police lorsqu'ils viennent rendre compte avant le carême de l'état de la police & de celui des provisions ; ceux de la ville dans la même occasion & lorsqu'ils présentent chaque année les nouveaux consuls au serment ; les mêmes officiers & tous autres lorsqu'ils demandent à être entendus en la cour ou qu'ils font mandés par elle ; le bâtonnier & les anciens Avocats lorsqu'il y a lieu de les entendre sur quelque fait qui concerne l'ordre des Avocats; les procureurs des communautés dans des cas semblables, & généralement toute personne qui peut avoir à parler à la cour ou à en recevoir des ordres : & toutes les fois que les gens du roi introduisent ainsi quelqu'un à la cour pour quelque cause que ce soit, ils y demeurent pour entendre ce qu'il dit ou ce que la cour lui dit, y prennent séance & prennent des conclusions s'il y a lieu, ou sur le champ, ou après avoir demandé à se retirer au parquet pour en conférer ou pour les rédiger par écrit, au cas que cette forme leur paroisse plus convenable.

Enfin les Avocats-Généraux suivent le parlement dans les marches & cérémonies publiques, mais à quelque distance des derniers conseillers & avec un huissier en particulier; ils l'accompagnent aussi aux députations; & en se retirant après tous les députés ils s'approchent du roi tous ensemble pour le saluer en leur particulier; lorsque la députation est venue pour complimenter le roi, ils font alors un compliment particulier au roi, à la reine & à chacun de ceux à qui les députés ont adressé celui de la compagnie; l'usage de ce compliment particulier a commencé sous Louis XIV.: auparavant ils disoient seulement en s'approchant du roi, *sire ce sont vos gens*; mais aujourd'hui cet usage est établi, & les gens du roi de toutes les compagnies font de pareils complimens à la suite des députés.

Relativement au public la fonction des Avocats-Généraux est d'assister tous à l'audience des grands rôles & de porter la parole dans toutes les causes qui y sont plaidées; sur quoi depuis long-temps on ne fait plus de distinction entre les causes sujettes à communication & celles qui ne le font pas. C'est une maxime au palais que l'on n'interrompt point le roi quand il parle, c'est-à-dire qu'on n'interrompt point ses gens lorsqu'ils portent la parole.

Les gens du roi sont aussi dans l'usage que lorsqu'un d'entr'eux porte la parole, soit dans une cause ou autre occasion, les autres se tiennent debout s'il est plus ancien qu'eux , & s'il est moins ancien ils se tiennent assis.

Aux grandes audiences les Avocats-Généraux parlent un genou appuyé sur le banc où ils siègent.

C'est aussi une de leurs fonctions relativement au public d'assister par un d'entr'eux le vendredi matin à la grand'chambre , le mercredi & samedi à la grand'chambre & à la tournelle & de plaider de même toutes les causes à toutes ces audiences ; d'assister par un d'entr'eux aux audiences de relevée pour requérir la communication des causes & y porter la parole lorsqu'elles sont de leur ministère ; d'assister même aux audiences de sept heures à la grand'chambre lorsqu'ils sont avertis de s'y trouver pour des causes sujettes à communication ; & à celles des chambres des enquêtes dans les mêmes cas, & de tenir le parquet les matins, après l'audience de la grand'chambre pour recevoir la communication des causes à plaider ; ils recevoient autrefois ces communications en se promenant dans la grande salle ; mais depuis qu'on leur a fait construire un parquet ils y reçoivent les communications.

Les Avocats-Généraux y jugent aussi tous ensemble les conflits entre les chambres du parlement ou chacun séparément & par forme d'avis, suivant l'ordonnance , les appels d'icompetence & de déni de renvoi, les nullités de procédures & les affaires renvoyées par arrêt au parquet.

Enfin ils y règlent les conflits entre le parlement & la cour des aides conjointement avec les gens du roi de cette cour , lesquels à jour convenu se rendent au parquet du parlement , y prennent féance fur le même banc après eux, entendent enfemble avec eux le rapport qui fe fait du conflit par un fubftitut de celle des deux cours-où ce conflit s'eft formé & jugent cependant comme à l'audience en opinant tout haut, les portes ouvertes, à la pluralité des voix des officiers des deux parquets réunis.

Relativement aux particuliers, les Avocats-Généraux ont la fonction de réquérir & de prendre communication de toutes leurs affaires fur les grands rôles, & de toutes celles des autres rôles où l'églife, les communautés d'habitans, les corps laïques ou ecclésiaftiques, les mineurs, le roi ou l'ordre public peuvent avoir intérêt, du moins au fond ; de réquérir à l'audience dans les caufes communiquées ou non, contre toutes fortes de particuliers ; foit qu'ils foient ou ne foient pas parties dans la caufe, tout ce qui peut être du bien public, même leur décret ou emprifonnement s'il y a délit ou lieu à prononcer des amendes, aumônes, injonctions, défenfes, ou autres peines & difpofitions ; ils peuvent rendre plainte & introduire toute demande, s'infcrire en faux, former oppofition à des arrêts, interjeter des appels de fentences, & faire toutes les autres procédures qu'ils eftiment de leur miniftère.

Enfin par rapport au barreau il eft des fonctions des Avocats-Généraux de faire un difcours aux Avocats tous les ans le jour de l'ouverture des audiences, de préfider à la rédaction des comptes & à l'entretien de leur bibliotèque, de veiller à la difcipline & à l'ordre du barreau dans tous les fièges du reffort du parlement, & de règler les conteftations qui y fur-

viennent, lorfque les parties s'adreffent comme
elles font pour l'ordinaire en pareil cas aux gens
du roi du parlement.

Une fonction relative en quelque forte au
même objet, c'eft la difcipline & l'ordre des facultés de droit des univerfités du reffort, qui
font Paris, Reims, Orléans, Bourges, Angers
& Poitiers, objet que les ordonnances ont remis
fpécialement au premier Avocat-Général : ces
facultés font obligées de lui envoyer tous les
trois mois le double de leurs regiftres d'infcriptions & les lieutenans-généraux des fièges le procès verbal des vifites qu'ils doivent faire aux
écoles de droit pour conftater les noms & la
réfidence des étudians infcrits fur ces regiftres.

Le premier Avocat-Général vérifie le temps
d'études des licentiés qui viennent fe préfenter
pour être Avocats ; il leur en délivre fon certificat, s'ils le requierent, pour fe faire recevoir en
un autre parlement ; ou s'ils veulent être reçus
au parlement de Paris ils fe font préfenter à
l'audience par un ancien Avocat un jour de grand
rôle, & le premier Avocat-Général fe leve &
attefte que le licentié qui fe préfente a fatisfait
aux ordonnances, qu'ainfi *il n'empêche qu'il plaife*
à la cour de le recevoir au ferment d'Avocat, &
il figne au dos des lettres de licence un vu qui
contient le détail des infcriptions, interftices,
actes & temps d'étude de droit François.

Outre ces fonctions il y a plufieurs objets fur
lefquels les gens du roi ont un droit, une infpection ou autorité fpéciale en vertu de titres
particuliers, comme fur la bibliotèque de Saint-
Victor, celle de l'école de Médecine, le college Mazarin ; ils ont part auffi avec les trois

premiers préfidens du parlement, de la chambre
des comptes, & de la cour des aides, à la fondation des ducs de Névers pour marier des filles
des terres qui appartenoient à la maifon de
Gonzague, & trois des gens du roi affiftent
tous les ans le jour de la Saint-Loüis au compte
qui fe rend de l'exécution de cette fondation
aux grands Auguftins, & y reçoivent chacun
cinquante jetons d'argent, & quelques livres de
bougie : le quatrième n'y affifte pas parce
que la dernière charge d'Avocat-Général n'a
été créée que depuis la fondation dont il s'agit.

Les Avocats-Généraux ont encore d'autres
prérogatives ; telles que le titre & les appointemens de confeillers d'état ; ils jouiffoient même
autrefois de la féance au confeil, & Denis Talon
lorfqu'il quitta fa charge & fut fait confeiller
d'état, prit féance au confeil du jour de fa réception d'Avocat-Général ; cependant cela ne
fe pratique plus, MM. d'Agueffeau & Gilbert
s'étant mis à la queue du confeil.

Mais les Avocats-Généraux prétendent à raifon de ce titre de confeiller d'état avoir hors de
leurs fonctions, rang de confeillers d'honneur
& paffer avant tous les confeillers au parlement
& maîtres des requêtes, hors des marches &
féances de la compagnie, ce qui fait qu'ils ne
fe trouvent ni au repas de la Saint-Martin chez
le premier préfident, ni aux proceffions & cérémonies de leur paroiffe, ou autres où il y a des
confeillers au parlement, des maîtres de requêtes, ou même des confeillers d'état.

Lorfqu'ils font dans leur hôtel ou qu'ils vont
ailleurs qu'au palais ou en cour, ils font tou-

jours en fimarre comme le chancellier & le premier préfident.

AVOINE. Voyez GRAINS.

AVORTEMENT. C'eft en général l'accouchement avant terme d'un enfant mort ou vivant.

Suivant les lois anciennes, les femmes & les filles qui fe faifoient avorter par le moyen de quelque potion ou médicament, ou de quelque autre manière que ce fût, devoient être punis de mort, s'il étoit conftaté que le fruit dont elles étoient groffes eût eu vie. Mais fi le fœtus n'avoit point encore été animé (*), l'Avortement n'étoit puni que du banniffement ou d'une autre peine moindre que celle de mort, felon la qualité du fait & la condition des perfonnes.

A Rome, lorfque les femmes fe procuroient l'Avortement par averfion pour leur mari, à la fuite d'un divorce, on ne les puniffoit que du banniffement. Mais fi elles s'étoient laiffées corrompre par argent pour commettre ce crime, elles devoient être condamnées a mort. Ciceron dans fon oraifon pour Cluentius, fait mention d'une femme miléfienne qui fut punie du dernier fupplice parce qu'après le décès de fon mari elle avoit fait périr l'enfant dont elle étoit enceinte, moyennant une fomme d'argent que lui avoient donnée les héritiers fubftitués par fon mari à cet enfant.

En France, les femmes & les filles qui fe font avorter & qui détruifent le fruit dont elles font

_____

(*) Pour régler les temps auquel le fœtus eft animé, les docteurs ont été partagés; mais l'opinion la plus fuivie a été de le réputer animé après quarante jours de conception.

enceintes, doivent être punies de mort sans qu'il faille examiner si le fœtus étoit animé ou s'il ne l'étoit pas.

Les complices du crime d'Avortement doivent être punis de la même peine que les femmes ou filles qui se sont fait avorter.

L'article 133 de la constitution caroline porte que *celui qui de propos délibéré fera, par le moyen d'un breuvage, avorter une femme d'un enfant ayant eu vie, de même que celui qui aura procuré la stérilité à un homme, ou à une femme pour les empêcher d'avoir des enfans, sera condamné comme homicide ; savoir, si c'est un homme, à être décapité, & si c'est une femme à être précipitée dans l'eau ou à subir une autre peine capitale.*

Quant à celui qui frappe violemment une femme grosse & qui la fait avorter, il faut distinguer si en la frappant il a eu le dessein de procurer cet Avortement ou s'il n'a point eu ce dessein. Dans le premier cas il doit être puni de mort, mais dans le second cas la peine doit être moindre & relative aux circonstances du fait. Telle est l'opinion de Farinacius.

Si les mesures prises pour procurer l'Avortement n'ont point eu d'effet, & que l'enfant nonobstant le breuvage soit venu à terme & ait survécu pendant quelque temps, la peine de mort ne doit alors avoir lieu ni contre celui qui a donné le breuvage, ni contre celle qui l'a pris, mais il doit leur être infligé une autre punition selon les circonstances. C'est l'avis de Julius Clarus.

Une femme ou une fille qui se seroit fait avorter, n'éviteroit point la peine de mort, quand même elle n'auroit commis son crime que dans la vue de conferver fon honneur. Cependant ce motif peut quelquefois fervir à faire diminuer la peine dans de certaines circonftances, comme lorfque la fille coupable eft très-jeune, &c.

Suivant les lois Romaines, le crime d'Avortement étoit imprefcriptible, mais parmi nous il fe prefcrit comme tous les autres crimes, par le laps de vingt ans.

Le crime d'Avortement eft un cas royal. *Voyez la loi 8 fi mulierem, ff. ad leg. Cornel. de ficariis; les œuvres de Henrys; Decianus, in tractatu criminali; Julius Clarus; practica criminalis; Theveneau fur les ordonnances; les coutumes d'Anjou & du Maine; Profper Farinacius, praxis & theoria criminalis, la loi 39, ff. de pœnis; le traité de la juftice criminelle, &c.* Voyez auffi les articles GROSSESSE, CAS ROYAL, &c.

AVOUÉ. On appeloit ainfi autrefois le patron, le protecteur d'une églife, d'une abbaye, d'une communauté religieufe.

Les Avoués étoient les gardiens du temporel des églifes. C'étoit ordinairement des feigneurs puiffans qui jouiffoient de certains droits ou redevances à caufe de la protection qu'ils accordoient. Ces droits étoient défignés fous le nom d'*Avouerie.* Voyez ÉGLISE, PATRON, &c.

AUTEL. C'eft la table fur laquelle le prêtre offre le facrifice du corps & du fang de Jefus-Chrift.

Les Autels des premiers chrétiens n'étoient que de bois; mais un concile tenu à Paris en 509 défendit de les conftruire à l'avenir d'autre matière que de pierre. Il fuffit néanmoins dans l'ufage, qu'il y ait au milieu de l'Autel une pierre affez large pour que le prêtre puiffe y mettre le calice & l'hoftie fans craindre de les faire toucher ailleurs.

Il faut une permiffion de l'évêque & le confentement des intéreffés pour conftruire un Autel ftable dans une églife confacrée.

On ne peut facrifier fur un Autel nouvellement érigé, que la pierre où l'hoftie & le calice doivent être placés ne foit confacrée, & cette confécration ne peut fe faire que par l'évêque.

Si la pierre confacrée s'eft brifée & que l'endroit du fceau foit enlevé, il faut la faire confacrer de nouveau, quand même elle pourroit encore fervir.

Si l'on doutoit que la table d'un Autel eût été confacrée, il faudroit la confacrer.

Les napes de l'Autel doivent être de linge blanc & bénites par l'évêque ou par un prêtre à qui l'évêque a donné pouvoir de faire cette bénédiction.

Comme il eft permis dans certains cas de célébrer la meffe fous des tentes & ailleurs que dans les églifes, on a des Autels portatifs qui doivent comme les autres avoir une pierre confacrée.

Lorfque le pape accorde à des prêtres la faculté de célébrer par-tout fur un Autel portatif, ils ne peuvent pas, comme l'auroit voulu le pape Honoré III, ufer en France de cette faculté fans le confentement des évêques.

On appelle *Autel privilégié*, celui auquel font rattachées quelques indulgences. La règle de la chancellerie Romaine eft d'accorder ces fortes d'Autels ou d'indulgences pour un ou deux jours de la semaine selon la quantité de messes qui se célèbrent par jour dans l'église où ils sont situés. *Voyez les décisions de la congrégation des rits; l'analyse des décrétales; les lois ecclésiastiques de France; le traité des usages de la cour de Rome par Castel; le dictionnaire de droit canonique, &c.* Voyez aussi les articles MESSE, EXEMPTION, PRIVILÈGE, PRÊTRE, &c.

AUTHENTIQUE. Ce mot s'applique aux actes émanés d'officiers publics & accompagnés de toutes les marques déterminées par la loi pour que foi y soit ajoutée par-tout où l'on veut en faire usage; c'est ce qui les distingue des actes sous signature privée qui ne peuvent saisir la confiance que de ceux qui les ont souscrits.

Pour qu'un acte soit authentique, il faut donc d'abord qu'il émane d'un officier qui ait eu qualité pour l'attester, & que cet acte ait été de son ministère. La raison pour laquelle on prend une confiance particulière aux actes émanés d'un officier public, c'est parce qu'il est reconnu pour un homme de probité incapable de rien certifier qui ne soit conforme à la plus exacte vérité; & cette confiance est fondée sur ce que le souverain appréciateur du mérite & des talens de ses sujets, ne lui auroit point donné d'emploi dans l'ordre public, s'il n'avoit eu un témoignage de ses mœurs & de sa capacité. Témoignage encore qui se fortifie par l'enquête *de vie & de mœurs* & par le serment qui précède sa réception.

Les marques caractéristiques de l'authenticité des écrits ne sont pas les mêmes pour toutes sortes d'actes. On distingue entre ceux qui émanent directement du prince; & ceux qui éma-

nent de ſes chancelleries, de ſes officiers de judicature & de ceux qu'il a prépoſés pour atteſter
les conventions des particuliers entr'eux.

Ceux qui émanent directement du prince,
tels que ſont les ordres & brevets qu'il donne
ou qu'il envoie, ainſi que ceux qui n'ont pour
objet que l'adminiſtration, ſont ſuffiſamment
atteſtés par ſa ſignature & par celle d'un ſecrétaire d'état. Ceux qui viennent indirectement
de lui par l'organe de ſes miniſtres, de ſes officiers militaires, de ſes intendans, &c. ſont pareillement regardés comme certains lorſqu'ils
ſont munis de leurs armes, de leur ſignature &
du contre-ſeing de leurs ſecrétaires.

A l'égard des édits, ordonnances, déclarations, lettres-patentes & de tout ce qui a rapport à la légiſlation, outre la ſignature du roi,
celle du ſecrétaire d'état, le *viſa* du chancelier,
il faut encore que ces actes ſoient munis de l'empreinte des ſceaux de France.

La même choſe s'obſerve pour les lettres
de grace, les lettres de nobleſſe, de privilèges,
d'affranchiſſement, &c.

Pour ce qui eſt des actes, ou lettres qu'on
appelle de chancellerie, on diſtingue entre la
grande & les petites chancelleries : à la grande
chancellerie où l'on expédie les proviſions pour
les officiers, les commiſſions pour exercer en
attendant la réception du titulaire, les diſpenſes
d'âge, les lettres de relief de laps de temps, &c.
ces lettres ordinairement ne ſont pas ſignées
du roi, mais ſimplement de ſes ſecrétaires, &
leur ſignature avec l'empreinte des ſceaux de
France ſuffit.

Dans les petites chancelleries qui ſont près

des cours souveraines où l'on expédie les lettres de rescision, de bénéfice d'inventaire, d'émancipation, &c. quoique ces lettres s'y délivrent au nom du roi, elles ne sont de même signées que des secrétaires qui sont près de ces cours, & leur signature munie du petit sceau aux armes de France suffit pour constater leur authenticité.

Quant aux arrêts & jugemens souverains, la signature du greffier & l'apposition du sceau de la juridiction suffisent pareillement pour les faire regarder comme authentiques.

Pour ce qui est des sentences dans les bailliages, sénéchaussées & autres juridictions, on se contente pour l'ordinaire de la signature du greffier, sans aucune apposition du sceau de la juridiction, lorsque ces sentences ne doivent point avoir d'exécution hors du territoire des juges qui les ont rendues. Mais s'il s'agissoit de les faire exécuter hors du territoire, l'apposition du sceau deviendroit nécessaire, parce que le sceau dans ce moment serviroit à attester la réalité de la signature du greffier. A l'égard des sentences d'adjudication par décret, il faut qu'elles portent l'empreinte du sceau, parce que jusques-là en matière de décret elles sont regardées comme imparfaites. Il en est de même des lettres de ratification qu'on obtient au bureau des hypothèques : jusqu'à ce que le sceau y soit apposé, les oppositions sont recevables.

Quant aux actes qui émanent des officiers préposés pour attester les conventions des particuliers, la seule signature de ces officiers en la qualité que leur donne leur office, suffit pour en faire admettre la certitude.

Ainsi dans l'usage à l'égard des actes des notaires, une expédition munie de la signature & du paraphe du notaire qui a reçu la minute, suffit pour mériter la foi publique. On n'est point dans l'usage en province d'y apposer le sceau du roi ou du seigneur de qui ces officiers tiennent leur institution : ces actes ne sont ordinairement scellés que lorsqu'ils doivent être produits hors du territoire où ces officiers ont droit d'instrumenter, & c'est ce qu'on appelle *légalisation*. Cette légalisation n'est autre chose qu'une attestation mise au bas de l'acte, par laquelle le juge qui a reçu le notaire en son office & qui est censé connoître sa signature, atteste que cet officier est réellement notaire public, & que la signature apposée au bas de l'acte est celle dont il se sert en cette qualité. A cette attestation il joint l'empreinte du sceau de sa juridiction, au moyen de quoi l'acte devient Authentique par-tout.

Au châtelet de Paris où l'on ne connoît point l'usage de ces légalisations pour actes de notaire, chaque expédition est signée non-seulement de celui qui en a reçu la minute, mais encore d'un second notaire qui appose le sceau royal, & qui par-là atteste en quelque façon la signature de son confrère.

Lorsque les expéditions sont d'une date si ancienne qu'il n'est pas possible de vérifier si ceux qui les ont signées avoient caractère pour le faire, on présume pour la sincérité de l'acte & l'on s'en tient à ses dispositions.

La simple signature avec paraphe suffit également pour les actes de procureur & d'huissier :

il n'est point d'usage d'exiger d'autres formalités pour les attester.

A l'égard des actes émanés des curés, lorsqu'ils doivent faire foi hors du diocèse, on est dans l'usage de les faire légaliser.

Quant aux bulles & aux rescrits qui nous viennent de la cour de Rome, nous ne nous en rapportons aux signatures dont ces actes sont munis, qu'autant qu'elles sont vérifiées par les banquiers expéditionnaires qui sont préposés en France pour nous les attester. Ces officiers sont censés connoître ces signatures ; & lorsqu'ils nous en certifient la vérité, nous y ajoutons une foi entière.

L'authenticité des actes de juridiction épiscopale ou quasi-épiscopale se reconnoît aux armes & à la signature du prélat, & au contre-seing de son secrétaire.

Il en est de même des actes émanés des collèges, des universités, des hôpitaux. Chaque corps ou communauté a son sceau & ses marques distinctives dont l'empreinte jointe aux signatures, saisit la confiance publique.

A l'égard des actes qui viennent des pays étrangers, il ne suffit pas toujours qu'ils nous paroissent revêtus des marques de la plus grande authenticité : on peut encore exiger qu'ils soient attestés par les consuls ou les ambassadeurs des souverains de ces pays qui résident en France.

Au surplus il est bon de remarquer que l'authenticité d'un acte ne le rend pas toujours valable. Il y a des formalités prescrites par les lois, les coutumes & les règlemens dont l'omission à l'égard des actes auxquels elles s'appliquent, entraîne la nullité de ces mêmes actes.

Il ne fuffit point par exemple, que les donations, les teftamens, les réfignations, les exploits en retrait lignager, &c. foient dans la forme requife pour l'authenticité des actes ordinaires ; il faut encore qu'on ait obfervé pour ces actes particuliers ce que les lois ou les coutumes prefcrivent à leur égard fi l'on veut que ces mêmes actes fe foutiennent. Ainfi comme il eft de maxime reçue que la femme mariée ne peut valablement contracter qu'elle n'y foit autorifée par fon mari, cette autorifation eft dèslors néceffaire ; autrement malgré toute l'authenticité extérieure de l'acte en lui-même, il ne faudroit que le défaut de cette autorifation pour le faire pleinement rejeter.

Depuis l'établiffement du papier & du parchemin timbrés, ainfi que du contrôle, on exige que les actes qui y font affujettis foient rédigés fur papier timbré & expédiés en parchemin, & qu'ils foient contrôlés dans le délai prefcrit même à peine de nullité. On s'eft fi bien accoutumé à cette formalité, qu'on la regarde aujourd'hui comme entrant dans l'authenticité de l'acte de l'efpèce de ceux pour lefquels elle eft introduite.

Voici quelles font les différences qu'on peut remarquer entre un acte authentique & un acte fous fignature privée. 1°. Un acte Authentique porte avec lui ce qu'on appelle une *exécution parée*, c'eft-à-dire que rien ne peut empêcher qu'il ne foit exécuté fans d'autres formalités ; au lieu qu'un acte fous fignature privée a befoin, quoiqu'obligatoire, d'être reconnu auparavant en juftice pour obtenir fon exécution lorfque la partie obligée ne veut pas l'exécuter de bon gré.

2°. Un acte Authentique emporte hypothèque de plein droit fur les biens de la partie obligée à compter du jour de fa date, au-lieu qu'un acte fous fignature privée n'obtient d'hypothèque que du jour qu'il a été reconnu ou en juftice ou devant notaire. Au furplus, voyez ce que nous avons dit à ce fujet au mot ACTE. Voyez aufli CONTRÔLE.

Authentique. C'eft l'intitulé qu'on donne à la collection faite par un auteur anonyme des novelles de Juftinien. Ce recueil eft appelé *Authentique* à raifon de fon autorité. On appelle encore *Authentiques* ces extraits qu'un jurifconfulte nommé Irnier a faits des novelles, & qu'il a inférés aux endroits du code auxquels ils fe rapportent. Mais on a obfervé que ces extraits n'étoient pas en tout exacts, & qu'on ne devoit s'y fier qu'après une vérification.

Authentique eft encore le nom d'une peine prononcée par l'*Authentique* SED HODIÈ (cod. ad leg. Jul. de adult.) tirée de la novelle 154, chapitre 10, contre les femmes mariées qui fe rendent coupables d'adultère. Cette peine confifte à faire fouetter la femme adultère & à la faire enfermer dans un monaftère, avec pouvoir au mari, pendant deux ans, de l'en retirer; & ce temps paffé, elle doit être rafée & refter toute fa vie dans le monaftère en habit de religieufe, obligée d'y obferver les règles de la communauté.

Ce genre de punition s'obferve encore aujourd'hui dans nos mœurs. La femme adultère eft punie dans toute la rigueur de l'Authentique,

à l'exception du fouet dont on lui fait grace :
mais on la prive de tous les avantages dont elle
auroit pu jouir, foit en vertu de la coutume,
foit en vertu de fon contrat de mariage, même
de fa dot qui dès-lors appartient aux enfans s'il
y en a, & à leur défaut au mari, à la charge
par celui-ci de payer à fa femme une penfion
fuivant qu'elle eft réglée par le jugement de
condamnation ; & lorfque la femme eft pauvre,
le mari peut faire ordonner qu'au lieu d'un
monaftère, elle fera enfermée à l'hôpital deftiné
aux femmes de mauvaife vie. Voyez ce que
nous avons dit à l'article *Adultère*. Voyez auffi
le traité des injures dans l'ordre judiciaire, &c.
(*article de M. D*AREAU *avocat au parlement,*&c.)

AUTORISATION, en général, fignifie un
confentement exprès ou tacite donné à un acte
produit par une perfonne ou qui étoit fous notre
dépendance, ou qui ne pouvoit agir, foit pour
elle, foit pour nous, fans notre participation.

C'eft dans ce fens qu'on dit qu'il faut qu'une
femme foit autorifée de fon mari ; un fils de
famille de fon père ; un mineur de fon tuteur
ou de fon curateur; un religieux de fon fupérieur ; un fyndic de fa communauté ; un procureur de celui dont il eft le repréfentant.

Nous allons parcourir ces différens genres
d'Autorifation, & propofer fur chacun les règles générales ainfi que les exceptions qui peuvent y convenir.

Autorifation de la femme. C'eft un point de
droit généralement reçu dans nos mœurs,
qu'une perfonne du fexe, auffitôt qu'elle s'eft
foumife aux lois du mariage, donne à fon mari
un tel empire fur fa perfonne & fur fes biens,

qu'elle n'a plus le droit de rien faire sans sa participation & son agrément. Chez les Gaulois nos anciens pères, le mari avoit pouvoir de vie & de mort sur sa femme : dans différens pays étrangers, les femmes y sont encore comme des esclaves. Chez les Romains il s'en falloit beaucoup qu'elles eussent l'usage d'une entière liberté ; parmi nous aujourd'hui elles sont traitées plus noblement, & surtout dans le pays coutumier où elles profitent pour moitié de tout ce que le mari peut gagner par son industrie ou autrement. Mais le mari est toujours le chef & le maître des effets communs à l'un & à l'autre. Elle ne peut rien par elle-même ; elle ne peut agir directement ni indirectement, soit à son préjudice ou à son avantage, sans l'expresse Autorisation de celui dont elle dépend. La coutume de Paris qui sur cet objet fait le droit commun de la France, contient à cet égard une disposition particulière. *La femme mariée*, est-il dit en l'article 223, *ne peut vendre, aliéner ni hypothéquer ses héritages sans l'autorité & consentement de son mari ; & si elle fait aucun contrat sans l'autorité & consentement de sondit mari, tel contrat est nul tant pour le regard d'elle que de sondit mari, & n'en peut être poursuivie ni ses héritiers, après le décès de sondit mari.*

Il y a même quelques coutumes, comme celle d'Auvergne & d'Artois, où il suffisoit autrefois que la fille fût *fiancée* pour que dès ce moment elle fût sous la puissance de son futur époux & qu'elle ne pût plus rien faire sans son Autorisation ; mais aujourd'hui les fiançailles n'étant plus une espèce de mariage comme anciennement, la fille n'est à proprement parler

fous la puiffance maritale que du jour de la célébration du mariage.

Cette autorité fur la femme eft tellement regardée comme effentielle au mari, qu'il ne peut
même pas s'en dépouiller entièrement. Une
femme qui par fon contrat de mariage ftipule-
roit une liberté générale de faire de fes biens
durant l'union conjugale, ce qu'elle jugeroit à
propos, foit pour les régir, les vendre, les
donner ou autrement en difpofer à fon gré fans
la participation de fon mari, n'auroit point pour
cela la faculté de difpofer de fes propres & de
fes immeubles : cette liberté feroit tolérée fimplement pour la difpofition de fon mobilier &
pour le revenu de fes immeubles ; mais pour
le fond, elle ne pourroit jamais valablement
l'aliéner fans l'autorifation de fon mari, quand
même elle auroit renoncé à tout droit de communauté par fon contrat de mariage ; c'eft ce
qui a été folemnellement jugé en la grand'chambre du parlement de Paris au fujet de la dame
de la Rochefoucault par arrêt du 9 mars 1713.
La queftion a encore été jugée de même par
un autre arrêt du 26 juillet 1741.

Il y a plus : quand une femme, après la mort
de fon mari, auroit fait des actes approbatoires
d'une donation de fes immeubles en vertu de la
faculté générale portée par fon contrat de mariage, cette approbation, fi elle n'étoit elle-
même une nouvelle donation revêtue de toutes
fes formalités, n'empêcheroient point la femme
ou fes héritiers de réclamer. C'eft encore ce
qu'a jugé un arrêt de la grand'chambre du 27
mai 1702 rapporté par Augeard.

Il en feroit autrement fi au lieu d'une donation c'étoit un billet, une obligation dont elle eût fait une approbation indirecte dans un temps de viduité : une femme en puissance de mari avoit souscrit un billet de 700 livres : après la mort de son mari, elle mit au bas de ce billet, *plus, je reconnois devoir*, &c. il n'en fallut pas davantage : ce mot *plus* valut une reconnoissance du billet, & elle fut condamnée à payer par arrêt du parlement de Paris du 3 juillet 1709.

Une procuration générale par laquelle le mari autoriseroit sa femme à toutes sortes d'actes d'aliénations, n'auroit pas plus de faveur que la liberté générale qu'elle auroit pu stipuler par son contrat de mariage, quand même il y auroit entr'eux une séparation de corps & de bien effectuée. C'est un point de droit rigoureux que le mari ne peut jamais se dépouiller de cette inspection essentielle que la loi lui conserve sur les biens de sa femme pour la propriété, lors même qu'il s'est dépouillé de celle qu'il avoit pour l'administration & l'usufruit. Cette réserve est comme de droit public : il est important que tout ce qui a trait à maintenir ou à rétablir l'union conjugale ne reçoive aucune altération essentielle.

La seule Autorisation générale qu'une femme puisse recevoir de son mari, se borne donc à une simple faculté de disposer de son mobilier & du revenu de ses immeubles ; & lorsque cette autorisation générale lui manque, il est de principe qu'elle n'a pas plus de capacité pour les actes d'administration que pour ceux d'aliénation. La sévérité de ce principe est telle, que les contrats, même les plus favorables qu'elle auroit pu faire fans la participation de fon mari, ne fauroient avoir la moindre confiftance. Rien de plus favorable que d'accepter une donation : cependant fi elle n'a point été autorifée à cette acceptation, la libéralité demeure pour elle fans effet (*) : elle ne pourra même pas recevoir un legs ni en demander la délivrance fans l'Auto-rifation de fon mari. Il femble que les bonnes mœurs foient intéreffées à une rigueur pa-reille (**).

La femme fans cette Autorifation, eft comme dans un état de mort civile : chaque fois que fon mari l'autorife, il femble autant de fois lui donner une exiftence légale. Il femble même que ce mot d'*Autorifation* porte avec lui un pouvoir efficace. Tous nos jurifconfultes font d'accord que ce mot à l'égard de la femme eft comme *facramentel*, & qu'il ne peut guères fe fuppléer par un terme de la même énergie. Pothier dans fon traité de la puiffance maritale, ne trouve que le mot *habiliter* qui puiffe équivaloir à celui d'*autorifer*. Nous ne diftererons point pour fa-voir s'il ne feroit pas plus naturel en pareil cas comme en tout autre, de s'attacher plutôt à ce qu'on a voulu fignifier qu'à ce qui fe trouve fignifié. Mais en prenant les chofes fuivant la jurifprudence adoptée, nous dirons que l'Auto-rifation en termes formels eft tellement néceffᵃ-

(*) Il faut pourtant en excepter les rentes fur la ville de Paris dont le capital eft fourni par des tiers, pour être conf-tituées au profit des femmes mariées, fuivant qu'il réfulte d'un arrêt de la chambre des comptes du 17 juin 1758.

(**) Cette rigueur paroît d'autant moins déplacée, que la femme a la reffource de fe faire autorifer du juge fi le mari eft injufte ou déraifonnable.

faire, que rien ne peut en difpenfer. Ainfi il ne fuffiroit pas que le mari eût été préfent à l'acte où fa femme feroit partie, qu'il eût écrit cet acte de fa main, qu'il l'eût figné, qu'il fût dit qu'il confent, qu'il promet, &c. s'il n'eft pas dit formellement qu'il a autorifé fa femme, le contrat ne contient aucun engagement valide : il y a à ce fujet un acte de notoriété du châtelet de Paris du 13 juin 1682.

La coutume de Ponthieu, article 47, veut même qu'il foit fait mention que l'Autorifation a été donnée fans contrainte ; article qui eft encore en vigueur fuivant un acte de notoriété des officiers de la fénéchauffée d'Abbeville du 14 mai 1620 ; mais les difpofitions de cet article ne fauroient s'étendre hors de la coutume où il fait loi.

Lorfque le mari & la femme paffent entr'eux un acte, tel par exemple qu'un don mutuel, il fembleroit bien que l'Autorifation dût fe préfumer de plein droit; il eft même naturel de croire qu'elle ne feroit point néceffaire fuivant cette maxime, que perfonne n'a befoin de fa propre Autorifation dans l'affaire où il agit, *nemo poteft effe autor in rem fuam :* Ricard & le Brun le penfoient ainfi ; cependant le plus grand nombre de nos jurifconfultes modernes exigent que pour la validité du don mutuel, le mari ait autorifé fa femme à contracter avec lui.

Par la même raifon il ne fuffit pas qu'un mari donne procuration à fa femme pour contracter pour lui, il faut encore qu'il foit dit expreffément qu'il l'autorife, & que dans chaque acte qu'elle paffe comme fondée de procuration, elle fe dife *duement autorifée.*

Une chose singulière encore, c'est qu'elle ne peut même pas sans être autorisée, donner de procuration valable à son mari pour l'aliénation d'un de ses immeubles, ni pour tout autre acte où il faut qu'elle entre nécessairement. L'acceptation que le mari feroit nommément d'une telle procuration ne produiroit aucun effet.

C'est une question, si un acte qui manque par le défaut d'Autorisation peut être validé par une autorisation subséquente ? Les auteurs rigoristes prétendent que cette Autorisation doit intervenir dans l'acte même, ou qu'il faut un nouvel acte dans les formes que devoit être le premier. C'est ainsi que le pensent Pontanus sur l'article 3 de la coutume de Blois, & Renusson en son traité de la communauté contre l'avis de Leprêtre. Mais on tient aujourd'hui qu'une Autorisation subséquente doit suffire, avec cette restriction néanmoins qu'elle ne sauroit nuire aux créanciers intermédiaires, & cette opinion qui dans le doute tend à faire subsister un premier acte, nous paroît la plus équitable.

Un mari encore mineur a-t-il capacité pour autoriser sa femme majeure ? L'affirmative ne souffre aujourd'hui aucune difficulté : la puissance maritale est attachée à sa qualité de mari, & cette qualité ne dépend nullement de son âge. Cependant s'il se trouvoit dans la suite souffrir d'une Autorisation donnée mal-à-propos, il pourroit s'en faire relever, & l'acte se trouveroit rescindé tant pour la femme que pour lui; car enfin dès que l'Autorisation seroit regardée comme non avenue, on ne pourroit plus dire que la femme eût été valablement autorisée comme elle auroit dû l'être.

Par une fuite de la néceffité d'une Autorifation, ceux qui fe font rendus cautions dans l'acte
où elle manque , font déchargés du cautionnement ; le mari lui-même le feroit fuivant les
principes établis par Pothier en fon traité des
obligations. Cependant s'ils avoient traité conjointement & folidairement avec la femme envers
un tiers, cette claufe auroit plus de force qu'un
fimple cautionnement , & nous croyons dès-lors
que quoique l'engagement fût nul pour la femme
non autorifée , le mari ou les autres particuliers
folidaires n'en feroient pas moins tenus ou de
faire valoir l'acte , ou de fupporter des dommages-intérêts.

Ce que nous venons de dire de l'Autorifation
de la femme, ne s'applique dans toute fa rigueur
qu'au pays coutumier ; il faut que cette Autorifation y foit expreffe , excepté fi l'on veut quelques provinces particulières où il fuffit d'une
Autorifation tacite ou en termes approchant
d'une Autorifation formelle. Mais en pays de
droit écrit, quoique la puiffance maritale y foit
auffi-bien établie qu'en pays coutumier, & que
la femme n'y puiffe rien faire non plus qu'ailleurs,
fans l'autorité de fon mari , cette Autorifation
n'y eft pourtant pas requife d'une manière auffi
formelle que nous venons de le voir. Il fuffit
qu'il paroiffe un confentement de la part du
mari pour que ce confentement ait tout l'effet
de l'Autorifation la plus marquée, excepté pour
les parties de ce pays qui font du reffort du
parlement de Paris, comme le Lyonnois, le
Forêts, le Beaujolois , le Mâconnois où il faut
une Autorifation auffi expreffe qu'en pays cou-

tumier (*). Lorfque l'Autorifation, ou du moins un confentement équivalent manque à la femme en pays de droit écrit, les fuites de cette omiffion font les mêmes que par-tout ailleurs.

Il eft bon de remarquer fur tout ce que nous venons de dire, que lorfqu'une femme n'a pas pu contracter fans l'Autorifation ou le confentement de fon mari, elle eft relevée de plein droit de fon obligation, fans recourir aux lettres du prince (**) ; il lui fuffit d'exciper de cette omiffion effentielle pour écarter les contraintes qu'on voudroit exercer envers elle. Ses héritiers ainfi que tous ceux qui peuvent être intéreffés à la nullité de l'acte, peuvent oppofer la même exception. On ajoute cependant que fi une femme non autorifée avoit emprunté une fomme d'argent & qu'il en fubfiftât un emploi utile en fa faveur, il feroit contre l'équité qu'elle ou fes héritiers fe prévaluffent du défaut d'Autorifation. Le créancier feroit fondé à réclamer la fomme prêtée, parce que perfonne ne doit faire fon profit de la chofe d'autrui au préjudice de celui à qui elle appartient.

Voilà en général quels font les principes concernant la néceffité de l'autorifation du mari pour la femme : voici maintenant les exceptions particulières.

La première concerne les femmes féparées, foit de biens, foit de corps. Il eft de jurifprudence reçue, qu'une femme ainfi féparée par

_____

(*) Il y a fur ce point de droit un acte de notoriété du bailliage de Villefranche du 28 juillet 1692.

(**) Ces lettres font cependant d'ufage dans quelques provinces, mais nous ne les croyons pas néceffaires.

autorité de justice, n'a plus besoin de l'Autorisation de son mari pour les affaires concernant le régime & l'administration de ses biens. Elle peut de son chef faire à cet égard ce qu'elle juge à propos. Ce n'est pas qu'elle soit entièrement affranchie de la puissance maritale, elle est toujours à certains égards sous la dépendance de son mari ; rien ne sauroit absolument l'y soustraire si ce n'est la mort civile ou naturelle ; mais le mari par ses duretés ou son inconduite ayant cessé de mériter sa confiance & ses faveurs, il a fallu remettre à la femme un gouvernement dont il s'acquittoit mal ou qu'il ne méritoit plus de continuer, & dès-lors il a été naturel que la femme pût l'exercer sans sa participation pous obvier aux difficultés qu'elle ne manqueroit pas d'essuyer s'il lui falloit à chaque instant une Autorisation.

Mais toute cette liberté qu'a la femme en pareil cas se borne à une simple administration. A l'égard de l'aliénation de ses immeubles, elle est aussi dépendante que s'il n'y avoit point de séparation. Le mari a toujours un intérêt sensible qu'elle ne tombe point dans l'indigence, & l'assurance de ses fonds est tout ce qu'il y a de mieux pour l'en garantir. Au reste le mari n'y eût-il aucun intérêt ; il y a plus, ne seroit-il question comme nous l'avons dit, que d'accepter une donation, la femme ne pourroit le faire sans l'autorisation de son mari : de même elle ne peut accepter ni répudier une succession sans lui, ni recevoir des deniers dotaux qu'il n'en soit prévenu pour veiller à l'emploi de l'argent. Elle est à-peu-près comme un mineur émancipé qui peut bien jouir par lui-même de ses revenus & difposer de fon mobilier, mais qui ne peut rien au-delà fans l'agrément de fon cura- teur. Ce n'eft point qu'une femme majeure ait moins d'intelligence étant mariée que fi elle étoit veuve, mais c'eft qu'il feroit dangereux qu'étant féparée, fur-tout fi c'étoit pour caufe de févices, elle ne cherchât, même à fon propre préjudice, à fe venger de fon mari, & que la paffion ne l'induisît en erreur. D'ailleurs comme nous venons de le dire, il faut toujours qu'il refte au mari une portion de fon autorité primiti- ve, & il eft naturel de la lui conferver dans tous les cas les plus importans, foit pour fa femme, foit pour lui-même ou pour fes enfans. Cepen- dant par une faveur fingulière, la coutume de Montargis veut que la femme féparée foit en- tièrement affranchie de l'autorité maritale, mais c'eft une difpofition particuliére qui ne fauroit faire loi hors du territoire de cette coutume.

Au furplus, quoique nous ayons dit que la femme féparée peut adminiftrer fon mobilier & fon revenu fans l'Autorifation du mari, il faut toujours la regarder comme ayant eu befoin de celle des juges ; de forte que dans tous les actes d'adminiftration elle doit prendre la qua- lité de femme *autorifée par juftice.* Et fi par une omiffion fingulière le jugement de féparation ne portoit point cette Autorifation, elle feroit obligée de la demander ou de recourir à fon mari.

Nous obferverons ici que pour les actes de fimple adminiftration, il fuffit à la femme de fe dire autorifée par juftice ou par fon mari, pour- vu qu'elle le foit réellement, fans qu'il faille joindre à l'acte qu'elle paffe en conféquence le

jugement ou la procuration générale qui l'autorife ; mais il n'en eft pas ainfi des actes d'aliénation ou d'un autre genre que celui d'une fimple adminiftration ; il faut que la procuration
du mari foit annexée à ces actes & d'une date
auffi authentique que celle de ces mêmes actes,
ou du moins qu'on puiffe juftifier de cette procuration en cas de befoin ; car il ne fuffiroit pas
qu'il fût fait mention que la procuration a été
vue & qu'elle s'eft trouvée en bonne forme ;
une énonciatiation pareille n'équivaudroit point
à la repréfentation de l'acte néceffaire. Au furplus, que ce foit pour une fimple adminiftration
ou pour tout autre fait plus effentiel, il faut
que l'acte qui établit l'Autorifation foit dépofé
& affuré de façon qu'il ne foit point au pouvoir
des parties de le fupprimer ; autrement l'acte
qui en feroit la fuite ne feroit point obligatoire.

Une autre exception pour la femme en fait
d'Autorifation concerne le commerce. Il eft reçu
parmi nous qu'une femme qui fait publiquement un négoce particulier auquel fon mari ne
prend aucune part, peut s'obliger & faire de
fon chef tout ce qui dépend de ce négoce. Ce
n'eft pas que le mari perde de fes droits en cette
occafion & qu'il ne puiffe bien empêcher fa
femme de faire aucun commerce, mais c'eft
qu'en lui permettant de commercer, il eft préfumé l'autorifer à cet effet ; & en pareil cas une
Autorifation tacite fuffit, parce qu'on fait que
le commerce ne fauroit s'accorder avec toutes
les formalités qu'on exige pour les autres affaires
de la fociété. Ainfi une femme qui devient mar-
chande publique peut acheter, vendre, em-

prunter & faire elle feule tout ce que font d'autres marchands. Mais cette liberté de la femme fe borne effentiellement aux affaires de fon négoce; tout ce qui y eft étranger demande une Autorifation particulière. Elle ne pourroit même pas fans l'expreffe participation de fon mari, fe rendre caution pour un marchand avec lequel elle ne feroit point affociée d'intérêt.

Nous obferverons au fujet du commerce de la femme mariée, que quoique le mari n'y prenne aucune part, il ne laiffe pas de devenir garant des dettes que fa femme peut contracter en pareil cas, lorfqu'il y a communauté entr'eux, & l'ufage eft de faire déclarer exécutoires contre lui les obligations de fa femme, parce que comme il eft toujours maître de la communauté & qu'il eft cenfé avoir profité des emprunts de fa femme, il paroît naturel qu'il foit tenu de payer pour elle. Il en feroit autrement s'il n'y avoit point de communauté ou qu'elle fût diffoute par une féparation. Comme le mari ne gagneroit rien alors au négoce de fa femme, il ne feroit point garant des obligations qu'elle auroit pu contracter.

Une queftion feroit de favoir fi le mari contre lequel la femme a obtenu une féparation en juftice, ne pourroit point empêcher cette femme de faire un genre de commerce particulier; ou fi au contraire cette faculté pour la femme n'eft pas une fuite de la liberté générale qu'elle a pour une entière adminiftration de fes biens? Comme tout genre de commerce entraîne quelquefois des pertes & des malheurs, & que la femme peut obliger fa perfonne, genre d'obligation plus intéreffant que celui de fes biens,

nous

nous croyons que le mari peut le lui interdire comme excédant les bornes d'une simple administration, & que le juge seul à son refus pourroit le lui permettre avec connoissance de cause. Cependant si le mari gardoit le silence, ce seroit alors un consentement tacite qui équivaudroit à l'Autorisation la plus formelle.

Une exception encore concernant l'Autorisation maritale, est au sujet de l'administration domestique. On sait que ce sont les femmes qui pour l'ordinaire se chargent du détail du ménage. Ainsi que les fournitures d'une maison aient été faites au mari ou à la femme, la chose est égale. La femme est censée avoir commission du mari pour ces sortes de choses, & celui-ci est obligé de payer ; mais par une jurisprudence particulière au châtelet de Paris, laquelle ne sauroit faire loi ailleurs, le mari est déchargé de ce payement lorsqu'il est en état d'affirmer qu'il a fourni à sa femme une somme suffisante pour la dépense du ménage.

. Il n'en seroit pas de même des ameublemens particuliers qu'il auroit plu à une femme de procurer à son mari : il ne seroit tenu de les payer qu'autant qu'il voudroit les garder ; il auroit toujours la faculté de les faire reprendre. A l'égard de ces dépenses de luxe pour parures ou habillemens, que contracteroit une femme à l'insçu de son mari ; comme il est d'usage que les maris, sur-tout à Paris, s'abonnent avec leurs femmes à une certaine somme par an pour ces sortes d'objets, il leur suffit d'affirmer qu'ils ont payé l'abonnement convenu pour qu'ils soient déchargés ; autrement les fantaisies des femmes tireroient à conséquence pour eux.

La chofe n'eſt pas tout-à-fait de mêmè danṣ les petites villes & à l'égard des perſonnes qui ne tiennent point un certain rang. Lorſque les emplettes qu'une femme fait pour elle ou pour ſes enfans n'excèdent point les bornes de ſon état, & que ce ſont de ces emplettes preſque indiſpenſables, le mari ne ſauroit ſe diſpenſer dé les payer.

Il ne faut pas non plus d'Autoriſation à la femme pour les cas ſuivans.

1°. Pour ſe racheter de priſon : le mari doit être le premier à lui tendre une main ſecourable, & il feroit contre le ſentiment naturel de faire dépendre de celui-ci la faculté de la laiſſer dans une eſpece d'eſclavage ou de l'en retirer.

On prétend auſſi qu'elle peut ſans être autoriſée, s'obliger pour tirer ſon mari de priſon : mais cette opinion n'eſt pas certaine. Un mari peut aimer mieux être le débiteur d'autrui que de ſa femme ou de ſes enfans. L'uſage eſt de faire intervenir l'Autoriſation du mari ; c'eſt du moins ce qui ſe pratique en différens ſièges, notamment à la ſénéchauſſée de la Marche à Guéret. Cependant il eſt mieux de dire qu'en général cette Autoriſation n'eſt point néceſſaire : de Renuſſon eſt de cet avis, & la choſe a été ainſi jugée par arrêt du 27 août 1594 dans la coutume de Paris, où l'on eſt aſſez ſévère pour l'Autoriſation (*).

_____

(*) L'ordonnance de la marine, titre des aſſurances, porte que les femmes pourront valablement s'obliger ſans Autoriſation, pour tirer leur mari d'eſclavage ; & en cela rien de ſurprenant, car ſouvent il ne feroit pas aiſé d'aller chez des barbares pour ſatisfaire à une formalité fort inutile en pareil cas.

Si la femme n'étoit que menacée de la prison, la crainte d'être emprisonnée ne seroit pas suffisante pour autoriser une aliénation sans le consentement de son mari, à moins que la contrainte par corps ne dérivât d'un fait de son commerce, parce qu'alors ayant été capable de commercer, elle le seroit pareillement, comme nous l'avons dit, de tout ce qui seroit une suite de son négoce.

2°. La femme n'a pas besoin non plus d'Autorisation pour tester. Comme un acte de dernière volonté n'a d'existence, à proprement parler, qu'après la mort de celui qui en est l'auteur, & que la femme à son décès ne se trouve plus sous la puissance de son mari, on n'exige point en pareil cas d'Autorisation. Il faut pourtant excepter de cette règle générale quelques coutumes particulières, comme celles de Douai, du Bourbonnois, du Nivernois, de la Bourgogne & de la Normandie où cette Autorisation est nécessaire. Mais lorsque le testament se trouve fait avec une date certaine, dans un temps où la femme n'étoit point encore sous la puissance du mari, ce testament subsiste, parce qu'il ne falloit pas plus d'Autorisation pour lors qu'il n'en faut après la mort lorsque cet acte voit le jour.

3°. La femme peut aussi se passer d'Autorisation pour disposer de ses biens paraphernaux, c'est-à-dire de ceux qu'elle n'a point voulu mettre au rang de ses biens dotaux par son contrat de mariage : cependant dans quelques coutumes, comme celle de la Marche, l'effet de cette réserve n'est que de lui en donner la libre administration, & le consentement du mari eſt requis quand elle veut en diſpoſer à titre gratuit.

4°. Lorſque le mari eſt abſent, la femme a de plein droit tout pouvoir pour une légère admiſtration, comme pour faire agir les ſerviteurs, les domeſtiques, pour recevoir les cens & redevances, faire faire les réparations urgentes, prendre ſoin de l'éducation des enfans, &c. Mais ce pouvoir ne s'étend point à un renouvellement des baux, à une vente qui tendroit à dégarnir un appartement de ſon mobilier, un domaine de ſes beſtiaux, de ſes fourrages, &c. Si l'abſence duroit trop long-temps & qu'elle exigeât des actes d'une adminiſtration plus eſſentielle, la femme ſeroit dès-lors obligée de s'y faire autoriſer par juſtice en juſtifiant de l'abſence par un acte de notoriété. Le juge en pareil cas ſur l'expoſé de la requête & ſur le vu de l'acte donne ſon autoriſation, mais il convient que le tout demeure dépoſé au greffe pour la ſureté des contractans. La femme doit ſimplement s'en faire délivrer expédition pour faire connoître ſon pouvoir en cas de beſoin.

5°. La femme eſt affranchie de la néceſſité de l'Autoriſation lorſque ſon mari eſt tombé dans un état de mort civile par une condamnation aux galères perpétuelles ou à un banniſſement à perpétuité hors du royaume. Mais cet affranchiſſement n'a lieu qu'autant que la condamnation eſt par jugement en dernier reſſort & qu'elle a été exécutée ou en réalité ou par effigie. On obſervera à cet égard que ſi l'accuſé ſe repréſente dans les cinq ans que la loi lui donne pour purger ſa coutumace, & qu'il parvienne à ſe juſtifier, les actes faits par ſa femme

fans fa participation depuis l'exécution du jugement par effigie, font regardés comme nuls à
caufe du défaut d'Autorifation, mais ils fubfiftent
fi par l'événement l'accufé fe trouve coupable &
qu'il foit irrévocablement condamné.

Lorfque le mari eft fimplement condamné aux
galères ou au banniffement à temps, la femme
n'eft-elle pas du moins affranchie de fon autorité pendant qu'il fubit la peine ? Les auteurs
ne fe font point expliqués fur cette queftion,
mais il eft tout naturel de penfer qu'elle peut
agir de fon chef pour les actes de fimple adminiftration. A l'égard de ceux qui peuvent tendre
à une aliénation, comme le mari peut y avoir
un intérêt plus fenfible, il paroît jufte de lui
conferver toute fon autorité. Sur quoi il faut
remarquer qu'il ne la perd d'aucune façon lorfque la condamnation fe borne à une infamie
fans peine afflictive, comme au blâme, à l'a-
mende, &c.

Si le mari étoit relevé de la mort civile par
lettres du prince, la femme retomberoit-elle
fous fon autorité ? La chofe ne fouffriroit aucune
difficulté, parce que cette efpèce de mort ne
diffout pas le mariage; elle empêche feulement
l'exercice des effets civils.

La démence dans laquelle tomberoit un mari
ne donneroit pas plus d'autorité à la femme
qu'auparavant, elle feroit obligée de recourir à
l'Autorifation judiciaire; & comme elle n'auroit
qu'un fimple pouvoir d'adminiftration, il lui
faudroit encore, fi elle vouloit aliéner, une
nouvelle Autorifation particulière.

Pour agir même contre fon mari, pour parvenir par exemple à une féparation, il faut

que la femme commence par se faire autoriser du juge (*). Il en seroit de même si elle vouloit provoquer contre son mari une interdiction ; ce préliminaire seroit indispensable : la chose fut ainsi jugée par arrêt du 17 avril 1734, dans l'affaire du marquis de Menars.

Au surplus, il est de règle que dans tous les actes extrajudiciaires où l'Autorisation expresse du mari est nécessaire, la femme se mette en devoir de l'obtenir ou de lui ou de la justice. Pour l'obtenir de la justice, il ne suffit pas toujours de la demander ; il faut d'abord qu'elle ait été demandée au mari auparavant. L'usage est qu'on expose à celui-ci les motifs sur lesquels on la réclame, & qu'on lui fasse faire sommation de l'accorder. Alors ou il s'explique ou il ne dit rien : s'il s'explique, le juge peut apprécier ses raisons & dès-lors accorder ou refuser l'Autorisation. S'il ne dit rien, il n'est pas nécessaire de lui faire donner d'assignation ; l'usage est de prendre son silence pour une approbation de tout ce qui sera ordonné.

Si dans cet intervalle il y avoit du péril en la demeure, les auteurs conviennent que la femme pourroit sans Autorisation, faire des actes conservatoires, tels qu'une saisie, une opposition, &c. parce qu'en pareil cas ce qui est l'effet de la nécessité ne sauroit être une infraction à la loi.

Mais lorsqu'il est question d'obtenir cette

_____

(*) Toute Autorisation qui n'a pour but que de rendre la femme habile à *ester en jugement* ou à faire des actes d'une simple administration suffit au bas de la requête que l'on présente à cet effet.

Autorisation judiciaire pour passer à des actes ultérieurs, il faut que le jugement qui la prononce fasse mention des motifs sur lesquels elle est accordée. S'il s'agit de recevoir le remboursement d'un capital, le juge doit ordonner un emploi des deniers qui en proviendront ; il peut même, si l'Autorisation est pour traiter ou transiger, ordonner que la femme sera tenue de prendre l'avis de tel ou tel jurisconsulte ; & en ce cas il faut que la transaction soit souscrite de ce jurisconsulte & qu'il y soit fait mention que les choses se sont passées de son avis.

Voilà de quelle manière doit intervenir une Autorisation en justice pour les actes extrajudiciaires qui concernent la femme. A l'égard des autres actes qui n'ont trait qu'à la procédure & qu'on nomme *actes judiciaires*, quoique la femme ne puisse pas plus les exercer sans la participation de son mari, que ceux qu'on appelle *extrajudiciaires*, cependant sur le refus allégué de celui-ci, & sans qu'il soit nécessaire de lui faire d'interpellation, le juge peut autoriser la femme sans autre précaution particulière, parce qu'il est de présomption reçue que tout ce qui se passe sous les yeux du juge est à l'abri de la fraude & de l'injustice.

Par une suite de cette présomption, lorsque le mari autorise sa femme pour *ester en jugement*, il n'est pas nécessaire que cette Autorisation soit marquée d'une manière aussi expresse que pour des actes extrajudiciaires ; il suffit que le mari & la femme procèdent conjointement pour que l'Autorisation soit présumée telle qu'elle doit être. Aussi la coutume de Paris, article 224, se borne-t-elle en pareil cas au simple consentement du mari, au lieu que par l'article précédent pour les actes qui peuvent tendre à une aliénation hors de la préfence du juge, elle exige une Autorisation spéciale.

Pour les affaires criminelles, nous avons dit dans notre traité *des injures*, que lorsque la femme avoit sujet de se plaindre d'une offense grave, elle pouvoit le faire sans l'Autorisation de son mari, mais c'est une erreur : il est de droit commun que la femme ne peut former aucune accusation sans, y être autorisée par son mari ou par le juge. C'est ce qui est bien établi par le Brun en son traité de la communauté, par Dupleffis sur la coutume de Paris, & par Pallu sur celle de Tours. C'est aussi le sentiment de Papon. La chose a même été ainsi jugée, par deux arrêts du parlement de Paris, l'un du 7 août 1748, & l'autre du 23 avril 1749. Il est vrai que quelques coutumes comme celles de Berry, de Bourbonnois & de la Marche dispensent la femme de l'Autorisation ; mais la disposition particulière de ces coutumes ne peut être regardée que comme une exception au droit commun. De sorte qu'on peut dire qu'il faut toujours une Autorisation, ou du mari ou du juge, ou de la coutume.

Lorsque la femme est accusée & décrétée, comme il faut nécessairement qu'elle paroisse devant le juge & qu'elle réponde seule en personne, on n'exige plus une Autorisation qui ne pouvant rien changer à l'ordre des choses, seroit fort inutile. Cependant si l'affaire se civilisoit, elle auroit besoin de cette Autorisation , parce qu'alors il s'agiroit de procéder comme en matière civile : Autorifation qui feroit néceffaire en pareil cas dans les coutumes mêmes où la femme en eft difpenfée lorfqu'elle agit par la voie de la plainte.

Voici maintenant quelle eft la différence entre une Autorifation donnée par le mari & une Autorifation donnée en juftice. Lorfque le mari a autorifé fa femme à procéder , il eft refponfable des fuites de la condamnation intervenue contr'elle. Il faut qu'il prenne fur lui ou fur la communauté le payement des objets de cette condamnation ; parce qu'au moyen de fon Autorifation , il eft cenfé avoir approuvé fa femme dans le fait qui a donné lieu à la condamnation. Cependant dans les pays où il n'y a point de communauté , la partie qui a obtenu la condamnation ne peut l'exercer contre le mari que pour les dépens , fauf après le mariage à l'exercer pour le refte fur les biens dotaux. Cette partie peut néanmoins faire faifir la nue-propriété en confervant l'ufufruit au mari ; & fi les caufes de la condamnation étoient antérieures au mariage , le mari pourroit être dépouillé de cet ufufruit même de fon vivant.

Mais lorfque le mari n'a point autorifé fa femme , l'Autorifation qu'elle a pu obtenir de la juftice ne fauroit lui nuire. On prétend cependant qu'en fait d'injures , l'ufage eft au châtelet de Paris d'exécuter la condamnation contre la femme fur la communauté , que le mari l'ait autorifée ou non , mais fimplement entre gens du peuple , parce qu'alors on préfume que le mari a donné fon confentement à l'injure. Au furplus c'eft une jurifprudence particulière qui ne sauroit faire loi dans les autres tribunaux.

Lorsqu'il y a séparation entre le mari & la femme, il semble que la femme étant par-là autorisée à la poursuite de ses droits, elle n'a plus besoin d'Autorisation ; cependant si cette femme est actionnée pour le déguerpissement d'un immeuble ou pour toute autre cause qui tende à une diminution de sa fortune, l'usage est au châtelet de Paris de faire assigner son mari avec elle, lors même que l'action dirigée n'intéresse que la femme, & l'on donne en ce cas copie de l'exploit à chacun d'eux. Ceci nous paroît fondé en raison : par ce moyen le mari est du moins averti de ce qui se passe ; il ne dépend plus que de lui de prendre des précautions & de venir au secours de sa femme ; usage par conséquent qui mérite d'être introduit partout.

Le mari mineur est partie capable, comme nous l'avons dit, d'autoriser sa femme : cependant si cette femme étoit mineure elle-même, l'Autorisation maritale ne lui suffiroit pas ; il lui faudroit de plus celle d'un curateur : mais si son mari étoit majeur, celui-ci seroit son curateur de droit ; car il seroit indécent de la mettre sous l'autorité de tout autre que de celui dont elle dépend naturellement.

Ici se présente la question de savoir si l'acte où une femme se seroit dite fille majeure pour sauver le défaut d'Autorisation, seroit un acte valable ? Quelques auteurs ont prétendu qu'il le seroit, mais leur opinion nous paroît erronnée ; s'il en étoit ainsi, il n'est pas de femme qui ne pût se passer de l'Autorisation de son mari. On ne doit excepter que le cas où celui qui auroit traité avec elle auroit eu juste sujet d'ignorer son état. Et encore comment excuser cette ignorance au préjudice de la règle qui veut que l'on connoisse la condition des personnes avec qui l'on traite ? Il faudroit alors que les circonstances annonçassent un dol capable d'induire en erreur : aussi a-t-il été jugé par arrêt du 26 janvier 1663, que l'acte où une femme s'étoit dite veuve sous prétexte de la longue absence de son mari ne pouvoit se soutenir, attendu le défaut d'Autorisation.

Un arrêt du conseil du 25 juin 1765 a ordonné qu'il ne seroit plus perçu de droit de contrôle pour l'Autorisation du mari à sa femme, lorsque cette Autorisation seroit insérée dans l'acte à l'occasion duquel elle seroit donnée : mais si l'Autorisation étoit l'objet même de l'acte, il faudroit payer le droit conformément à l'article 13 du tarif du 29 septembre 1722.

Autorisation du fils de famille. Les Romains jaloux d'exercer leur domination sur tout ce qui les environnoit, n'avoient pas manqué, comme nous venons de le voir, de mettre leurs femmes dans une dépendance absolue. Il étoit, ce semble, encore plus naturel qu'ils fussent maîtres de leurs enfans qui étoient en quelque sorte une portion de leur propre substance ; aussi dans les premiers temps s'étoient-ils donnés sur eux un entier pouvoir de vie & de mort. Soit qu'ils abusassent d'une autorité si redoutable, soit qu'il fût dangereux de la leur conserver, elle fut réduite à une simple administration de la personne & des biens de leurs enfans, mais ceux-ci demeurerent toujours sous la dépendance de leur père ; & cette dépendance qui eft encore la même aujourd'hui dans le pays de droit écrit, dure jufqu'à ce qu'il plaife au père de les en affranchir. C'eft cette autorité qu'on appelle puiffance paternelle.

Le fils eft donc comme dans une minorité perpétuelle, pendant que dure cette puiffance. Qu'il foit noble ou roturier, de l'un ou de l'autre fexe, en charge ou fans emploi ('), qu'il ait paffé ou non 25 ans, la chofe eft égale ; il ne peut faire aucun acte obligatoire fans la participation de fon père, fur-tout pour prêt d'argent, depuis le fenatus-confulte Macédonien rendu fous Vefpafien au fujet d'un fameux ufurier qui ruinoit tous les jeunes gens de famille de fon temps : c'eft fur ce fondement qu'un père fit caffer par arrêt du 19 août 1692, une obligation de deux mille livres que fon fils âgé de 30 ans, & tréforier de France à Lyon, avoit contractée fans fa participation. On excepte cependant les obligations pour un prêt qui a tourné au profit du fils de famille.

La démence ou la fureur du père, quand même il auroit paffé à de fecondes noces, ne délivre point le fils de la puiffance paternelle. Il n'y auroit qu'une mort civile, comme nous l'avons dit en ce qui concerne la femme, qui pût l'y fouftraire.

Le fils de famille n'a d'autorité que fur fa femme ; fes enfans ne font point fous fa puiffance, mais bien fous celle de leur aïeul. Il y a

_____

(*) Il faut pourtant en excepter les préfidens, les procureurs généraux, les avocats généraux des cours fouveraines & ceux qui font à la cour dans les dignités & les hauts grades militaires, &c.

plus, l'aïeul peut les émanciper sans que cette émancipation emporte celle du père, & ces enfans émancipés ne tombent point sous la puissance de leur père, soit que celui-ci se trouve lui-même émancipé ou non. Mais la veuve retourne en la puissance de son père ou de son aïeul après la mort du mari, parce qu'en pays de droit écrit (*) le mariage seul n'émancipe point. La femme ne cesse d'être sous la puissance paternelle qu'autant qu'elle se trouve sous celle du mari, parce qu'il seroit absurde qu'une même personne fût soumise dans le même temps à deux puissances qui peuvent entraîner deux volontés opposées.

Tout ce que le fils acquiert par industrie ou autrement, appartient au père en propriété, excepté les profits qu'il a pu faire dans la profession des armes ou dans celle du barreau, & ce sont ces profits que l'on appelle son *pécule*, parce qu'ils lui sont propres, comme étant le fruit d'une noble émulation qu'il est intéressant d'entretenir.

Le pere ne peut rien non plus sur les biens ecclésiastiques de son fils, mais ce fils quoique engagé au service de l'église n'est point pour cela affranchi de la puissance paternelle, à moins qu'il ne soit constitué dans une dignité comme celle de cardinal ou d'évêque. Cependant si le fils bénéficier étoit mineur, il ne pourroit pas administrer les revenus de son bénéfice sans la parti-

_____

(*) Il faut en excepter les parties de ce pays qui se trouvent du ressort du parlement de Paris où le mariage émancipe de plein droit.

cipation de son pere avant 14 ans, ni le résigner avant d'avoir atteint l'âge de 18 ans.

Lorsque le fils fait un commerce séparé de celui de son pere, il est présumé le faire du consentement de celui-ci. Il peut des-lors ; comme nous l'avons dit de la femme, faire de son chef tout ce qui s'y rapporte. Mais cette tolérance ne l'affranchit pas de l'autorité paternelle pour tout ce qui est étranger à ce même commerce.

Son pécule à part & ce qu'il a pu gagner de son commerce particulier, le fils ne peut disposer de rien même par testament. La mort subséquente du pere ne sauroit valider ce qu'il auroit fait sans son agrément. Il y a plus, le fils de famille ne peut même pas tester en faveur de son pere sans y être autorisé : bisarrerie singulière digne de la subtilité du droit romain qui suppose que le pere pourroit exercer en ce cas trop d'empire sur l'esprit de son fils, mais peu conforme à nos mœurs qui présument que la libéralité ne seroit que l'effet de la tendresse & de l'attachement.

Un fils ne peut pas non plus avantager l'un de ses enfans plus que l'autre sans le consentement de son pere si ce n'est en le mariant.

Ne croyons pourtant pas que l'effet de la puissance paternelle soit le même que celui de la puissance maritale. Nous avons vu que la femme ne peut rien faire même à son profit sans la participation de celui dont elle dépend ; il n'en est pas ainsi du fils de famille : les engagemens que celui-ci contracte subsistent s'ils lui sont favorables ; il en est de lui en pareil cas comme d'un mineur qui peut bien réclamer contre les actes qui lui sont contraires, mais qui peut aussi demander l'exécution de ceux qui lui sont avantageux ; ainsi il pourroit accepter une donation sans y être formellement autorisé par son pere.

Les actes du fils de famille lorsqu'il a passé vingt-cinq ans, ne sont pas nuls de plein droit comme ceux de la femme, il faut qu'il se pourvoie par lettres du prince & il a 10 ans, à compter du jour de la mort du pere, ou de son émancipation.

Denisart prétend que lorsque le fils de famille est parvenu à cet âge de majorité où les hommes peuvent contracter librement entr'eux, il lui est permis de faire tels actes que bon lui semble, & que ces actes tiennent contre lui pour avoir leur exécution dans le tems où cela peut se faire sans nuire au pere, sous prétexte que la puissance de celui-ci ne doit être considérée que dans les choses qui peuvent l'intéresser ; mais c'est une erreur de sa part, pour avoir confondu les maximes de la puissance paternelle en pays de droit écrit avec celles du pays coutumier. Tous les actes qui peuvent obliger un fils de famille, même majeur, au-delà de son pécule & du fait de son commerce sont dans le cas d'être rescindés. Le fils peut ainsi que son pere exciper du défaut d'Autorisation. La chose à la vérité paroit singulière, mais elle est établie & deux ou trois lignes de bonnes raisons ne suffisent pas pour la renverser.

Au reste il est bon d'observer que lorsque le fils contracte, il ne lui faut pas une Autorisation aussi absolue que pour la femme mariée. Il suffit que le pere ait été présent à l'acte, ou qu'il y ait donné son consentement d'une maniere tacite ou interprétative, pour que cet acte sorte son plein effet.

A l'égard des affaires criminelles, lorsque le fils de famille est encore mineur de 25 ans, la règle pour lui est la même que celle que nous avons établie au sujet de la femme ; mais lorsqu'il est majeur il est dans sa pleine liberté sur cet article, comme pourroit y être tout autre citoyen indépendant.

Remarquez que le droit de puissance paternelle se détermine par le lieu où le père demeuroit lors de la naissance de son fils ; mais quant à l'effet qu'il doit produire, il se règle par la loi de la situation des immeubles suivant qu'il a été jugé par arrêt du 7 septembre 1695, rapporté par Boullenois en ses questions mixtes.

La puissance paternelle peut cesser de différentes manières : c'est ce que l'on verra aux articles *Émancipation* & *Puissance paternelle.*

Ce que nous venons de dire jusqu'à présent ne concerne que le pays de droit écrit : voici les exceptions qui regardent le pays coutumier.

Anciennement la puissance paternelle avoit lieu dans toute la France, tant en pays coutumier qu'en pays de droit écrit ; mais peu à peu elle s'est restreinte dans nos coutumes au point qu'il n'en reste plus que quelques vestiges, excepté dans certaines provinces où elle paroit règner encore avec empire, quoique avec beaucoup de modifications.

En pays coutumier la puissance paternelle est plutôt une tutelle du fils de famille jusqu'à sa majorité qu'une puissance paternelle. Le fils devient son maître aussitôt qu'il a atteint sa majorité ou qu'il a été marié. Avant ce temps-là ce qu'il

acquiert

acquiert de mobilier, excepté ce qui forme son pécule, est bien pour le pere en propriété, mais à l'égard des immeubles le pere n'en a que l'usufruit jusqu'à la majorité ou l'émancipation de son fils.

Aussitôt que celui-ci est pourvu d'un office de judicature ou qu'il a été fait prêtre, il est émancipé de plein droit, ce qui n'est pas de même pour les pays soumis au droit romain. Il suffit dans certaines coutumes que le fils ou la fille aient atteint l'âge de puberté pour qu'ils puissent tester en faveur de qui bon leur semble, même en faveur de leur pere; leur libéralité peut dès-lors porter sur les fonds dont le pere a la jouissance; ils peuvent disposer de la propriété de ces fonds, sauf l'usufruit pour le pere pendant le temps déterminé par la coutume.

Le fils ni la fille une fois émancipés par le mariage ne retournent plus sous la puissance paternelle, quand même après la dissolution du mariage l'un ou l'autre ne se trouveroit point encore en âge de majorité. Voilà quel est en général le droit coutumier en fait de puissance paternelle. Les exceptions sont en petit nombre pour quelques provinces. Mais lorsque la loi municipale ne dit rien à cet égard, c'est le droit romain que l'on doit suivre, parce que, comme nous l'avons observé, il faisoit loi anciennement dans toute la France avant les modifications que chaque coutume y a introduites.

Autorisation du mineur. Nous entendons par mineur celui qui a perdu son pere & sa mere ou simplement l'un ou l'autre avant qu'il soit parvenu à l'âge de majorité. On peut encore absolument entendre par mineur celui qui n'a point

atteint ſes vingt-cinq ans, époque où dans tou
la France coutumière chacun eſt maître de ſe
actions.

Avant cet âge de majorité un jeune homm
eſt cenſé incapable de ſe régir par lui-même
c'eſt pourquoi l'on veut qu'il ne puiſſe rien fair
ſans la participation de ceux dont il dépend pou
lors. Si ſon pere eſt vivant, c'eſt à lui de le régi
& de le gouverner. Dans quelques coutume
après la mort du pere, c'eſt à la mere que c
ſoin appartient de plein droit ſi elle ſe trouv
majeure. Dans d'autres & preſque dans tout l
pays coutumier, c'eſt à celui que le juge a dé
cerné pour tuteur au pupille ſur un avis de pa
rens que ce même ſoin eſt confié.

Quoiqu'il en ſoit de ces différences il eſt tou
jours certain, ſoit en pays de droit écrit ſoit er
pays coutumier, qu'avant l'âge de puberté le
perſonnes de l'un & de l'autre ſexe ſont cenſée
n'avoir aucune exiſtence civile. Elles ne peuven
agir, ni on ne peut agir contr'elles : l'action n'ap
partient qu'à ceux qui les ont ſous leur dépen
dance ; de même auſſi qu'on ne peut actionner
que ceux-ci, lorſqu'on a quelque intérêt à exer
cer contre elles.

Pour que ces perſonnes puiſſent agir d'elles-
mêmes ou qu'on puiſſe agir contr'elles, il faut
qu'elles ſoient émancipées & cette émancipation
s'opère différemment ſuivant les différentes cou
tumes, comme on le verra au mot ÉMANCIPA-
TION.

Avant cette émancipation tout ce que peut
faire un mineur à ſon préjudice eſt nul d'une nullité abſolue, ſans qu'il ſoit même obligé de recourir aux lettres du prince pour s'en faire rele-

ver : parceque pour contracter il faut avoir une connoissance, & les mineurs encore enfans ne sont pas même censés avoir de volonté. Nous disons *à son préjudice*, parce qu'il est reçu qu'un mineur à quelque âge qu'il soit, peut faire son avantage. Il a même été décidé qu'il pouvoit seul accepter une donation. Il est vrai que l'ordonnance de 1731 porte que les donations en faveur des mineurs seront acceptées par leurs tuteurs ou curateurs, mais on a cru avec raison que le ministère du tuteur ou du curateur n'étoit nécessaire que lorsque le mineur n'acceptoit pas lui-même.

Lorsque le mineur est émancipé ou par la volonté de celui dont il dépend, ou par la loi du pays, ou par des lettres du prince, il commence à jouir de certains droits parmi les citoyens : il peut agir & traiter avec eux. Mais comme son expérience est encore très-foible, on ne lui permet pas de faire par lui-même toutes sortes d'actes. On ne le laisse libre que pour la disposition de quelques objets mobiliers & pour l'entière administration de ses revenus. Lorsqu'il s'agit de quelque acte plus sérieux qui puisse tendre à une aliénation de ses immeubles, on exige dès lors qu'il soit assisté d'un curateur, & encore ce curateur ne peut-il pas lui donner un pouvoir absolu (en fait d'aliénation formelle) que les parens n'aient été consultés & que leur avis ne soit homologué par le juge.

Lorsqu'il s'agit de procéder en justice en demandant ou en défendant soit pour la simple administration de ses biens, soit pour toute autre affaire plus essentielle, le mineur quoique émancipé ne peut le faire sans être assisté d'un cura-

teur qui veille à ſes intérêts. Il faut même que
ce curateur agiſſe en ſon nom & en ſa qualité
dans tous les actes de la procédure. Lorſque le
mineur a perdu celui qu'on lui avoit donné lors
de l'émancipation, il faut pour procéder qu'on
lui en faſſe nommer un autre, ou qu'il s'en nomme un lui-même devant le juge ; & celui qui
eſt chargé de l'aſſiſter a le titre de *curateur aux
cauſes.* Cette nomination n'entraîne pas beaucoup de formalités. Il eſt même aſſez ordinaire
que celui qui doit ſervir de procureur au mineur
lui ſerve en même tems de curateur. Ce préliminaire n'eſt point d'un genre rigoureux ſur-tout
pour une action qui ne tend qu'à une ſimple
adminiſtration, parce que comme toutes les opérations du mineur paſſent en pareil cas ſous les
yeux de la juſtice, on préſume qu'elle a ſuppléé
à tout ce qui pouvoit manquer du côté de l'expérience du mineur, ou des ſoins de ſon curateur.

Sur quoi il eſt bon d'obſerver qu'un curateur
nommé à une cauſe, n'eſt pas curateur nommé
de plein droit à toutes les autres affaires que
peut avoir le mineur en juſtice, à moins que ſa
nomination ne s'étende à toutes celles qui pourront ſe préſenter. Le curateur aux cauſes n'eſt
pas non plus curateur de plein droit pour les
affaires extrajudiciaires où il faut que la préſence
d'un curateur intervienne. Il faut au mineur pour
ces ſortes d'affaires un ſurveillant qu'on appelle
curateur formel, & qui ſe décerne par le juge ſur
avis de parens. Ce curateur, lorſqu'il exiſte, eſt
en même-temps curateur aux cauſes de plein
droit, par la raiſon que qui peut le plus peut le
moins.

Quoique ce curateur formel ait un pouvoir général pour toutes les affaires qui peuvent concerner le mineur, cependant s'il s'agiſſoit d'une aliénation déterminée, d'un mariage propoſé ou de quelque autre affaire délicate qui intéreſſât toute une famille, il ſeroit encore obligé de prendre l'avis des parens; mais c'eſt ce que nous ferons plus particulièrement remarquer au mot CURATEUR.

L'aſſiſtance du curateur n'eſt pas néceſſaire au mineur pour fait de commerce ni pour ce qui concerne l'art ou le métier dont il ſe mêle publiquement. Elle lui eſt pareillement inutile pour un fait de police & dans les affaires criminelles où il eſt accuſé; il faut qu'alors il ſe défende & réponde en perſonne.

Voilà quel eſt le droit commun en fait d'Autoriſation concernant les mineurs, ſauf dans quelques provinces & dans quelques ſiéges certains uſages particuliers qu'il peut être encore bon de reſpecter; en obſervant que l'Autoriſation concernant le mineur n'eſt pas exigée d'une manière auſſi expreſſe que pour la femme. La préſence & le conſentement du curateur ſuffiſent, & il eſt rare qu'on puiſſe à cet égard propoſer des moyens de nullité valables à moins qu'il ne ſoit queſtion d'affaires de la plus grande importance, & que quelque omiſſion eſſentielle n'eut extrêmement influé ſur les opérations dont on voudroit ſe plaindre.

Autoriſation d'un religieux. Tout homme mort au monde par une émiſſion irrévocable de vœux en religion, n'a plus d'exiſtence civile. Il ne vit plus que dans ſon cloître & ſa cellule ſous une dépendance abſolue de ceux qu'on lui donne pour fupérieurs. Ainfi il ne peut rien faire dans la fociété fans la participation de ceux dont il dépend : mais avec leur confentement il peut agir & traiter comme tout autre citoyen. Ce qu'il y a de fingulier à fon égard, c'eft que faifant feul un bon marché avec les gens du monde, quoiqu'il n'en puiffe pas profiter perfonnelle-ment, la communauté ne laiffe pas d'en profiter pour lui, fuivant la maxime introduite que *ce qu'un moine acquiert eft acquis au monaftère*; mais fi la convention ne lui eft pas profitable, on ne peut point forcer la communauté à la tenir pour lui; & en cela le défaut d'égalité dans l'exécu-tion de l'acte fembleroit devoir le rendre nul de part & d'autre, mais il n'en eft pas ainfi. Il y a plus, un mineur tout comme le religieux peut bien améliorer fa condition, mais l'acte qu'il a pu foufcrire dans un temps où il étoit émancipé fubfifte jufqu'à ce qu'il s'en foit fait relever par lettres du prince, au lieu que l'acte foufcrit par un religieux eft nul de lui-même lorfque fa commu-nauté a intérêt qu'il foit regardé comme non avenu. Singularité qui tient à des principes d'une nature bien différente. Ainfi qu'un fimple reli-gieux, quelqu'âge qu'il ait, me faffe un billet pour argent prêté fans le confentement de fes fupérieurs, fi ceux-ci m'en refufent le payement je n'ai plus rien à demander. Si au contraire je me fuis reconnu débiteur envers ce même reli-gieux, la communauté pourra me contraindre à payer.

Il y a pourtant quelques exceptions tirées de l'équité même : fi ce que j'ai prêté au religieux a tourné au profit de la communauté, fi je lui ai admimiftré des fecours que fon monaftère n'auroit, pu lui refuser, il est certain que je puis me faire rembourser mes avances & mon argent.

Si le religieux exerce dans l'intérieur de son monastère quelque art pour le public, que je lui aie vendu des outils, ou que je lui aie fait des fournitures, il est de même sans difficulté que je dois en être payé ou par lui ou par la communauté qui est censée l'autoriser pour cet art & profiter de son travail; mais s'il s'agit d'exercer une action, c'est contre la communauté que je dois la diriger, parce que le religieux qui ne peut rien posséder en propriété, n'est point présumé être en état de me payer. Il en seroit autrement s'il étoit d'une de ces congrégations où le religieux peut avoir un pécule, ou qu'il fut bénéficier en titre; il pourroit être alors personnellement recherché jusqu'à concurrence de ses revenus pour les engagemens qu'il auroit contractés, tout comme il pourroit lui-même agir sans la participation du monastère pour ce qui concerneroit son pécule ou son bénéfice.

Le religieux qui passe à l'épiscopat n'est plus sous la dépendance de son monastère, l'église dès ce moment l'en affranchit : il peut alors librement contracter seul dans le monde.

A l'égard des délits dont un religieux peut se rendre coupable, si le fait est tel qu'il puisse être obligé à une réparation personnelle, il est dans le cas d'être lui-même recherché, & lors de la condamnation on peut assigner le monastère comme responsable des écarts de ce religieux, pour la voir déclarer commune avec lui. Quant aux dommages-intérêts, lorsque le délit ne donne ouverture qu'à la voie civile, on borne l'action au monastère.

Quant aux injures dont un religieux a fujet de fe plaindre, il ne peut point fans le confentement de fon monaftère en pourfuivre la réparation. Il ne le peut même pas pour injures graves, à moins qu'il ne foit expofé à une vexation continuelle & que l'indifférence du monaftère ne lui foit trop préjudiciable, auquel cas le miniftère public peut venir à fon fecours. Un religieux doit être continuellement animé d'un efprit de paix & de charité; le pardon des injures lui eft particulièrement recommandé, & lorfque l'intention de fes fupérieurs eft qu'il garde le filence, il ne fauroit la contrarier fans bleffer l'obéiffance qu'il leur doit & fans donner en quelque façon un exemple contraire à l'efprit de fon état.

Autorifation d'un fyndic. Une communauté, une compagnie, une fociété quelconque ne fauroit fe régir dans les affaires qui peuvent l'intéreffer, fi elle n'a un prépofé chargé de ce foin particulier, & c'eft ce prépofé que nous appelons *fyndic.* Il eft en quelque façon le repréfentant du corps entier qui le commet. En cette qualité il a droit fans autre Autorifation particulière d'agir pour tout ce qui concerne la fimple adminiftration qui lui eft confiée, fans prendre avis de fa communauté.

Mais il n'en eft pas de même des affaires qui excèdent cette adminiftration. Chaque fois qu'il s'en préfente d'une nature différente, il eft obligé d'en faire part à fa compagnie & de demander fon avis, fans quoi il eft dans le cas d'être défavoué & de fupporter en fon nom les dépens.

Ainfi dès qu'il eft nommé fyndic dans une affaire il peut agir, mais s'il fe trouve qu'il n'ait point eu de pouvoir particulier pour d'autres affaires, il est exposé à toutes les suites d'une démarche inconsidérée. On peut de même agir contre lui comme syndic, mais par la même raison s'il conteste mal-à-propos dans des cas extraordinaires sans une autorisation spéciale, tout le poids de la contestation retombe sur lui.

Le pouvoir particulier dont peut avoir besoin un syndic se donne par délibération à la pluralité des voix. Dans les affaires extraordinaires ce pouvoir ne s'étend point d'un cas à l'autre. Si le syndic n'est autorisé que pour agir ou contester, il ne l'est pas pour traiter & transiger non plus que pour appeler : il lui faut en pareil cas une nouvelle Autorisation, tout comme il lui faut une mission particulière pour se transporter hors de chez lui & se faire allouer ses voyages.

Lorsque les chapitres & les corps particuliers s'assemblent pour délibérer de leurs affaires, leur usage est de consigner dans leur registre capitulaire le résultat de leurs délibérations. A l'égard des paroisses de campagne qui ne se régissent point en corps municipal, leurs délibérations se forment ordinairement devant un officier public tel qu'un notaire, mais elle ne peut être mise à exécution qu'autant qu'elle a été autorisée par le commissaire départi, & celui-ci ne peut accorder cette Autorisation que sur une requête accompagnée d'une consultation d'avocats. Cela est ainsi prescrit par l'article 43 de l'édit du mois d'août 1764 (*).

(*) L'édit d'avril 1683 & la déclaration du 2 août 1687 veulent que les maires, echevins, syndics & communautés, ne puissent intenter aucune action ni commencer aucun pro-

Autorisation d'un procureur. Chaque citoyen dans la société est censé prendre soin lui-même de ses propres affaires ; personne ne doit s'en mêler sans y être invité. Il n'y a que ceux qui ont l'empire que donne la loi ou la nature sur certaines personnes, qui puissent agir pour elles sans leur participation : mais comme les personnes libres ne peuvent pas toujours agir par elles-mêmes, il leur est permis de se faire représenter par d'autres personnes libres, & ce sont ces représentans qu'on appelle ou *procureurs*, ou *fondés de procurations*, ou *mandataires*, suivant les différentes affaires auxquelles ils sont employés.

Le procureur dans l'acception la plus commune du mot, est cet officier public chargé de poursuivre ou de défendre en justice les intérêts que lui confient ses clients. Il ne peut employer pour eux son ministère qu'autant qu'il en est requis. Quelquefois cette réquisition se présume par les circonstances, & dans d'autres occasions

---

cès au nom de leur communauté, tant en cause principale que d'appel, sans y être autorisés par l'intendant de la généralité. Il y a plus : une déclaration du 2 octobre 1703, défend aux procureurs d'occuper sur ces sortes d'actions à moins qu'on ne leur justifie de l'Autorisation de l'intendant. Ces lois ont été confirmées par l'édit du mois d'août 1764.

Le roi de Pologne duc de Lorraine a rendu le 3 mai 1738 un arrêt qui contient des dispositions semblables & qui a été enregistré à la cour souveraine de Lorraine & Barrois le 16 du même mois.

Remarquez toutefois que s'il n'étoit question que de procéder sur l'appel d'une sentence rendue au profit d'une communauté, l'Autorisation du commissaire départi ne seroit pas nécessaire. Il en seroit de même si la communauté vouloit se pourvoir au roi. Cela est ainsi réglé par l'article 44 de l'édit du mois d'août 1764.

il faut qu'elle foit expreffe & conftatée. Qu'un procureur foit chargé des pièces principales d'une affaire & qu'il ait agi relativement à ces pièces, il eft préfumé avoir reçu tout pouvoir néceffaire en même temps qu'on les lui a remifes ; il en eft cru à fon ferment, à moins qu'on ne puiffe le convaincre de mauvaife foi.

Mais quand il s'agit d'articulations de faits particuliers, de dénégations, de confentemens & d'autres points extraordinaires dans le cours d'une procédure, il ne peut rien faire qu'il n'y foit expreffément autorifé ou que fa partie ne foit préfente, & encore faut-il que cette préfence foit pour marquer un vrai confentement. Il y a même des cas où la loi exige un pouvoir fpécial comme pour une accufation criminelle, une infcription de faux, &c.

Un procureur ne peut pas non plus, comme nous l'avons dit du fyndic, traiter ni tranfiger fans y être nommément autorifé. Son miniftère doit fe borner à la procédure, à moins qu'il n'ait commiffion pour des actes extrajudiciaires, autrement il s'expofe, comme on le verra à l'article *Défaveu*.

Quand il s'agit d'autres affaires que celles qui ont trait à la procédure, ceux qui s'en chargent fe nomment ordinairement *fondés de procuration*. La fimple remife de pièces fuffit quelquefois, comme nous l'avons vu, au procureur chargé de faire une procédure, mais elle ne fuffit pas à un fimple particulier pour les affaires extrajudiciaires d'autrui ; il lui faut une procuration fpéciale pour chaque objet différent, à moins qu'on ne lui en ait donné une abfolument générale telle que peut la donner un homme qui en-

treprend un voyage de long cours & de longue
abfence. Le fondé de procuration doit fe reftrein-
dre dans les bornes de fon pouvoir. Il n'eft point
à proprement parler fujet au défaveu, parce
que la partie qui a traité avec lui devoit favoir
fi fa procuration lui donnoit pouvoir fuffifant. Il
ne feroit dans le cas de répondre des ftipulations
pour lefquelles il n'auroit point eu de pouvoir
qu'autant qu'il fe feroit obligé perfonnellement
à les faire ratifier.

Le *mandataire* eft celui qui s'annonce comme
ayant eu commiffion verbale d'agir pour autrui,
& qui agit en conféquence. Dans les petites
affaires d'adminiftration, il y a beaucoup de perfonnes qui font mandataires de droit, les unes
des autres. Entre héritiers ou offociés, ce que
fait l'un d'eux eft cenfé fait du confentement des
autres : il en eft de même des affaires domeftiques entre le mari & la femme, le pere & les
enfans : on ne finiroit jamais fi pour la moindre
commiffion il falloit un pouvoir particulier. Il
fuffit que les chofes fe foient paffées fuivant l'u-
fage commun pour qu'il ne foit point permis de
contefter ce qui fe trouve fait.

A l'égard des étrangers qui fe difent mandataires d'autrui fans en avoir un mandement par
écrit, ils s'expofent à des dommages-intérêts
pour avoir induit en erreur, lorfque la partie
intéreffée refufe d'acquiefcer à ce qui fe trouve
arrêté pour elle fans fa participation : mais quoiqu'elle n'ait point donné pouvoir d'agir, fi la
convention faite en fon nom fe trouve lui être
avantageufe elle ne laiffe pas d'avoir la liberté
de la faire exécuter : cela paroît fingulier, mais
c'eft qu'on préfume qu'il y avoit réellement com-

miffion donnée de fa part, & qu'elle auroit elle-
même exécuté la convention quelque peu favorable qu'elle lui eut été. Voyez *le journal des
audiences ; les actes de notoriété du châtelet de
Paris ; Augeard en fes arrêts ; Auzannet en fes
mémoires & en fon commentaire fur la coutume de
Paris ; Argou & Bretonnier ; la Peyrere ; Ricard,
en fon traité des donations ; le Brun & Renuffon,
en leur traité de la communauté ; les principes de la
jurifprudence françoife ; Carondas, fur la coutume
de Paris ; le Prêtre, en fes centuries ; Dupleffis, &
les notes fur la coutume de Paris ; Louet & Brodeau ; Boullenois, en fes queftions mixtes ; journal
du palais ; Pothier, en fon traité des obligations
& de la puiffance du mari fur la femme ; la Combe,
en fa jurifprudence civile ; Bourjon, fur le droit
commun de la France ; la collection de nouvelle
jurifprudence ; le traité des injures dans l'ordre judiciaire ; l'édit du mois d'août 1764 ; le recueil des
édits & règlemens de Lorraine ;* &c. Voyez auffi
les articles MARIAGE, COMMUNAUTÉ, PUIS-
SANCE PATERNELLE, MINEUR, TUTEUR, CU-
RATEUR, ÉMANCIPATION, SYNDIC, PROCU-
REUR, DÉSAVEU, PROCURATION, MANDA-
TAIRE, &c. (*Article de* M. DAREAU, *Avocat au
parlement,* &c.)

AUTORITÉS. On entend par ce mot la ci-
tation que l'on fait dans une plaidoirie, dans
des mémoires ou dans des écritures de palais,
de la difpofition des ordonnances, des édits,
des déclarations, des coutumes, des arrêts, des
ufages & de l'opinion des auteurs pour appuyer
les propofitions ou demandes que l'on établit.

Il n'en eft pas tout-à-fait de la fcience du
droit comme de la plûpart des autres fciences

humaines : le plus habile en jurisprudence n'est
pas toujours celui qui raisonne le mieux. La décision des différens points qui se présentent à
discuter est souvent subordonnée à la volonté du
législateur dont les motifs ne sont pas toujours
connus. Malgré que nous n'appercevions pas la
sagesse de ses ordonnances & de ses règlemens,
nous ne sommes pas moins obligés de nous y
conformer ; la loi peut même paroître dure,
mais une fois écrite elle doit avoir son exécution : *lex dura , sed scripta.* Si parce que telle ou
telle disposition présente peu d'équité aux yeux
d'un jurisconsulte , il étoit fondé à la rejeter
la science n'auroit presque plus rien de certain
tout deviendroit arbitraire. La raison affranchie
de l'Autorité de la loi seroit le plus cruel tyran
de la société , ou pour mieux dire que deviendroit la raison elle-même ? Chacun voudroit la
maîtriser suivant ses passions , & au lieu de la
faire servir d'organe à l'équité , on en feroi
l'instrument de ses injustices & de sa mauvaise foi

Quand la loi parle , la raison doit donc se
taire. L'Autorité de la loi doit nécessairemen
l'emporter sur la sagesse des particuliers. En fai
de jurisprudence chacun doit se défier de se
propre raison. On s'imagine souvent avoir plus
de lumières que les grands hommes qui on
présidé à la formation de la loi , & c'est un
erreur de l'amour-propre. Pendant que la lo
subsiste , elle est le flambeau qui doit seul nou
guider : toutes les autres lumières étrangères n
peuvent que nuire à sa clarté & nous égarer.

La meilleure Autorité que l'on puisse em
ployer dans sa cause est donc celle de la lo
Mais d'où vient que la loi ne plaît pas égale

ment dans tous les temps, & qu'ainſi que la beauté elle ſoit ſujette à vieillir ? Quand le ſouverain l'établit, ſon intention eſt certainement qu'elle ſubſiſte juſqu'à ce qu'il lui plaiſe de la révoquer : cependant combien de lois n'avons-nous pas qui n'ont jamais été révoquées & qui maintenant n'ont ni force ni vigueur. L'âge au lieu de les faire reſpecter ſemble au contraire les avoir rendues ridicules au point qu'on n'oſe même pas les citer & encore moins les produire. Mais tel eſt le ſort des choſes humaines que rien ne peut leur aſſurer une exiſtence durable. Si les hommes étoient faits pour les lois elles ſubſiſteroient autant que les hommes mêmes, mais ce ſont les lois qui ſont faites pour les hommes ; elles ne peuvent dès-lors durer qu'autant qu'elles leur conviennent, & qu'elles s'accordent avec leurs mœurs actuelles. En fait des mœurs des hommes, il n'eſt pas poſſible de les tenir à l'abri du changement. Les différentes connoiſſances que l'on acquiert changent en même temps & la façon d'agir & la façon de penſer, & il n'eſt point au pouvoir du ſouverain d'empêcher ce changement. Jamais les mœurs d'un ſiècle n'ont été celles du ſiècle précédent ni du ſiècle qui lui a ſuccédé : cette révolution qui eſt comme dans l'ordre des choſes s'eſt remarquée dans tous les temps & chez toutes les nations.

Ainſi dès qu'une loi contrarie les mœurs actuelles, elle éprouve un choc auquel elle ne peut réſiſter. Il ſemble que tous les eſprits tombent d'accord pour ne la plus obſerver ; le ſouverain lui-même ſe voit comme forcé de l'abandonner. C'eſt auſſi ce qui a fait dire à un homme d'efprit qu'au lieu de donner à chaque loi une fanction irrévocable, on ne devroit jamais la porter que pour un temps ; parce qu'ordinairement une loi qui a vécu plus d'un fiècle, devient fujette à des infirmités qui néceffairement la font périr.

Quoi qu'il en foit, il y a donc des lois qui fans être expreffément abrogées ont perdu toute leur Autorité ; & ces lois ne fauroient aujourd'hui furmonter l'opinion contraire qui leur eft fubftituée. Mais il ne fuffit pas de dire ou de croire que telle ou telle loi n'eft plus ufitée ; il faut que la défuétude foit notoire & qu'il foit exactement vrai qu'elle n'eft plus en vigueur ; fans quoi la loi doit exercer encore toute fon Autorité.

Mais en fait de loix une fingularité bien choquante c'eft que tel édit eft obfervé dans telle partie du royaume & rejeté dans telle autre. Ici on obferve la loi en fon entier, là on n'en adopte que certaines difpofitions. On ne fauroit croire combien cette bifarrerie qui femble tenir du caprice eft fatiguante pour les jurifconfultes : cependant ils font obligés de s'y conformer & d'en faire une étude particulière. Bifarrerie qui rend encore leur état plus intéreffant pour le public ; car tout citoyen qui fans leur fecours ne voudroit avoir que la loi fous fes yeux fe tromperoit fouvent dans fes démarches, lors même qu'il feroit le plus fcrupuleux à fe conformer à fes difpofitions.

A l'égard des coutumes qui exiftent en fi grand nombre & d'une manière fi variée dans une grande partie du royaume, elles ont Autorité de loi par la fanction qu'y a donné le prince

prince lors de leur rédaction. Ces coutumes ne paroissent pas si susceptibles de changement que les lois arbitraires du souverain, mais la raison en est simple : ce sont les habitans des provinces qui en quelque façon se les sont données à eux-mêmes (*), ils connoissoient sans doute ce qui leur convenoit, & ce qui convient est toujours de plus longue durée que ce l'on propose aux peuples sans les avoir consultés. Ce n'est pas que ces coutumes n'aient été susceptibles d'altération en quelques points, mais ce sont des inconvéniens qu'on n'avoit point prévus qui se font découverts par l'expérience, & que l'on a cherché à corriger par un usage contraire. Il seroit à desirer qu'en procédant à une nouvelle rédaction de ces coutumes on tâchât de les rendre plus uniformes & plus certaines sur les articles qui s'observent encore. Il vaudroit mieux sans doute si la chose étoit possible, que comme il n'y a qu'un roi, il n'y eût de même qu'une loi. Mais enfin en attendant ce qui pourra s'exécuter un jour, il est certain que l'opinion particulière d'un homme privé, quelque bien raisonnée qu'elle puisse être, doit céder aux dispositions de la loi municipale du pays. Il n'y a que les points abrogés par un usage contraire bien certain qui n'aient plus d'Autorité. C'est cet usage lui-même qui prend la place de la loi, & auquel on est obligé de se conformer.

On diroit en vain que les coutumes sont im-

(*) Dans l'origine elles leurs avoient été données, & ils étoient obligés de s'y soumettre ; dans la suite lois de leur rédaction par écrit, on les a laissés maîtres des changemens qu'ils ont jugé à propos d'y faire.

preſcriptibles & qu'aucun uſage contraire n'y
ſauroit donner atteinte , ſous prétexte que tout
uſage contraire à la coutume eſt un uſage abu-
ſif : ce raiſonnement ſeroit impuiſſant pour ren-
verſer les opinions reçues : d'ailleurs il y auroit
plus d'inconvéniens à revenir à une ancienne
pratique abrogée que de ſuivre l'uſage actuel.

 — Mais en fait d'uſage il ne ſuffit pas de l'allé-
guer , il faut qu'il exiſte depuis un certain tems,
qu'il ſoit général & connu de tous ceux qui étudient ou qui pratiquent la coutume. Lorſque la
conteſtation eſt pendante devant des juges qui
ont leur tribunal hors du territoire de cette coutume & qu'on ſe diſpute ſur un uſage contraire ,
c'eſt le cas de ſe le faire certifier par un acte
de notoriété des juges & des praticiens de l'endroit. Cet acte de notoriété devient enſuite un
monument qui fixe irrévocablement l'opinion
commune & qui acquiert force de loi.

 Après les ordonnances & les coutumes nous
mettons au rang des autorités les arrêts & les
jugemens. En fait d'arrêts , il y en a qui ont
force de loi ; d'autres qui ne ſont que de ſimples
préjugés ; d'autres enfin qui ne ſont que des déciſions paſſagères.

 Les arrêts qui ont force de loi ſont ceux qui
ſont publiés en forme de règlemens. Comme ces
arrêts ſont rendus avec connoiſſance de cauſe,
on ne peut s'empêcher d'en ſuivre les diſpoſitions. Cependant lorſqu'ils n'ont été provoqués
que par des circonſtances particulières , ils ne
s'exécutent plus avec la même rigueur quand
ces circonſtances ont diſparu. Il y en a même
qui tombent quelquefois dans une entière déſué-
tude & dans l'oubli : mais à moins qu'ils n'aient
entièrement perdu leur vigueur par un défaut

d'usage depuis long-temps, on doit toujours les respecter en s'y conformant.

À l'égard des arrêts rendus entre particuliers sur différens points de droit contestés, ce sont te qu'on appelle des *préjugés*, parce qu'en les citant dans les éspèces qui se représentent, on les emploie pour indiquer que la même question a été jugée de telle façon auparavant. Ces préjugés n'ont pas absolument par eux-mêmes force de loi. Cependant comme il est intéressant pour les citoyens que les décisions dont ils sont informés puissent leur servir de règle dans leurs affaires, les cours ont l'attention de suivre la jurisprudence qu'elles ont une fois adoptée, afin de tirer de l'arbitraire le plus de questions qu'il est possible. Ces préjugés ne sont à proprement parler proposables que sur des points de droit ou de coutume clairement décidés ; & encore faut-il pour qu'on ne puisse s'en écarter que la même question ait été ainsi jugée par plusieurs arrêts consécutifs.

Quand une fois la jurisprudence est fixée elle acquiert force de loi. Elle varie quelquefois, mais c'est lorsqu'elle entraîne des inconvéniens dont on ne s'étoit point douté dans l'origine, ou qu'on parvient à découvrir qu'une nouvelle jurisprudence seroit plus sage & plus conforme à l'équité. A moins de grands motifs pour la changer elle doit demeurer constante, autrement les procès se multiplieroient à l'infini.

Il est pourtant à propos d'observer qu'en matière criminelle les préjugés ne sont pas de la même considération qu'en matière civile. Mille circonstances qui souvent ne sont connues que des juges peuvent porter à prononcer différemment fur le fort des accufés dans le même genre d'accufation.

Quant aux arrêts dont les décifions roulent fur des faits particuliers, il eft reconnu qu'ils ne font loi que pour ceux qui les ont obtenus. En vain les citeroit-on pour exemple, parce que comme l'obferve très-bien le célebre Dumoulin, le moindre changement dans le fait opère un changement confidérable dans le droit. En un mot c'eft de ces fortes d'arrêts qu'on peut dire que c'eft fur la loi & non fur les exemples qu'on doit fe règler ; *non exemplis fed legibus judicandum.*

Indépendamment de la jurifprudence générale qui peut réfulter des préjugés tirés des arrêts, il s'introduit auffi quelquefois dans les fièges inférieures une jurifprudence particulière fur-tout pour certains points de coutume. Quand on eft habitué à cette jurifprudence on ne fauroit fouvent s'en écarter fans inconvénient ; furtout lorfqu'elle ne renferme rien d'abufif, & qu'elle eft conftante par l'uniformité des fentences ou des jugemens qui l'ont établie. Lorfque dans les cours fupérieures on emploie cette jurifprudence, les magiftrats bien loin de la rejeter cherchent à s'en affurer par un acte de notoriété pour y conformer leur décifion.

Il en eft à peu-près de même de certains ufages locaux qui ne font établis fur aucune loi, & qui cependant s'obfervent comme loi dans la pratique. Il n'y a point de loi, par exemple, qui détermine dans chaque pays la manière de percevoir la dîme ni la quotité de la perception ; qui règle la conduite que le bailleur & le preneur doivent tenir l'un envers l'autre pour les congés ou pour les indemnités ; qui prescrive qu'on doive payer ou d'avance ou après le temps échu ; si le terme doit être par quartiers, ou tous les six mois, ou tous les ans; c'est l'usage qui fait la loi en pareil cas & qui devient Autorité : aussi la décision des premiers juges doit-elle avoir beaucoup de poids sur des contestations de cette espèce, parce qu'ils sont censés mieux connoître les usages de leur endroit que les juges étrangers.

Les Autorités dont nous venons de parler ne font pas les seules qu'on puisse employer. Il y en a d'autres qu'on peut appeler *Autorités éloignées* & qui peuvent quelquefois suppléer à celles qui manquent. Lorsqu'une coutume, par exemple, garde le silence à l'égard d'un point sur lequel une autre coutume voisine s'est expliquée, cette explication peut être proposée comme un guide à suivre sur la difficulté qui se présente; si la coutume voisine ne dit rien, on peut consulter l'esprit des autres coutumes; si enfin on ne trouve aucune loi municipale qui se soit expliquée, & que le droit Romain présente une solution, on peut alors l'employer comme l'Autorité de la raison écrite, car il est de maxime que le droit Romain ne fait pas plus loi en pays de coutume que le droit coutumier ne fait loi en pays de droit écrit. (*) : par la même raison,

_____

(*) Il est bien dit si l'on veut par des lettres-patentes de François I pour la rédaction de quelques coutumes, que les cas qui ne feront point prévus par les rédacteurs se décideront par le droit romain; mais François I ne l'a point autorisé comme devant faire une loi : il auroit fallu à cet effet une sanction plus marquée. Dans l'usage on ne suit le

lorfque le droit écrit ne préfente aucune folu-
tion & qu'on peut la trouver dans le droit coutumier, il eft tout naturel qu'on puiffe le citer
dans fa caufe.

Pour ce qui eft des règlemens & des préjugés, ceux qui émanent d'une cour de parlement n'ont pas à la vérité force de loi dans une
autre cour. Cependant lorfqu'il s'y préfente une
queftion à juger pour la première fois & qu'elle
a déja reçu une décifion dans un autre tribunal
fouverain, on peut s'aider de cette décifion,
parce que quand elle eft jufte il eft intéreffant
qu'elle devienne générale.

Il en eft de même des ufages dont nous avons
parlé : lorfqu'il s'agit de pratiquer une chofe
pour la première fois & qu'on la pratique fuivant
l'ufage des environs ou l'ufage le plus connu,
on ne peut avoir aucun prétexte pour critiquer
la conduite de celui qui s'y eft conformé, à
moins que cet ufage ne foit évidemment abufif.

Lorfque les loix, les coutumes, le droit écrit,
les préjugés & les ufages nous manquent, nous
avons encore une reffource dans l'opinion des
jurifconfultes qui ont traité les queftions qu'il
s'agit de décider.

En fait d'opinions nous devons favoir gré à
ceux qui en prévenant nos difficultés ont cherché à les réfoudre. Quoique l'avis d'un jurifconfulte ne foit pas une loi écrite, fon fentiment ne
laiffe pourtant pas d'être fouvent d'un grand
poids. Ce qui eft médité & approfondi par un

_____

droit romain que lorfque le droit coutumier ne s'explique
point, & en pareil cas on ne l'adopte que comme raifon
écrite.

auteur qui ne s'attache qu'à connoître le juste
& le vrai, mérite une attention particulière.
Il faut être bien sûr de ses lumières pour se per-
suader que ce que l'on pense soit meilleur que
ce qu'il a cru. Souvent c'est une présomption de
soi-même dont il est sage de se défier : présomption qui ne devient aujourd'hui que trop commune. A peine est-on initié dans les mystères de
la jurisprudence qu'on s'imagine être en droit
d'avoir une façon de penser particulière. Qu'im-
porte, dit-on, que Cujas, Barthole ou Dumoulin aient pensé de telle ou telle façon : ce sont
des hommes qui avoient leur opinion, & il nous
est permis d'avoir la nôtre. Voilà ce qui fait
qu'aujourd'hui on voit s'élever au palais des pa-
radoxes qu'on auroit rougi de proposer dans le
siècle passé ; & tout cela n'est que l'effet du peu
de goût que l'on a pour l'étude. On voudroit
que la jurisprudence ne fût autre chose que la
science du raisonnement, & que chacun pût
l'apprendre dans des romans ou dans des écrits
philosophiques. Mais on se trompe ; elle est subordonnée à des lois & à des principes que l'on
ne peut connoître que par une étude particulière. Le plus instruit est celui qui raisonne le
mieux suivant ces lois & ces principes. Ceux
qui en ont fait l'objet de leur application méritent
donc sans contredit une estime & une confiance
à quoi n'ont pas droit de prétendre ceux qui ne
sont connus que par des discussions auxquelles
ils ne se sont livrés le plus souvent que par intérêt ou par prévention.

Il est vrai que les auteurs ne sont pas infail-
libles puisque nous les voyons souvent opposés les
uns aux autres ; mais aussi il faut convenir que

jufqu'à ce que leurs opinions foient combattues par d'autres auteurs également acrédités, il eft toujours plus fûr de fe ranger de leur avis que de s'en rapporter à fon propre jugement. On doit préfumer qu'ils ont apperçu les raifons qui nous frappent, & que d'autres raifons plus folides que nous ne connoiffons pas les ont déterminés.

Ce n'eft pas qu'il foit défendu à un avocat de combattre ouvertement les opinions des jurifcon-fultes même les plus célèbres, lorfqu'il eft en état de démontrer qu'ils ont donné dans l'erreur. Mais il faut que cette démonftration foit bien claire & bien établie : la préfomption eft toujours pour ceux qui ont traité la matière à fond. Les juges qui voient les chofes fans partialité fe décident avec bien plus de confiance en fuivant le fenti-timent d'un homme qui a les fuffrages publics, qu'en fuivant celui d'un avocat prévenu pour l'intérêt de fon client.

Lorfque les auteurs fe contrarient, ce n'eft pas toujours l'opinion du plus grand nombre qu'il convient d'adopter. Les opinions en pareil cas s'apprécient & ne fe comptent pas. Il peut fe faire qu'un feul ait raifon pendant que dix autres auront erré. C'eft alors qu'aidé du favoir & de l'érudition l'efprit peut montrer tout ce que peut la fagacité & la jufteffe du raifonnement : mais lorfque les auteurs font unanimes, il faut être bien fûr de fes talens pour fe flater qu'on fera juger contre leur fentiment. Leurs fuffrages accu-mulés font comme un contrepoids qui l'emporte néceffairement. C'eft fouvent même fur leur opinion que repofe la tranquillité des familles. Si leur fuffrage n'étoit d'aucune confidération, il feroit inutile de les étudier. C'eft cependant auprès d'eux que l'on s'inftruit tous les jours & que les magiftrats eux-mêmes cherchent un fondement à leurs décifions.

· Mais en parlant des opinions, d'où vient qu'elles font fi diverfes pendant que la vérité n'eft qu'une ? L'orateur Romain nous affure que le droit eft l'ouvrage de la nature & non celui de l'opinion. Les caufes de cette diverfité viennent comme nous le fait appercevoir un grand magiftrat, de l'efprit qui fe trompe & du cœur qui fe perfuade ce qu'il defire : « l'efprit, dit-il, »n'a pas toujours affez de lumières pour difcer- »ner le vrai ; fouvent celles qu'il a acquifes ne »fervent qu'à l'en éloigner ; la vivacité de l'ap- »préhenfion l'emporte à la fubtilité, ou le dé- »faut de pénétration l'arrête à la première lueur »qui le frappe : ceux mêmes qui font d'é- »gale force n'envifagent pas toujours les objets »des mêmes côtés : la conformité d'avis réfulte »quelquefois des motifs oppofés : l'un s'affecte »de ce que l'autre ne voit qu'avec indifférence ; »celui-ci s'occupe de l'enfemble, celui-là s'at- »tache aux détails ; un troifième croit entre- »voir de nouveaux rapports & tous abondent »dans leur fens. » C'eft au barreau fur-tout que fe fait remarquer particulièrement cette diver- fité d'opinions. On commence par s'y permettre des doutes : un doute en fait naître un autre : les exceptions font une reffource adroite pour combattre les règles, & quand une fois on s'eft ainfi accoutumé à ne fuivre que fes idées, il n'eft prefque point de caufe que l'on ne trouve fou- tenable en rejetant toujours fur l'ignorance ou la prévention des juges les malheureux fuccès que l'on ne doit qu'à fa fauffe préfomption.

Comme les erreurs en jurifprudence font dangereufes & fouvent irréparables, on ne fauroit donc trop prendre de foin à confulter les Autorités qui peuvent conduire à une décifion. Les lois, les arrêts, les coutumes & les ufages doivent être notre première bouffole : lorfque ce fecours nous manque & que nous fommes obligés de recourir à l'opinion, préférons toujours celle de ces favans, de ces hommes laborieux qui nous ont laiffé le fruit de leurs recherches & de leurs méditations : leur fuffrage eft toujours le moins fufpect. Au refte erreur pour erreur, il eft toujours moins fâcheux de s'être trompé fur la foi d'autrui que d'après fes propres lumières. Voyez ARRÊT, COUTUMES, DROIT ECRIT, JURISPRUDENCE, LOIS, USAGES, &c. (*Article de M. DAREAU, Avocat au parlement, &c.*)

AUX ou AIL. Sorte de plante. La charge d'Aux doit cinq fous pour droit d'entrée & autant pour droit de fortie, conformément au tarif de 1664. *Voyez ce tarif & les articles* ENTRÉE, SORTIE, MARCHANDISE, SOU, &c.

AYANT-CAUSE. On défigne ainfi celui auquel les droits d'une perfonne ont été tranfmis par legs, donation, vente, échange, &c.

AZERBE. Sorte de mufcade fauvage, qui felon le tarif de 1664 doit pour droit d'entrée trente livres par cent pefant. *Voyez le tarif cité & les articles* ENTRÉE, SORTIE, MARCHANDISE SOU, &c.

AZUR. Sorte de matière bleue dont il y a deux efpéces, l'*Azur de roche fin*, & l'*Azur gros & commun*. Selon le tarif de 1664, l'Azur de roche fin doit pour droit d'entrée quarante livres par cent pefant, & l'Azur gros & commun, trois livres.

Par décifion du confeil du 6 mars 1717, l'Azur provenant des mines de Sainte-Marie en Alface, peut entrer par tous les bureaux des cinq groffes fermes en juftifiant par certificat qu'il a été fabriqué en Alface. *Voyez les obfervations fur le tarif de 1664*, & les articles ENTRÉE, SORTIE, MARCHANDISE, SOU, &c.

B

BAC. Sorte de bateau plat fervant a paffe d'un bord de la rivière a l'autre les perfonnes, les animaux, les voitures, &c.

Les droits de Bac, paffage, &c. Sont en gé néral des droits domaniaux qui confiftent dan la perception de quelques deniers fur les mar chandifes ou denrées & même fur les perfonne qui paffent des rivières. Ces droits fe lèvent a profit du roi ou des engagiftes de fes domaines ou au profit des particuliers auxquels les mé mes droits ont été accordés à titre d'inféoda tion ou d'octroi.

Pour l'utilité du commerce, le roi accord quelquefois un arrêt ou des lettres portant pe miffion d'établir un Bac fur une rivière, à l charge que cette permiffion ne pourra être tir à conféquence & que les particuliers auxque elle eft accordée ne pourront percevoir d'autr droits que ceux qui font fpecifiés dans les lettr ou l'arrêt. C'eft ainfi que par arrêt du confeil du octobre 1738, il a été permis au marquis d'Au beterre d'établir un Bac fur la Drone au deffo de la ville d'Aubeterre. D'autres arrêts du octobre 1742 ont pareillement permis au fie de la Mure, a la dame de Pont, au marquis (Chalmafel & à la dame Coquet d'établir chac un Bac fur la rivière de Loire au port faint La rent la Couche, à Bouthon, au port d'Épina & à Marelopt.

, Le 4 juillet 1774, il a été rendu au conseil un arrêt portant règlement pour les Bacs établis sur les différentes rivières du royaume.

· Cet arrêt porte que le roi étant informé que plusieurs propriétaires des Bacs dont il s'agit négligent de les entretenir d'une manière convenable pour la sûreté du passage; qu'il résulte de cette négligence des accidens d'autant plus funestes, que les bateliers, passeurs, ou conducteurs n'ont pas le soin de se pourvoir d'alleges, perches, rames & autres ustensiles nécessaires, soit pour prévenir ces accidens, soit pour y rémédier; que d'ailleurs plusieurs des mêmes propriétaires ou leurs fermiers ne font point afficher aux abords des passages le tarif des droits à percevoir, ce qui donne lieu à une perception arbitraire ou à des difficultés continuelles entre les fermiers des Bacs & les passagers, sa majesté a jugé convenable de renouveler les dispositions des ordonnances ou règlemens intervenus à cet égard : en conséquence, elle a ordonné que les propriétaires, fermiers ou regisseurs des droits de Bacs seroient tenus de faire imprimer & afficher sur un poteau placé aux abords des rivières, où se fait la perception de ces droits & dans le lieu le plus apparent, ou même dans les Bacs, la pancarte ou tarif des mêmes droits, tels qu'ils ont été fixés par les titres de concession ou par les arrêts confirmatifs de ces titres, en sorte que ce tarif puisse être lu aisément par les passagers. Sa majesté a pareillement ordonné que les propriétaires, fermiers ou regisseurs des Bacs seroient obligés de les tenir en bon état, de les pourvoir d'un nombre d'hommes suffisant pour le service du passage & d'en entretenir les abords de manière qu'en tout temps les paſſages ſoient ſûrs commodes & de facile accès : elle a en outre enjoint aux bâteliers, pontoniers, paſſeurs ou conducteurs des Bacs ou bateaux de paſſage de ſe fournir d'allèges, perches, rames & autres uſtenſiles néceſſaires pour prévenir les accidens ou pour y rémédier, à peine contre les contrevenans, d'une amende arbitraire pour la première fois, & de punition exemplaire en cas de récidive.

¬ Le ſeigneur de Colonge qui a un droit de Bac ſur la Saone, ayant prétendu que le ſieur Bourdance de Lyon ne pouvoit faire uſage d'un bateau dont il étoit propriétaire, pour paſſer & repaſſer la rivière vis-à-vis de ſa maiſon de campagne ſituée à 400 pas du Bac & qu'il devoit au contraire ſe ſervir du Bac de ce ſeigneur, la prétention fut admiſe par ſentence des juges de première inſtance : mais cette ſentence fut infirmée par arrêt du parlement de Paris du 9 janvier 1758. La cour donna acte au ſieur Bourdance de ſa déclaration qu'il n'entendoit pas conteſter au ſeigneur de Colonge ſon droit de Bac & qu'il n'avoit deſſein de faire paſſer aucun étranger dans ſon bateau, en conſéquence elle ordonna qu'*il jouiroit de la faculté de ſe ſervir de ſon bateau pour aller & venir ſur la rivière de Saone, & traverſer cette rivière quand bon lui ſembleroit.*

: Lorſqu'il ſe préſente des voyageurs ou paſſagers pour traverſer une rivière dans un Bac public, le bâtelier eſt obligé de les paſſer à l'inſtant ſans attendre d'autres perſonnes. Cela eſt ainſi preſcrit par pluſieurs ordonnances & règlemens & entr'autres par un arrêt du conſeil du 17 mars 1739 rendu pour le Bac du port Maſ-

fon appartenant aux comtes de Lyon fur la rivière de Saône. Cet arrêt enjoint d'avoir des
bateaux ou Bacs fuffifans pour paffer les perfonnes & toutes fortes de voitures *à mefure qu'elles
fe préfenteront*, fans que dans les temps d'inondation ou de débordement de la rivière, il puiffe
être perçu d'autres droits que ceux qui font réglés
par le même arrêt.

Un autre arrêt du confeil du 2 octobre 1731
a fait défenfe au propriétaire du Bac établi fur
le Rhône au port de Grolée en Bugey, de percevoir d'autres droits que ceux qui font réglés
par cet arrêt, même *dans les temps de débordement*.

Ces difpofitions ont été réitérées par divers
arrêts relativement à plufieurs autres Bacs. Ainfi
il eft conftant que les propriétaires des droits de
Bac ni leurs fermiers ou regiffeurs ne peuvent
exiger dans le cas de débordement de la rivière, d'autres falaires que ceux que porte leur
tarif.

Un arrêt du confeil du 24 juin 1727 a décidé
que le curé de Gilly devoit être exempt de tout
droit lorfqu'il paffoit le bac du port de Gilly
fur la rivière de Loire, pour faire fes fonctions
curiales. Cette décifion doit être étendue aux
autres curés qui fe trouvent dans le même cas.

Il n'eft pareillement dû aucun droit de Bac
par les perfonnes ni par les marchandifes qui
paffent l'eau pour le fervice du roi. Il y a à ce
fujet des difpofitions précifes dans l'article 545
du bail de Carlier du 16 août 1726, dans l'article 512 du bail de Foraville du 16 feptembre
1738, & dans les baux poftérieurs.

Plufieurs arrêts du confeil ont auffi condamné

les prétentions de différens bateliers, lesquelles consistoient à vouloir assujetir les cavaliers qui passoient la rivière à Gué à leur payer le passage.

Le bétail qui passe à Gué ne doit de même aucun droit de passage. Cela a été ainsi jugé en faveur des habitans de Voiron, par arrêt du parlement de Grenoble du 23 décembre 1510.

L'article 15 de l'ordonnance des gabelles du mois de mai 1680 défend, sous peine de complicité, à tous les fermiers des ponts & passages, meuniers, lavandiers, & autres ayant Bacs ou bateaux sur les rivières, de passer ou laisser passer les fauxsauniers ; à l'effet de quoi il est ordonné que les Bacs & bateaux seront attachés la nuit avec des chaînes de fer, & des serrures fermantes à clef, du côté des paroisses des greniers du roi, à peine de confiscation & de trois cens livres d'amende.

Les dispositions de cet article n'ayant point empêché l'introduction du fauxsaunage, les déclarations des trois juillet 1704, 21 août 1705 & 3 mars 1711, ainsi que les arrêts du conseil & les lettres-patentes des 21 juillet 1719, 7 & 16 juillet & 6 décembre 1722, 16 février & 14 décembre 1723 & 15 janvier 1724 ont défendu à peine de complicité & de *punition corporelle* aux fermiers des ponts & passages, meuniers, lavandiers & autres ayant *bateaux* sur les rivières de passer les fauxsauniers.

Ces règlemens ordonnent en outre que les *bateaux* seront attachés pendant la nuit à chaînes & serrures de fer fermantes à clef du côté des paroisses des chefs-lieux des greniers ; & enjoignent aux mêmes fermiers des ponts & passages,

paſſages, meuniers, lavandiers & autres, d'en remettre les clefs tous les ſoirs aux employés, & de paſſer ces employés à toutes les heures qu'ils deſireront, tant de jour que de nuit, le tout à peine de trois cens livres d'amende, de confiſcation des bateaux, & d'être privés des ponts & paſſages, & des lavanderies.

Les mêmes diſpoſitions ſont rappelées dans l'arrêt du 30 janvier 1725 relativement aux bateliers propriétaires des bateaux & nacelles ſitués ſur les rivières de Dive & d'Orne en Normandie, département de Rouen & de Caen.

Les propriétaires fermiers des bayes, voituriers, bateliers, pêcheurs, lavandiers, meuniers & autres ſont tenus de fournir à leurs frais les chaînes, ferrures & cadenats néceſſaires pour attacher leurs bateaux & nacelles pendant la nuit, ſuivant l'arrêt du 27 mai 1727, qui ordonne au ſurplus l'exécution de ceux des 16 février, & 14 décembre 1723, & des lettres-patentes du 15 janvier 1724. *Voyez l'ordonnance concernant la juridiction des prévôt des marchands & échevins de la ville de Paris du mois de décembre 1672; les arrêts du conſeil des 7 octobre 1738, 2 octobre 1742, 4 février 1729, 5 février 1737, 28 février 1730, 17 mars 1739, 2 octobre 1731, 26 août 1732, 24 juin 1727, 13 juin 1730, 25 mars 1727, & 4 juillet 1774; les arrêts de Baſſet; la pratique de terriers; la collection de juriſprudence; les baux de Carlier & de Forceville des 19 août 1726, & 16 ſeptembre 1738; l'ordonnance des gabelles du mois de mai 1680; les arrêts du conſeil des 16 février & 14 décembre 1723; les lettres-patentes du 15 janvier 1724; les déclarations des 3 juillet*

Tome IV.

N

1704, 21 août 1705 & 3 mars 1711 ; le traité des droits d'aides, &c. Voyez aussi les articles PÉAGE, CONTREBANDE, FAUXSAUNAGE, SAISIE, CONFISCATION, MARCHANDISES, BOISSON, &c.

BACHELIER. C'est le nom qu'on donnoit anciennement à un gentilhomme militaire. On connoissoit trois sortes de degrès de noblesse : le premier étoit celui des bannerets, le second des Bacheliers & le troisième des écuyers.

Les bannerets étoient des seigneurs à qui la possession de grands fiefs donnoit le droit de porter une bannière quarrée dans les armées royales.

Les Bacheliers étoient des gentilshommes du second ordre, dont la bannière finissoit en pointe, à peu près comme nos enseignes & nos étendards d'aujourd'hui. Cujas pense qu'ils étoient ainsi nommés parce qu'ils étoient jeunes & qu'ils servoient comme de gardes aux bannerets. Fauchet dans son livre des origines, prétend qu'on les appeloit *Bacheliers*, pour dire *bas chevaliers*. Ménage est à peu près de cet avis, car il ajoute qu'en Picardie on nomme ainsi les jeunes garçons, & qu'on appelle *bachelettes* les jeunes filles. De Hauteserre fait dériver ce nom du mot latin *baculus* parce que ces jeunes chevaliers, dit-il, s'exerçoient au combat avec des boucliers & des bâtons.

Quelque signification que présente le mot de *Bachelier*, on se résume à penser avec du Tillet qu'un gentilhomme de ce nom étoit celui qui n'ayant pas assez de vassaux pour former une bannière ni assez de biens pour les mener à la guerre à sa solde, marchoit & combattoit sous la bannière d'autrui, & tâchoit de mériter le titre de banneret, en ajoutant à la réputation qu'il s'étoit acquise.

Les plus grands personnages du royaume ne dédaignoient point le titre de Bacheliers. Froissard nous apprend que lorsque Charles le Sage fit Bertrand du Guesclin lieutenant général de son armée, celui-ci voulut s'excuser d'accepter cet honneur, sur ce qu'il n'étoit que Bachelier : mais le roi s'expliqua en témoignant publiquement qu'il vouloit que les grands lui obéissent.

On voit par différens comptes de frais de guerre, que les Bacheliers avoient le rang intermédiaire entre les bannerets & les écuyers ; la paye de ceux-ci étoit moindre de moitié que celle des Bacheliers ; & celle des Bacheliers étoit également moindre de moitié que celle des bannerets.

Les Bacheliers ainsi que les bannerets commencèrent à tomber dans l'oubli, lorsqu'on eut fait sous Charles VII les ordonnances concernant les troupes à cheval, & qu'on eut défendu aux seigneurs de se faire entr'eux la guerre de leur propre autorité.

On a encore pendant long-temps appelé *Bacheliers* ceux qui possédoient des fiefs, des seigneuries & des châteaux démembrés de quelques comtés, vicomtés, baronnies & chatellenies. Ce nom s'est conservé dans les coutumes du Maine & d'Anjou & cela sans doute pour marquer que les possessions de ceux qui le portent, ne sont qu'un démembrement du chef lieu.

BACHELIER, en terme d'université, est celui à qui l'on a conféré le premier degré d'étude dans une faculté de théologie, de droit ou de médecine. Les degrès d'étude sont le baccalauréat, la licence & le doctorat : c'eft le pape Gregoire IX qui a établi, dit-on, dans les univerfités la diftinction de ces trois fortes de degrés.

Bachelier en théologie eft celui qui a obtenu dans la faculté de théologie le grade du baccalauréat. On n'y parvient qu'après cinq ans d'étude tant en philofophie qu'en théologie, & après avoir obtenu le degré de maître-ès-arts. Les formalités requifes pour être reçu Bachelier, font de fe préfenter à l'affemblée générale de la faculté, muni d'un extrait de baptême qui faffe foi qu'on eft né en légitime mariage & qu'on a atteint l'âge de vingt-deux ans. On doit juftifier en même-temps de fes lettres de tonfure & d'une atteftation de vie & de mœurs. On fait alors fa fupplique pour le premier cours, *pro primo curfu*, c'eft-à-dire qu'on fupplie la faculté de tirer au fort quatre de fes membres pour fubir devant eux dans le courant du mois un premier examen, & cet examen ne roule que fur la philofophie (*).

(*) Les réguliers qui afpirent au baccalauréat doivent fupplier devant la faculté de théologie avec l'habit de leur ordre, préfenter des lettres d'attache de leurs fupérieurs, des certificats de vie & de mœurs, & des atteftations de trois ans d'étude au moins. Si le religieux afpirant étoit ou de l'ordre des prémontrés ou de celui des mendians, une atteftation de deux ans d'étude de philofophie faite à Paris, fous un profeffeur de fon ordre, Bachelier de Paris ou au moins maître-ès-arts, fuffiroit. Obfervez que les religieux mendians font cenfés maîtres-ès-arts, lorfqu'ils ont fubi les examens néceffaires devant les docteurs réguliers de leur ordre à qui la faculté de théologie confie ce foin, & qu'ils ont foutenu des thèfes d'ufage en pareil cas. Chez les dominicains on eft reçu maître-ès arts dans le grand collège des jacobins, rue

Dans l'affemblée générale du mois fuivant, la faculté tire au fort quatre nouveaux examinateurs pour interroger derechef le candidat & l'examen doit rouler fur cinq traités de théologie ; favoir, fur celui des attributs, celui de la trinité, celui des anges & fur deux autres traités au choix du condidat parmi ceux qu'il a dû étudier dans fon cours de théologie.

Ces deux examens ne fuffifent pas, il faut en outre foutenir dans la même année pendant cinq heures une thèfe fur les premiers traités, & cette thèfe on la nomme *tentative*. Si cette thèfe a été foutenue de manière à mériter les fuffrages, on décerne alors au candidat le grade de Bachelier ; mais comme cette thèfe eft des plus rigoureufes, les fuffrages doivent prefque tous être favorables. S'il y en avoit un de contraire le candidat feroit obligé de fubir un examen particulier fur fa thèfe foutenue. S'il avoit deux fuffrages contre lui cet examen feroit public en préfence de quatre docteurs tirés au fort par la faculté & ce feroient ces docteurs qui feroient chargés de l'interroger & de juger en dernier reffort de fa capacité. Si enfin le candidat avoit contre lui un plus grand nombre de fuffrages, il feroit exclus de plein droit du degré auquel il afpiroit : telles font les règles qui s'obfervent en l'univerfité de Paris.

---

faint Jacques, par la faculté qu'on appelle de *Roberus* : faculté établie par un privilège fpécial de la cour de Rome, approuvé dans l'univerfité & confirmé par la faculté de théologie. Cette faculté n'eft compofée que de jeunes étudians en théologie dans ce college ; ceux qui font prêtres en font exclus.

Quand on a obtenu le baccalauréat, le degré fuivant auquel on peut prétendre, eft celui de la licence. Voyez LICENCIÉ.

En France le baccalauréat eft reconnu pour un grade réel; on y diftinguoit autrefois trois fortes de Bacheliers, les Bacheliers fimples, les Bacheliers courans & les Bacheliers formés. Les Bacheliers fimples étoient ceux qui avoient fimplement reçu le degré de Bachelier : les Bacheliers courans étoient ceux qui afpirant à un degré fupérieur, avoient déjà commencé les exercices néceffaires pour y parvenir : & les Bacheliers formés, ceux qui avoient fini tous les exercices néceffaires pour être préfentés à la licence; mais l'ordre des études ayant changé, celui qui a obtenu le degré de Bachelier fuivant les formes reçues & autorifées dans le royaume, eft regardé aujourd'hui comme un Bachelier formé. Cette décifion fe tire même de la pragmatique & du concordat qui reconnoiffent trois fortes de degrés fuffifans pour poffeder une place de théologal dans une églife; favoir, celui de docteur, celui de licencié & celui de Bachelier.

Bachelier en droit. Pour parvenir aux degrés de la faculté de droit civil & de droit canon, il n'eft pas néceffaire d'être maître-ès-arts. Anciennement on ne pouvoit être admis au baccalauréat qu'après cinq ans d'étude dans la faculté. Ce temps eft aujourd'hui réduit à quinze mois, pour ceux qui n'ont point atteint encore vingt-quatre ans & qui veulent fe faire graduer, comme on dit, par droit commun; le tems d'étude eft ouvert pour eux à l'âge de feize ans accomplis; mais il faut qu'ils commencent l'année au femeftre de la faint Remy, autrement ils

la perdent ; & pour juſtifier de leur âge , il faut
qu'ils ſoient munis de leur extrait de baptême.
Après la première année d'étude le candidat
peut demander à ſubir un examen : on lui indique le jour qu'on juge à propos de prendre à
cet effet ; il ſe préſente , & on l'interroge pendant deux heures , ſur les inſtitutes de Juſtinien
& ſur les élémens du droit canonique , lorſqu'il veut ſe faire graduer en l'un & l'autre
droit : ſi on lui trouve une capacité ſuffiſante ,
on l'admet à ſoutenir la thèſe néceſſaire pour
obtenir le baccalauréat , & cette thèſe peut
ſe ſoutenir dans le trimeſtre ſuivant. Le ſujet de
cette thèſe doit être tiré au ſort. C'eſt d'un côté
un titre des décrétales de Grégoire IX ; & de
l'autre un titre du droit civil. Après que la thèſe
eſt ſoutenue , on délibère ſi l'étudiant mérite le
degré auquel il aſpire : s'il en eſt jugé digne on
le lui défère : ſi au contraire il n'a pas répondu
ſuivant le vœu des docteurs, on le remet à ſoutenir une ſeconde fois.

Pour obtenir le baccalauréat par bénéfice
d'âge , il ne faut que trois mois d'etude : mais
pour commencer cette étude , il faut être âgé
de vingt-quatre ans accomplis. D'ailleurs les formalités pour l'examen & pour la thèſe ſont les
mêmes que pour ceux qui étudient par droit
commun, avec cette exception néanmoins que
par bénéfice d'âge on peut commencer l'étude
du droit à tel trimeſtre que l'on juge à propos.

Si l'on abrége ainſi le temps d'étude pour ceux
qui ont vingt-quatre ans , c'eſt qu'on préſume
qu'ils ſont capables d'en ſavoir autant au bout de
trois mois d'étude que d'autres moins âgés au
bout de quinze. Après qu'on eſt fait Bachelier

on peut afpirer au grade de licencié. Voyez cet article au mot LICENCIÉ.

La fimple grade de Bachelier en droit fuffit pour avoir un rang au-deffus de tous les praticiens d'une juridiction non gradués, & même pour l'avoir au deffus des maîtres-ès-arts. Cependant ceux-ci prétendent devoir leur être préférés, lorfqu'ils ont régenté dans l'univerfité pendant fept ans. Ce grade de plus donne droit dans une faculté d'argumenter aux thèfes que foutiennent ceux qui afpirent au même degré.

Bachelier en médecine. Pour être reçu Bachelier en médecine il faut d'abord être maître-ès-arts; enfuite avoir étudié dans une faculté du royaume pendant quatre années, ou être docteur d'une faculté étrangère, & fubir un examen pendant une femaine entière fur la phyfiologie, l'hygiène, la pathologie & les aphorifmes d'Hypocrate.

Les Bacheliers en médecine comme étant maîtres-ès-arts de plus que les Bacheliers en droit, devroient ce femble avoir rang fur ceux-ci; cependant comme les fimples Bacheliers en droit l'emportent fur les maîtres-ès-arts, ils l'emportent auffi fur les Bacheliers en médecine dans les endroits où la faculté de médecine eft moins ancienne que celle de droit.

Les maîtres-ès-arts qui ont régenté fept ans dans une univerfité prétendent auffi l'emporter fur les fimples Bacheliers en médecine; mais c'eft une fauffe prétention, parceque les Bacheliers en médecine font déjà maîtres-ès-arts, & qu'ils ont de plus le grade de Bachelier, tandis que les autres n'ont qu'un certain temps de régence. Voyez LICENCIÉ, DEGRÉS, GRADUÉS.

. *Bacheliers en faits d'arts & métiers*, eſt le nom qu'on donne dans quelques-uns des ſix corps des marchands de Paris, aux anciens & à ceux qui ont paſſé par les charges & qui ont droit d'être appelés par les maîtres & gardes pour être pré-ſens avec eux & les aſſiſter dans quelques-unes de leurs fonctions, particulièrement en ce qui regarde le chef-d'œuvre des aſpirans à la maîtriſe.

Dans le corps des marchands pelletiers-hau-baniers-fourreurs, le chef-d'œuvre doit être fait en préſence de quatre gardes qui ſont tenus d'appeler avec eux quatre Bacheliers de l'état ; ſavoir ; deux Bacheliers marchands pelletiers-haubaniers, & deux de chef-d'œuvre.

. Parmi les marchands bonnetiers-aulmulciers & mitonniers, le chef-d'œuvre doit être fait en préſence de quatre gardes & anciens Bacheliers de la communauté. Voyez *la Roque, traité de la nobleſſe; le dictionnaire du commerce*, &c. (arti-cle de M. DAREAU, avocat au parlement, &c.)

BADIANE. Sorte d'anis qui ſelon la déciſion du conſeil du 6 février 1736, doit vingt ſous par cent peſant pour droit d'entrée. Voyez *les obſervations ſur le tarif de 1664, & les articles* ENTRÉE, SORTIE, MARCHANDISE, SOU, &c.

BAGUES ET JOYAUX. Dans pluſieurs pro-vinces de droit écrit, outre l'augment de dot proprement dit, la femme a encore un autre augment moins conſidérable qu'on appelle Ba-gues & Joyaux.

Pour entendre ce que c'eſt que cet augment, il faut obſerver qu'il y a deux ſortes de Bagues & Joyaux ; les premiers ſont les colliers, Ba-gues & autres bijoux deſtinés à la parure que

l'époux ou ses parens donnent à l'épouse pour
présent de noces avant ou le lendemain du mariage, & ceux-là sont assurément la manière la
plus ancienne de faire aux femmes des libéra-
lités en faveur de mariage ; mais ces Bagues &
Joyaux qui se donnent en nature ne sont que des
présens qui dépendent absolument de l'honnêteté & de la galanterie, & qui ne méritent
guères l'attention des lois. S'il s'élève quelque
difficulté pour la restitution de ces présens lorsque le mariage ne s'accomplit pas, les circonstances du fait déterminent ordinairement la décision du juge ; & l'on ne peut donner aucune
règle certaine à cet égard.

Les autres Bagues & Joyaux dont il s'agit ici
& qui ne font en usage que dans quelques-unes
des provinces de droit écrit, font un don de
noces & de survie que le mari fait à sa femme
à proportion de sa dot ; ces Bagues & Joyaux,
quoique fort différens des premiers, ne laissent
pas néanmoins d'en tirer leur origine : en effet
l'ancien usage de donner des Bagues & Joyaux
en nature, a d'abord fait introduire que pour
prévenir toute contestation, on en règleroit la
valeur par le contrat de mariage lorsque le mari
n'en auroit pas donné en nature avant le contrat ; & de-là on s'est insensiblement accoutumé
à considérer cette fixation en argent, comme
un don de noces & de survie fait à la femme
pour lui tenir lieu des Bagues & Joyaux qu'on
lui donnoit autrefois en nature.

Ce droit de Bagues & Joyaux revient à peu
près au préciput qu'on a coutume de stipuler
dans les pays coutumiers, avec cette différence
néanmoins que le préciput n'est absolument fondé

que fur la convention, au lieu qu'en quelques provinces les Bagues & Joyaux font dus de plein droit & fans ftipulation.

Il n'y a cependant aucune loi ni aucune dif-pofition de coutume qui établiffe ce droit de Bagues & Joyaux ; mais en quelques endroits il eft fondé fur un ufage qui a acquis force de loi.

Les pays où le don de Bagues & Joyaux eft le plus ufité, font les provinces de Lyonnois, Forêts, Beaujolois, & dans ces provinces ils font dus de plein droit, fans qu'il foit befoin d'aucune ftipulation, fuivant ce qu'attefte Bretonnier dans fes queftions alphabétiques.

La même chofe fe pratique dans la principauté de Dombes.

Il y a encore quelques provinces où le don de Bagues & Joyaux eft en ufage, comme dans les parlemens de Bordeaux, de Touloufe, de Gre-noble, de Metz, dans la province de Mâconnois, dans la province de Breffe & dans celle de Bugey. C'eft ce qu'atteftent Faber, Revel & Collet. On en ftipule auffi quelquefois en Pro-vence : mais dans ces pays les Bagues & Joyaux ne font pas que l'orfqu'ils font expreffément ftipulés par le contrat de mariage.

Il y a donc deux fortes de Bagues & Joyaux ; les uns coutumiers qui font dus en vertu de l'ufage feul, & les préfix ou conventionnels qui ne font dus qu'en vertu & aux termes du con-trat de mariage.

La quotité des Bagues & Joyaux coutumiers dans les provinces de Lyonnois, Forêft & Beau-jolois fe règle felon l'état & la qualité du mari au tems de fon decès. Lorfque le mari eft noble ou du moins vivant noblement, les Bagues &

Joyaux dus à la femme font la dixième partie de
fa dot ; fi le mari eft d'une condition tout-à-fait
obfcure, les Bagues & Joyaux ne font que de
la vingtième partie de la dot ; mais dans cette
claffe on ne comprend guères que les plus bas
artifans, & les habitans de la campagne : s'il y
a conteftation pour la quotité des Bagues &
Joyaux, il dépend de la prudence du juge de les
régler au dixième ou au vingtième de la dot,
fuivant l'état & les facultés du mari.

Dans la principauté de Dombes, la quotité
coutumière des Bagues & Joyaux eft de la cinquième partie de la dot pour les veuves des
perfonnes illuftres ; c'eft-à-dire, celles qui font
conftituées en quelque dignité de la robe ou de
l'épée, ou qui ont affez de degrés de nobleffe
pour pouvoir prendre la qualité de chevalier,
à la différence des nobles & des fimples gentilshommes qui ne peuvent prendre que la qualité
d'écuyer, pour lefquels les Bagues & Joyaux
ne font que de la dixième partie de la dot.

Cette diftinction des nobles & des perfonnes
illuftres eft fuivie dans la Breffe & dans le Bugey
fuivant le témoignage de Revel, & de Collet.

Pour que la mère recueille les Bagues & Joyaux
coutumiers, il faut qu'elle furvive à fon mari,
& après fa mort ils font de droit reverfibles à
fes enfans, à l'exeption d'une virile, dont elle
a la propriété : on peut néanmoins ftipuler par le
contrat de mariage, que les Bagues & Joyaux
quoique coutumiers ne feront point reverfibles.

A l'égard des Bagues & Joyaux préfix ou
conventionnels, comme le droit n'en eft fondé
que fur la convention, ils en dépendent auffi

pour la quotité, & pour toutes les conditions qu'on y veut ajouter.

Ordinairement les parties fixent les Bagues & Joyaux à une certaine quotité, ou plutôt à une certaine fomme, pour éviter les difficultés qui fe trouvent dans la liquidation de la dot, lorfqu'il s'agit de règler les Bagues & Joyaux à proportion.

On ftipule valablement des Bagues & Joyaux, non-feulement dans les pays où ils font en ufage, mais auffi dans les pays où ils ne font pas connus, comme à Paris.

On peut ftipuler que la femme aura en propriété dans les Bagues & Joyaux, une portion plus forte que la virile, ou qu'elle n'en aura abfolument que l'ufufruit.

On peut auffi ftipuler qu'il n'y aura point de Bagues & Joyaux, quoique les parties fe marient dans un pays qui en accorde à la femme même fans ftipulation.

Enfin, on peut ajouter à ce fujet telles claufes & conditions que l'on juge à propos, pourvu qu'elles ne foient point contre les bonnes mœurs.

Quelquefois le futur époux donne à fa future époufe une certaine quotité ou une certaine fomme pour fes Bagues & Joyaux, fans en expliquer davantage les conditions, & en ce cas la qualité, les conditions, & charges de ces Bagues & Joyaux fe règlent fuivant l'ufage du lieu, comme l'augment : il faut que la femme furvive pour les gagner, & elle ne peut difpofer au préjudice de fes enfans, que de fa virile.

Quelquefois ils eft dit dans le contrat de mariage que la fomme promife pour Bagues & Joyaux fera propre à la femme, & qu'*elle en pourra difpofer comme de fon propre bien , à la vie & à la mort.* L'effet de cette claufe eft que la femme peut difpofer comme bon lui femble de la totalité de fes Bagues & Joyaux, même au préjudice de fes enfans, pourvu qu'elle demeure en viduité ; & elle n'en perd la propriété que dans le cas où elle fe remarie.

Souvent on ftipule que la femme pourra difpofer de fes Bagues & Joyaux, foit qu'il y ait des enfans ou non : alors elle en peut difpofer entre vifs ou à caufe de mort ; & quoiqu'il y ait des enfans, elle en peut difpofer à leur préjudice quand elle demeure en viduité ; mais non quand elle fe remarie. C'eft ce qu'enfeignent Faber, la Peyrère & Ricard.

La queftion eft feulement de favoir fi dans ce cas elle en peut difpofer quand elle prédécède fon mari : au parlement de Touloufe on juge qu'elle le peut, dit M. de Cambolas ; & fuivant d'Expilly & Baffet on juge le contraire au parlement de Grenoble.

Quelquefois on ftipule que la femme pourra difpofer de fes Bagues & Joyaux en cas de furvie, foit qu'elle fe remarie ou qu'elle demeure en viduité : alors elle en peut difpofer quoiqu'elle fe remarie, & qu'il y ait des enfans, parce que la novelle 22 permet aux perfonnes mariées de fe décharger des peines des fecondes noces.

Dans la province de Maconnois, lorfqu'on ftipule au profit de la femme un droit de Bagues & Joyaux, la femme qui ne fe remarie point, a la liberté de difpofer, non-feulement d'une virile, comme dans les autres provinces, mais de la totalité. Si elle fe remarie, elle y perd tout droit de propriété, & n'y a pas même de virile.

Dans la Bresse & le Bugey, les donations de Bagues & Joyaux sont en pleine propriété, & la femme qui ne se remarie point peut en disposer, même de la totalité, au profit de qui bon lui semble : si elle se remarie M. Faber dit que les Bagues & Joyaux ne sont pas pour cela reversibles ; mais le dernier usage de ces provinces, est qu'en ce cas les Bagues & Joyaux sont reversibles aux enfans, à moins que le contrat de mariage ne contienne que cette donation a été faite pour en disposer par la femme comme il lui plaira, soit qu'il y ait enfans ou qu'il n'y en ait pas.

Il arrive assez souvent que le mari promet des Bagues & Joyaux à sa future, suivant sa condition, sans en fixer la quotité ; alors si le mariage a été contracté dans un pays où les Bagues & Joyaux sont dus de plein droit & sans stipulation, on donne à la femme la quotité coutumière pour les Bagues & Joyaux qui lui ont été promis par le contrat ; & si le mariage a été contracté dans une province où la stipulation des Bagues & Joyaux est en usage, & dans laquelle néanmoins ils ne sont pas dus de plein droit, on donne à la femme pour ses Bagues & Joyaux la quotité conventionelle la plus usitée.

Mais si une telle stipulation indéfinie de Bagues & Joyaux se présentoit dans un contrat de mariage passé dans un pays où les Bagues & Joyaux ne sont point du tout en usage, comme à Paris, elle seroit sans effet, à cause de l'impossibilité qu'il y auroit de fixer la quotité de

ces Bagues & Joyaux, à moins que par quelques termes du contrat, ou par quelque autre
circonftance, on ne pût connoître que l'intention des parties à été de règler leurs conventions
matrimoniales fuivant l'ufage de quelque province
où les Bagues & Joyaux font ufités, auquel cas
on donneroit à la femme pour fon droit de Bagues & Joyaux la quotité ufitée dans la province
dont les parties auroient adopté la loi, pour
règler le fort de leur mariage.

Quoique les ftipulations de Bagues & Joyaux
foient affujetties, comme on le verra, au droit
d'infinuation, il s'eft élevé à cet égard différen-
rentes conteftations : on a foutenu particulièrement en Bretagne, que les claufes de reprife
de Bagues & Joyaux ftipulés dans les contrats
de mariage, ne peuvent ni ne doivent, en aucun
cas, être reputées donations, ni conféquemment être fujettes à l'infinuation. .

Les motifs fur lefquels on s'eft fondé, font
que dans les pays de communauté, ces ftipulations ne peuvent être confidérées comme donations ni avantages, parce que les conjoints font
maîtres de régler les conventions de leur fociété & d'en fixer un partage inégal ; au lieu
que dans les pays de droit écrit, & dans ceux
où il n'y a point de communauté, les ftipulations fur les biens de l'un au profit de l'autre,
font des donations ; que les articles 436 & 569
de la coutume de Bretagne donnent un trouffeau
à la veuve fans le fecours de la ftipulation par
contrat de mariage, & que les ftipulations les
plus étendues fe réduifent toujours à la quotité
fixée par la jurifprudence pour le trouffeau
légal.

Il eſt vrai que les ſtipulations de Bagues &
Joyaux ne font pas de véritables donations entre-vifs, aſſujetties par les ordonnances à être
inſinuées ſous peine de nullité; ce font des
conventions matrimoniales, avantageuſes à l'un
des conjoints, aſſujetties au droit d'inſinuation,
& diſpenſées de la nullité quoique non inſinuées.

Par l'article 3 de la déclaration du roi du 20
mars 1708, ſa majeſté a déclaré ſujettes au
payement du droit d'inſinuation, les donations
par forme d'augment, dons mobils, engagemens, droit de rétention, agencement, gains
de noces & de ſurvie; & la déclaration du 25
juin 1729 contient les mêmes diſpoſitions, en
y ajoutant que ces ſtipulations ne pourront être
déclarées nulles par le défaut d'inſinuation, parce
que (ſans avoir le caractère de véritables donations) ce ne font que de ſimples conventions
matrimoniales entre les parties contractantes,
ſoit pour aider le mari à ſoutenir les charges du
mariage, ſoit pour balancer les avantages qu'il
fait à ſa femme & pour établir une compenſation
auſſi juſte que favorable.

L'article 6 de la déclaration du roi du 17 février 1731, relatif à l'article 21 de l'ordonnance
du même mois, porte que SA MAJESTÉ n'entend déroger à l'article 3 de la déclaration de
1708, en ce qu'il ordonne l'inſinuation des donations par forme d'augment ou contre augment,
dons mobils, engagemens, droits de retention,
agencemens, gains de noces & de ſurvie dans
les pays où ils font en uſage, & qu'elle veut que
ces actes ſoient inſinués, conformément à la
même déclaration, & les droits payés ſuivant

le tarif, en même temps que ceux de contrôle, dans les lieux où le contrôle est établi ; & dans ceux où le contrôle n'a pas lieu, dans les quatre mois du jour & date des actes, sans néanmoins que le défaut d'insinuation des mêmes actes puisse emporter la peine de nullité ; lesquels droits lorsqu'ils auront été payés, appartiendront aux fermiers qui auront insinué les actes.

Ces règlemens n'expriment pas nommément les stipulations de Bagues & Joyaux ; mais elles se trouvent comprises dans la dénomination de gains de noces & de survie, ainsi que toutes les autres conventions matrimoniales qui procurant un avantage à l'un des contractans, ne peuvent être considérées que comme des dons. Cela ne peut souffrir aucune difficulté.

Il faut néanmoins distinguer entre ce qui provient de la seule disposition de la loi & ce qui vient de la stipulation. Dans le premier cas, c'est-à-dire, lorsqu'on ne stipule que les Bagues & Joyaux ou autres gains nuptiaux & de survie légaux & coutumiers, l'insinuation n'est pas nécessaire, parce que la stipulation est inutile ; mais lorsque la convention excède ce que la loi accorde sans stipulation, le contrat doit être insinué.

L'application de ces principes se fait naturellement à tous les pays coutumiers ou de droit écrit, soit que la communauté puisse y être introduite entre les conjoints, soit qu'elle y soit prohibée. Dans les pays de communauté, la stipulation de Bagues & Joyaux est même un avantage plus caractérisé que dans ceux où il ne peut y avoir de communauté entre les conjoints ; en effet, la veuve commune a une part dans

tout ce qui compofe la communauté : fi elle a
des chofes à prendre par privilège au-delà de
fa part, ce ne peut être qu'en vertu d'un
don ftipulé en fa faveur au préjudice des règles
ordinaires de la fociété ou communauté : au lieu
que s'il n'y a pas de communauté, il paroît naturel que la veuve qui n'a rien à prendre ait au
moins les chofes qui font à fon ufage, en tout
ou en partie. Tel eft même l'efprit de la coutume de Bretagne, qui n'attribue de trouffeau
ni de Bagues & Joyaux, qu'à la veuve qui renonce à la communauté.

L'article 436 de cette coutume porte que
fi la femme fait refus de prendre part aux meubles & dettes, elle doit avoir fon lit garni &
fon coffre, deux robes & accoutremens fournis
à fon ufage, tels qu'elle voudra choifir, & partie des Joyaux & Bagues felon l'état & qualité
de la maifon de fon mari.

Cette difpofition légale, limitative à quelques
hardes & à une partie des Joyaux, ne peut être
étendue au-delà ; elle ne peut même avoir d'effet
que dans le feul cas où la veuve renonce à la
communauté qui étoit établie entr'elle & fon
mari.

Si la veuve accepte la communauté, elle ne
peut en vertu de la loi avoir ni trouffeau, ni
habits de deuil, l'article 569 de la coutume
étant hors dufage. M. le préfident de Perchambault dans fon commentaire en fait une maxime
expreffe.

Or la difpofition de la coutume de Bretagne
étant limitée à un trouffeau de quelques hardes,
& à une partie des Joyaux en faveur de la veuve
qui renonce à la communauté, il s'enfuit que

toutes les ſtipulations plus étendues ſont des avantages de pure convention, des gains de ſurvie aſſujettis au droit d'inſinuation.

La ſtipulation par contrat de mariage peut être réciproque en faveur du ſurvivant des conjoints ; elle peut avoir pour objet les hardes, linges, Bagues & Joyaux en totalité, ou une ſomme fixe pour en tenir lieu, indépendamment même du trouſſeau ; enfin elle peut avoir ſon effet dans le cas d'acceptation, comme dans celui de renonciation, ſi cela eſt ainſi convenu.

Toutes ces ſtipulations ont toujours leur effet en Bretagne lorſqu'elles n'excèdent point la portion qu'on peut donner de ſes meubles & qu'il n'y a point de créanciers privilégiés. Elles ne ſont ni ſujettes à la réduction de l'édit des ſecondes noces, ni incompatibles avec le douaire, parce qu'il n'y a que les véritables donations qui ſoient dans ce cas, ſuivant le témoignage de M. le préſident de Perchambault ſur l'article 206 de la coutume ; & que les ſtipulations dont il s'agit ſont de ſimples dons & avantages qui ont été exceptés des règles preſcrites pour les actes qui portent le caractère de véritables donations entre-vifs & qui ſont néanmoins ſujets au droit d'inſinuation comme on l'a établi.

La prétendue liberté de fixer un partage inégal d'une ſociété eſt une objection qui n'eſt ni ſolide ni concluante, puiſqu'il en réſulteroit que dans les pays où la communauté a lieu, il n'y auroit plus de donations mutuelles, ni autres dons & avantages par contrat de mariage : tout ſeroit conſidéré comme de ſimples conventions de ſociété ; mais les lois y ont pourvu : les coutumes qui admettent la communauté ont fixé de quelle

manière elle auroit lieu & comment le partage
en seroit fait ; elles rendent la condition des
deux conjoints égale, d'où il suit que toutes les
stipulations contraires à cette égalité, & qui
donnent à l'un ou à l'autre le droit de prélever
quelques effets au-delà de sa part, sont avec
raison considérées comme des dons, des avantages ou des gains nuptiaux & de survie.

Les contrats de mariage sont des actes libres
& susceptibles de toutes les conventions qui ne
sont pas positivement défendues par les lois. La
coutume de Bretagne comme plusieurs autres
limitative à l'égard de ce qu'elle doit produire
par elle-même, n'est aucunement prohibitive
pour la stipulation par contrat de mariage, laquelle peut s'étendre sur tous les effets de la
communauté. Ainsi la stipulation de Bagues &
Joyaux a son entière exécution, soit pour les
prendre en nature, outre le trousseau, si la
convention est telle, soit pour la somme à laquelle ils sont fixés par le contrat.

Si la stipulation faite par contrat de mariage
est en tout conforme à la coutume ou au droit
écrit, tant pour la quotité que pour la propriété
des Bagues & Joyaux, il n'en peut être exigé de
droit d'insinuation, parce qu'une telle clause n'a
pour objet que de rappeler les droits de la
femme sans lui en attribuer aucun.

Mais la stipulation qui excède ce qui est réglé
par la loi, soit pour l'étendue, soit pour les
conditions sous lesquelles cette stipulation aura
lieu, est un don à titre de gain nuptial & de
survie, dont le droit d'insinuation est incontestablement dû dès l'instant de la passation du contrat ; & il doit être perçu sur le pied fixé par

l'article premier du tarif du 29 septembre 1722 (*), & sur la totalité de ce qui est stipulé.

Nous allons rapporter différens arrêts ou décisions du conseil qui ont confirmé ces principes.

Le 6 mai 1730, le conseil a décidé qu'il étoit dû un droit d'insinuation pour la clause du contrat de mariage de M. le procureur général du parlement de Metz, par laquelle il promettoit à sa future pour Bagues & Joyaux, une somme fixe dont elle pourroit disposer, & qui à défaut de disposition passeroit aux héritiers.

Par une autre décision du conseil du 8 mai 1732, il a été jugé qu'il étoit dû un droit d'insinuation pour une stipulation de Bagues & Joyaux dans le contrat de mariage du marquis de Courois. Et le 28 avril 1736, il a été décidé de même contre François le Bon.

Un arrêt du conseil du premier juillet 1738 a infirmé une ordonnance de l'intendant de Tours & jugé que le droit d'insinuation étoit dû pour la clause de gain de noces & de survie inférée

---

(*) *Voici ce que porte cet article.* Pour toutes donations entrevifs, à cause de mort ou autrement, de meubles ou immeubles, à l'exception de celles faites en ligne directe par contrat de mariage, ou à cause de mort, & de celles entre vifs ou à cause de mort de somme mobiliaire qui n'excéderont pas trois cens livres en faveur des églises, chapelles, couvens, monastères, hôpitaux & communautés, pour œuvres pies sera payé; savoir, pour celle de cinquante livres & au-dessous, dix sous; de cinquante livres à cent livres, une livre; de cent livres & au-dessus, à raison de vingt sous pour chaque cent livres, sans néanmoins que le droit puisse excéder cinquante livres, & pour les donations ou legs qui ne contiendront point d'évaluation ou estimation des choses données, sera payé cinquante livres.

dans le contrat de mariage du sieur Bouet de la Noue, portant que dans le cas où la femme renonceroit à la communauté, elle reprendroit sa dot, sa chambre garnie, ses linges, Joyaux, carosse & tout ce qui se trouveroit à l'usage & pour l'ornement de sa personne.

Les états de Bourgogne ayant demandé par l'article 8 de leur cahier de l'année 1737, la décharge du droit d'insinuation pour les Bagues & Joyaux stipulés entre mari & femme par contrat de mariage, le roi répondit, le 16 juin 1740, que la formalité de l'insinuation avoit toujours été en usage pour les donations dont il s'agit & que nulle loi ne les en avoit exemptées.

Le conseil a décidé le premier février 1749, contre le sieur Sohier & d'autres particuliers de Champagne, que le droit d'insinuation étoit dû pour des contrats de mariage contenant stipulation de sommes fixes en faveur des femmes pour leur tenir lieu de Bagues & Joyaux.

Un arrêt du conseil du premier avril 1749 a condamné le sieur Perier de Bois-Darcy, lieutenant-général du bailliage de Domfront, à payer le droit d'insinuation de la clause de son contrat de mariage, portant que si le futur décède avant la future, elle prélevera une chambre garnie avec ses hardes, linges, Bagues & Joyaux.

Un autre arrêt du 17 juin de la même année a condamné différens particuliers à représenter au bureau de Reims, leurs contrats de mariage précédemment passés & contrôlés, à l'effet de les faire insinuer & de payer les droits d'insinuation à cause des stipulations y contenues de sommes fixes pour tenir lieu de Bagues & Joyaux.

On soutenoit le fermier mal fondé dans la demande de ces droits, parce que l'effet de ces fortes de stipulations dépend d'un événement incertain & qu'elles ne doivent avoir aucune exécution si les maris survivent ; mais les droits font dus pour les stipulations mêmes & non pour l'évènement qui peut en être la suite.

Par décision du 31 août 1754, le conseil a reformé une ordonnance de l'intendant de Poitiers qui avoit jugé qu'il n'étoit point dû de droit d'insinuation pour le contrat de mariage de M. de Liniers par lequel il étoit stipulé qu'en cas de prédécès du mari, soit que la veuve acceptât la communauté ou qu'elle y renonçât, elle pourroit reprendre ses Joyaux, toilette, vêtemens, ornemens & un équipage, si elle en avoir un, francs de toutes dettes, & qu'elle reprendroit en outre une chambre garnie & son deuil, pour lequel il lui seroit payé 3000 livres y compris la chambre garnie. M. l'intendant avoit jugé que ce n'étoit qu'une simple stipulation qui n'avoit ni le caractère, ni la forme des donations, & qu'il n'étoit actuellement dû aucun droit d'insinuation, sauf au fermier à se pourvoir s'il y avoit lieu, lors de la dissolution de la communauté. Le fermier convenoit qu'il n'étoit rien dû pour le deuil, parce que la coutume l'accordoit : mais que le surplus dépendant de la stipulation, le droit d'insinuation en étoit dû ; & c'est ce que le conseil a jugé.

M. de Liniers s'étant pourvu en opposition, il est intervenu arrêt du conseil le 26 novembre 1754, par lequel sans avoir égard à l'ordonnance de M. l'intendant de Poitiers, il a été ordonné que M. de Liniers & son épouse payeroient 50

livres & les 4 fous pour livre pour le droit
d'infinuation de la ftipulation dont il s'agit, &
ils ont en outre été condamnés au coût de l'arrêt
liquidé à 75 livres. Dans fes moyens, M. de Liniers n'a parlé que du deuil, qu'il a foutenu ne
pouvoir être confidéré comme donation ni avantage, mais comme le prélèvement d'une dépenfe néceffaire fi la femme furvivoit. Le fermier a répondu qu'il ne demandoit le droit que
pour la ftipulation de Joyaux, ornemens, équipage & chambre garnie ; que dans la coutume
de Poitou, les effets de la communauté appartiennent également aux deux conjoints, à la
charge de payer les dettes ; que fi la veuve renonce, elle ne peut rien prendre de tout ce
qu'elle a apporté, à moins d'une ftipulation expreffe par contrat de mariage ; qu'ainfi la ftipulation en faveur de la dame de Liniers étoit un
avantage réel dont le droit d'infinuation étoit
dû fuivant les déclarations de 1708, 1729 &
1731.

» Une autre décifion du confeil du 6 mai 1756
a confirmé une ordonnance de l'intendant de
Poitiers au fujet du mariage du fieur Cardin ;
portant qu'en cas que la femme furvécût, foit
qu'elle acceptât ou qu'elle renonçât, elle prendroit hors part, fes habits, linges, bijoux &
ornemens, une chambre garnie & fes habits de
deuil ; & réciproquement que fi le mari furvivoit, il préleveroit fes linges, meubles & ornemens. Le fieur Cardin offroit le droit d'infinuation pour la chambre garnie feulement, difant
que la reprife du furplus étoit un préciput pour
lequel il n'étoit rien dû. Le confeil en confirmant
l'ordonnance, a jugé que le droit d'infinuation

étoit dû pour toutes les reprises stipulées autres que celle du deuil seulement, & que ce droit devoit être fixé suivant la seconde section de l'article 1 du tarif des insinuations.

Par un arrêt du parlement de Bordeaux du 27 août 1760, rendu sur la requête de Pierre Charrier & de vingt-six autres particuliers de la Saintonge, généralité de la Rochelle & sur les conclusions du procureur-général, *il étoit fait défenses au contrôleur des actes de Saintes & à tous autres préposés commis à la perception des droits de contrôle & d'insinuation, d'exiger lesdits droits pour les clauses de reprise de Bagues & Joyaux, habits & autres ornemens de la femme, insérées dans les contrats de mariage, & de percevoir d'autres droits que ceux nommément portés par les édits & déclarations du roi,* duement enregistrés en *ladite cour.* Il étoit aussi ordonné que *lesdits droits ne pourroient être perçus pour les clauses de réten-tion stipulées par contrat de mariage, qu'après le décès du mari seulement, & dans le cas où la femme voudroit se servir de ladite clause de rétention, à peine de concussion, d'être procédé extraordinaire-ment contre les commis & de punition exemplaire; & sans s'arrêter à une ordonnance du commissaire départi en la généralité de la Rochelle* (*) *& à tout ce qui s'étoit ensuivi, il étoit ordonné que ledit commis de Saintes & les autres commis à la per-ception desdits droits de contrôle & d'insinuation, rendroient & restitueroient dans la huitaine à ceux qu'ils avoient contraints de payer lesdits droits pour les objets ci-dessus spécifiés, les sommes exi-*

(*) Cette ordonnance avoit jugé le droit d'insinuation dû pour les stipulations de Bagues & Joyaux.

gées d'eux , à quoi faire ils feroient contraints par. toutes voies , même par corps.

L'adjudicataire des fermes s'eſt pourvu au conſeil des finances contre cet arrêt. Il a d'abord établi l'incompétence du parlement fur des matières qui ne ſont nullement de ſon reſſort , puiſque la connoiſſance en eſt attribuée aux intendans , à l'ex- cluſion de toute autre cour & juridiction , ſauf l'appel au conſeil. Il a enſuite obſervé que le parlement ; ſous prétexte de borner la percep- tion des droits à ce qui eſt nommément exprimé dans les édits & déclarations enregiſtrés , avoit lui-même condamné des perceptions fondées ſur les diſpoſitions préciſes de ces lois. Il a rapporté les diſpoſitions des déclarations de 1708 , 1729 & 1731 , qui comprennent nommément le droit de rétention & tous les gains de noces & de ſurvie , & qui en les diſpenſant de la peine de nullité pour le défaut d'inſinuation , ordonnent que les droits d'inſinuation ſuivant le tarif , en ſeront payés en même temps que ceux du con- trôle des contrats de mariage ; & comme les ſtipulations de repriſes de Bagues & Joyaux ſont des dons à cauſe de noces & de véritables gains de ſurvie , ils ſe trouvent déſignés dans ces dé- clarations ſous l'expreſſion générique de gains de noces & de ſurvie.

En conſéquence il eſt intervenu arrêt au con- ſeil le 21 avril 1761 , portant ce qui ſuit : « le » roi , ſans s'arrêter à l'arrêt du parlement de » Bordeaux du 27 août 1760 , que ſa majeſté a » caſſé & annullé , caſſe & annulle , ainſi que » tout ce qui s'eſt enſuivi ou pourroit s'enſuivre, » a ordonné & ordonne que les déclarations des » 14 ſeptembre 1706 , 20 mars 1708 , 15 juillet

» 1710, 25 juin 1729 & 17 février 1731, fe-
» ront exécutées felon leur forme & teneur ; en
» conféquence, ordonne que les fommes qui
» ont été reftituées par les commis de l'adjudi-
» cataire des fermes générales, en vertu dudit
» arrêt du 27 août dernier feront rétablies, à
» quoi faire feront les redevables d'icelles con-
» traints par les voies accoutumées pour le re-
» couvrement des deniers de fa majefté ; fauf
» aux parties à fe pourvoir par appel au confeil
» contre l'ordonnance du fieur intendant de la
» Rochelle du 18 février 1760. Fait fa majefté
» défenfes aux officiers du parlement de Bor-
» deaux, de prendre connoiffance des contefta-
» tions concernant la régie & perception des
» droits de contrôle des actes & d'infinuation ;
» & à fon procureur-général en ladite cour, de
» faire aucunes pourfuites en vertu dudit arrêt
» du 27 août 1760 ». *Voyez les queftions alpha-*
bétiques de Brétonnier ; le traité des gains nup-
tiaux de M. Boucher d'Argis ; le préfident Faber
dans fes définitions fur le code dè fecundis nuptiis ;
Collet & Revel dans leurs commentaires fur les
ftatuts de Breffe ; les arrêts d'Expilly ; le traité
des donations de Jean-Marie Ricard ; les arrêts de
Baffet & de Cambolas ; la coûtume de Bretagne ;
les déclarations des 20 mars 1708 ; 25 juin 1729
& 17 février 1731 ; le commentaire de M. le préfi-
dent de Perchambault fur la coûtume de Bretagne ;
le tarif du 29 feptembre 1722 ; le dictionnaire
raifonné des domaines, &c. Voyez auffi les articles Noces, Communauté, Augment,
Gain de Survie, Virile, Donation, Insinuation, Contrat de Mariage, &c.

BAIL. Convention par laquelle on transfère à quelqu'un la jouissance d'une chose pour un temps limité & moyennant un certain prix.

On peut laisser à Bail toutes sortes de choses, soit meubles, soit immeubles (*).

(*) *Formules de différentes espèces de Baux.*

Bail d'un métier à faire des bas. Fut présent Louis.... demeurant, &c. lequel a donné à loyer pour trois années à commencer du......... à Jean......... à ce présent preneur, un métier à faire bas de laine, travaillant sur quatorze pouces de large, garni de toutes ses pièces, que ledit preneur reconnoît avoir en sa possession dont il est content pour en jouir pendant ledit temps; ce Bail fait moyennant la somme de.... de loyer, pour & par chacune desdites trois années que ledit preneur promet & s'oblige de bailler & payer audit sieur Louis..... en sa demeure à Paris, ou au porteur, de trois mois en trois mois, dont le premier payement se fera d'hui en trois mois, & ainsi continuer jusqu'à la fin du présent Bail fait aux conditions suivantes; savoir, par ledit Jean.... de fournir pendant chacune desdites trois années une paire de bas audit sieur bailleur; plus, d'entretenir ledit métier de menues réparations, & à la fin dudit temps le rendre en bon état de travail, le tout sans diminution dudit loyer : ne pourra ledit preneur céder ni transporter son droit du présent Bail sans le consentement dudit bailleur, auquel il fournira la grosse des présentes incessamment à ses frais & dépens, car ainsi a été convenu & accordé entre les parties qui ont pour l'exécution des présentes, élu leurs domiciles en cette ville de Paris, en leurs demeures ci-devant déclarées, auxquels lieux, &c. promettant, &c. obligeant, &c. chacun en droit soi, &c. renonçant, &c. Fait & passé, &c.

Bail d'une échope. Fut présent Charles.... demeurant.... lequel a fait Bail à loyer & prix d'argent pour quatre années, à compter du jour de.... & promet faire jouir N.... à ce présente, preneur audit titre durant ledit temps, d'une échope située à.... contenant.... pieds de long, sur.... de large, tenant d'une part à.... & d'autre à..... de laquelle ledit

On peut louer non-feulement des chofes cor.

---

preneur fe tient content, l'occupant préfentement, pour en jouir par lui audit titre pendant ledit temps; ce Bail fai moyennent la fomme de,.... de loyer pour & par chacun defdites quatre années que ledit preneur promet & s'oblig de bailler & payer audit fieur bailleur en fa demeure, ou au porteur, &c. d'année en année, dont le premier paye ment échera d'hui en un an, & ainfi continuer jufqu'à la fi dudit préfent Bail qui eft fait à la charge par ledit preneu d'acquitter & payer à la décharge dudit fieur bailleur, & fans diminution du loyer les fix deniers parifis de cens don ladite échope eft chargée envers le domaine du roi, & d lui en rapporter quittance à la fin defdites quatre années fans pouvoir par ledit preneur, céder ni tranfporter fon droi dudit préfent Bail, à qui que ce foit, fans le confentemen dudit fieur bailleur, auquel il fournira la groffe des préfente inceffamment à fes frais & dépens; car ainfi, &c. promet tant, &c. obligeant, &c. Fait & paffé, &c.

· *Bail de meubles.* Fut préfent Lucas.... demeurant... lequel a fait Bail à loyer, & promet faire jouir pendant.. années, à commencer du.... à.... à ce préfent preneur les meubles dont fuit le détail, favoir.... tous lefquel meubles ledit preneur reconnoît avoir en fa poffeffion dor il eft content, pour en jouir, &c. ce Bail fait moyennant l fomme de.... que ledit preneur promet de payer audit fieu bailleur en fa demeure à Paris, &c. & *le refte comme au autres Baux.*

Bail à loyer d'une maifon. Fut préfent Jacques.... bourgeois de Paris, demeurant, &c. lequel a par ces pré fentes donné à loyer & prix d'argent, à compter du premie jour de l'année prochaine, pour fix ans confécutifs, Claude.... marchand à Paris, y demeurant.... à ce préfer & acceptant, preneur pour lui durant ledit temps, un maifon fife à Paris, rue, &c. où pend pour enfeigne, &c confiftant, &c. appartenant audit fieur bailleur, de laquell maifon & lieux ci-deffus déclarés, le preneur fe contente difant les bien connoître pour les avoir vus & vifités, pou en jouir, &c. ce préfent Bail fait moyennant la fomme d porelles; mais encore des droits incorporels,

---

six cens livres de loyer, pour & par chacune desdites six années que ledit pieneur promet & s'oblige payer audit bailleur en sa demeure ou au porteur des présentes, aux quatre termes de l'année accoutumés, dont le premier échera au premier avril prochain, & ainsi continuer auxdits termes jusqu'à la fin du présent Bail, fait en outre aux charges, clauses & conditions suivantes; savoir, d'être ledit preneur tenu de garnir ladite maison & lieux de biens meubles exploitables pour sûreté dudit loyer, de l'entretenir de toutes menues réparations, locatives & nécessaires à y faire pendant ledit temps, & à la fin d'icelui, la rendre en bon état; de souffrir qu'on y fasse les grosses réparations, si aucunes il convient; de payer la somme de.... pour le revenu du fonds de la taxe des boues & lanternes qui a été racheté; plus de payer la taxe des pauvres & autres charges de ville & de police, & du tout acquitter ledit bailleur, sans pouvoir prétendre aucune diminution dudit loyer, dépens, dommages & intérêts. Ne pourra ledit preneur céder ni transporter son droit du présent Bail à aucune personne sans le consentement exprès & par écrit dudit bailleur, lequel promet de le tenir clos & couvert dans ladite maison & lieux, selon les us & coutume de Paris. Fournira ledit preneur à ses frais & dépens la grosse des présentes en forme exécutoire audit bailleur; car ainsi, &c. promettant, &c. obligeant, &c. chacun en droit soi, renonçant, &c.

Clause pour les grosses réparations. S'il convient faire quelques grosses réparations en ladite maison & lieux pendant ledit temps sera tenu ledit preneur les souffrir & endurer faire, sans pour ce prétendre ni demander par ledit preneur aucune diminution dudit loyer, dommages, intérêts ni récompense, frais ni dépens, pourvu néanmoins que lesdites réparations soient nécessaires & qu'elles ne durent que, &c. & à l'exception toutes fois des quatre gros murs.

Clause de six mois pour résoudre le Bail. Conviennent lesdites parties qu'elles pourront respectivement se désister & départir du présent Bail, en s'avertissant l'une l'autre six mois auparavant; quoi faisant, ledit Bail demeurera nul &

tels qu'un droit de champart, une dîme, des rentes.

---

résolu pour le temps qui restera lors à expirer, sans pouvoir prétendre respectivement aucuns dommages, intérêts, sans préjudice des loyers lors dus, &c.

Clause pour changer la distribution des appartemens de la maison. A été convenu entre lesdites parties que le preneur ne pourra faire aucun changement, démolition, ou augmentation en ladite maison & lieux, sans l'exprès consentement dudit bailleur; & en cas que ledit preneur en fît quelqu'un, il a promis remettre & rétablir les lieux en tel & semblable état qu'ils sont à présent; & pour cet effet, sera dressé un état desdits lieux, dont chacun aura copie par devers soi, & ce avant que d'entrer dans ladite maison; & néanmoins sera au choix dudit bailleur de retenir les choses changées & augmentées si bon lui semble, sans aucun remboursement, récompense ni diminution dudit loyer, auquel cas ledit preneur sera déchargé de remettre les lieux dans l'état qu'ils sont à présent.

Clause de nullité de Bail en cas de vente de la maison. Et si pendant ledit temps, ledit bailleur vend ou échange ladite maison; en ce cas ledit présent Bail demeurera nul & résolu pour le temps qui en restera à expirer, en avertissant le preneur six mois auparavant, sans pouvoir par ledit preneur prétendre aucuns dommages & intérêts, frais & dépens, ni diminution du loyer.

Clause pour faire renoncer le propriétaire au droit de bourgeoisie, qui est de résilier le Bail quand il veut occuper sa maison en personne. Et à la garantie de l'exécution du présent Bail, ledit bailleur a affecté le fond & propriété de ladite maison à la jouissance, renonçant pour cet effet au privilège des bourgeois de Paris, qui est de pouvoir occuper leurs maisons en personne.

Désistement d'un Bail du consentement des parties. Aujourd'hui sont comparus par-devant, &c. Claude, &c. d'une part & Nicolas, &c. d'autre, lesquels se sont par ces présentes volontairement désistés & départis de l'effet & exécution du Bail à loyer, fait par-devant.... notaires, le.... de la maison où ledit Nicolas est à présent demeurant, &

On

. On peut auffi louer & donner à ferme des

consentent respectivement que ledit Bail soit & demeure nul
& résolu, sans aucuns dépens, dommages & intérêts de
part ni d'autre pour le temps qui restera à expirer du premier avril prochain, auquel jour ledit Nicolas sera tenu &
promet vuider ladite maison & lieux, la rendre libre en
bon état de menues réparations, audit Claude, &c. pour
en disposer par lui comme bon lui semblera, & encore de
lui payer audit jour premier avril tous les loyers qui en
seront dus pour lors, conformément audit Bail, qui pour
ce regard demeurera en son entière force & vertu, sans no-
vation ; car ainsi, &c.

Autre désistement de Bail pour raison de grosses répara-
tions. Et le.... sont comparus ledit sieur Pierre de la
Roche d'une part, & ledit sieur Jean Monier & Catherine
Peivin son épouse, qu'il autorise à l'effet des présentes, d'autre part ; lesquels attendu qu'il est nécessaire de démolir
la maison dont le Bail est ci-dessus, se sont réciproquement désistés & départis dudit Bail, consentent qu'il demeure nul & de nul effet, dès le terme de.... pour le temps
qui en restera lors à expirer, sans pouvoir prétendre aucuns
dépens, dommages & intérêts de part ni d'autre, recon-
noissant ledit sieur de la Roche avoir été payé de tous les
loyers échus, sans préjudice de ceux qui écheront du jour
de Noël dernier jusqu'audit jour. Fait & passé, &c.

Bail d'une maison portant clause de payer par avance.
Fut présent François.... demeurant.... lequel a fait Bail
à loyer pour neuf années entières & consécutives à compter du jour de N.... à.... Louis.... demeurant.... à ce présent,
preneur pour lui durant ledit temps une maison à porte co-
chère, sise rue.... appartenante audit sieur François, con-
sistante en.... de plus ample déclaration de laquelle ledit
preneur a dit n'être besoin, déclarant la bien connoître pour
en jouir, &c. Ce Bail fait moyennant la somme de mille
cinquante livres de loyer, par chacune desdites neuf années
que ledit sieur Louis promet & s'oblige payer audit sieur
François en sa demeure ou au porteur, &c. aux quatre termes de l'année accoutumés également & par avance, dont
le premier terme échera.... sur lequel terme par avance a

droits feigneuriaux ; & ce Bail à ferme com-

été préfentement payé audit fieur François, qui reconnoît
l'avoir reçu dudit fieur Louis.... la fomme de cent trente-
cinq livres, & quant aux autres cent trente-cinq livres pour
compofer ledit terme d'avance, ledit preneur promet & s'o-
blige les payer audit fieur bailleur audit jour de.... & ainfi
continuer de terme en terme, & par avance jufqu'à la fin
dudit préfent Bail qui eft en outre fait aux conditions fuivantes que ledit Louis promet d'exécuter & entretenir fans
diminution dudit loyer ; favoir, de garnir ladite maifon, &c.
comme au Bail ci-devant. Et fera tenu ledit fieur bailleur
de tenir le preneur clos & couvert aux us & coutume du
pays, &c.

*Bail d'un château par le feigneur qui s'en réferve partie
& qui donne permiffion au preneur de chaffer & de pêcher,
&c. à la charge de plufieurs réparations payables par le
preneur en déduction de fon Bail.* Fut préfent Louis....
comte de Montgomery, demeurant, &c. lequel reconnoît
avoir donné à loyer & prix d'argent pour fix années confécutives, à compter du premier janvier prochain, au fieur
Doublet, demeurant à.... à ce préfent & acceptant le château de Villebouzin, paroiffe de.... la baffe cour & bâtimens
qui font dedans, à la réferve de la foullerie & preffoir ; plus,
la jouiffance du colombier, glacière, jardin, enclos, & de
tous les fruits qui proviendront des arbres en efpalier &
contre efpalier, buiffons & de tous autres fruits à noyau,
comme cerifes, bigarreaux, prunes & autres qui font dedans & fur les terres tenues par le fermier, & dans le parc
qui confifte en deux arpens cinq perches en une pièce atte-
nant aux foffés dudit château & au potager, & de tout ce
dont ledit feigneur de Montgomery jouit, à la réferve de
ce que la veuve de P.... Villaine, fermier dudit Villebouzin,
tient à loyer dépendant du parc ; aura ledit fieur preneur la
liberté de chaffer & de faire chaffer fur toute l'étendue de
ladite terre & dans la garenne, comme pouvoit faire ledit
feigneur de Montgomery fans que le garde dudit feigneur
ni autres perfonnes puiffent porter fufils & armes à feu, ni
tirer & tuer le gibier.

Auquel fieur Doublet ledit feigneur de Montgomery

prend les arrérages de cens, les amendes &

fera tenu délivrer ledit château, bâtimens, & ceux de ladite
baffe cour en bon état; enfemble la chapelle qui eft dans
l'enclos d'icelui, les entretenir de groffes réparations, defquels lieux fera fait état, lorfque ledit fieur Doublet entrera
en jouiffance d'iceux.

Pourra ledit fieur preneur faire pêcher au filet quand
bon lui femblera, dans les foffés dudit château; comme
auffi pourra faire tels plants que bon lui femblera d'arbres
fruitiers & autres pour fervir de pépinière, fans que ledit
feigneur foit tenu de lui en faire aucun remboursfement &
fans néanmoins que ledit fieur preneur puiffe faire couper
ni toucher à aucuns arbres des allées ni bois taillis.

Sera obligé ledit feigneur de Montgomery de faire faire à
fes frais & dépens le carême prochain, un veftibule maffonné
& carrelé, un perron pour monter à la falle haute, une
falle baffe à côté du veftibule carrelée & accommodée à
proportion, & à côté de ladite falle un office fermé.

Plus, une porte au haut de la chambre à main droite de
la falle, fur celle qui eft vitrée, & quant aux fommes de
deniers qu'il conviendra pour lefdits ouvrages & réparations,
ils feront avancés & payés par ledit fieur Doublet fur les
arrêtés dudit feigneur en déduction des loyers. Sera obligé
ledit feigneur de Montgomery de donner audit fieur Doublet une portion de cave raifonnable, fi mieux n'aime ledit
feigneur faire féparer d'une cloifon d'ais, des lieux qui font
à côté de la cuifine, pour fervir de cave & de fournil; &
auffi fera tenu ledit feigneur de faire nettoyer & rétablir
toutes les cheminées, crainte du feu.

Ce Bail fait aux fufdites charges & conditions, & en outre moyennant la fomme de mille livres de loyers par chacune defdites fix années, payable de fix mois en fix mois,
dont les premiers fix mois feront employés par ledit fieur
preneur efdites réparations, fi à tant elles fe montent, & le
furplus fe payera annuellement entre les mains dudit feigneur de Montgomery, par fix mois, à mefure qu'ils
échoiront.

Durant lequel préfent Bail payera ledit fieur preneur les
gages du jardinier actuel, ou de celui qu'il mettra en fon

profits de fiefs, & de cenfives qui auront lie
pendant le temps du Bail.

---

lieu & place ; par lequel jardinier le fieur preneur fera en
tretenir, tailler les allées de charmilles, les efpaliers & le
contre efpaliers, de trois façons par chaque année ; enfem
ble, tous les ormes nouvellement plantés dans les allée
dehors & dedans, & fera conferver le tout en bon état.

Sera aufli tenu ledit fieur preneur d'entretenir le châtea
& les lieux en dépendans de menues réparations, comm
elles lui auront été données, & de les rendre en pareil éta
à la fin du préfent Bail, le droit duquel il ne pourra céder
perfonne fans l'exprès confentement dudit feigneur de Mon
gomery, auquel il fournira la groffe des préfentes à fe
frais.

A été expreffément convenu que ledit feigneur de Mon
gomery ne pourra loger ni féjourner durant le préfent Bai
dans lefdits château & chofes ci-deffus baillées, fous quel
que prétexte que ce puiffe être, renonçant à tous droits gé
néralement quelconques que les propriétaires peuvent avoi
& prétendre à cet effet, fe réfervant ledit feigneur de Mon
gomery toutes les vignes dans ledit parc & dehors, & le
greniers qui font au-deffus du grand corps de logis & entre
d'icelui, pour en jouir & y mettre ce qu'il voudra ; ca
ainfi, &c.

Bail à ferme d'héritage. Fut préfent Edme Retif...
demeurant rue.... paroiffe.... lequel a laiffé à ferme & pri
d'argent pour fix années, & fix dépouilles entières & con
fécutives, à Jean.... laboureur, demeurant ordinairemen
à.... de préfent à Paris, logé rue.... paroiffe.... à ce préfen
& acceptant les maifons, terres, prés, vignes & héritage
ci-après déclarés, appartenans audit fieur Retif, comme hé
ritier pour moitié du fieur Jean Retif fon pere, & qui lu
font échus par le fecond lot de partage fait des biens de fa
fucceffion.

Premièrement, une maifon fife.... item, &c. tous lefquel
maifons, héritages, près & vignes, ainfi qu'ils fe pourfui
vent & comportent, foit qu'il y en ait plus ou moins, fan
être tenu de par fournir la mefure & quantité pour ceux def
dits biens qui en font fufceptibles, le preneur ayant dit bien

connoître lefdits héritages pour les avoir vus & vifités, dont
il est content, & a dit n'etre befoin de plus ample déclaration : ce Bail fait moyennant la fomme de deux cens cinquante livres de ferme & loyer par chacune defdites fix années, que ledit preneur promet & s'oblige bailler & payer
par chacun an audit fieur bailleur, en fa demeure à Paris, à
ceux qui auront charge & pouvoir de lui, ou au porteur,
&c. dont le premier payement fe fera, &c. & ainfi continuera
tant que ledit préfent Bail aura cours, & faute de payement
dudit prix, trois mois après le terme échu, le préfent Bail
demeurera nul & réfolu, fi bon femble audit fieur bailleur,
lequel pourra difpofer defdites terres & héritages ci-deffus
affermés, en faveur de telle perfonne que bon lui femblera,
pour le tems qui reftera à expirer dudit Bail, aux rifques,
périls & fortunes dudit preneur, fans pour raifon de ce,
obferver aucune formalité de juftice ; & en outre eft le
préfent Bail fait aux charges, claufes & conditions qui fuivent, que ledit preneur promet & s'oblige d'exécuter &
accomplir, fans aucune diminution du fufdit prix : fçavoir,
de labourer, fumer & enfemencer les terres de ladite métairie par foles & faifons convenables, fans les deffoler ni les
deffaifonner, convertir les pailles & foins qui en proviendront
en fumier pour la fertilifation des terres, tenir les prés nets,
& en bon état : ne pourra ledit preneur prétendre aucune
diminution du prix du préfent Bail, fous prétexte de ftérilité,
débordement d'eau, grêle, féchereffe & autres cas prévus &
imprévus ; comme auffi ne pourra céder, ni tranfporter fon
droit du préfent Bail à qui que ce foit, fans le confentement
exprès & par écrit dudit fieur bailleur, auquel il fournira inceffamment à fes frais, la groffe des préfentes en
forme exécutoire ; & pour l'exécution des préfentes, &c.

Autre Bail à ferme d'une métairie.

Fut préfent, Jean, &c. lequel a donné à ferme & à
loyer à compter du jour de la Touffaints prochain, pour
fept ans & fept dépouilles confécutives, à Nicolas, &c. laboureur, & à Jaqueline, &c. fa femme, qu'il autorife à
l'effet des préfentes, demeurans à, &c. à ce préfens & ac-
ceptans, une ferme & métairie fife.... appelée la ferme

juſtice ; & ce Bail comprend les droits utiles ;
tels que les amendes & les confiſcations.

---

du Buiſſon , conſiſtante en une maiſon , granges , étables,
écurie , bergerie , cou , avec toutes les terres labourables,
piés , &c. de laquelle ferme, dépendances, tenans & about-
tiſſant deſdites terres, leſdits preneurs ſont contens , diſant
bien connoître le tout pour l'avoir viſité ; pour jouir par
leſdits preneurs durant ledit tems, de tous les fruits & revenus appartenant à ladite ferme, & ſelon que Pierre,
&c. précédent fermier de ladite ferme en a joui ou du jouir :
ce Bail fait moyennant la quantité de .... muids de bled,
moitié pur froment & l'autre moitié méteil, le tout bon
grain, ſec, net, loyal & marchand, meſure de ...... à
deux ſous près du meilleur, rendu à ...... dans les greniers
dudit ſieur bailleur, avec la ſomme de .... en argent, pour
ladite ferme & loyer, que leſdits preneurs promettent &
s'obligent ſolidairement ſans diviſion, diſcuſſion, ni fidé-
juſſion , de fournir & payer audit ſieur bailleur, en ſa
maiſon à Paris, ou au porteur des préſentes par chacun
an : ſçavoir, ledit bled au premier octobre, & leſdits deniers au dernier décembre de chaque année, dont la première de payement deſdits loyers & fermages ſe fera au
premier octobre & dernier décembre de l'année ... & ainſi
continueront annuellement les payemens juſqu'à la fin dudit
tems. Outre ledit loyer & ferme, & ſans diminution d'icelui, leſdits preneurs s'obligent ſolidairement à faire & accomplir les charges qui s'enſuivent ; c'eſt à ſçavoir, que
leſdits preneurs promettent fournir & apporter audit bailleur
en ſa demeure à Paris, par chacune deſdites ſept années au
jour de ſaint Martin d'hyver, ſix chapons, &c. plus de labourer, fumer & cultiver leſdites terres par ſoles & ſaiſons
convenables ſans les deſſoler ni deſſaiſonner, convertir les
fourages en fumiers pour amender leſdites terres, tenir les
prés nets & en bon état, & à la fin dudit tems, rendre le
tout en bon état : promettant leſdits preneurs de rétablir &
réparer eſdits lieux ce qu'ils y feront démolir, de tenir ladite maiſon & lieux garnis de meubles, chevaux, beſtiaux,
outils & uſtenſiles de ferme en ſuffiſance, pour ſureté dudit loyer, les entretenir de toutes menues réparations né-

On peut même affermer certains offices ; fça-

---

ceffaires à y faire durant ledit tems, jufqu'à la fomme de vingt livres par an, fi à tant elles fe montent ; payer les cens & droits feigneuriaux aufquels ladite ferme & terres en dépendantes, comprifes dans le préfent Bail, font fujettes, aux jours accoutumés, aux feigneurs à qui ils font dûs, en acquitter le bailleur durant ledit tems ; à la fin d'icelui en fournir les quittances, pareillement fans diminution defdits loyers. Ne pourront lefdits preneurs céder ni tranfporter leur droit du préfent Bail à qui que ce foit, fans le confentement par écrit dudit bailleur, qui fera tenu de mettre la maifon & les couvertures en bon état, avant que lefdits preneurs y entrent ; lefquels preneurs feront tenus de délivrer audit bailleur la groffe des préfentes en forme exécutoire ; & pour l'exécution defdites préfentes, &c. car ainfi, &c.

Il faut remarquer que pour les Baux à ferme, on peut ftipuler la contrainte par corps, ce qui fe met ainfi : car ainfi promettant, obligeant ledit preneur corps & biens.

Renonçant, &c. Cette claufe ftipulée dans le Bail peut s'exécuter non-feulement lorfque le preneur eft en retard de payer depuis longtems, mais même lorfqu'il ne doit que trois mois.

Obfervez néanmoins qu'une telle ftipulation eft défendue en Lorraine par l'article 12 du titre 20 de l'ordonnance du duc Léopold du mois de novembre 1707. » Défendons, »porte cet article, à tous nos fujets de s'obliger par corps » les uns envers les autres par aucun contrat, convention » ou condamnation volontaire, à peine de nullité.

Continuation d'un Bail à ferme d'une métairie. Furent préfens Pierre Dubois, &c. demeurant, &c. d'une part ; & Jacqueline Bourgeois, veuve de, &c. demeurant, &c. d'autre part ; lefquels reconnoiffent avoir fait l'accord qui fuit ; c'eft à fçavoir, que ledit Dubois a, par ces préfentes, continué à ladite Bourgeois, ce acceptant, le Bail paffé audit feu .... fon mari, par ledit Dubois par devant .... notaires au châtelet de Paris, le .... de la ferme & métairie de, &c. prés & héritages en dépendans, le tout fis au terroir de, &c. ainfi que le tout eft plus amplement voir, les offices domaniaux, tels que font les

___

énoncé audit Bail, pour en jouir par ladite Bourgeois pendant les trois années restantes à expirer dudit Bail, à compter, la première, du jour de la faint-Jean prochain, tout
ainsi que ledit défunt avoit droit d'en jouir par ledit Bail,
& aux mêmes charges, clauses & conditions y contenues,
fans y rien changer, innover ni diminuer, lesquelles charges, clauses & conditions, ladite Bourgeois a dit bien favoir & entendre par la lecture qui lui a été préfentemens
faite dudit Bail par l'un des notaires foussignés, auxquelle
charges, clauses & conditions ladite Bourgeois promet fatif
faire ; & en outre payer & fournir par chacun an, au jou
de faint Martin d'hyver, audit Dubois en fa maifon ci-devant déclarée, ou au porteur des préfentes, la fomme de
&c. qui eft le prix porté audit Bail, avec fix chapons gras
&c. & pour l'exécution, &c. . . . . .

Bail à ferme d'une terre feigneuriale fait par une tierce
perfonne en vertu de la procuration du propriétaire. Fu
préfent maître Jean, &c. au nom & comme procureur d
meffire Jacques, &c. fondé de fa procuration générale pou
toutes fes affaires, & fpéciale à l'effet des préfentes, paffé
devant . . . . . notaires au châtelet de Paris, le . . . . . l'origi
nal de laquelle eft demeuré annexé à ces préfentes pour
avoir recours, lequel audit nom, reconnoît avoir donné
titre de ferme & prix d'argent, du jour & fête de la Tout
faints prochain, pour neuf années & neuf dépouilles confé
cutives à Nicolas, &c. laboureur, demeurant, &c. étan
de préfent à cette ville de Paris, logé, &c. à ce préfent
acceptant, preneur, tant pour lui que pour Geneviève
femme, & pour Guillaume leur fils, & chacun d'eux
&c. la terre & feigneurie de la Haye, appartenante aud
feigneur Jacques . . . . . confiftante en maifon feigneuriale
colombier, granges, étables, preffoirs & autres bâtimens
cent cinquante arpens de terres labourables, ... arpens
de prés, ... arpens de vignes, ... arpens de bois, ta
de haute futaye que taillis, moulins à eau, étangs, vivie
à poiffon, les cens & droits feigneuriaux, le greffe
tabellionage, le droit de grurie & autres appartenances
dépendances de ladite feigneurie, fans aucune chofe

greffes, certains notariats, & certaines fergen-
teries fieffées.

---

excepter ni retenir, finon ce qui fera ci-après déclaré,
dont & de plus ample déclaration, confiftances, fituations,
tenans & aboutiffans defdites chofes ci deffus déclarées,
lefdits preneurs font contens, difant bien connoître le tout
pour l'avoir vu & vifité, étant demeurans audit lieu, &
avoir tenu & labouré partie defdites terres, pour de ladite
terre & feigneurie, terres & héritages, & de tout ce que
deffus dit, jouir par ledit Nicolas, fa femme & leur fils
audit titre de ferme, durant ledit tems, & faire la coupe
des bois dans le tems & de la maniere portée par l'ordonnance, tout ainfi que les précédens fermiers en ont joui ou
du jouir, ce Bail fait aux charges, claufes & conditions ci
après déclarées, & outre moyennant la fomme de deux
mille cens livres en argent, douze chapons gras, &c. par chacune defdites neuf années, que ledit preneur promet & s'o-
blige en chacun defdits noms, l'un pour l'autre, & chacun d'eux pour le tout, fans divifion, payer, fournir &
livrer audit fieur bailleur, en fa maifon à Paris, ou au porteur des préfentes: fçavoir, lefdites deux mille deux cent
livres en deux termes égaux, le premier à la faint-Martin
d'hyver, & l'autre à Pâques, dont le premier terme de
payement échéra au jour de faint Martin d'hyver prochain,
le fecond au jour de Pâques fuivant, & ainfi continuer
pendant ledit tems auxdits termes, & lefdits chapons, &c.
au jour de faint Martin d'hyver de chàque année, dont la
première livraifon fe fera au jour de faint Martin d'hyver
prochain : & ainfi continuer.

Claufe particulière dudit Bail.

Plus à la charge de payer & acquitter au curé de la paroiffe de . . . . par chacune defdites neuf années . . . . . .
muids de grains: fçavoir, ... fetiers de froment, mefure de &c. à deux fous près du meilleur qui fe vend au
marché &c. que ledit curé a droit de prendre pour fon
gros fur ladite terre & feigneurie de &c. par chacun an,
audit jour de faint Martin, & en rapporter quittance audit
fieur bailleur pour chacun an.

Plus, de faire dire & célébrer le fervice Divin qui a ac-

Il y a des chofes qui ne font pas fuceptibles

coutumé d'être dit & célébré dans la chapelle, & y faire prêcher les fêtes de . . . . & les dimanches de carême, & en payer les honoraires.

Plus, de labourer, fumer, cultiver & enfemencer lefdites terres par foles, & faifons convenables, fans les deffoler, ni deffaifonner; convertir les fourages qui en proviendront, en fumier, les amander près & loin, & à la fin du préfent Bail, laiffer en ladite ferme les fourages & fumiers, fans les pouvoir vendre ni tranfporter ailleurs en quelque manière que ce foit, tenir les prés nets & en bon état, faire la coupe des bois, & y garder & obferver l'ordonnance.

Entretenir les hayes qui font féparation des héritages de ladite ferme d'avec ceux des voifins & particuliers, en planter des vives où il en manquera, les faire pliffer en tems & faifons dûes, fans pouvoir arracher aucuns pieds d'arbres, curer, nettoyer & entretenir les foffés, & les relever fi befoin eft.

Plus entretenir par ledit preneur, efdits noms, fous ladite folidité, les maifons & édifices de ladite ferme & feigneurie de menues réparations, jufquà foixante-dix livres par chacun an qu'il employera à mefure qu'il en fera néceffaire, & en rapporter quittance des ouvriers de trois en trois ans.

Comme auffi entretenir les maifons, preffoir & leurs uftenfiles de menues réparations & à la fin dudit tems, rendre & délaiffer tous lefdits héritages & chofes fufdites en bon & fuffifant état.

Entretenir auffi le colombier garni & peuplé de pigeons, & le rendre, & laiffer de même à la fin dudit tems.

Plus s'il étoit néceffaire de faire quelques groffes réparations aux bâtimens & édifices de ladite ferme & feigneurie, ledit preneur fera tenu de les fouffrir, & de fournir les chaumes pour les couvertures. Toutes lefquelles charges, claufes & conditions ledit preneur promet efdits noms, & folidairement comme deffus, d'exécuter, fans aucune diminution dudit prix.

Ne pourra ledit preneur céder ni tranfporter fon droit du préfent Bail, fans le confentement dudit fieur bailleur, qui promet de le tenir clos & couvert dans les logemens & édifices de ladite ferme, felon la coutume. Fournira ledit preneur, la groffe du préfent Bail en bonne forme audit fieur bailleur dans quinzaine, &c.

Autres claufes particulières.

Plus, fera tenu ledit preneur de faire faire le procès aux criminels qui feront pris & appréhendés, & mis dans les prifons de ladite feigneurie ; & en cas d'appel, de les mener fous bonne & fûre garde ès prifons du juge fupérieur, les ramener, s'il eft ainfi ordonné, & de faire exécuter les fentences & jugemens.

Plus, de payer les gages aux officiers de juftice de la feigneurie.

Plus, de fournir dans les trois années prochaines un papier terrier des cens, droits, redevances feigneuriales dûs à ladite feigneurie, des héritages y fujets, & des noms des détenteurs d'iceux.

Plus, une nouvelle déclaration defdites terres, prés & héritages, par nouveaux tenans & aboutiffans, en bonne forme, fignée & certifiée par ledit preneur pardevant notaires.

A été convenu entre les parties, que faute de payement par ledit preneur du prix à chacun terme, & un mois après pour tout délai, le préfent Bail demeurera nul & réfolu, fi bon femble audit fieur bailleur, pour le tems qui reftera lors à expirer ; & néanmoins en fa force & vertu pour lefdits fermages, loyers, charges, claufes & conditions, & pourra paffer un nouveau Bail à ferme à telles autres perfonnes que bon lui femblera, à la folle-enchère dudit preneur, fans lui faire aucune fommation ni fignification précédente, ni obferver aucune formalité de juftice pour y procéder, mais en vertu de la préfente claufe, laquelle ne pourra être réputée comminatoire, mais de rigueur, comme faifant partie des préfentes qui n'auroient point été paffées fans ladite claufe.

A été auffi convenu expreffément, que ledit preneur ne pourra prétendre ni demander aucune diminution du prix & redevance de ladite ferme, foit pour caufe de guerre, de louage ; par exemple, les biens qui font par-

___

pefte, famine, grêle, ftérilité, inondation d'eau, & autres cas fortuits & inopinés ; & en conféquence ledit preneur renonce au droit qu'il pourroit avoir pour les caufes fufdites, & toutes autres qui pourroient furvenir non prevues, de demander aucune diminution de ladite ferme quand ce feroit même la dernière année du préfent Bail, fe refervant, ledit fieur bailleur, le corps de logis de .... pour fon logement & pour fes gens, écurie pour fes chevaux , &c. pour en jouir par lui pendant le tems qu'il voudra y demeurer ; & auffi a été convenu que ledit preneur fournira audit fieur bailleur, lorfqu'il fera fur le lieu, les volailles de fa cour & du colombier, & autres vivres étant dans lefdits lieux, à raifon du prix du marché, dont il fera fait un mémoire qui fera déduit, fur le prix du préfent Bail, & que ledit preneur fera tenu de recevoir ledit bailleur lui troifième, & leurs chevaux dans ladite ferme , & leur fournir des vivres honnêtement pendant quatre jours par chacun an, lorfqu'il ira audit lieu, fans diminution du prix du Bail.

Claufe concernant le jardin.

Ledit preneur entretiendra le jardin en bon état, les allées, paliffades & bois y étant, & fera enforte qu'elles ne puiffent en aucune manière être endommagées ; lefquelles paliffades feront vendues en tems & faifons accoutumés ; & ne pourra ledit preneur labourer lefdites allées ; comme auffi rendra à la fin defdites neuf années les arbres fruitiers dudit jardin en pareil état qu'ils lui feront baillés, enforte que s'il venoit à en manquer quelques-uns il fera tenu d'en faire planter d'autres aux endroits où ils manqueront, à fes frais & dépens, & à cet effet, fera dreffé un état qui contiendra la valeur & eftimation defdits arbres ; &c. par, &c.

Lorfque les Baux fe font par procureur, & qu'il y a minute de la procuration chez un notaire à Paris, il fuffit d'énoncer au commencement du Bail, la procuration, fans annexer l'expédition à l'acte, ni la tranfcrire à la fin ; mais quand il n'y a point de minute de la procuration, il faut néceffairement l'annexer à la minute du Bail ; il ne fuffiroit pas de la tranfcrire, parce qu'on pourroit fupprimer l'original.

ne du domaine de la couronne ne peuvent être

Cautionnement d'un Bail.

Aujourd'hui est comparu Antoine, &c. demeurant, &c. lequel après que lecture lui a été faite par l'un des notaires soussignés, l'autre présent, du Bail à ferme fait par .....à Jacques, &c. du revenu des terres de ...... pour neuf années à commencer au premier novembre prochain moyennant vingt-cinq mille livres par an, & aux charges, clauses & conditions portées par ledit Bail, passé par-devant tels notaires, &c. le, &c. S'est ledit sieur comparant obligé par ces présentes, pour & avec ledit Jacques solidairement, sans division ni discussion, à quoi il renonce, tant au payement du prix dudit Bail par chacune desdites neuf années, qu'à l'entière exécution de toutes les charges, clauses & conditions y portées, qu'il a dit bien entendre, dont, &c. du tout ledit sieur Antoine fait sa propre dette solidairement & sans discussion, comme dit est, de même que s'il étoit seul preneur desdites terres; & pour l'exécuteon des présentes, & dépendances, *élection de domicile, &c.* auquel lieu, &c. promettant, &c. obligeant solidairement, comme dit est, corps & biens, renonçant, &c. fait & passé, &c.

Il est bon de remarquer que les cautions d'un Bail n'y sont plus obligées, lorsque le Bail se continue par tacite réconduction.

Bail d'un greffe & tabellionage. Fut présent maître Georges, &c. demeurant à Paris, &c. lequel reconnoît avoir donné à Bail & prix d'argent, pour six ans consécutifs, à commencer du premier janvier prochain, à Me. Nicolas, &c. procureur au bailliage de, &c. demeurant, &c. à ce présent & acceptant, le greffe & tabellionage de la prévôté de, &c. fruits, revenus & émolumens y appartenans, aux honneurs prérogatives & droits y attribués, tels & semblables qu'en ont joui & usé les précédens greffiers & tabellions, dépendans de ladite prévôté de, &c. appartenant au roi, & dont ledit Me. Georges, &c. est adjudicataire par contrat d'engagement à lui fait par sa majesté, pour dudit greffe & tabellionage, droits, fruits, revenus & émolumens jouir par ledit preneur pendant ledit tems; ce Bail fait moyennant la somme de douze cent livres de fermage

vendus, mais on les peut donner à ferme ; il en
eſt de même des biens d'égliſe.

---

par chacune deſdites ſix années, que ledit preneur promet
payer audit ſieur bailleur ou au porteur des préſentes en ſa
maiſon à Paris, en deux termes égaux qui ſont ès premiers
jour de juillet prochain & de janvier de l'année ſuivante, &
ainſi continuer juſqu'à la fin dudit Bail ; & en outre à la
charge de bien & dûement exercer ledit greffe & tabellionage ; & à cette fin prêter le ſerment ès mains du ſieur prévôt dudit lieu, ou de ſon lieutenant, tenir bons & fidèles
regiſtres des ſentences & minutes, dont ledit preneur fera
inventaire & répertoire, à la fin dudit temps, pour le tout
délivrer ès mains du greffier & tabellion qui lui ſuccédera,
dont il tirera décharge, donnant ledit ſieur bailleur pouvoir audit preneur, en tant que beſoin ſeroit, de retirer du
tabellion & greffier qui y eſt à préſent, les regiſtres & minutes, inventaire & répertoire, & autres papiers qu'il peut
avoir concernant ledit greffe & tabellionage, dont ledit
preneur ſe chargera envers le public, & en donnera décharge au précédent greffier & tabellion, pour être le tout
remis ès mains, comme dit eſt du ſucceſſeur en ladite charge.
ne pourra ledit preneur céder ni tranſporter ſon droit du préſent Bail à un autre, ſans le conſentement exprès & par
écrit dudit Bailleur auquel il fournira le préſent Bail en
bonne forme ; car ainſi, &c.

Bail à loyer d'un moulin banal à eau. Fut préſent
Me. Louis, &c. receveur de la terre & ſeigneurie de, &c.
demeurant au château ſeigneurial dudit lieu, lequel a laiſſé
à bail pour trois années conſécutives qui commenceront au
premier Janvier prochain à François, &c. marchand demeurant audit lieu de, &c. à ce préſent & acceptant, le moulin
bannal dudit lieu de, &c. aſſis ſur la rivière de Long, (*il
faut dire l'endroit*) à condition de mouture au douzième,
conformément à l'arrêt de noſſeigneurs de la cour de parlement de Paris, obtenu par ledit ſeigneur de, &c. contre les
habitans & ſujets de ſa ſeigneurie ; enſemble la jouiſſance de
l'iſle de, &c. contenant demi-arpent de pré ou environ ; & lui
permet de pêcher avec l'échiquier & naſſe en ladite rivière,
appartenante audit ſeigneur durant ledit temps de trois ans, &

Un homme libre n'eſt pas ſuſceptible du contrat de vente, mais il peut louer ſes ſervices.

æ, depuis l'un des bouts de la chauſſée dudit moulin, juſqu'à
l'autre ſeulement, pour du tout jouir par ledit preneur
durant ledit temps; ce Bail fait moyennant la quantité de
trente boiſſeaux de bled méteil par chacune ſemaine meſure
dudit lieu de, &c. bon grain ſec, net, loyal, & marchand,
rendu au grenier ſeigneurial dudit lieu de, &c. avec la
mouture du grain que pourra faire moudre ledit ſieur bailleur, franche pour ſa maiſon ſeulement, ſans que ledit
preneur en prenne aucune choſe, & par ceſdites préſentes
ledit preneur promet & s'oblige de payer & livrer leſdits
trente boiſſeaux de grain, de la qualité & meſure ci-deſſus,
& les rendre par chacune ſemaine, ainſi que dit eſt, à commencer le premier payement & livraiſon au huit dudit
mois de janvier prochain, & ainſi continuer par chacune
ſemaine, juſqu'à la fin deſdites trois années. Plus, ſera tenu
ledit preneur d'ouvrir & déboucher le pertuis au montant
& avalant. Fournira ledit ſieur bailleur audit preneur, un
bateau pour porter la corde ſeulement, à la charge par
ledit preneur de bien entretenir ledit bateau durant ledit
temps, & auſſi d'aller ou d'envoyer par ledit preneur chercher la clef dudit pertuis au château ſeigneurial, & de la
rapporter audit lieu; ledit preneur ſera auſſi tenu des menues réparations qu'il conviendra de faire audit moulin,
entretenir les chauſſées & pertuis bien fermés & bouchés,
& faire enſorte que ledit ſieur bailleur n'en ſoit aucunement
recherché ni inquiété, à la charge toute fois que ledit ſieur
bailleur fournira du bois & des pierres pour l'entretien deſdits
moulin, chauſſées & pertuis, ſur le bord de la rivière, &
proche ledit moulin, leſquels bois & pierres ledit preneur
ſera employer à ſes dépens aux réparations qu'il conviendra
faire audit moulin, chauſſées & pertuis, pendant ledit tems,
comme arbre, roues, rouet de moulin, & autres choſes néceſſaires, battre des pieux eſdites chauſſées quand beſoin
ſera, mettre des fers & barres audit pertuis, ſi beſoin eſt;
& pendant ledit tems, ſera encore tenu ledit preneur de
relever les pierres qui tomberont des chauſſées, & de rendre
à la fin du Bail leſdits moulin, chauſſées & pertuis en bon

Obſervez néanmoins qu'il n'y a que les ſer-

état, ſelon la viſite qui en ſera faite en entrant en jouiſſance du préſent Bail; & quant aux meules, elles ſeront
jaugées de l'épaiſſeur qu'elles auront lors du commencement du préſent Bail, afin que ledit bailleur en puiſſe être
payé à la fin d'icelui, à raiſon de trente ſous par chaque
pouce, que ledit preneur s'oblige auſſi de payer audit ſieur
bailleur à la fin dudit tems; de plus, ledit ſieur bailleur
délaiſſe audit preneur, pour le tems de trois ans, la
pêche du pertuis à la chûte des anguilles, moyennant
la ſomme de douze livres & deux chapons par chacun
an, que ledit preneur promet pareillement de payer audit
bailleur par chacun an, à deux termes égaux qui écheront
au jour de ſaint Jean-Baptiſte, & à Noel, dont le premier échera audit jour de ſaint Jean-Baptiſte prochain, &
ainſi continuer de terme en terme pendant ledit tems; ledit
preneur ſera encore tenu de bailler audit ſieur bailleur un
gâteau de fleur de froment la veille du jour des Rois par
chacun an : & quant à la viſite dudit moulin, chauſſées &
pertuis, elle ſe fera entre leſdites parties avant que ledit
preneur entre en jouiſſance du préſent Bail, & par gens à
ce connoiſſans dont les parties conviendront amiablement,
à peine de tous dépens, dommages & intérêts; & pour recevoir par ledit preneur, les réparations que Nicolas, &c.
précédent fermier dudit moulin & ſes dépendances doit laiſſer à la fin de ſon Bail, qui échera au dernier décembre
prochain, audit moulin, chauſſées & pertuis, ledit bailleur
a conſtitué ſon procureur général & ſpécial, ledit preneur
& le porteur deſdites préſentes auxquels il en donne tout
pouvoir, même de pourſuivre ledit précédent fermier à ce
ſujet, par toutes voies dues & raiſonnable, leſquelles pourſuites ledit preneur ſera tenu de faire auſſi à ſes dépens;
mais s'il y a des réparations & dommages & intérêts adjugés contre ledit précédent fermier, ils appartiendront entièrement audit preneur, lequel pour plus grande aſſurance
audit ſieur bailleur du contenu ci-deſſus, a promis d'y faire
ſolidairement obliger avec lui aux renonciations requiſes
Pierre, &c. & de ladite obligation en fournir acte en
bonne forme audit ſieur bailleur, avant que d'entrer en

vices

vices ignobles & appréciables à prix d'argent

---

jouissance du présent Bail, à peine de tous dépens, dommages & intérêts; & en faveur du présent Bail, ledit preneur promet aussi de donner pour pot de vin audit heur bailleur, la somme de, &c savoir, moitié le premier jour de janvier prochain, & l'autre moitié six mois après; car ainsi, &c. promettant, &c.

Autre Bail à loyer pour un moulin à eau. Fut présent Claude.... lequel reconnoît avoir donné à Bail à loyer & prix d'argent pour six ans consécutifs qui commenceront à Paques prochain, à Jacques.... à ce présent & acceptant un moulin à eau pour moudre du bled, sis sur la rivière de, &c. garni de ses meubles, tournans & travaillans, & autres ustensiles audit bailleur appartenans, pour en jouir par ledit preneur pendant ledit temps. Ce Bail fait moyennant la somme de..... par chacune desdites six années que ledit preneur s'oblige de payer audit bailleur ou au porteur des présentes en deux termes égaux; savoir, és premier jours de janvier & juillet, dont le premier terme de payement échera le premier janvier prochain, & ainsi continuer auxdits termes pendant ledit temps, à la charge par ledit preneur d'entretenir & rendre à la fin dudit temps ledit moulin, & les tournans & travaillans en bon état. Ne pourra ledit preneur céder ni transporter, &c.

De plus, sera ledit preneur tenu d'entretenir les vannes & chauffées aussi en bon état, de sorte que l'eau ne puisse se perdre.

Clauses particulières pour un moulin à vent. Sera ledit preneur tenu d'entretenir les volans & toiles d'iceux, l'arbre du moulin, tournans & travaillans, & le tout rendre, &c.

Est convenu qu'avant d'entrer par ledit preneur, en la jouissance dudit moulin à vent, sera fait prisée & estimation des ustensiles d'icelui par gens experts, dont les parties conviendront, pour le rendre par ledit preneur en pareil état à la fin dudit temps, dont sera lors fait aussi prisée & estimation; & en cas que ladite prisée se trouve à plus ou moins que la première, les parties s'en payeront l'une à l'autre la somme à laquelle se trouvera monter ladite estimation.

qui foient fufceptibles du contrat de louage, tels que ceux des ferviteurs & fervantes, des manœuvres, des artifans, &c. Ceux que leur nature ou la dignité de la perfonne qui les rend, empêche de pouvoir être appréciés à prix d'argent, ne peuvent pas fe louer.

C'eft pourquoi le contrat d'entre un avocat & le client qui le charge de la défenfe de fa caufe, n'eft pas un contrat de louage, mais un contrat de mandat : la fomme d'argent que ce client donne à l'avocat, n'eft pas le prix du fervice que celui-ci lui rend qui n'eft pas appréciable ; ce n'eft qu'une marque que ce client lui donne de fa reconnoiffance, ce qui n'eft pas incompatible avec le contrat de mandat, quoique gratuit de fa nature.

Au contraire, il y a des chofes qui quoique fufceptibles du contrat de vente, ne le font pas du contrat de louage ; telles font toutes les chofes qui fe confomment par l'ufage qu'on en fait, comme l'argent comptant, le bled, le vin, &c. La raifon en eft fenfible : il eft de la nature du contrat de louage que le bailleur conferve la propriété de la chofe dont il n'accorde au locataire que la jouiffance & l'ufage ; & qu'en conféquence le locataire contracte l'obligation de la rendre après l'expiration du temps pendant lequel l'ufage lui en a été accordé : or il eft évident que cela ne peut avoir lieu dans les chofes qui fe confomment entièrement par l'ufage qu'on en fait : elles ne font donc pas fufceptibles du contrat de louage.

Il y a des chofes qui ne peuvent ni fe louer ni fe vendre ; telles font les chofes fpirituelles, les bénéfices, les fonctions eccléfiaftiques. Ainfi le contrat par lequel un gentilhomme prend un eccléfiaftique pour fon chapelain ; & s'engage à lui donner une certaine fomme par an pour appointemens, ne doit pas paffer pour un contrat de louage. Ces appointemens à la vérité font dus ; le chapelain a droit d'en demander en juftice le payement ; mais cette dette ne naît pas d'un contrat de louage : ces appointemens ne font pas dus comme le prix de fes fervices, qui ne font pas appréciables , & ne peuvent par conféquent être la matière d'un contrat de louage ; ils font dus en vertu d'une efpèce de contrat fans nom ; *facio ut des.*

On ne peut louer à la vérité le bénéfice même ; mais on peut louer & donner à ferme les revenus du bénéfice , & même rien n'empêche qu'on ne puiffe faire entrer dans le Bail le cafuel & les offrandes , lorfqu'on en convient expreffément.

Le droit de patronage ou de préfentation à des bénéfices eccléfiaftiques eft un droit fpirituel qui par conféquent n'eft fufceptible en lui même ni du contrat de vente , ni du contrat de louage ; & la vente ou le louage qu'on en feroit , feroient des contrats nuls & fimoniaques qui ne pourroient produire aucune obligation entre les parties contraĉtantes ; mais quoique ce droit ne puiffe pas fe vendre féparément de la terre à laquelle il eft attaché , il eft cenfé vendu avec la terre , comme faifant partie des dépendances de cette terre, lorfque la terre eft vendue , & il paffe à l'acheteur. Au contraire , dans le Bail à ferme de la terre, quelque général qu'il foit , le droit de patronage n'y eft pas compris, parce que les Baux à ferme d'une terre ne comprennent que les droits utiles & pécuniaires, & non ceux qui font purement honorifiques, tel qu'eſt le droit de patronage.

Les choſes conſacrées au culte divin ne font plus ſuſceptibles du contrat de louage que du contrat de vente : ainſi on ne peut pas louer une égliſe, un cimetière, &c.

On tolère néanmoins le louage des bancs & des chaiſes dans les égliſes : on tolère pareillement le louage qui ſe fait par les marguilliers au profit de la fabrique, de l'argenterie, des ornements & du ſon des cloches pour les obſèques qui ſe font dans les égliſes ; mais ce que les particuliers donnent à cet égard eſt moins regardé comme le prix du louage que comme une contribution aux charges de la fabrique à laquelle on aſſujetit ceux qui ſe ſervent des meubles de la fabrique.

On peut louer auſſi la tonte de l'herbe qui croît dans les cimetières, & l'émondage des arbres qui y ſont, parce que ces choſes deviennent profanes lorſqu'elles ſont ſéparées du fonds.

Les choſes qui ſont deſtinées aux uſages publics, comme les places publiques, les rues, les grands chemins, ne ſont pas plus ſuſceptibles du contrat de louage que du contrat de vente.

Le droit de chaſſe eſt auſſi un droit qui ne peut pas s'affermer : les ſeigneurs & poſſeſſeurs de fiefs qui ont ce droit ne l'ont que pour leur plaiſir, & non pour en tirer de l'argent.

Delà il ſuit qu'un Bail à ferme qu'un ſeigneur de fief fait de ſon droit de chaſſe dans l'étendue de ſon fief eſt un contrat nul, qui ne doit pro-

duire aucune obligation civile , ni dans la personne du bailleur ni dans celle du preneur.

Ainsi le bailleur peut quand bon lui semble ,
sans attendre l'expiration du temps porté par le
Bail, signifier au preneur qu'il n'entend pas exécuter le Bail qu'il lui a fait, & qu'il révoque
la permission de chasser qu'il lui avoit donnée ;
& du jour de cette signification, il peut nonobstant le Bail qu'il lui a fait, l'empêcher de
chasser : il est évident qu'il ne peut se plaindre
de ce qu'il a chassé avant cette signification ;
car le Bail, quoique nul étant considéré comme
Bail à ferme , renferme une permission de chasser qui dure jusqu'à ce qu'elle soit révoquée.

Ce Bail ne produit pas non plus d'obligation
dans la personne du preneur ; c'est pourquoi le
seigneur est sans action pour en demander le
prix : mais si le fermier l'a bien voulu payer , il
n'en a pas la répétition.

Observez que quoique le droit de chasse ne puisse pas faire la matière principale d'un contrat de
louage, on peut néanmoins dans le Bail à loyer d'un
château stipuler que le locataire aura la faculté de
chasser & de faire chasser sur les domaines en dépendans, pourvu que ce locataire soit une personne
de qualité à chasser, & non du nombre de celles à
qui la chasse est défendue par les ordonnances.

De la jouissance de la chose donnée à bail. Il est
de l'essence du contrat de louage qu'il y ait
une certaine jouissance ou un certain usage
d'une chose, que le bailleur s'engage de faire
avoir au locataire pendant le temps convenu, &
c'est proprement ce qui fait l'objet & la matière du contrat de louage.

L'espèce de jouissance ou d'usage qu'on ac-

corde par le Bail, est exprimée ou ne l'est pas.
Lorsqu'elle est exprimée le locataire ne peut
pas se servir de la chose pour un autre usage
que pour celui qui est stipulé par le Bail. Par
exemple si l'on vous a loué un cheval pour faire
un voyage à Lyon, il ne vous est pas permis de
le mener plus loin ; si voulant bonifier un champ
je l'ai donné à ferme à un laboureur pour y
semer du sainfoin ou de l'avoine, il ne lui est
pas permis de s'en servir pour un autre usage
& d'y semer de l'orge ou d'autres grains : s'il
le fait, j'aurai action contre lui pour qu'il lui soit
fait défense d'y semer à l'avenir de pareils grains
& pour qu'il soit condamné aux dommages &
intérêts résultants de ce qu'il ne s'est pas conformé au Bail.

Lorsque l'espèce de jouissance ou d'usage n'est
pas exprimée par le Bail, le contrat ne laisse pas
d'être valable ; alors l'objet & la matière du
contrat est l'espèce de jouissance ou d'usage auquel la chose est de sa nature destinée , & auquel on a coutume de la faire servir, & le
bailleur peut empêcher le preneur de faire servir la chose à d'autres usages lorsqu'il a quelque intérêt à cela.

Par exemple, lorsqu'une maison est donnée à
loyer, on présume que c'est pour être occupée
de la même manière qu'elle l'a été jusqu'au
tems du Bail : ainsi le locataire ne pourroit
pas y établir une forge s'il n'y en avoit pas eu
auparavant, ni en faire un cabaret. Cependant la
profession du locataire connue au temps du Bail
doit faire suivre une autre règle, & doit faire
présumer que la maison lui a été louée pour la
faire servir aux usages qu'exige sa profession.

C'eft pourquoi fi j'ai loué ma maifon à un ferrurier connu pour tel dans la ville, je fuis cenfé la lui avoir louée pour la faire fervir à tout ce qu'exige fa profeffion, quoique cette maifon n'ait jamais été occupée que comme maifon bourgeoife, & je ne pourrai pas l'empêcher d'y établir une forge, &c.

L'ufage pour lequel une chofe eft louée doit être un ufage honnête, & qui ne foit pas contraire aux bonnes mœurs, autrement non-feulement le contrat eft nul comme le font tous les contrats contraires aux bonnes mœurs, mais le bailleur qui a connoiffance au temps du Bail, du mauvais ufage que le preneur entend faire de la chofe qui lui eft louée, fe rend coupable & participant de tout le mal que ce dernier pourra faire.

Par exemple, un ferrurier qui loueroit à des voleurs des ferremens pour ouvrir les portes des maifons où ils voudroient voler, feroit complice des vols faits dans ces maifons & tenu conjointement & folidairement avec les voleurs de reftituer les chofes volées, &c.

C'eft fur ce principe qu'il a été jugé par arrêt du parlement de Touloufe du 19 mai 1759, qu'un homme qui avoit loué fa maifon à des vagabonds connus pour tels, pour leur fervir de retraite, étoit refponfable des défordres commis par fes locataires.

C'eft auffi conformément à ce principe que l'ordonnance de Saint Louis de l'an 1254 porte la peine de la confifcation des maifons contre les propriétaires qui les ont données à loyer pour en faire des lieux de proftitution.

Il n'y a que le miniftère public qui puiffe être

reçu à prouver que le propriétaire lorsqu'il a
fait le Bail avoit connoiffance du mauvais ufage
qu'on fe propofoit de faire de fa maifon : le locataire pour fe défendre de payer les loyers que
le propriétaire lui demande ne feroit pas reçu à
offrir la preuve que la maifon lui a été louée
pour cet ufage , & qu'en conféquence le contrat eft nul , & le propriétaire mal fondé à en
demander les loyers.

Du temps du Bail. Les contrats de louage &
de Baux à loyer ou à ferme fe font pour un tems
convenu entre les parties.

Il paroît que chez les Romains le temps le
plus ordinaire des Baux à loyer ou à ferme des
héritages étoit le temps d'un luftre qui eft de
cinq ans. Parmi nous le temps de ces Baux varie.

Ceux qui font faits pour un temps long , font
préfumés Baux à rente , plutôt que fimples Baux à
loyer ou à ferme ; & ils font cenfés faits pour un
temps long lorfqu'ils font faits pour dix ans ou
plus ; ce temps de dix ans étant appelé en droit
longum tempus , comme le prouve la prefcription de dix ans qui eft appelée *præfcriptio longi
temporis.*

Cependant fi les parties ont expreffément déclaré par le Bail qu'elles n'entendent faire qu'un
fimple Bail à loyer ou à ferme ; le Bail quoique
fait pour un temps plus long que celui de neuf
ans , ne doit être réputé qu'un fimple Bail à
ferme ou à loyer.

Pareillement quoique les Baux à vie foient
préfumés tenir plutôt de la nature des Baux à
rente que des Baux à loyer ou à ferme , & renfermer une conftitution d'ufufruit ; néanmoins
on peut faire auffi de fimples Baux à loyer ou

à ferme d'héritages pour le temps de la vie du locataire ou fermier, ou pour le temps de celle du bailleur. Les Baux que les chapitres de Sainte-Croix & de Saint-Agnan d'Orléans font à leurs chanoines des maisons clauftrales pour le temps de leur vie canoniale font de simples Baux à loyer.

Le temps que doit durer le Bail est ordinairement exprimé par le contrat : si l'on a omis de l'exprimer le Bail ne laisse pas d'être valable ; & si c'est le Bail d'un héritage dont les fruits se recueillent tous les ans, tel qu'est un pré, une vigne, &c. le Bail lorsque le temps n'est pas exprimé par le contrat est censé fait pour un an : lorsque le Bail est d'un héritage dont les fruits ne se recueillent qu'après plusieurs années, le Bail est censé fait pour durer jusqu'à ce que le fermier ait recueilli les fruits qu'il a eu en vue. Par exemple, si après avoir pêché mon étang qu'on a coutume de pêcher tous les trois ans, je le donne à ferme à quelqu'un pour un certain prix sans exprimer pour quel temps, je suis censé l'avoir donné à ferme pour le temps de trois ans.

De même lorsque les terres d'une métairie font partagées en trois soles ou saisons, comme en Beauce où une partie s'ensemence en bled, une autre partie en avoine & autres menus grains qui se sement au mois de mars, tandis que la troisieme partie se repose, le temps que doit durer le Bail de ces terres n'étant pas exprimé par l'acte, la jouissance du fermier doit être de trois années ; parce qu'il faut ce temps pour employer chacune des parties comprises dans le Bail.

Par la même raison dans le Val-de-Loire où les terres sont partagées en deux parties appellées saisons, dont l'une est ensemencée & l'autre se repose ; le temps du Bail lorsqu'il n'est pas exprimé par le contrat doit être de deux ans.

De même, lorsque les bois taillis d'un domaine sont partagés en douze ou quinze coupes dont il s'en est fait une tous les ans, le Bail lorsque le temps n'est pas exprimé doit être censé fait pour autant d'années qu'il y a de coupes.

A l'égard des Baux des maisons de ville il faut suivre l'usage des lieux.

A Paris il y a chaque année quatre termes où les Baux commencent, & auxquels ils finissent le premier janvier, le premier avril, le premier juillet, le premier octobre. Lorsqu'il n'y a point de Bail par écrit qui exprime le temps que le Bail doit durer, il dure toujours jusqu'à l'un de ces termes pour lequel l'une ou l'autre des parties doit donner ou prendre congé. Suivant un acte de notoriété du châtelet de Paris du 2 mars 1713, ce congé doit être signifié dans un délai de six mois pleins avant le jour du terme, lorsque le loyer excède mille livres. Il en est de même lorsqu'il s'agit d'une maison entière ou d'une boutique ouverte sur une rue, ou lorsque le congé est donné à un commissaire ou à un maître d'école qui par son état est obligé de loger dans le quartier, quoique dans tous ces cas le loyer soit d'une somme au-dessous de mille livres. Hors ces cas il suffit qu'il y ait un temps de trois mois plein jusqu'au terme ; & lorsque le loyer de l'appartement est au-dessous de trois cens livres, un temps de six semaines suffit.

Ce congé n'eſt pas néceſſaire lorſqu'il y a un Bail & que le temps qu'il doit durer eſt exprimé.

A Orléans il n'y a qu'un terme où les Baux des maiſons commencent & auquel ils finiſſent ; ſavoir celui de Saint-Jean pour les maiſons de la ville, & celui de la Touſſaints pour la campagne. Lorſque les parties ne ſe ſont pas expliquées ſur la durée du Bail, il eſt cenſé fait pour un an à commencer du prochain terme ; & ſi le locataire eſt entré en jouiſſance avant le terme, il eſt cenſé fait tant pour le temps qui doit courir depuis qu'il eſt entré en jouiſſance juſqu'au terme, que pour un an depuis ce terme : il expire de plein droit au bout de l'année, ſans qu'il ſoit néceſſaire de ſignifier un congé auparavant.

A l'égard des Baux de chambres garnies ou de meubles dans leſquels le temps du Bail n'eſt pas exprimé, s'il eſt dit à raiſon de tant par an, le Bail eſt cenſé fait pour un an ; s'il eſt dit à raiſon de tant par mois ou de tant par ſemaine, ou de tant par jour, le Bail eſt cenſé fait ſeulement pour le temps d'un mois ou d'une ſemaine, ou d'un jour : les parties ne s'obligent réciproquement l'une envers l'autre que pour ce temps ; & ſi le locataire continue la jouiſſance pendant pluſieurs mois ou pluſieurs ſemaines, &c. ce ſont autant de tacites reconductions qui ſont cenſées intervenir entre les parties.

Du prix du Bail. Il ne peut y avoir de contrat de louage ſans un prix convenu pour la jouiſſance de la choſe louée, & ce prix eſt appelé loyer ou fermage. Si l'on accordoit l'uſage d'une choſe ſans exiger aucun prix de celui à qui on l'accorde, ce ne ſeroit pas un contrat de louage, mais un autre eſpèce de contrat appelé prêt à uſage, & en Latin *commodatum*.

Il n'eſt pas néceſſaire pour la validité du Bail que le prix égale la valeur de la jouiſſance ou de l'uſage de la choſe donnée à loyer : ainſi que ce prix ſoit au-deſſus de cette valeur ou au-deſſous, il faudra que la convention s'exécute.

Il y a même cette différence entre le contrat de louage & celui de vente, qu'il y a action pour faire réſoudre ce dernier lorſque l'héritage qui en fait le ſujet a été vendu pour un prix audeſſous de la moitié du juſte prix : le contrat de louage au contraire ne peut être réſolu pour la ſeule cauſe de léſion quelque énorme qu'elle ſoit. La raiſon en eſt que dans le contrat de louage la léſion ne peut tomber que ſur les fruits de l'héritage qui ſont quelque choſe de mobilier, & que ſuivant les principes du droit François il n'y a pas lieu à la reſtitution pour aliénation de meubles. C'eſt ce qu'atteſtent Mazuer & Dumoulin. C'eſt auſſi ce que porte l'article 446 de la coutume d'Orléans. Cependant la coutume de Bretagne a ſuivi des principes différens : elle ad met la reſciſion des contrats de choſes mobi liaires pourvu que l'objet ne ſoit pas au-deſſou de cent livres.

Le prix ou loyer doit conſiſter en argent ; au trement ce n'eſt pas un contrat de louage, mai un autre eſpèce de contrat. Par exemple ; lorſ qu'un pauvre laboureur qui n'a qu'un cheval eſt convenu avec une perſonne qu'elle lui donne ra l'uſage de ſon cheval pendant un certai nombre de journées, à la charge qu'il donne ra à cette perſonne l'uſage du ſien pendan autant de journées ; ce contrat n'eſt pas un con trat de louage faute d'un prix qui conſiſte e une ſomme d'argent, c'eſt un contrat ſans nom

Mais fi le louage fait pour un prix qui ne conſiſte pas en argent n'eſt pas proprement & ſelon la ſubtilité du droit, un contrat de louage, il produit les mêmes obligations, comme l'échange d'un héritage contre des meubles produit le même effet qu'un contrat de vente à prix d'argent.

Le principe que dans le contrat de louage le prix doit conſiſter en une ſomme d'argent reçoit une exception à l'égard des Baux à ferme d'héritages ; car le prix ou la ferme de ces Baux peut au lieu d'une ſomme d'argent conſiſter en une certaine quantité de fruits, tels que l'héritage qui eſt loué les produit. Par exemple, les métairies ſe louent ſouvent pour une certaine quantité de grains par chaque année ; les vignes pour une certaine quantité de vin ; les terres plantées en oliviers pour une certaine quantité d'huile.

Quelquefois auſſi les héritages s'afferment pour une portion aliquote des fruits qui ſe recueilleront ; par exemple, à la charge que le fermier donnera au propriétaire la moitié des bleds qui feront recuillis par année ou le tiers, ou le quart.

Il ne peut y avoir à la vérité de contrat de louage ſans un prix convenu entre les parties, mais il n'eſt pas néceſſaire qu'il ſoit exprimé par le contrat ; il ſuffit qu'il y en ait un tacitement convenu & ſous entendu.

Par exemple, lorſque le prix du loyer de certaines choſes eſt règlé par l'uſage du lieu, comme à Paris où le loyer d'un carroſſe de remiſe eſt de douze livres par jour non-compris vingt-quatre ſous pour le cocher, il n'eſt pas néceſſaire que dans le contrat de louage de ces choſes les parties s'expliquent ſur le prix du loyer ; elles ſont cenſées convenir du prix uſité.

Dans les reconductions le prix est censé être le même que celui de la location précédente. Lorsque des ouvriers se louent à la journée sans s'expliquer sur le prix, les parties sont censées être convenues du prix que les autres ouvriers de la même classe gagnent dans le lieu. C'est ce qui arrive au temps des vendanges : on loue quelquefois un certain nombre de vendangeuses sans s'expliquer sur le prix ; les parties sont censées être convenues du prix que les autres vendangeuses peuvent gagner ; & si elles se sont louées pour des prix différens, le louage de celle qui se sont louées sans s'expliquer sur le prix est censé fait au prix qui n'est ni le plus cher, ni le plus bas, mais le prix mitoyen.

Des personnes entre lesquelles le contrat de louage peut avoir lieu. Le contrat de louage, de même que tout autre contrat, ne peut intervenir qu'entre les personnes qui sont capables de contracter : mais il y a des contrats de louage interdits à certaines personnes quoique d'ailleurs elles soient capables de contracter. Ainsi les juges, les commissaires, les avocats, les procureurs &c. leurs clercs ou commis ne peuvent pas être fermiers judiciaires des biens saisis dans la juridiction où ils sont établis, à moins qu'ils ne soient opposans en leur nom pour créances dont le titre soit antérieur à l'enregistrement de la saisie réelle. Telles sont les dispositions de l'article 35 du règlement de 1722, & de l'article 132 de l'ordonnance de Blois. Les femmes & les septuagénaires ne peuvent de même prendre aucun Bail judiciaire, parce qu'ils ne sont pas sujets à la contrainte par corps. C'est ce que porte le règlement du 22 juillet 1690.

Les juges ni les procureurs fiscaux ne peuvent pas être fermiers des amendes & autres émolumens des justices où ils sont officiers. Le parlement de Paris l'a ainsi décidé par deux arrêts des 22 juin 1602 & 2 décembre 1717.

L'édit d'Amboise & l'ordonnance de Blois ont défendu aux officiers du roi, à leurs femmes, à leurs domestiques & aux gentilshommes de prendre à Bail les biens dépendans des bénéfices.

Suivant les lois Romaines, il n'étoit pas permis aux soldats de prendre à Bail des biens de campagne : mais il doit en être autrement parmi nous. La sévérité de notre discipline militaire suffit pour empêcher les soldats de s'absenter de leurs corps sans qu'il soit besoin de leur défendre de prendre à Bail des biens de campagne. S'ils en prenoient (ce qui n'arrive guère) le Bail seroit valable, parce qu'il n'est pas nécessaire qu'ils fassent valoir ces biens par eux-mêmes. Il y a néanmoins un arrêt du parlement de Dijon du 3 juillet 1562 qui a suivi à cet égard la disposition des lois Romaines.

Selon ces mêmes lois ceux qui avoient été fermiers des impôts & revenus publics & qui n'étoient pas quittes de leurs fermes, n'étoient pas reçus à les prendre à ferme de nouveau : pareillement tous ceux qui étoient chargés de quelque tutele ou autre administration ne pouvoient être admis à prendre cette espèce de ferme : mais ces dispositions n'ont pas lieu parmi nous. Les cautions qu'on exige pour les fermes des revenus publics font cesser les raisons sur lesquelles ces lois étoient fondées.

L'usufruitier d'une chose a le droit de la louer

à l'exclusion du propriétaire qui n'en a que la
nue propriété ; mais il ne peut pas comme celui
qui a la pleine propriété de la chose, la louer
pour servir à des usages auxquels elle n'avoit
pas auparavant servi. Le propriétaire ayant
droit d'user & de mésuser de sa chose peut par
exemple louer pour faire un cabaret une maison qui avoit toujours été auparavant occupée
comme maison bourgeoise ; au lieu qu'un usufruitier ne peut louer la chose que pour servir aux usages auxquels elle a coutume de servir.
Si la maison est une maison bourgeoise, le propriétaire a droit de s'opposer au Bail que l'usufruitier voudroit en faire à un cabaretier pour
y tenir cabaret ou à un maréchal pour y établir
une forge.

Il en est de même d'un locataire, il a le droit
de sous-bailler pour le temps de son Bail ; mais
il ne peut sous-bailler la chose que pour servir
aux usages auxquels elle est destinée.

Les tuteurs & autres administrateurs peuvent
faire des Baux à ferme & à loyer des biens dont
ils ont l'administration, & ces Baux sont valables pourvu qu'ils soient faits sans fraude.

Ils ne peuvent les faire par anticipation, c'est-
à-dire qu'ils ne peuvent avant l'expiration du
Bail les affermer, soit au même fermier soit à un
autre plutôt qu'il n'est d'usage dans la province
de le faire : ce qui doit dépendre de la nature
des biens.

Les Baux faits par anticipation obligent bien
le preneur à qui ils ont été faits, & il n'est pas
recevable à en opposer le défaut ; mais ils n'o-
bligent pas la personne dont celui qui a fait le
Bail administroit les biens, parce qu'en cela

cet adminiſtrateur a excédé ſon pouvoir ; c'eſt
en ce ſens que nous diſons que ces Baux ne
ſont pas valables.

Un Bail fait par une perſonne qui n'a aucun
droit n'eſt pas à la vérité valable en ce ſens
qu'il puiſſe donner au locataire le droit de jouir
de la choſe tandis que le bailleur ne l'avoit pas
lui-même ; mais il eſt valable en ce qu'il oblige
le bailleur à remplir ſon obligation , ſinon aux
dommages & intérêts du locataire s'il ne peut
la remplir ; & qu'il oblige même le locataire au
payement des loyers tant qu'il n'eſt pas empêché de jouir.

Des engagemens du bailleur envers le preneur.
De même que dans le contrat de vente le vendeur contracte envers l'acheteur l'obligation de
lui délivrer la choſe vendue pour la lui faire
avoir à titre de propriétaire , de même dans le
contrat de louage le bailleur contracte envers
le locataire l'obligation de lui délivrer la choſe
qu'il lui a louée , pour que ce dernier puiſſe en
jouir & s'en ſervir.

Cette obligation s'étend aux choſes qui ſont
acceſſoires de celle qui eſt louée : par exemple ,
ſi c'eſt une maiſon qui a été baillée à loyer le
bailleur doit délivrer au locataire les clefs de
la maiſon ; ſi c'eſt une métairie il doit la délivrer avec tous les fumiers , pailles , fourages &
autres choſes qu'il eſt d'uſage dans la province
de laiſſer au fermier pour l'exploitation.

Si c'eſt un cheval qu'on loue pour le monter ,
le bailleur doit délivrer ce cheval avec ſon
équipage , c'eſt-à-dire avec ſa ſelle , ſa bride ,
ſa longe ; il doit auſſi le remettre bien ferré.

La délivrance de la choſe louée doit ſe faire

aux frais du bailleur. C'est pourquoi si la chose qu'on m'a louée se trouve engagée & donnée à quelqu'un en nantissement & qu'elle ne puisse m'être livrée sans être dégagée ; il n'est pas douteux que ce ne soit aux frais du bailleur qu'elle doit être dégagée.

De même si pour faire un chantier on m'a donné à loyer une certaine quantité de terre à prendre dans une grande pièce de terre, l'arpentage qu'il est nécessaire de faire pour me délivrer ce qui m'a été loué doit être aux frais du bailleur.

La délivrance des choses mobiliaires louées se fait au lieu où elles se trouvent, & c'est au locataire à les enlever à ses frais à moins qu'il n'y ait convention ou usage contraire.

Suivant ce principe si j'ai loué d'un marchand de bois des pièces de bois pour étayer ma maison, le marchand qui me les a louées doit m'en faire la délivrance dans sa cour où elles sont, & c'est à mes frais que je dois les enlever.

C'est pourquoi on ne doit pas confondre la délivrance que le bailleur est tenu de faire de la chose avec l'enlèvement qu'en fait le locataire. La délivrance se fait aux frais du bailleur : comme elle consiste à donner au locataire la faculté d'enlever la chose ; s'il y avoit des obstacles à l'enlèvement, le bailleur seroit obligé de les lever à ses frais. Mais lorsqu'il a donné au locataire une entière liberté d'enlever la chose, c'est à ses propres frais que celui-ci doit l'enlever.

Si depuis le contrat le bailleur avoit transféré la chose dans une autre lieu d'où l'enlèvement coutât plus qu'il n'auroit couté si la chose fût restée au lieu où elle étoit lors du contrat, ce bailleur feroit tenu de faire raifon au locataire de ce que l'enlèvement auroit couté de plus.

Quoique régulièrement la délivrance des chofes louées doive fe faire au lieu où elles font lorfque les parties contractantes ne fe font pas expliquées lors du contrat fur le lieu où elle fe feroit ; néanmoins s'il y a un ufage contraire à l'égard de certaines chofes on doit le fuivre ; car les parties font cenfées en être tacitement convenues, fuivant cette règle : *in contractibus tacitè veniunt ea quæ funt moris & confuetudinis.*

Ainfi comme il eft d'ufage que les loueurs de chevaux & de chaifes mènent leurs chevaux & leurs chaifes au logis des perfonnes auxquelles ils les ont loués lorfqu'elles logent fur le lieu ; fi j'ai loué une chaife, le loüeur doit me l'amener le jour de mon départ à la porte de ma maifon quoique nous ne nous en foyons pas expliqués lors du marché que nous avons fait.

Par la même raifon l'ufage étant que les tapiffiers qui louent des meubles aux perfonnes du lieu les faffent mener à leurs frais dans la maifon de la perfonne à qui ils les louent & qu'ils les y arrangent ; un tapiffier qui m'a loué des meubles doit fe conformer à cet ufage quoique nous ne nous en foyons pas expliqués.

Le bailleur doit délivrer la chofe louée au preneur dans le temps fixé par la convention lorfque les parties fe font expliquées à cet égard.

Dans les Baux à loyer des maifons & dans les Baux à ferme des biens de campagne il y a un temps réglé par l'ufage auquel le locataire doit être mis en poffeffion, quoique les parties contractantes ne s'en foient pas expliquées.

Quant aux autres objets, lorſque par le contrat de louage les parties ne ſe ſont pas expliquées ſur le jour auquel le bailleur délivreroit
au locataire la choſe qu'il lui a louée, il doit
lui faire, cette délivrance lorſqu'il en eſt requis;
& ſi le locataire tarde à l'en requérir, il peut
s'il veut s'acquitter de ſon obligation faire ſommation au locataire de venir chercher la choſe
au lieu où elle doit lui être délivrée & l'aſſigner
pour faire ordonner qu'à faute de la venir chercher le loyer en courra du jour de la ſommation.

L'action qui naît de l'obligation que le bailleur a contractée envers le preneur de lui délivrer la choſe qu'il lui a louée pour qu'il puiſſe
en jouir & s'en ſervir, eſt celle qu'on nomme
en droit *actio conducti* ou *actio ex conducto*. Cette
action eſt une action perſonnelle qu'a le preneur
contre le bailleur ou ſes héritiers. Le preneur
conclut à ce que le bailleur ou ſes héritiers ſoient
tenus de lui délivrer la choſe louée, ſinon qu'ils
ſoient condamnés en ſes dommages & intérêts.

Cette action eſt une action mobiliaire quand
même le Bail d'où elle dérive ſeroit le Bail d'un
héritage : en effet le preneur ne tend pas à avoir
l'héritage, mais à en percevoir les fruits, qui
deviennent quelque choſe de mobilier lorſqu'on
les recueille.

Cette action eſt diviſible ou indiviſible ſuivant
que la choſe qui fait l'objet du contrat eſt diviſible ou indiviſible.

Par exemple, ſi pluſieurs ont loué à quelqu'un
la faculté de paſſer par un certain héritage; cette
faculté étant quelque choſe d'indiviſible, l'action
qu'a le preneur pour jouir eſt une action indiviſible, & il peut conclure contre chacun d'eux
pour le total à ce qu'ils le faſſent jouir de ce

paffage ; mais faute par eux de pouvoir remplir leur obligation , l'action fe convertit en une action de dommages & intérêts qui eft divifible : conféquemment le preneur ne pourra conclure aux dommages & intérêts contre chacun d'eux que pour la part que chacun aura à la chofe , à moins qu'il n'y ait par le Bail une claufe de folidité exprimée.

Au contraire fi plufieurs ont loué à quelqu'un une maifon ou une métairie , la jouiffance d'une maifon ou d'une métairie étant quelque chofe de divifible , l'obligation des bailleurs eft une obligation divifible , & l'action qui en réfulte eft pareillement une action divifible que le preneur ne peut intenter contre chacun des bailleurs que pour la part dont il eft tenu : mais comme le preneur n'a entendu prendre à ferme la métairie que pour jouir du total & qu'il n'eut pas voulu la prendre pour partie , chacun des bailleurs ne peut s'acquitter de fon obligation en offrant la jouiffance de fa part , fi tous les autres n'offrent pareillement la jouiffance de la leur : c'eft pourquoi fi l'un d'entr'eux eft en demeure pour fa part , ils font tous tenus des dommages & intérêts chacun pour leur part envers le preneur , fauf leur recours contre celui d'entr'eux qui eft en demeure de laiffer jouir de fa part.

Le preneur n'a l'action *ex conducto* que contre le bailleur qui a contracté l'obligation d'où elle nâît ou contre fes héritiers qui , en leur qualité d'héritiers , fuccèdent à toutes fes obligations , ou contre fes fucceffeurs à titre univerfel qui tiennent lieu d'héritiers : mais il n'a pas cette action contre les tiers détenteurs de la chofe qui y ont fuccédé à titre particulier. Par exem-

·ple , fi le propriétaire d'une maifon , après m'en avoir fait un Bail à loyer pour y entrer à la S. Jean prochaine , la vend à un tiers avant que j'y fois entré , fans le charger de l'entretien de ce Bail , je n'ai d'action que contre celui qui m'a fait le Bail ; il doit être condamné en mes dommages & intérêts , faute de pouvoir remplir l'obligation qu'il a contractée envers moi, de me faire jouir de la maifon ; mais je n'ai rien à prétendre contre l'acheteur de cette maifon , qui n'a contracté avec moi aucun engagement, & qui n'eft point obligé de remplir celui de fon vendeur.

Et loin que je puiffe avoir action contre le tiers acquéreur pour me faire mettre en jouiffance de l'héritage qui m'a été donné à loyer ou à ferme , il peut au contraire m'expulfer , fi je fuis entré en jouiffance avant fon acquifition.

Suivant ces principes , fi après m'avoir fait un Bail à loyer d'une maifon , ou un Bail à ferme d'un métairie contre la foi de votre engagement, vous en faites Bail à un autre que vous faites entrer en jouiffance , je n'ai aucune action contre ce fecond locataire ou fermier : mais j'en ai une contre vous en dommages & intérêts.

· Si aucun des deux locataires ou fermiers auxquels le même héritage a été donné à loyer ou à ferme en différens temps n'eft entré en jouiffance , & qu'ils demandent l'un & l'autre à y entrer , c'eft celui auquel le Bail a été fait le premier qui doit être préféré.

Obfervez néanmoins que les actes fous fignature privée ne faifant aucune foi par leur date contre des tiers ; celui des deux locataires ou fermiers qui a un Bail par devant notaires , doit l'emporter fur celui qui a un Bail fous fignature privée, quoique celui-ci porte une date antérieure à celle de l'autre, à moins que le décès de quelqu'une des perfonnes qui ont foufcrit le Bail fous fignature privée, ne lui ait affuré une date antérieure à celle du Bail paffé devant notaires.

Lorfque la chofe qui fait l'objet du Bail eft un fait perfonnel, comme lorfqu'un berger s'eft loué à un laboureur pour entrer à fon fervice à la Touffaints prochaine, & que contre la foi de fon engagement, il s'eft peu après loué à un autre laboureur pour entrer chez lui au même terme ; dans le for-extérieur, il eft au choix de ce berger d'entrer chez lequel des deux il voudra, fauf à l'autre à le faire condamner en fes dommages & intérêts ; mais dans le for de la confcience, il doit entrer au fervice de celui à qui il s'eft loué en premier lieu.

Il y a lieu à l'action qu'à le preneur contre le bailleur pour fe faire délivrer la chofe, 1°. dans le cas auquel le bailleur ayant le pouvoir de la délivrer, refufe de le faire ; 2°. dans le cas auquel il s'eft par fon fait mis hors d'état de la pouvoir délivrer, comme lorfque depuis le Bail qu'il m'en a fait, il l'a aliénée fans charger l'acquéreur de l'entretien du Bail, ou lorfqu'il l'a laiffé périr par fa faute ; 3°. enfin, dans le cas auquel n'ayant pas eu dès le temps du bail le pouvoir de difpofer de la jouiffance de cette chofe, il s'eft obligé témérairement à la donner.

Cela a lieu, non-feulement lorfque le bailleur favoit qu'il n'avoit pas le droit de difpofer de la chofe, mais même lorfqu'il croyoit de bonne foi que la chofe lui appartenoit & qu'il pou-

voit en difpofer. La raifon en eft que le contrat de louage eft foumis aux mêmes règles que
le contrat de vente : tout ainfi que dans celui-
ci, on peut vendre la chofe d'autrui en ce fens
que celui qui la vend contracte valablement l'o-
bligation de la délivrer & de la garantir à l'a-
cheteur, & que la bonne foi de ce vendeur qui
avoit un jufte fujet de croire que la chofe qu'il
vendoit, lui appartenoit, ne le décharge pas
des dommages & intérêts dûs à l'acheteur pour
l'inexécution de la vente, de même la chofe
d'autrui peut-être l'objet du contrat de louage,
& le bailleur s'oblige valablement envers le locataire à le faire jouir de cette chofe, & en fes
dommages & intérêts, faute de pouvoir remplir
cette obligation, qu'oiqu'il ait cru de bonne foi
que la chofe lui appartenoit, & qu'il avoit le
droit d'en difpofer. La raifon ultérieure eft que
pour qu'une obligation foit valable ; il fuffit que
la chofe que quelqu'un promet de faire foit poffible en foi, & il n'eft pas néceffaire qu'elle foit
au pouvoir de celui qui a promis de la faire :
il doit s'imputer d'avoir promis ce qu'il ne pouvoit pas tenir.

Il en eft autrement lorfque le bailleur ne peut
pas délivrer au locataire la chofe qu'il lui a
louée, ou parce qu'elle a péri, ou parce qu'elle
a été mife hors du commerce : par exemple, fi
par autorité publique le champ que je vous ai
donné à ferme a été pris pour en former un grand
chemin ; ou fi le cheval que je vous ai loué
pour faire un voyage eft devenu boiteux, je
ne puis plus être tenu de remplir mon engagement parce que c'eft une chofe impoffible,
mais le preneur de fon côté eft déchargé du fien;

& s'il avoit payé le loyer d'avance, il seroit en droit de le répéter.

Les dommages & intérêts qui résultent du défaut de tradition de la chose louée, consistent dans la perte que l'inexécution du contrat a causée au preneur & dans le profit dont elle l'a privé. Par exemple ; si vous m'avez loué une voiture pour faire un voyage ou une maison pour y loger, & que vous ayez manqué de me la livrer au temps convenu ; ce que j'ai été obligé de payer pour le loyer d'une autre voiture ou d'une autre maison semblable, au-delà du prix pour lequel vous m'aviez loué votre voiture ou votre maison, est une perte que me cause l'inexécution du contrat, & vous devez m'en indemniser.

Si vous m'avez fait un tel Bail par acte devant notaire, le coût de cet acte que j'ai payé est encore une perte pour moi, dont vous devez me dédommager.

Si la maison que vous m'avez louée étoit une auberge, la perte que j'ai soufferte sur les provisions que j'avois faites pour tenir cette auberge, & que j'ai été obligé de revendre, fait encore partie des dommages & intérêts qui me résultent de l'inexécution de votre obligation.

On doit aussi comprendre dans les dommages & intérêts le profit que j'aurois pu vraisemblablement faire en tenant cette auberge ; car ce profit est un gain dont m'a privé l'inexécution du Bail.

Mais si j'ai fait ou pu faire un autre trafic à la place du commerce d'aubergiste que je me proposois de faire, on ne doit alors dans les dommages & intérêts qui me sont dûs pour l'inexécution du Bail de l'auberge , eftimer le gain que j'aurois pu faire que fous la déduction de celui que j'ai pu faire dans cet autre trafic.

Pareillement fi après avoir fait Bail d'une métairie à un laboureur , le bailleur ne l'a pas averti affez à temps , qu'il ne pouvoit exécuter fon obligation & le faire entrer dans la métairie , & que le laboureur n'en ait pu trouver d'autre & ait été obligé de vendre à perte fes chevaux & fes troupeaux , on doit faire entrer dans les dommages & intérêts , tant la perte qu'il a foufferte dans la vente de fes chevaux & troupeaux , que le gain qu'il auroit vraifemblablement fait dans l'exploitation de la métairie.

Si ce laboureur à qui vous avez fait Bail , n'a pas été obligé de vendre fes beftiaux , & qu'il ait trouvé une autre métairie , mais à des conditions moins avantageufes , les dommages & intérêts pour l'inexécution du Bail que vous lui avez fait , confiftent dans ce qu'on eftimera que le bénéfice qu'il auroit eu à efpérer de ce Bail excède celui qu'il a à efpérer de l'autre Bail qui lui a été fait.

Obfervez que quand ce n'eft pas par mauvaife foi que le bailleur manque à fon obligation , il ne doit être tenu envers le preneur que des dommages & intérêts qui ont pu être prévus lors du contrat , parce qu'il eft cenfé ne s'être foumis qu'à ceux-là ; mais il n'eft pas tenu des pertes que l'inexécution du contrat a caufées au preneur lorfqu'elles n'ont pas été prévues lors du contrat , & encore moins des gains dont l'inexécution du contrat a privé le preneur , fi ces gains étoient inefpérés lors du contrat.

Par exemple , fi dans un pays de traverfe

éloigné d'Orléans un loueur de chaise est convenu avec un chanoine d'Orléans de lui louer une chaise & des chevaux pour le conduire chez lui, & que la chaise & les chevaux que ce loueur comptoit être de retour au jour fixé pour le départ du chanoine, n'étant pas arrivés, il n'ait pu les lui fournir, les dommages & intérêts résultans de l'inexécution de ce marché consistent dans la dépense que ce chanoine a été obligé de faire à l'auberge, jusqu'à ce qu'il ait pu trouver un autre voiture & dans ce qu'il a payé pour le loyer de l'autre voiture au-delà de ce qu'il devoit payer pour celle qu'on lui avoit louée ; ce sont ces dommages & intérêts qui ont pu être prévus lors du contrat ; mais si ce chanoine n'ayant pu trouver assez tôt une autre voiture à la place de celle qu'on lui avoit louée, n'a pu arriver assez à temps à Orléans pour gagner les gros fruits ; cette perte qu'il a soufferte par l'inexécution du marché n'entrera pas dans les dommages & intérêts qui sont dus par le loueur de chaise, parce qu'ils n'ont pas été prévus par le marché.

Pareillement dans les dommages & intérêts dus pour l'inexécution du Bail d'une auberge, on comprendra le profit qu'on pouvoit croire au temps du Bail devoir être à faire en tenant cette auberge ; mais si depuis le Bail on a établi une grande route où cette auberge est située, d'où doit résulter une grande augmentation de profit, cette augmentation ne doit pas être comprise dans les dommages & intérêts parce que c'est un profit inespéré qui n'a pu être prévu lors du contrat.

Lorsque c'est par mauvaise foi que le bailleur

a manqué à fon obligation , il eſt tenu en ce cas indiſtinctement de tous les dommages & intérêts qui réſultent de l'inexécution de la convention , ſoit qu'ils aient été prévus lors du contrat ou qu'ils n'aient pu l'être , parce que le dol de celui qui cauſe quelque préjudice oblige à réparer ce préjudice , ſans qu'il ſoit néceſſaire que l'auteur du dol ſe ſoit ſoumis à cette réparation.

Néanmoins , dans le cas de dol du bailleur, il ne doit être tenu que des dommages & intérêts dont l'inexécution de ſon obligation a été la cauſe prochaine & immédiate , & non de ceux dont elle n'eſt qu'une cauſe éloignée & occaſionnelle.

Par exemple ; quoique ce ſoit par mon dol que mon locataire n'ait pu jouir de l'auberge que je lui avois louée pendant tout le temps pour lequel je la lui avois louée , je ferai bien tenu envers lui des dommages & intérêts réſultants du profit qu'il a manqué de faire, l'inexécution du Bail en étant la cauſe prochaine ; mais ſi l'interruption de ſon commerce d'aubergiſte a occaſionné un dérangement dans ſes affaires, & que ſes créanciers aient ſaiſi ſes biens & les aient conſumés en frais , je ne ferai pas tenu de cette perte , dont l'inexécution du Bail n'eſt qu'une cauſe occaſionelle & éloignée.

Obſervez auſſi qu'à l'égard des dommages & intérêts qui ont dû être prévus lors du contrat & deſquels le bailleur de bonne foi qui n'a pu remplir ſon obligation eſt tenu comme le bailleur de mauvaiſe foi , on doit encore faire une différence entre l'un & l'autre , en ce que ces dommages & intérêts doivent s'eſtimer à la ri-

gueur contre le bailleur qui a manqué par mauvaife foi à fon obligation ; au lieu qu'on doit ufer
de modération & d'indulgence dans l'eftimation
de ces dommages & intérêts , envers le bailleur
de bonne foi.

Lorfque le bailleur n'a pas manqué , mais a
apporté du retard à l'exécution de l'obligation
qu'il a contractée envers le locataire de lui délivrer la chofe qu'il lui a louée , il eft tenu des
dommages & intérêts que ce retard a caufés au
locataire depuis que celui-ci l'a mis en demeure
d'y fatisfaire. Par exemple , fi l'on a fait à un
marchand un Bail à loyer d'une loge pour y
étaler fes marchandifes pendant le temps de la
foire S. Germain , & que le bailleur ne l'ait pas
fait entrer en jouiffance de cette loge dès le
commencement de la foire , il fera tenu de dédommager le marchand du profit qu'il a manqué
de faire pendant le temps qu'il n'a pas joui de
la loge , à compter du jour de la fommation
judiciaire qu'il a faite au bailleur de l'en faire
jouir.

Par la même raifon , fi un loueur de chaife m'a
loué une chaife pour me conduire à mon domicile , & qu'il ne l'ait pas fournie au jour convenu , il doit me dédommager de la dépenfe
que fon retard m'a obligé de faire à l'auberge
depuis le jour que je lui ai fait une fommation
judiciaire de fatisfaire à fon obligation , jufqu'au
jour que la chaife m'a été fournie.

Le preneur qui a conftitué le bailleur en demeure de s'acquitter de fon obligation , peut
non-feulement demander les dommages & intérêts qu'il fouffre de ce retard , il peut auffi
quelquefois demander la réfolution du marché , &

qu'il lui soit permis de se pourvoir ailleurs. Par exemple, si on a loué à un marchand une loge pour la foire, le marchand à qui le bailleur ne délivre pas cette loge, peut conclure à ce que faute par le même baillleur de l'en mettre en jouissance dans les vingt-quatre heures, il lui soit permis d'en louer une autre, & qu'il soit déchargé du marché.

Quand par une force majeure survenue depuis le contrat, le bailleur a apporté du retard à l'exécution de son obligation, comme si un loueur de chevaux qui m'avoit loué un cheval pour un certain jour, a été obligé par autorité publique de fournir ce jour-là tous ses chevaux pour le service de la poste, il n'est pas tenu des dommages & intérêts que je souffre du retard apporté à l'exécution de son obligation, parce qu'il n'est pas garant de cette force majeure, mais je suis bien fondé à demander la résolution du marché, & à refuser de me servir de son cheval, s'il me l'offre après que le temps auquel j'en avois besoin est passé.

Lorsque la chose louée que le bailleur offre de délivrer au preneur ne se trouve pas dans le même état qu'elle étoit lors du contrat, & que le changement survenu à cette chose fait qu'elle n'eût pu convenir au preneur s'il l'eût trouvée telle quand il l'a prise à loyer, ce dernier est bien fondé à la refuser & à demander la résolution du contrat.

Cela a lieu quand même ce seroit par une force majeure survenue depuis le contrat que la chose ne se trouveroit plus entière, ou se trouveroit détruite. Par exemple, si depuis le contrat le feu du ciel avoit brûlé une partie considérable de la maison que vous m'aviez louée, & que ce qui en reste ne fut pas suffisant pour m'y loger avec ma famille ; ou si une prairie que vous m'aviez louée avoit été inondée par un débordement de rivière qui en eût gâté l'herbe , je pourrois demander la résolution du marché , mais je ne pourrois point prétendre de dommages & intérêts.

Il en seroit différemment si c'étoit par le fait du bailleur que la convention ne pût être exécutée : le preneur pourroit alors demander non-seulement la résolution du contrat , mais encore les dommages & intérêts qui résulteroient de l'inexécution de la convention.

Une suite de l'obligation que contracte le bailleur , est qu'il ne peut apporter aucun trouble à la jouissance du preneur pendant tout le temps que le Bail doit durer.

C'est un trouble que le bailleur d'une métairie apporteroit à la jouissance du fermier auquel il en a fait Bail s'il en percevoit quelques fruits, à moins qu'il ne se les fût réservés expressément par le Bail; comme si après vous avoir donné à ferme une métairie , j'envoyois les bestiaux d'une autre métairie voisine que je fais valoir par mes mains , paître dans les prairies dépendantes de la métairie que je vous ai louée.

C'est pareillement un trouble que le bailleur d'une métairie apporteroit à la jouissance de son fermier s'il vouloit changer la forme d'une partie considérable des terres de cette métairie ; comme s'il vouloit convertir une pièce de terre labourable en prairie ou la faire planter en bois; le fermier seroit en droit de s'opposer à ce changement , quelque dédommagement que lui offrît le bailleur ; parce qu'en louant fa métairie, il a contracté envers fon fermier l'obligation de le laiffer jouir des terres de cette métairie dans l'état qu'elles étoient lors du Bail.

Mais fi le changement de forme n'étoit que fur une partie peu confidérable & que le propriétaire eût intérêt de le faire, ce changement pourroit avoir lieu en indemnifant le fermier. Par exemple, fi fur une grande quantité de terres dont eft compofé l'héritage que j'ai donné à ferme, j'en veux détacher quelques arpens pour aggrandir mon parc & les planter en bois, le fermier à qui j'offre une indemnité & diminution fur fa ferme ne peut pas s'y oppofer.

A plus forte raifon fi ce que le bailleur veut faire fur les terres de la métairie qu'il a donnée à ferme eft quelque chofe qui ne diminue pas la jouiffance que le fermier doit avoir de ces terres, ou fi la diminution que cela y pourra caufer n'eft que d'une très-légère confidération, le fermier ne doit non-feulement pas s'y oppofer, il ne peut même en ce cas prétendre d'indemnité, puifqu'il ne fouffre rien. Par exemple, fi vers la fin du temps d'un Bail le bailleur veut planter des arbres fur une petite partie des terres de la métairie qu'il a donné à ferme pour faire une avenue à fon château, le fermier ne doit pas être admis à s'y oppofer ; ces arbres ne peuvent pas, pendant le peu de temps qui refte à courir du Bail, pouffer affez de racines, ni produire affez d'ombre pour diminuer d'une façon fenfible la jouiffance que le fermier doit avoir des terres.

Ce n'eft pas un trouble que le bailleur d'une métairie apporte à la jouiffance de fon fermier lorfqu'il lorſqu'il s'y tranſporte ou qu'il y envoie des perſonnes de ſa part pour en viſiter l'état.

Il en eſt de même lorſqu'il y va ou envoie chaſſer, pourvu qu'il ne faſſe aucun dommage aux fruits : car la chaſſe n'eſt pas compriſe dans le Bail qu'il a fait de la métairie & ne peut pas même y être compriſe.

A l'égard des maiſons de la ville, ce ſeroit un trouble que le bailleur apporteroit à la jouiſſance que ſon locataire doit avoir de la maiſon, s'il faiſoit quelque choſe qui tendît à diminuer cette jouiſſance ou à la rendre moins commode au locataire. Par exemple, ſi depuis le Bail que je vous ai fait d'une maiſon, j'en reprends d'ouvrir dans le mur mitoyen de cette maiſon & d'une maiſon voiſine qui m'appartient, une fenêtre qui me donne une vue ſur la maiſon que je vous ai louée, ou ſi j'entreprends d'y établir un égout pour faire tomber de la mienne ſur la vôtre les eaux qui n'y tomboient pas avant le Bail que je vous en ai paſſé, c'eſt faire à votre jouiſſance un trouble auquel vous êtes en droit de vous oppoſer.

En effet, m'étant obligé par le Bail à vous faire jouir de la maiſon telle qu'elle étoit alors, il eſt certain que je manque à cette convention en pratiquant une fenêtre ou un égout qui rendent cette maiſon moins commode ; ainſi il eſt évident que je trouble votre jouiſſance.

Le bailleur n'eſt pas cenſé contrevenir à ſon obligation de n'apporter aucun trouble à la jouiſſance que le locataire doit avoir de la maiſon, en faiſant durant le cours du Bail à cette maiſon des réparations néceſſaires. C'eſt pourquoi quelque grande que ſoit l'incommodité qu'elles caufent au locataire, quand même elles rendroient entièrement inhabitable la plus grande partie des pièces pendant un temps confidérable, il n'eft pas pour cela en droit de prétendre des dommages & intérêts contre le bailleur; il doit feulement en ce cas être déchargé du loyer de la partie de la maifon dont il n'a pas eu la jouiffance & feulement pour le temps qu'il en a été privé. Si les réparations n'avoient duré que peu de jours à faire ou même fi ayant duré long-temps, elles n'avoient caufé au locataire qu'une incommodité légère & ne l'avoient privé à la fois que de quelque partie médiocre de la maifon, il ne pourroit pas même alors prétendre aucune remife du loyer. La raifon en eft qu'il eft cenfé avoir été prévu lors du Bail qu'il pourroit furvenir des réparations à faire, & que le locataire s'eft foumis à en fupporter l'incommodité.

: Suivant l'ufage du châtelet de Paris, lorfque le temps pour faire les réparations ne dure pas plus de fix femaines, le locataire ne peut prétendre aucune diminution de fon loyer.

Lorfque les ouvrages que le bailleur veut faire à la maifon pendant le temps du Bail ne font pas néceffaires, le locataire peut s'y oppofer & l'en empêcher, parce qu'en ce cas ce feroit troubler fans néceffité la jouiffance de ce locataire. D'ailleurs celui-ci ayant le droit de jouir de la maifon en l'état qu'elle étoit lors du Bail qui lui en a été fait, on ne peut malgré lui rien changer à cet état.

Quoique les réparations que le bailleur veut faire à fa maifon foient néceffaires, fi elles ne font pas urgentes & qu'il paroiffe que le propriétaire ne se presse de les faire à la fin du Bail que pour éviter l'incommodité qu'elles lui causeroient en les faisant après l'expiration du Bail lorsqu'il seroit rentré dans sa maison, le locataire peut en ce cas être admis à empêcher le propriétaire de faire ces réparations.

De l'obligation du bailleur de n'apporter aucun trouble à la jouissance du preneur, naît une action qui est une branche de l'action *ex conducto* qu'a le preneur en cas de trouble contre le bailleur : cette action tend à ce qu'il soit fait défenses au bailleur d'apporter aucun trouble à la jouissance du preneur & à ce qu'il soit condamné aux dommages & intérêts de ce dernier lorsqu'il en a souffert ; quelquefois même selon les circonstances, à ce que le bailleur soit condamné à détruire les ouvrages par lui faits malgré le preneur ou à son insçu ; sinon que faute par lui de le faire dans un temps bref qui doit lui être fixé par le juge, il soit permis au preneur de le faire faire par lui-même aux frais du bailleur, ce qui ne doit néanmoins avoir lieu que lorsque ces ouvrages causent un préjudice considérable à la jouissance du preneur.

Il y a aussi différentes espèces de troubles qui peuvent être apportés de la part des tiers à la jouissance du preneur. Il y en a qui ne consistent que dans des voies de fait, sans que ceux qui ont apporté le trouble prétendent avoir aucun droit dans l'héritage ou par rapport à l'héritage. Par exemple, si des laboureurs voisins font paître leurs troupeaux dans les prairies d'une métairie que je tiens à ferme sans prétendre en avoir le droit ; si pendant la nuit, des voleurs vendangent mes vignes ; si des gens jettent dans les

étangs des drogues qui faſſent mourir les poiſ-
ſons, &c. le bailleur n'eſt pas garant de cette
eſpèce de trouble ; le fermier n'a d'action que
contre ceux qui l'ont cauſé. Si cette action lui
eſt inutile, ſoit parce qu'on ne connoît pas les
auteurs du dommage, ſoit à cauſe de leur inſolvabilité, & qu'il ait par ce moyen été privé de
tous les fruits qu'il avoit à recueillir ou de la
plus grande partie, il peut demander la remiſe
des fermages pour le tout ou pour partie ; de
même qu'il le peut dans tous les cas auxquels il
a été empêché de jouir par une force majeure
qu'il n'a pu ſurmonter.

Il y a une autre eſpèce de trouble faite par
un tiers à la jouiſſance du fermier, qu'on peut
appeler trouble judiciaire.

Ce trouble eſt fait par une demande donnée
par ce tiers contre le fermier, aux fins de lui
délaiſſer l'héritage dont il ſoutient être le propriétaire ou l'uſufruitier, ou bien aux fins que
le fermier ſoit obligé de ſouffrir l'exercice de
quelque droit de ſervitude que le demandeur
prétend avoir ſur l'héritage & dont le fermier
n'a pas été chargé par ſon bail.

Le trouble peut auſſi être formé par des exceptions contenant de ſemblables prétentions
que ce tiers a oppoſées à la demande du fermier
formée contre lui pour lui faire défendre de le
troubler dans ſa jouiſſance.

Ces troubles judiciaires peuvent auſſi s'appeler des évictions non de la choſe, mais de la
jouiſſance de la choſe.

Pour ſavoir quels ſont ceux de ces troubles
judiciaires ou évictions dont le locataire eſt

obligé de défendre & de garantir le fermier, il faut suivre les règles suivantes.

1°. Lorsque la cause de l'éviction que le preneur a soufferte de la part du tiers existoit dès le temps du Bail, le bailleur en est garant envers le preneur, soit que le bailleur ait eu connoissance de la cause de l'éviction, soit qu'il l'ait ignorée.

Par exemple, si l'héritage dont vous m'avez passé Bail ne vous appartenoit pas, au moins quant à l'usufruit, mais appartenoit au tiers qui a formé la demande contre moi pour m'obliger à le lui délaisser, ou si vous n'en aviez qu'une propriété résoluble, qui depuis le Bail s'est résolue au profit de ce tiers, vous êtes garant de l'éviction que j'ai soufferte de la part de ce tiers, quand même vous auriez ignoré le droit qu'il avoit.

2°. Si le preneur connoissoit lors du Bail le droit du tiers de la part duquel il a souffert l'éviction de la jouissance de l'héritage qui lui a été loué, le bailleur n'est pas garant de cette éviction, à moins qu'ayant pareillement connoissance de ce droit, il n'eût expressément promis au preneur la garantie d'une pareille éviction ; mais si le bailleur l'ignoroit, il ne seroit pas tenu de la garantie envers le preneur qui en avoit la connoissance, quand même il auroit expressément promis cette garantie. La raison en est qu'il auroit été induit en erreur par le preneur qui ayant dissimulé la connoissance qu'il avoit du droit du tiers, ne peut prétendre autre chose que d'être déchargé de la ferme pour le restant du Bail, depuis le jour qu'il a été obligé de quitter la jouissance.

3°. Il n'y a pas lieu à la garantie contre le bailleur pour l'éviction que le preneur souffre de la part d'un tiers de la jouissance de l'héritage qui lui a été loué, lorsque le preneur est lui-même en une autre qualité garant de cette éviction envers le bailleur.

Voici un exemple de cette regle. Je vous ai vendu un héritage dont j'étois en possession & dont je me croyois propriétaire, quoiqu'il appartînt à Pierre ; vous me l'avez depuis donné à ferme, & pendant le cours du bail, j'ai souffert éviction de la jouissance de l'héritage de la part de Pierre ; il est évident que je ne puis en ce cas prétendre aucune garantie ; car c'est au contraire moi qui comme vendeur de cet héritage, suis garant envers vous de l'éviction que vous souffrez.

4°. Lorsque la cause de l'éviction de la jouissance de l'héritage que le preneur a soufferte de la part d'un tiers n'a existé que depuis le Bail, le bailleur en est garant si elle procède de son fait ; sinon il n'en est pas garant.

· Le cas de la première partie de cette règle est lorsque depuis le Bail le bailleur a sans aucune nécessité vendu ou aliéné sous quelqu'autre titre l'héritage à un tiers sans la charge de l'entretien du Bail, ou lorsque depuis le Bail il a imposé au profit d'un héritage voisin un droit de servitude sur l'heritage loué.

·· Quand même la vente auroit été forcée & faite sur la saisie réelle de l'héritage par les créanciers du bailleur, celui-ci ne seroit pas moins tenu de la garantie du trouble qui auroit été fait au fermier par l'adjudicataire ; car c'est encore en ce cas le fait du bailleur, puisque l'héritage a été vendu pour payer des dettes qu'il devoit acquitter.

Pour exemple du second cas de la règle, suppofez que depuis le Bail que vous m'avez paffé d'une maifon, le corps de ville ait obtenu des lettres - patentes par lefquelles vous ayez été obligé à lui vendre cette maifon pour être détruite & fervir à l'emplacement de quelque édifice public, il eft certain que la demande ou fommation que le corps de ville me fait en conféquence de fon acquifition eft un trouble, mais vous n'en êtes pas garant ; parce que le droit que le corps de ville a de m'empêcher de jouir eft un droit qui n'a commencé que depuis le Bail & qui ne procède pas de votre fait, puifque vous n'avez pas pu réfifter à l'autorité publique qui a ordonné l'aliénation de la maifon : je dois feulement en ce cas être déchargé des loyers pour ce qui reftoit à expirer du temps du Bail depuis que j'ai été obligé de fortir de la maifon.

5°. Le bailleur eft garant non-feulement des évictions qui privent entièrement le preneur de la jouiffance de l'héritage ; il l'eft encore des troubles qui tendent feulement à gêner ou diminuer cette jouiffance, tel que celui que le preneur fouffre de la part d'un tiers qui prétend quelque droit de fervitude fur l'héritage ; & il faut faire à l'égard de la garantie de ces troubles, les mêmes diftinctions qui ont été faites dans les règles précédentes à l'égard de la garantie des évictions.

6°. Il y a lieu à la garantie, foit que le trouble ait été fait au preneur lui-même, foit qu'il ait été fait à fes fous locataires.

Par l'action de garantie qui dérive de l'action

ex conducto, le preneur qui a fouffert éviction ou diminution de la jouiffance de la chofe qui lui a été louée, conclut contre le bailleur à ce qu'il foit condamné envers lui aux dommages & intérêts qu'il fouffre de cette éviction ou diminution de jouiffance.

Cette action a lieu contre le bailleur, fes héritiers ou autres fucceffeurs univerfels, & contre ceux qui ont accédé à fon obligation, foit comme cautions, foit en paffant Bail conjointement avec lui.

Mais cette même action ne peut être dirigée contre ceux qui ne font intervenus au Bail que pour y donner leur confentement. Ceux-ci s'obligent feulement par ce confentement à n'apporter de leur part aucun empêchement au Bail, & non à garantir le locataire ou fermier du trouble qui pourroit lui être occafionné par d'autres perfonnes. En cela ils font femblables à ceux qui donnent leur confentement à un contrat de vente. Par ce confentement, ces derniers ne fe rendent pas garans de la vente ; ils s'obligent feulement à n'y apporter aucun empêchement.

Cette action de garantie *ex conducto* diffère de l'action de garantie *ex empto*, en ce que celle-ci eft ouverte auffi-tôt que l'acheteur eft affigné pour délaiffer ; au lieu que l'action *ex conducto* n'eft ouverte que lorfque le preneur a été contraint de quitter la jouiffance, ou que fa jouiffance a fouffert quelqu'atteinte. Cette différence réfulte de celle qu'il y a entre un acheteur & un locataire ou fermier.

Un acheteur acquiert par la tradition de la chofe vendue, la poffeffion de cette chofe &

tous les droits du vendeur : c'eſt contre lui,
comme étant véritable poſſeſſeur de cette choſe,
que doivent être dirigées tant l'action de révendication d'un tiers qui s'en prétend le propriétaire, que les autres actions de tous ceux qui
y prétendent quelque droit ; c'eſt lui qui a la
qualité pour y défendre, & il peut le faire ou
par lui-même ou par le vendeur ſon garant,
qui par l'obligation de garantie qu'il a contractée
envers lui, eſt cenſé s'être obligé de prendre ſa
défenſe ſur ces actions toutes les fois qu'on en
intenteroit quelqu'une contre lui. C'eſt pourquoi
l'action de garantie *ex empto* qui naît de cette
obligation de garantie eſt ouverte auſſitôt que
l'acheteur eſt aſſigné par un tiers, & cet acheteur peut dès-lors ſommer en garantie le vendeur pour qu'il ſoit tenu de prendre ſa défenſe.

Au contraire, un locataire ou fermier par la
tradition qui lui eſt faite de la choſe qui lui a été
louée, n'en acquiert pas promptement la poſſeſſion ; il n'a que la ſimple faculté d'en jouir :
c'eſt le bailleur de qui il la tient à loyer ou à
ferme qui poſſède. Le fermier ou locataire eſt
un ſimple détenteur de la choſe pour celui de
qui il tient à loyer ou à ferme plutôt qu'il n'en
eſt poſſeſſeur. C'eſt pourquoi ce n'eſt pas contre
un fermier ou locataire que s'intentent les actions des tiers qui prétendent un droit de propriété ou quelqu'autre droit dans l'héritage
donné à ferme ou à loyer ; elles doivent être
intentées contre le bailleur de qui il tient l'héritage à loyer ou à ferme & qui en eſt le vrai poſſeſſeur : ainſi, lorſque le locataire ou fermier
eſt aſſigné par un tiers en vertu de quelqu'une
de ces actions, il n'eſt pas obligé de défendre

par lui-même ni par un autre ; il n'a pas même
qualité pour le faire ; il n'est obligé à autre
chose qu'à indiquer au demandeur la personne
de qui il tient l'héritage à loyer ou à ferme ; &
sur cette indication, il doit être renvoyé de la
demande , sauf au demandeur à se pourvoir
contre cette personne. Delà il suit que l'action
de garantie *ex conducto* n'est pas ouverte contre
le bailleur par l'assignation qui a été donnée au
fermier ou locataire de la part d'un tiers aux
fins de délaisser l'héritage qu'il tient à loyer ou
à ferme ; car le fermier ou locataire n'étant pas
obligé, comme nous venons de le dire , à défendre sur cette action & n'ayant pas même
qualité pour le faire, le bailleur ne peut pas être
obligé à prendre sa défense. Il n'y aura lieu à
cette action de garantie que lorsque sur la condamnation intervenue contre le bailleur ou sur
l'acquiescement donné par le même bailleur à
la demande du tiers , le locataire ou fermier
aura été contraint de quitter la jouissance de
l'héritage qu'il tenoit à ferme ou d'y souffrir
l'exercice du droit de servitude prétendu par le
demandeur.

Ce n'est que de ce jour, ou tout au plus du
jour de la sommation de vider les lieux, faite
au fermier ou locataire par ce tiers en conséquence de l'acquiescement du bailleur ou de
la sentence de condamnation intervenue contre lui, que naît l'action *ex conducto* qu'a le
fermier ou locataire pour que le bailleur soit
tenu de le faire jouir, & que faute par lui de le
pouvoir faire, le même locataire ou fermier
soit déchargé de la ferme pour le restant du
temps du Bail ; & le bailleur condamné envers

lui aux dommages & intérêts réfultans de l'ine-xécution du Bail.

Cette action de garantie contre le bailleur en cas d'éviction, a deux objets ou deux chefs ; 1°. la décharge du loyer ou des fermages pour le temps reſtant à courir du Bail depuis l'évic-tion ; 2°. les dommages & intérêts que le loca-taire ou fermier a ſoufferts de cette éviction.

Ces dommages & intérêts ſe règlent comme nous avons dit que ſe régloient ceux qui ſont dus par le bailleur à défaut de tradition ; ils doivent ſouvent être plus conſidérables ; les frais de logement y entrent. Les impenſes ex-traordinaires faites ſur l'héritage lorſqu'elles ne ſont pas de nature à pouvoir s'enlever & que le fermier n'en a pas été dédommagé par l'abon-dance des fruits qu'il a perçus, doivent auſſi entrer dans les dommages & intérêts & lui être reſtituées juſqu'à concurrence du profit qu'il en eut vraiſemblablement retiré pendant le temps qui reſtoit du Bail.

Lorſque l'éviction que le fermier a ſoufferte eſt d'une certaine partie des héritages dépendans de la métairie donnée à ferme, comme d'un arpent de bois ou de vignes, &c. pour remplir le premier objet de l'action *ex conducto* qui eſt la décharge de la ferme pour le reſtant du temps du Bail, il faut conſidérer non la ſomme pour laquelle l'arpent de bois ou de vignes, eu égard à ſa valeur préſente, pourroit être aujourd'hui affermé, mais la ſomme pour laquelle il a été effectivement affermé, & pour laquelle il eſt entré dans le prix du total de la ferme lors du Bail ; ce qui ſe fait par une évaluation de cette partie & des autres parties de la métairie, eu égard, non au temps de l'éviction, mais à l'état auquel elles étoient & à la valeur respective qu'elles avoient au temps du Bail.

Si la valeur de la jouissance de la partie distraite du Bail est augmentée depuis le Bail, cette augmentation n'entre pas à la vérité dans le premier objet de l'action *ex conducto*, qui tend seulement à la décharge de la ferme, mais elle est comprise dans le second chef de cette action qui renferme les dommages & intérêts résultans de l'éviction ; car ils comprennent tout le gain dont l'éviction a privé le preneur. Cette ventilation doit se faire aux frais du bailleur.

Lorsque le locataire d'une maison l'a sous-baillée à un tiers pour une somme moindre que celle pour laquelle il l'avoit louée ; pour 400 livres, par exemple, tandis qu'il l'a louée 600 livres, il doit en cas d'éviction soufferte par le sous-locataire, obtenir par le premier chef de l'action *ex conducto*, la décharge pour le restant du Bail, non pas seulement des 400 livres, mais de la somme entière de 600 livres pour laquelle la maison lui avoit été louée ; car ne jouissant plus ni par lui ni par son sous-locataire, il ne peut plus devoir de loyer. Si au contraire le locataire de la maison l'avoit sous-baillée pour 600 livres, quoiqu'il ne l'eût louée lui-même que 400, le profit de 200 livres par an qu'auroit eu le locataire pendant le restant du Bail, doit entrer dans les dommages & intérêts qui sont dus à ce premier locataire par le second chef de l'action *ex conducto*.

Si l'obligation de garantie donne au preneur une action contre le bailleur, ses héritiers ou

autres fuccefleurs univerfels, c'eft une conféquence qu'elle lui donne auffi une exception
contre les actions de ces perfonnes qui tendroient
à l'empêcher de jouir.

Par exemple : vous m'avez affermé une métairie dont par erreur vous croyiez avoir la
pleine propriété, quoique la proprieté ou du
moins l'ufufruit appartint à Pierre. Pierre qui
depuis le Bail que vous m'avez fait eft devenu
votre héritier, demande que je lui abandonne la
jouiflance de cette métairie. En qualité de propriétaire ou d'ufufruitier, il a le droit de fon
chef de former cette demande : mais il eft en
même-temps héritier de mon bailleur, & en
cette qualité non recevable dans cette demande,
comme étant tenu envers moi de la garantie ;
cette fin de non-recevoir que j'ai à lui oppofer,
eft ce que l'on appelle une *exception de garantie* qui
l'exclut de fa demande. Il faut décider la même
chofe, fi Pierre, au-lieu d'avoir un droit de
propriété fur la métairie que l'on m'a affermée,
avoit un droit de fervitude dont je n'ai pas été
chargé par le Bail & qu'il foit devenu l'héritier
de mon bailleur : s'il réclame contre moi le
droit de fervitude qui lui appartient, je lui op-
poferai l'exception de garantie dont il eft tenu
envers moi comme héritier de mon bailleur.

Suppofé que l'héritage que vous m'avez
donné à ferme fût grevé de fubftitution au profit
de Pierre ; fi Pierre devenu propriétaire de
l'héritage par l'ouverture de la fubftitution vouloit m'expulfer & qu'il fût votre héritier,
ferois-je fondé à lui oppofer l'exception de garantie ? La raifon de douter eft qu'en cas de
vente, fuivant l'article 32 du titre 2 de l'or-

donnance des fubftitutions , un fubftitué , quoiqu'héritier du vendeur , ne peut être exclus de
la révendication par l'exception de garantie. Il
faut néanmoins décider que je fuis fondé à oppofer cette exception : la difpofition de l'ordonnance eft un droit nouveau établi dans le
cas du contrat de vente ; ce qui ne doit pas être
étendu au contrat de louage , parce qu'il n'y a
pas les mêmes raifons. Celle qu'a eue l'ordonnance a été de conferver l'héritage à la famille
& d'affurer la volonté de l'auteur de la fubftitution , qui ne l'a faite que pour le lui conferver ;
mais cette raifon ceffe dans le contrat de louage , puifque l'héritage eft confervé à la famille ,
quoique le fubftitué , comme héritier du bailleur , foit tenu d'entretenir le Bail à ferme qui
en a été fait ; on peut imputer à un acheteur
de n'avoir pas confulté les régiftres des fubftitutions pour s'informer fi l'héritage n'en étoit
pas grévé ; mais il feroit ridicule de vouloir
qu'un laboureur avant de prendre à ferme une
métairie , allât confulter les régiftres des infinuations.

Pour qu'il y ait lieu à cette exception de
garantie , il faut que celui à qui je l'oppofe foit
héritier pur & fimple de mon bailleur ; elle
n'auroit pas lieu contre celui qui ne feroit héritier que fous bénéfice d'inventaire : car l'effet
du bénéfice d'inventaire étant que l'héritier ne
foit pas tenu fur fes propres biens des obligations du défunt , l'obligation de garantie que
celui-ci a contractée envers moi , ne peut empêcher l'autre d'exercer contre moi les droits
qu'il a de fon chef , fauf à moi après qu'il les
aura exercés , à le faire condamner en fa qualité

d'héritier bénéficiaire du bailleur, aux dommages & intérêts que je puis prétendre.

Lorsque le propriétaire ou usufruitier n'est héritier de mon bailleur que pour partie, pour un quart, par exemple ; comme il n'est tenu en ce cas de l'obligation de garantie, de même que des autres dettes du défunt, que proportionnément à la part pour laquelle il est héritier, je ne puis lui opposer l'exception de garantie que pour cette part. Ainsi lorsque ce propriétaire ou usufruitier aura fait juger que la propriété, ou du moins l'usufruit lui appartient de son chef ; sur la sommation qu'il me fera en conséquence de lui délaisser la jouissance de l'héritage, je ne pourrai par l'exception de garantie retenir que la quatrième partie de la jouissance de l'héritage, sauf à moi à agir par l'action *ex conducto* contre les cohéritiers pour l'éviction que je souffre du surplus.

Observez néanmoins que dans ce cas il doit être à mon choix de délaisser la jouissance du total & d'intenter l'action *ex conducto* contre celui qui m'a évincé, aussi-bien que contre ses cohéritiers, aux fins de les faire condamner chacun pour leur part à mes dommages & intérêts. Le propriétaire ne seroit pas reçu pour éviter cette condamnation, à dire que comme héritier, il n'est tenu que pour un quart de l'obligation de me faire jouir, & qu'il consent que je retienne la jouissance de l'héritage pour ce quart. La raison en est que je n'ai pris l'héritage à ferme que pour jouir du total & que je n'eusse pas voulu le prendre pour n'en jouir qu'en partie.

A l'égard de celui qui a un droit de servitude

sur l'héritage qui m'a été donné à ferme, quoiqu'il ne soit devenu héritier que pour partie de mon bailleur, je puis contre sa demande pour exercer son droit de servitude, lui opposer l'exception de garantie pour le total, & le faire en conséquence déclarer non recevable. La raison en est que les droits de servitude étant quelque chose d'indivisible, l'obligation de garantie que mon bailleur a contractée envers moi est, quant au chef de me garantir des droits de servitude dont il ne m'a pas chargé, une obligation indivisible, à laquelle par conséquent chacun de ses héritiers succède pour le total. D'où il suit que je peux, par l'exception de garantie, exclure pour le total cet héritier de sa demande, sauf à lui à se faire faire raison par ses cohéritiers, de ce qu'il a seul à ses dépens par la privation de son droit de servitude, acquitté ce chef de l'obligation du défunt dont ils étoient tous tenus. C'est pourquoi il faut estimer ce que vaut l'usage de son droit de servitude pendant le temps qu'il doit en être privé, & chacun de ses cohéritiers doit à proportion de sa part héréditaire, l'indemniser de la somme à laquelle aura éte portée l'estimation.

Les successeurs à titre universel du bailleur, tel qu'un donataire ou légataire universel, ou un seigneur confiscataire, &c. étant tenus des dettes & obligations du défunt, on peut aussi leur opposer l'exception de garantie, de même qu'à un héritier; avec cette différence néanmoins, que l'héritier étant tenu indéfiniment des dettes du défunt, ne peut se défendre en quelque manière que ce soit de l'exception de garantie; au lieu qu'un légataire universel ou
un

un autre semblable succeseur, n'étant tenu des dettes du défunt que jusqu'à concurrence des biens auxquels il succède, il peut se défendre de l'exception de garantie qui lui est opposée par le fermier ou locataire & user contre lui des droits qu'il a de son chef, en offrant de lui rendre compte des biens du défunt & de lui abandonner ce qui en reste pour les dommages & intérêts résultans de l'obligation de garantie contractée par le défunt envers lui.

Le fermier d'un héritage ne peut opposer l'exception de garantie au nouveau propriétaire qui l'a acquis à titre singulier du bailleur, si celui-ci ne l'a pas chargé de l'entretien du bail ; car n'étant acquéreur qu'à titre singulier, il n'a pas succédé à l'obligation que le bailleur a contractée envers le preneur. C'est une disposition du droit Romain.

L'exception de garantie ne peut être opposée qu'à ceux qui sont tenus personnellement de l'obligation de garantie ; on ne peut l'opposer à celui qui seroit seulement posseseur de quelqu'héritage hypothéqué à cette garantie, sauf au fermier ou locataire qui aura été obligé de lui abandonner la jouissance de l'héritage ou de souffrir l'exercice de son droit de servitude, à intenter contre lui l'action hypothécaire pour les dommages & intérêts qui lui sont dus.

L'exception de garantie ne peut pas être opposée à celui qui a simplement consenti au Bail, parce que ce consentement ne l'a pas rendu proprement garant du Bail ; mais comme en consentant au Bail, il s'est obligé à n'y apporter aucun empêchement, s'il intentoit quelqu'action contre le fermier par laquelle il le troublât dans fa jouiffance, ce fermier pourroit le faire déclarer non recevable en fa demande, non par l'exception de garantie, mais par l'exception *paƈti aut doli.*

Cette exception peut lui être oppofée, quand même fon aƈtion feroit fondée fur un droit auquel il auroit depuis fuccédé à un tiers; car quoiqu'il n'eût pas été obligé de défendre de cette aƈtion le locataire ou fermier, fi elle eût été intentée par ce tiers, il ne peut pas l'intenter lui-même, parce que fon confentement au Bail l'a obligé indéfinement à n'apporter au locataire ou fermier aucun trouble de fa part, foit en vertu des droits qu'il avoit lors du contrat, foit en vertu de ceux qu'il pourroit avoir par la fuite. Si le tiers avoit formé la demande de fon vivant, le confentement donné au Bail par celui qui feroit aux droits de ce tiers, le rendroit-il non recevable à reprendre l'inftance? M. Pothier penfe qu'il ne pourroit la reprendre que pour faire condamner le locataire ou fermier aux dépens, fi la demande étoit bien fondée; mais qu'il ne feroit pas recevable à fuivre la demande au principal.

Obfervez à l'égard de l'héritier de celui qui a donné un fimple confentement au Bail, que fa qualité d'héritier l'exclut bien d'exercer les aƈtions que le défunt s'étoit interdit d'exercer par fon confentement au Bail, mais qu'elle ne l'exclut pas des aƈtions qu'il a de fon chef pour évincer le locataire ou le fermier : la raifon en eft que le défunt n'ayant pas contraƈté l'obligation d'en défendre le locataire ou fermier, fon héritier ne fuccède à aucune obligation qui puiffe l'en exclure.

Si comme notaire j'ai passé un Bail par lequel le bailleur donnoit à ferme un héritage que je savois m'appartenir au moins pour la jouissance, & que depuis j'aie intenté action contre le fermier pour l'expulser, le fermier est bien fondé à m'y prétendre non recevable par l'exception de dol, ma réticence étant un dol qui l'a induit en erreur : il en seroit autrement si je faisois voir que la connoissance de mon droit ne m'est survenue que depuis le Bail passé, & à plus forte raison si je n'avois acquis le droit que postérieurement à ce Bail.

L'obligation que le bailleur contracte envers le preneur de le faire jouir de la chose qui lui est louée renferme celle d'entretenir la chose de manière qu'il en puisse jouir.

Par exemple, le bailleur d'une maison est censé s'obliger à toutes les réparations nécessaires pour que toutes les pièces dont elle est composée puissent servir convenablement selon la qualité de la maison, soit que ces réparations aient été à faire dès le temps du contrat, soit qu'elles surviennent durant le cours du Bail.

Il doit sur-tout tenir son locataire clos & couvert, & par conséquent faire aux couvertures les réparations nécessaires pour empêcher qu'il ne pleuve dans les appartemens ; & mettre les portes & les fenêtres en tel état que le locataire & ses effets puissent être en sûreté dans la maison louée.

Pareillement le bailleur d'une métairie doit faire aux bâtimens de la métairie toutes les réparations nécessaires pour tenir le fermier clos & couvert, & pour que ses bestiaux & ses grains soient en sûreté.

Cette obligation se contracte dans le louage des choses mobiliaires comme dans les Baux des maisons & des métairies. Par exemple, si j'ai donné à loyer pendant le temps d'un certain nombre d'années à un ouvrier un métier pour faire des bas, je suis obligé d'entretenir ce métier pendant tout le temps du Bail en tel état que l'ouvrier puisse s'en servir, & je dois y faire les réparations nécessaires tant celles qui étoient à faire lors du contrat que celles qui ont pu survenir depuis, pourvu que ce ne soit pas la faute de l'ouvrier qui y ait donné lieu.

Il y a néanmoins certaines légères réparations d'entretien de la chose louée auxquelles l'usage a assujetti les locataires. Par exemple, il est d'usage que les locataires des maisons soient chargés de certaines réparations qu'on appelle locatives ; & le fondement de cet usage est que c'est ordinairement la faute des locataires & des personnes de leur famille qui y donne lieu.

Pareillement lorsqu'un loueur de chevaux a loué un cheval à quelqu'un pour un certain temps, & l'a laissé à la garde du locataire, c'est le locataire qui doit l'entretenir de fers. Il en est autrement lorsqu'un loueur de chaises & de chevaux me loue une chaise & des chevaux avec lesquels il me fait conduire dans mon voyage par ses préposés ; c'est en ce cas à celui qui m'a loué les chevaux à les entretenir de fers.

De cette obligation du bailleur naît une action que le locataire a contre lui pour le faire condamner à faire les réparations. Cette action est une branche de l'action *ex conducto*. Lorsque le bailleur assigné sur cette action ne convient pas des réparations demandées par le locataire, le juge ordonne la visite pour les constater ; lorsqu'elles ont été constatées le bailleur doit être condamné à les faire faire dans un certain temps que le juge doit fixer : & par la même sentence le juge doit ordonner que faute par le bailleur d'y satisfaire dans le temps préfix, le locataire sera autorisé à les faire faire aux frais du bailleur.

Si par le retard apporté par le bailleur à faire les réparations depuis qu'il a été mis en demeure le locataire a souffert quelque dommage, le locataire peut aussi par cette action faire condamner le bailleur à des dommages & intérêts.

Le locataire peut encore quelquefois demander par la même action la résolution du Bail ce qui doit lui être accordé selon les circonstances : comme lorsque ces réparations sont très-considérables & l'empêchent de jouir de la chose louée, que le bailleur ne se prépare pas à les faire & que le locataire n'est pas en état de les avancer.

Le bailleur doit garantir des vices de la chose louée lorsqu'ils en empêchent entièrement l'usage ; mais il n'est pas obligé à la garantie de ceux qui en rendent seulement l'usage moins commode.

. Par exemple, si dans la prairie que vous m'avez louée pour y faire paître mes bœufs ou mes moutons, il y croît de mauvaises herbes qui empoisonnent & font mourir les bestiaux qui y paissent, ce vice empêche entièrement l'usage de cette prairie, & vous êtes par conséquent obligé envers moi à la garantie.

Pareillement si vous m'avez loué des vaisseaux pour y mettre mon vin à la vendange & que ces vaisseaux soient faits d'un bois poreux qni ne puiſſe contenir le vin qu'on y met, c'eſt un vice qui en empêche entièrement l'uſage & que vous êtes auſſi tenu de me garantir.

Si vous m'avez loué un cheval pour faire un voyage & qu'il ait quelque vice qui le rende hors d'état de le faire, c'eſt un vice que vous devez garantir.

Mais s'il a quelque vice léger comme s'il eſt peureux, s'il eſt un peu rétif, s'il n'a pas les jambes bien ſûres & qu'il bute quelquefois, ces vices étant des vices qui en rendent ſeulement l'uſage moins commode, ſans empêcher abſolument qu'on puiſſe s'en ſervir, puiſqu'on fait tous les jours de longs voyages avec des chevaux peureux, rétifs & ſujets à buter, vous n'êtes pas obligé à me garantir de tels vices.

Le bailleur eſt garant des vices dont il n'avoit pas de connoiſſance auſſi-bien que de ceux qu'il connoiſſoit, lorſqu'ils empêchent la jouiſſance ou l'uſage de la choſe.

Il eſt obligé de garantir les vices qui empêchent l'uſage de la choſe, non ſeulement lorſqu'ils exiſtoient dès le temps du contrat de louage, mais même lorſqu'ils ne ſont ſurvenus que depuis. En cela le bailleur diffère d'un vendeur ; car dans le contrat de vente le vendeur n'eſt garant que des vices qui exiſtoient au temps du contrat. La raiſon de la différence eſt qu'auſſi-tôt que le contrat de vente eſt parfait par le conſentement des parties, la choſe vendue ceſſe d'être aux riſques du vendeur ; elle devient aux riſques de l'acheteur : au lieu que dans le contrat de louage la choſe louée eſt toujours aux riſques du bailleur. Une autre raiſon de différence eſt que dans le contrat de vente c'eſt la choſe même que l'on a vendue qui eſt l'objet & le ſujet du contrat. Il ſuffit que cette choſe ait exiſté quoiqu'elle ait péri depuis, pour que le contrat de vente ait eu un ſujet & pour que l'obligation que l'acheteur a contractée d'en payer le prix ſubſiſte. Au contraire dans le contrat de louage ce n'eſt pas proprement la choſe louée c'eſt plutôt la jouiſſance de cette choſe continuée pendant tout le temps que doit durer le Bail qui fait l'objet & le ſujet du contrat de louage ; c'eſt pourquoi lorſque le preneur ceſſe de pouvoir avoir cette jouiſſance le ſujet du contrat de louage manque , & le preneur ne peut être obligé à payer le prix d'une jouiſſance qu'il n'a pas.

Il peut y avoir des vices ſurvenus depuis le Bail dont le bailleur ſoit garant , quoiqu'il ne l'eût pas été s'ils euſſent exiſté dès le temps du contrat.

Par exemple , ſi j'ai donné à loyer une maiſon à un ouvrier qui a beſoin d'un très-grand jour pour exercer ſon art , & que depuis le Bail le propriétaire de la maiſon qui eſt vis-à-vis l'ait tellement exhauſſée qu'il ait ôté tout le jour de ma maiſon, je ſuis garant de ce défaut de jour & le locataire eſt en droit de me demander la décharge du Bail , puiſque cette obſcurité l'empêche de jouir de cette maiſon qu'il n'a priſe que pour exercer ſon art ; mais ſi ce vice eût exiſté dès le temps du contrat, je n'en ſerois pas garant ; car le locataire l'auroit connu ou dû connoître.

Le bailleur n'eſt pas pas garant des vices qu'il a exceptés de la garantie par une clauſe expreſſe du contrat. Par exemple , quoique le vice de cécité qui furvient à un cheval foit un vice dont le bailleur doive être garant lorfque le cheval a été loué à un particulier qui le louoit pour le monter, puifque ce vice empêche qu'il ne puiffe s'en fervir pour l'ufage auquel il l'avoit deftiné, cependant fi par une claufe expreffe du marché il a été dit que le bailleur n'entendoit pas être garant de la cécité qui pourroit furvenir au cheval, il n'en fera pas garant, & le locataire ne pourra demander la réfolution du marché, fauf à lui à employer le cheval pendant le temps du Bail aux ufages auxquels un cheval aveugle peut fervir. Au refte pour qu'il en foit anfi il faut que la claufe d'exception ait été mife de bonne foi ; car fi le cheval étoit déja aveugle ou avoit une tendance prochaine à le devenir, & que le bailleur eut diffimulé ce qu'il en favoit au locataire qui ne s'y connoiffoit pas, la réfolution du marché auroit lieu à caufe du dol du bailleur nonobftant la claufe du marché.

Le bailleur eft garant non-feulement des vices qui fe trouvent dans la chofe qui a été louée, mais même de ceux qui fe trouvent dans les chofes acceffoires, lorfqu'elles empêchent la jouiffance de la chofe louée.

- L'action qui dérive de la garantie des vices de la chofe louée a pour objet principal la réfolution du contrat de louage & la décharge des loyers de la chofe dont le vice empêche que le locataire ou fermier ne puiffe faire l'ufage qu'il avoit en vue lorfqu'il l'a prife à loyer ou à ferme.

Le locataire pour obtenir fes fins doit offrir au bailleur de lui rendre la chofe. C'eft pourquoi cette action eſt une eſpèce d'action rédhibitoire & eſt analogue à celle qu'a un acheteur contre ſon vendeur pour les vices de la choſe vendue.

Quelquefois cette action a un ſecond chef qui tend à ce que le bailleur ſoit condamné aux dommages & intérêts que le preneur a ſoufferts de la choſe louée.

Il n'y a pas lieu à ces dommages & intérêts pour les vices qui ne ſont ſurvenus que depuis le contrat.

A l'égard de ceux qui exiſtoient dès le temps du contrat il y a des diſtinctions à faire.

Lorſque le bailleur avoit connoiſſance du vice c'eſt une mauvaiſe foi & un dol de ſa part de l'avoir diſſimulé ; & ce dol l'oblige aux dommages & intérêts du preneur.

Quoique le bailleur n'eût pas une connoiſſance poſitive du vice de la choſe, s'il avoit un juſte ſujet de le ſoupçonner & qu'il l'eut diſſimulé, il doit pareillement être tenu des dommages & intérêts du preneur. Par exemple, ſi vous m'avez loué pour un certain tems une couple de bœufs que vous aviez achetés dans un lieu où régnoit une contagion ſur les bêtes à cornes; quoiqu'au temps du contrat de louage intervenu entre nous vous n'euſſiez pas encore une connoiſſance poſitive qu'ils étoient infectés de la contagion parce qu'elle ne s'étoit pas déclarée ; cependant comme vous m'avez diſſimulé qu'ils venoient du lieu où elle régnoit, ce qui formoit un juſte ſujet de ſoupçonner ces animaux infectés, vous devez être tenu de toute la perte que j'ai ſoufferte par la contagion qu'ils ont communiquée à mes autres beſtiaux.

Lorſque le bailleur devoit par ſa profeſſion être informé du vice de la choſe louée, il eſt tenu des dommages & intérêts du preneur ſans qu'il ſoit beſoin de rechercher ſi effectivement il en a eu connoiſſance ou non. Par exemple, ſi j'ai loué d'un tonnelier des vaiſſeaux pour mettre mon vin à la vendange & que ces vaiſſeaux fuſſent faits d'un bois gâté, ce tonnelier doit me dédommager de toute la perte que le vice de ces vaiſſeaux m'a cauſée, & il ne ſeroit pas écouté à dire qu'il ne connoiſſoit pas ce vice; car ſa profeſſion l'obligeoit à connoître la qualité du bois qu'il employoit, & à n'en employer que d'une bonne qualité; ou ſi ce n'étoit pas un tonnelier mais un marchand, ſa profeſſion de marchand l'obligeoit de ſe connoître aux marchandiſes dont il faiſoit commerce; c'eſt une faute que de ſe mêler de ce qu'on n'entend pas.

Hors ces cas le bailleur qui n'a connu ni dû connoître le vice de la choſe qu'il a louée n'eſt pas tenu de dédommager le preneur de la perte qu'il a ſoufferte de ce vice, & il n'eſt tenu qu'à reprendre la choſe louée & à le décharger du loyer.

Par exemple, ſi quelqu'un m'a loué des pâturages où étoient crues de mauvaiſes herbes qui n'avoient pas coutume de croître & qui ont fait mourir mes beſtiaux; le bailleur qui n'en avoit pas de connoiſſance ne ſera pas tenu de me dédommager de la perte que j'ai faite, il devra ſeulement me décharger du loyer.

Des engagemens du preneur envers le bailleur. Le principal engagement du preneur eſt l'obligation de payer au bailleur le prix convenu pour l'uſage de la choſe. Ce prix s'appelle communément *loyer*

Et on lui donne auſſi le nom *de fermage* lorſque la choſe louée eſt un héritage de campagne.

On convient quelquefois d'une ſeule ſomme pour tout le temps du louage, & en ce cas cette ſomme doit être payée à l'expiration de ce tems.

Par exemple, ſi j'ai pris à loyer un cheval pour me ſervir pendant le temps de la moiſſon moyennant une ſomme de quarante livres; cette ſomme doit être payée en une fois auſſi-tôt que la moiſſon ſera finie.

Quelquefois le loyer eſt diſtribué en pluſieurs ſommes, ou par chaque année, ou par chaque demi-année, ou par chaque quartier, ou par chaque mois, ou par chaque ſemaine, ou par chaque jour; en ces cas chacune de ces ſommes doit être payée auſſi-tôt après l'expiration de chaque année, de chaque demi-année, &c.

Lorſqu'une métairie eſt louée pour une certaine ſomme de fermage par année, le fermage étant le prix de la récolte, il eſt proprement dû auſſi-tôt que la récolte eſt faite, cependant il n'eſt pas auſſi-tôt exigible; il faut donner le temps au fermier de battre ſes grains & de faire de l'argent. Si le jour auquel le fermier doit payer le fermage eſt exprimé par le Bail nulle difficulté en ce cas; il eſt exigible auſſi-tôt que le jour exprimé eſt révolu: ſi l'on n'a exprimé aucun terme pour le payement, ce ſera au terme auquel il eſt d'uſage dans le pays de payer les fermages: car quand on ne s'eſt pas expliqué, on eſt cenſé s'être conformé à l'uſage du pays.

Dans l'Orléanois lorſqu'il n'y a pas de terme déſigné, l'uſage eſt que les fermes des métairies ſe paient par année à la Touſſaints; & les loyers de maiſon par terme de ſix mois chacun, à

Noël & à la Saint Jean-Baptiste. Dans plusieurs provinces les loyers des maisons se payent en quatre termes de trois mois chacun. Cela est ainsi réglé par différentes coutumes telles que celles de Melun, de Sens, de Dourdan, de Valois, &c.

Quand le lieu du payement est exprimé, c'est là qu'il doit être fait.

Lorsque les parties ne s'en sont pas expliquées, le payement des loyers & des fermages doit se faire au domicile du preneur qui en est le débiteur ; cependant lorsque le bailleur d'une métairie demeure dans un lieu qui n'en est pas bien éloigné, & où le fermier va souvent pour ses affaires, & que le fermage consiste en une somme d'argent, le fermier doit à son maître cette déférence d'aller le payer chez lui.

Mais si le fermage est en grains ou autres espèces, le fermier lorsque les parties ne s'en sont pas expliquées n'est pas obligé de les voiturer.

Quoiqu'il ait été stipulé par le Bail que les fermages seront livrés au bailleur en sa maison; si depuis le contrat il va établir sa demeure dans un lieu plus éloigné du fermier, le fermier n'est point obligé de lui voiturer les fermages en sa nouvelle demeure ; car la condition du fermier qui n'a compté s'obliger qu'à voiturer ces fermages au lieu où demeuroit pour lors le bailleur ne doit pas devenir plus dure par cette translation de domicile qui n'a pas été prévue. C'est le cas de cette règle de droit, *nemo alieno facto prægravari debet.*

Le bailleur doit donc en ce cas indiquer à son fermier dans le lieu de son ancienne demeure ane perſonne à qui il puiſſe livrer ſes fermages.

Si le lieu de la nouvelle demeure du bailleur n'étoit éloigné que de quelques lieues de plus, il feroit aſſez équitable d'obliger le fermier à y voiturer les fermages, & alors le bailleur lui tiendroit compte du prix de la voiture pour ce qu'il y auroit de plus de chemin à faire.

Lorſque le preneur eſt en retard de payer ſes fermages, l'intérêt de la ſomme à laquelle ils montent doit être adjugé au bailleur à compter du jour de la demande judiciaire qu'il a faite des fermages. Cela eſt conforme à un acte de noto-riété du châtelet de Paris du 18 avril 1705.

Il y a différens cas où le preneur peut obtenir la remiſe des loyers en tout ou en partie. Voici les principes généraux que M. Pothier établit à cet égard.

1°. Le preneur ou locataire doit avoir la re-miſe du loyer pour le tout, lors que le bailleur n'a pu lui procurer la jouiſſance ou l'uſage de la choſe louée.

La raiſon de ce principe eſt que le contrat de louage s'analyſe en une eſpèce de contrat de vente des fruits futurs, ou de l'uſage futur de la choſe louée, dont le loyer eſt le prix : or de même que la vente des fruits futurs n'eſt vala-ble, & que le prix n'en eſt dû qu'autant que ces fruits naîtront & feront par leur exiſtence la matière du contrat ; on doit pareillement déci-der qu'il ne peut être dû de loyer, lorſque le preneur n'a pu avoir aucune jouiſſance ni uſage dont ce loyer ſoit le prix.

2°. Le preneur ou locataire que le bailleur n'a pu faire jouir pendant une partie du temps du

Bail doit avoir la remife du loyer pour le temps pendant lequel il n'a pu jouir.

La raifon en eft que chaque partie du loyer eft le prix de la jouiffance de chaque partie du temps que devoit durer le Bail : il ne peut donc être dû de loyer pour la partie du temps durant laquelle le preneur n'a eu ni pu avoir cette jouiffance.

3°. Le preneur ou locataire que le bailleur n'a pu faire jouir de quelque partie de la chofe qui lui a été louée doit avoir la remife du loyer pour cette partie pendant le temps qu'il n'en a pu avoir la jouiffance.

Ce principe qui eft une fuite des précédens peut néanmoins fouffrir quelque limitation , comme on le verra ci après.

4°. Le preneur ne peut demander remife du loyer, lorfque l'empêchement eft venu de fa part.

Il fuffit en ce cas qu'il y ait une jouiffance ou ufage poffible de la chofe qu'il n'a tenu qu'au preneur d'avoir ou par lui ou par d'autres, pour que le loyer en foit dû.

5°. Le loyer n'eft dû que pour la jouiffance que le preneur a eue en vertu du Bail.

Suivant ce principe, fi le preneur pendant le cours du Bail a acquis la pleine propriété, ou du moins l'ufufruit de la chofe louée, il doit être déchargé du loyer pour le temps qui reftera à courir du Bail depuis fon acquifition parce qu'il ne jouit plus en vertu du Bail , mais de fon chef.

6°. Lorfque le preneur n'a pas été privé abfolument de la jouiffance de la chofe , mais que par un accident imprévu, fa jouiffance a fouffert une altération & une diminution très-confidérable , il peut demander qu'on lui diminue le loyer proportionnément à ce qu'il a souffert dans sa jouissance.

Voici maintenant l'application de ces principes tant aux Baux des maisons & métairies, qu'au louage des services des ouvriers & serviteurs ou domestiques.

A l'égard des maisons , lorsqu'au jour où le locataire doit entrer en jouissance le bailleur est en demeure de remettre les clefs, le locataire n'est tenu de payer les loyers qu'à compter du jour qu'il aura commencé de jouir.

Il en seroit de même si nonobstant la remise des clefs la maison se trouvoit inhabitable par le mauvais état dans laquel elle seroit quoique ce fût sans la faute du bailleur : le preneur en ce cas peut refuser les clefs; & s'il est justifié que la maison soit inhabitable , il ne devra le loyer qu'à compter du jour qu'elle aura été rendue habitable & qu'on lui aura fait de nouvelles offres de lui en remettre les clefs.

Le preneur peut même se faire décharger du Bail en entier , parce qu'il n'est pas obligé de rester sans maison, jusqu'à ce que les réparations soient faites.

On permet néanmoins dans ce cas au bailleur, sur-tout lorsqu'il n'est pas en faute, d'offrir au locataire de le loger dans une autre maison en attendant que les réparations soient faites. Ces offres doivent empêcher la résolution du Bail , & le loyer doit courir du jour des offres faites par le bailleur de remettre au locataire les clefs de la maison où on le veut loger.

Observez qu'il est équtable que le bailleur in-

demnife en ce cas le locataire des frais du fecond délogement.

Quelle que foit la caufe qui empêche le bailleur de pouvoir faire entrer le locataire en jouiffance de la maifon, celui-ci tant qu'il ne jouit
pas ne doit point de loyers. Par exemple, fi au
temps que le locataire doit entrer dans la maifon, la ville fe trouve affiégée par les ennemis,
ou infeftée de la pefte, le locataire qui fe trouve
hors de la ville, & qui par conféquent ne peut
entrer en jouiffance de la maifon dont l'accès
lui eft interdit par la guerre ou par la pefte,
n'en doit pas les loyers.

Suivant les mêmes principes lorfque le locataire, après être entré en jouiffance de la maifon eft par quelque force majeure contraint de
déloger, il ceffe de devoir les loyers à compter du jour qu'il a été obligé de déloger.

Par exemple, fi un locataire a été contraint
de déloger avant la fin de fon Bail parce que
la maifon ménaeoit ruine, le loyer ceffera de
courir. Pour que ceci ait lieu, Alfenus demande
le concours de deux chofes ; 1°. que le locataire
ait un jufte fujet d'appréhender la ruine de la
maifon. 2°. Que le bailleur n'ait pas offert de lui
fournir un autre logement pendant qu'on répa-
reroit ou reconftruiroit la maifon. Lorfque ces
deux chofes concourent, le locataire eft déchargé du loyer pour le temps du Bail qui refte
à courir, quand même le bailleur après avoir
rétabli fa maifon la lui offriroit. Telles font les
difpofitions du droit romain.

Dans nos ufages, pour qu'il foit conftant que
le locataire a eu un jufte fujet de déloger de la
maifon

maison dont il appréhendoit la ruine & de prétendre en conséquence la décharge du Bail ; il
faut qu'il fasse assigner le bailleur, & que sur un
rapport d'experts nommés par le juge, & qui
aient déclaré que la maison menaçoit ruine, il
fasse ordonner qu'il lui sera permis de déloger,
& qu'il sera déchargé du Bail.

Lorsque le locataire n'a pas été privé du
total, mais de quelqu'une des parties de la maison qui lui a été louée, il ne doit avoir remise
du loyer que pour cette partie.

Et si les réparations qui surviennent à faire à
la maison pendant le temps du Bail, ne privent
le locataire d'une partie de la maison que pendant un temps peu considérable, il doit souffrir
cette incommodité sans pouvoir pour cela demander aucune diminution du loyer de la maison : la raison en est qu'étant ordinaire que dans
le cours du Bail d'une maison, il survienne des
réparations à y faire, le locataire qui a dû prévoir ce cas est censé s'être soumis à souffrir l'incommodité qui en est la suite.

Lorsque la cause qui a empêché le locataire
d'entrer en jouissance de la maison louée ou qui
l'a contraint d'en déloger ne vient que de la
part de ce locataire, il ne peut demander aucune remise des loyers. Cela est conforme au
quatrième principe que nous avons établi. Il suffit
pour que les loyers courent que la maison soit
habitable & que le bailleur soit prêt à faire jouir
le preneur.

Cette décision doit avoir lieu, quand même
ce seroit pour les affaires de l'état que le locataire seroit obligé d'aller faire sa résidence ailleurs ; il n'est pas fondé à demander la décharge

des loyers échus pendant le temps que son abfence l'a empêché d'occuper la maison ; mais il feroit peut-être en droit de demander la réfolution du Bail pour le prochain terme.

Pour appliquer le fixième principe aux Baux à loyer des maifons, fuppofons que j'aie loué à quelqu'un une auberge fur la grande route, & que depuis & pendant le temps du Bail, la grande route ait été changée ; de manière que cette auberge qui étoit très-fréquentée, eft par ce changement devenue déferte : quoiqué dans ce cas le locataire jouiffe de toutes les parties de la maifon, il eft fondé à demander une diminution du loyer, parce que la jouiffance de cette auberge a fouffert une altération & une diminution très-confidérable.

Mais fi lors du Bail, mon auberge étoit la feule d'un lieu, & que pendant le cours du Bail, il fe foit établi dans le même lieu d'autres auberges qui diminuent beaucoup le profit que mon locataire faifoit dans celle que je lui ai louée ; peut-il me demander une diminution de loyer ? non : la raifon de la différence eft qu'il étoit facile de prévoir qu'il pouvoit s'établir d'autres auberges dans le lieu : mon locataire en prenant la mienne a dû s'y attendre ; au lieu qu'on ne pouvoit pas prévoir le changement de la route.

Lorfque par une force majeure, un fermier a été privé des fruits de quelqu'une des années de fon Bail, comme quand un parti ennemi a fouragé tous les bleds encore en herbe de la terre qu'il tient à ferme ; ou que tous les fruits qui étoient encore fur pied ont péri par une inondation de rivière, par un effaim de fauterelles, ou par quelque accident semblable ; il doit avoir remise de l'année de fermage dans laquelle l'accident est arrivé.

Si quelqu'un de ces accidens avoit causé une perte non pas totale des fruits, mais très-considérable il y auroit lieu à la remise de l'année de fermage, non pas pour le total, mais pour une partie proportionnée à la perte.

Les parties conviennent entre'elles de ces remises, ou s'en rapportent à des arbitres.

Mais pour qu'il y ait lieu à ces remises, il faut que plusieurs choses concourent.

1°. Il faut que la cause de là perte que le fermier à soufferte soit une force majeure qu'il n'a pu empêcher par aucune prévoyance. C'est pourquoi s'il avoit pu éviter le fourage que l'ennemi a fait de ses bleds en obtenant une sauve garde que le général ennemi accordoit pour de l'argent à ceux qui la demandoient il ne pourroit pas demander la remise du fermage pour la perte qu'il a soufferte.

2°. Il faut que la perte soit arrivée sur les fruits étant encore sur pied, car aussi-tôt qu'ils sont recueillis, ils sont aux risques du fermier puisqu'ils lui appartiennent & le fermage est dû.

C'est pourquoi si peu après la recolte achevée le feu du ciel est tombé sur les granges, & a consumé tous les fruits ; si tout le vin que le fermier a recueilli s'est aigri, le fermier ne peut prétendre pour cela aucune remise.

Il n'est pas même nécessaire que les fruits aient été serrés, comme quelques auteurs l'ont prétendu ; il suffit qu'ils aient été séparés de la terre, pour qu'ils soient acquis au fermier, &

V ij

par conséquent pour qu'ils soient à ses risques, & qu'il en doive le fermage.

L'auteur des conférences de Paris sur l'usure prétend contre l'opinion qu'on vient d'établir, que la remise est due au fermier pour la perte arrivée sur les fruits, quoique déjà serrés & engrangés : il en donne cette raison, que *les fruits ou pendans ou serrés dans les granges sont également au bailleur & au preneur, parce qu'ils sont deux associés.* Cela ne mérite pas de réponse; cet auteur qui n'est pas jurisconsulte ignore ce que c'est que le contrat de louage ou de Bail à ferme qu'il confond mal-à-propos avec le contrat de société quoiqu'il en diffère entièrement. Il est faux que les fruits, lorsqu'ils sont perçus, soient communs au bailleur & au preneur : le preneur en est le seul propriétaire ; le bailleur a seulement un droit de gage pour le prix de la ferme qui lui est dû. Il est vrai qu'il y a une espèce de Bail à ferme, qui a quelque rapport avec le contrat de société : c'est celui qui est fait pour une portion aliquote des fruits que le fermier s'oblige de donner au bailleur. Dans cette sorte de Bail, si la perte arrive sur les fruits, quoique déjà engrangés, avant qu'ils aient été partagés entre le maître & le fermier, il est vrai qu'elle doit être commune : mais lorsque le partage des fruits s'est fait sur le champ, & que la part de chacun a été serrée dans des granges séparées, la perte arrivée sur la part du fermier ne lui donne aucun droit pour prétendre une indemnité contre son maître.

3°. Il faut que le dommage ait été considérable ; un fermier ne peut demander aucune remise pour raison d'un dommage modique, quel que soit l'accident qui l'ait causé.

Delà naît la question de savoir quelle doit être la quantité du dommage causé par une force majeure sur les fruits encore pendans, pour que le fermier puisse prétendre une remise d'une partie de l'année du fermage ?

Il y a plusieurs opinions assez incertaines sur cette question. Bruneman estime qu'il faut que deux choses concourent: 1°. Que ce qui a échappé à l'accident arrivé sur les fruits pendants, soit au-dessous de la moitié de la quantité qu'on a coutume de percevoir dans les années ordinaires : 2°. que la valeur de ce qui reste soit au-dessous de la moitié de la valeur du prix de la ferme.

Nous croyons que la décision de cette question doit être laissée à l'arbitrage du juge.

Lorsqu'une métairie composée de différentes parties qui produisent différentes espèces de fruits a été donnée à ferme par un même Bail & pour un seul & même prix annuel, si l'accident n'est arrivé que sur une des parties de cette métairie, qu'il soit par exemple survenu une grêle extraordinaire qui après la récolte des bleds ait perdu totalement les fruits à recueillir dans la vigne, pour juger si la perte causée par cet accident est une perte considérable, il ne faut pas avoir égard à la seule partie de la métairie sur laquelle l'accident est arrivé, mais à la totalité de la métairie, & il ne doit y avoir lieu en ce cas à la remise d'une partie des fermages qu'autant que la vigne auroit fait l'objet le plus considérable de la métairie.

Ceci doit avoir lieu quand même le fermier auroit sous-baillé séparément cette vigne à quelqu'un, & auroit été obligé de lui faire remiſe d'une année de la ſous-ferme.

Il en ſeroit autrement ſi le fermier principal avoit pris à ferme pour des prix ſéparés les terres & les vignes ; le Bail des vignes & le Bail des terres étant alors deux Baux ſéparés, quoique faits à la même perſonne, le fermier qui auroit ſouffert une perte totale des fruits du Bail des vignes ſeroit bien fondé à demander la remiſe de l'année de fermage de ce Bail, ſans que le bailleur pût lui oppoſer en compenſation le profit fait ſur le Bail des terres ; parce que ces Baux ſont des Baux différens qui n'ont rien de commun l'un avec l'autre.

La perte des fruits à recueillir ſur une partie de la métairie ne donne lieu à aucune remiſe des fermages, à moins que cette partie ne ſoit la plus conſidérable de la métairie ; il en eſt autrement lorſqu'un fermier a été évincé ou privé en quelque manière que ce ſoit d'une partie des terres de la métairie : quelque petite que ſoit cette portion, le bailleur doit une indemnité pour la non-jouiſſance du preneur à cet égard.

4°. Pour qu'il y ait lieu à la remiſe, il faut que la perte de la récolte de l'année pour laquelle le fermier demande cette remiſe n'ait pas été compenſée par l'abondance de quelqu'une des autres années du Bail, ſoit de celles qui ont précédé cette année, ſoit de celles qui l'ont ſuivie.

Ainſi lorſque cette remiſe eſt demandée avant la fin du Bail, le juge ne doit pas faire droit définitivement ſur la demande : il doit pour cela attendre juſqu'à la fin du Bail, en ordonnant néanmoins par proviſion que le bailleur ne pour-

ra exiger qu'une certaine portion des fermages
de l'année dans laquelle la perte de la récolte a
eu lieu.

Delà naît la question de savoir quand la stérilité
extraordinaire d'une année pour laquelle la remise
est demandée, doit être censée compensée par la
fertilité des autres années du Bail. Les docteurs
ont eu différentes opinions sur cette question.
Bruneman dit qu'il y en a jusqu'à huit qui sont
rapportées par Nicolas de Clapériis. M. Pothier
pense que pour connoître si le fermier est dédommagé de la perte qu'il a soufferte dans l'année de stérilité par la fertilité des autres années
du Bail, il faut d'abord estimer à combien il y
avoit lieu d'espérer vraisemblablement que mon-
teroit le produit des autres années, & compter
ensuite à quoi il est monté effectivement. Si la
somme dont le produit effectif excède celui qu'il
y avoit lieu d'espérer, est égale au montant de
la perte que le fermier a soufferte dans l'année
de stérilité, il est dédommagé par l'abondance
des autres années. Par exemple ; je vous ai passé
Bail pour neuf ans d'une métairie dont le produit que vous aviez lieu d'espérer étoit de cent
pistoles année commune : vous avez été privé de
toute la récolte pendant une année ; mais si les
huit autres années qui ne devoient vraisemblablement produire que huit mille livres en ont produit neuf mille, vous avez eu un profit inespéré
de mille livres égal à la perte de l'année de stérilité, profit qui par conséquent vous dédomm-
mage & vous rend non-recevable à prétendre
une remise.

Si le bailleur sans attendre la fin du Bail avoit
fait la remise de la ferme de l'année dont les

fruits ont péri par une force majeure, pourroit-il répéter cette remise si l'abondance des années suivantes venoit à dédommager le fermier de sa perte ? Ulpien décide qu'il le pourroit. La raison en est que personne n'est présumé donner ce qu'il ne doit pas ; d'où il suit que le bailleur n'est censé avoir fait une remise à son fermier qu'autant qu'il ne surviendroit point une abondance suffisante pour le dédommager de sa perte.

Ulpien prétend de plus que cette décision doit avoir lieu, même dans le cas où le bailleur se feroit servi du terme de *don* en faisant cette remise, parce qu'il faut plutôt s'arrêter à l'intention des parties qu'aux termes qu'elles ont employés.

Comme ces décisions pourroient peut-être souffrir parmi nous quelques difficultés, il est de la prudence du bailleur d'exprimer dans l'acte qui contient la remise qu'il ne la fait que sous la condition que le fermier ne sera pas dédommagé par l'abondance des années qui suivront.

Mais si l'abondance des années qui ont suivi peut donner lieu à la répétition de la remise, le propriétaire qui a fait cette remise ne peut la répéter pour raison de l'abondance des années précédentes dont il avoit connoissance.

Observez que quoique le profit qu'a fait le fermier dans les années d'abondance puisse donner le droit au bailleur de le compenser avec la perte pour laquelle on lui demande une remise, ce profit quelque grand qu'il ait été ne peut jamais donner au bailleur le droit de prétendre une augmentation de fermage, parce qu'il a cédé par le Bail tout le droit qu'il avoit aux fruits.

5°. Il faut que l'accident qui a causé une perte considérable des fruits soit un accident extraordinaire, & non un de ces événemens ordinaires & fréquents auxquels un fermier doit s'attendre. Par exemple, le fermier d'une vigne ne pourroit pas demander une remise des fermages pour une perte causée par la gelée, la coulure ou la grêle ; à moins que ce ne fût une gelée ou une grêle extraordinaire qui eût détruit la totalité des fruits.

Il reste à observer que tout ce que nous avons dit au sujet de la remise qu'un fermier peut prétendre n'a pas lieu à l'égard des fermiers qui donnent au bailleur pour le prix de leurs fermes la moitié ou le tiers, ou une autre portion aliquote des fruits qu'ils recueillent. Quelque accident qui soit arrivé avant leur récolte, ces fermiers ne peuvent prétendre aucune remise & doivent donner au bailleur la portion convenue du peu qu'ils ont recueilli : la raison en est que les Baux de cette espèce contiennent une sorte de société & il est de la nature de la société que la perte se partage entre les parties à proportion de la part que chacune doit prendre dans le profit.

Du louage des services des ouvriers ou domestiques. Lorsqu'un ouvrier ou serviteur a loué ses services à un maître & que par une force majeure ces services n'ont pû lui être rendus, il doit être dispensé d'en payer le prix. Par exemple ; dès le grand matin j'ai fait marché avec des vendangeuses pour vendanger mes vignes, à raison de tant pour leur journée ; si le temps s'est mis à la pluie & que j'aie été obligé de renvoyer ces vendangeuses, je dois être déchargé

envers elles de la fomme que je leur avois promife pour leur journée.

Si le mauvais temps n'étoit furvenu que depuis leur journée commencée, je ne dois les
payer qu'à proportion du temps qu'elles ont
travaillé, lequel court jufqu'à ce que je les aie
renvoyées.

Si le maître ayant pris plus de vendangeufes
qu'il ne lui en falloit, la vendange finit plufieurs
heures avant la fin de la journée ; & que n'ayant
plus de quoi les occuper, il foit obligé de les
renvoyer, il ne doit pour cela leur faire aucune
diminution fur le prix de leur journée : la raifon
en eft que c'eft par le propre fait du maître
qu'elles n'achèvent pas leur journée.

A l'égard des ouvriers & ferviteurs qui louent
leurs fervices pour une année, pour un mois,
ou pour quelqu'autre temps limité, s'il leur eft
furvenu une maladie qui les ait empêchés de
fervir pendant une partie un peu confidérable
du temps pour lequel ils fe font loués, le maître
eft bien fondé à leur diminuer une partie du prix
de leurs fervices à proportion du temps que la
maladie aura duré. Cela eft conforme au fecond
principe que nous avons établi, à l'avis de la plûpart des docteurs, & à ce qui s'obferve dans la
pratique. Lorfque les maîtres n'ufent pas de leur
droit, c'eft une générofité qui à la vérité eft de
bienféance de la part des perfonnes riches &
d'une profeffion noble.

Si les gages ne font pas dûs à un ouvrier ou
ferviteur pour la partie du temps ou par une
force majeure il a été empêché de fervir, à plus
forte raifon lorfque c'eft par fon propre fait
qu'il n'a pas fervi, comme quand il a quitté lui-

même le service de son maître avant le temps.

· Il y a plus ; le maître peut en ce cas le faire assigner pour qu'il retourne à son service, & demander que faute par lui de le faire dans les vingt-quatre heures du jour du jugement qui interviendra, il soit par le même jugement condamné aux dommages & intérêts de son maître, si aucun il souffre suivant le règlement de gens dont les parties conviendront, lesquels dommages & intérêts le maître pourra retenir sur la partie des gages dûs pour son service passé ; & que même dans le cas où il retourneroit au service de son maître, il sera fait diminution à ce serviteur d'une partie du prix de son année de gages, à proportion du temps écoulé depuis qu'il a quitté le service de son maître jusqu'à ce qu'il y soit rentré, ou bien que son maître pourra retenir ce qu'il a été obligé de donner à un homme qu'il a mis à sa place jusqu'à ce qu'il fût rentré.

Ces dommages & intérêts résultans de la sortie du serviteur se règlent eu égard à ce qu'il en a couté de plus au maître pour se faire servir par d'autres pendant ce qui restoit à courir du temps du service.

· Il faudroit décider de même quand ce seroit pour une cause honnête, pour se marier, par exemple, ou pour aller assister son père, que le serviteur auroit quitté son maître. La raison en est que c'est par son fait & volontairement qu'il n'a pas rempli son obligation : mais les dommages & intérêts doivent en pareil cas être estimés moins rigoureusement que si le serviteur avoit quitté sans sujet, par paresse, par libertinage, ou par l'espoir de gagner davantage ailleurs.

Quelque faveur qui soit due au service de l'état, M. Pothier pense que le serviteur qui quitte avant le temps le service de son maître pour s'enrôler volontairement dans les troupes est tenu des dommages & intérêts de son maître. Il n'en seroit pas de même du cas où le serviteur auroit été fait milicien par le sort. Ce seroit alors par une force majeure qu'il n'acheveroit pas le temps de son service ; c'est pourquoi il n'y auroit point de dommages & intérêts à prétendre contre lui. Le maître seroit seulement déchargé des gages pour le temps qui resteroit à courir. Ce cas est semblable à celui auquel la maladie empêche le serviteur de remplir ses engagemens.

Lorsqu'un serviteur a été mis en prison ou a été obligé de fuir pour éviter un décret de prise de corps donné contre lui, doit-il des dommages & intérêts à son maître ? il faut distinguer s'il a été déclaré convaincu du crime pour lequel il a été décrété ; c'est en ce cas par son fait qu'il a été obligé d'abandonner le service, & il doit par conséquent être tenu des dommages & intérêts que son maître a soufferts : mais s'il a été absous ou même si l'affaire n'a pas été poursuivie, il est dans le cas de ceux qui ont quitté par une force majeure, & il ne doit point de dommages & intérêts.

Quand un serviteur a quitté le service avant le temps parce que son maître le maltraitoit ou lui refusoit les choses nécessaires à la vie, il peut être admis à la preuve de ces faits ; & s'il les justifie, non-seulement il ne devra pas de dommages & intérêts à son maître, ce dernier ne sera même pas déchargé envers lui des gages concernant le temps du service qui restoit à courir.

Il pourra de plus être condamné aux dommages & intérêts du domestique. La raison en est que c'est par le fait du maître que les services n'ont pas été rendus.

Si le sujet pour lequel le serviteur a quitté le service de son maître n'est pas bien grave, le juge peut ordonner que ce serviteur retournera incessamment achever son service, à la charge par. le maître de le traiter humainement, & de ne lui faire aucune diminution de ses gages pour le temps qu'il a manqué de servir ; ou s'il ne le condamne pas à retourner & qu'il condamne le maître à lui payer l'année de ses services, il doit faire déduction sur cette année de la somme qu'il estimera que le serviteur peut vraisemblablement gagner ailleurs pendant ce qui reste à courir du temps de son service en faisant cette estimation au plus bas prix.

Lorsque ce n'est pas le serviteur qui a quitté le service de son maître, & que c'est au contraire le maître qui l'a renvoyé avant l'expiration du temps, le serviteur est-il en droit de demander la totalité des gages convenus ? Si c'est par le fait du serviteur qu'il a été renvoyé, parce qu'il faisoit de mauvais ouvrages, ou parce qu'il n'obéissoit pas à son maître, ou parce qu'il manquoit au respect qu'il lui devoit, il ne peut prétendre ses gages pour le temps qui reste à courir.

Mais si le maître l'a renvoyé sans sujet, il lui doit ses gages pour le temps entier que devoit durer son service sous la déduction ci-dessus expliquée.

Le maître pour éviter cette condamnation est-il obligé de justifier les sujets de plainte qu'il allègue contre fon ferviteur, ou le juge doit-il s'en rapporter à la déclaration du maître ? M. Pothier penfe que la décifion doit être laiffée à l'arbitrage du juge, & celui-ci doit fe déterminer par les circonftances & par la dignité du maître.

Ces louages de fervices pour un temps déterminé font d'ufage à l'égard des ferviteurs de campagne, tels que les ferviteurs de labour, de vignerons, de meûnier, &c. les fervantes de baffe-cour; ils font auffi d'ufage dans les villes à l'égard des ouvriers. Quant aux ferviteurs qui louent leurs fervices aux bourgeois des villes ou même à la campagne aux gentilshommes pour le fervice de la perfonne du maître, quoiqu'ils foient loués à raifon de tant par an, ils ne font néanmoins cenfés loués que pour le temps qu'il plaira au maître de les avoir a fon fervice. Ainfi le maître peut les renvoyer quand bon lui femble fans en dire la raifon, en leur payant leur fervice jufqu'au jour qu'il les renvoie.

Au contraire il ne leur eft pas permis de quitter le fervice fans le congé du maître, & ils doivent être condamnés à retourner, ou jufqu'au jour du prochain terme auquel il eft d'ufage dans le lieu de louer les ferviteurs, ou feulement jufqu'à ce que le maître ait eu le temps de fe pourvoir d'un autre ferviteur, lequel temps doit être limité par le juge. Il faut à cet égard fuivre les ufages des différens lieux.

Il eft défendu par les nouveaux règlemens aux domeftiques qui fe louent aux officiers pour les fervir à l'armée, de quitter leur fervice avant la fin de la campagne, à peine d'être punis comme déferteurs.

De la convention par laquelle le fermier se charge les risques. S'il a été expressément convenu que le fermier ne pourroit prétendre aucune diminution de sa ferme pour quelque accident que ce fût, cette convention est valable. Il n'est pas douteux qu'il ne peut prétendre en ce cas aucune remise pour raison de la perte même totale qu'il auroit faite des fruits par les grêles & autres semblables accidens.

On dira peut-être de quoi la ferme peut-elle être en ce cas le prix puisqu'il n'y a point de fruits ? La réponse est qu'elle est le prix de l'espérance incertaine que le fermier a eue de recueillir des fruits : or une espérance incertaine est quelque chose d'appréciable & qu'on peut vendre.

Au reste cette convention quoique valable & permise étant contraire à la nature du Bail à ferme ne se présume pas facilement. Delà naît la décision de la question de savoir si par la clause portée par le Bail que les *fermages seront payés sans aucune diminution*, le fermier est censé se charger du risque des accidens qui causeroient la perte totale des fruits ? La raison de douter est que si la clause n'est pas entendue en ce sens, elle sera superflue & n'aura aucun effet ; or il est de règle que les clauses doivent s'interpréter dans le sens qui leur donne un effet, plutôt que dans celui selon lequel elles n'en auroient aucun. La raison de décider est celle que nous venons de dire, que la clause par laquelle le fermier se charge des risques des accidens extraordinaires qui empêchent sa jouissance étant une clause contraire à la nature du Bail à ferme, elle doit être expresse, & ne doit pas s'inférer de la claufe par laquelle il eft dit que les fermages fe payeront fans aucune diminution. On doit plutôt croire que cette claufe n'a été appofée que pour dire que le fermier ne pourra prétendre aucune diminution des fermages pour raifon des accidens ordinaires de gelée, coulure & autres femblables auxquels un fermier doit s'attendre pendant le cours de fon Bail.

Bartole *fur la loi fiftulas 78, au digefte de contr. empt.* & plufieurs docteurs qui l'ont fuivi enfeignent que quoiqu'un fermier fe foit expreffément chargé du rifque de tous les accidens qui pourroient furvenir fur les fruits, fans pouvoir pour raifon de ces accidens prétendre aucune diminution fur fes fermes, cette convention ne renferme que les accidens qui arrivent ordinairement & non ceux qui font rares, & qui par cette raifon n'ont pas vraifemblablement été prévus lors de la convention, & n'y font point par conféquent renfermés fuivant cette règle de droit *non videtur contineri pacto id de quo cogitatum non eft.*

Vinnius réfute fort au long l'opinion de ces docteurs. Il obferve fort bien que le texte fur lequel ils la fondent y eft formellement contraire, puifqu'il y eft dit que les bleds ayant été perdus par une abondance extraordinaire de neiges, c'eft le cas de la convention, *fi immoderatæ fuerunt ET CONTRA CONSUETUDINEM TEMPESTATES.* Bruneman fur cette loi diftingue trois efpèces d'accidens qui peuvent arriver fur les fruits; 1°. ceux qui arrivent ordinairement, tels que font les gelées, coulures, grêles, qui ne caufent pas une perte totale des fruits & dont le rifque

rifque doit être fupporté par les fermiers fans qu'ils s'y foient expreffément foumis par une convention.

2°. Les accidens plus rares qu'il dit être la matière de la convention par laquelle le fermier fe charge de tous les rifques.

3°. Enfin ceux dont il n'y a pas eu d'exemples depuis un ou plufieurs fiecles, tels que l'accident d'une inondation dans un pays où depuis plufieurs fiecles il n'en étoit pas arrivé, ou d'une incurfion d'ennemis dans un pays fitué au milieu d'un grand état, où il étoit contre toute apparence que la guerre fût jamais portée. Bruneman convient que la convention ne doit pas s'étendre aux accidens de cette dernière efpèce, & que c'eft à cette efpèce d'accidens que la règle de droit ci-deffus citée s'applique.

S'il étoit dit que le fermier fe charge des rifques d'un tel accident, par exemple, de la grêle, & qu'il fût ajouté *& de tous autres accidens femblables*, il y a moins de difficulté à décider dans cette efpèce, que ces termes, *& autres accidens femblables*, ne comprennent que ceux qui viennent de l'intempérie de l'air, qui ne font pas plus rares, & qui font par conféquent auffi faciles à prévoir que l'accident de la grêle.

Si l'on n'avoit pas ajouté *& autres accidens femblables*, le fermier ne devroit être chargé que du rifque de l'efpèce d'accident dont il a déclaré qu'il fe chargeoit, & non d'aucun autre.

Des fins de non-recevoir que le fermier peut oppofer. Les fermages & loyers ont de commun avec toutes les dettes annuelles que les quittances de trois années confécutives établiffent

Tome IV. X

une préfomption du payement des précédentes
& par conféquent une fin de non-recevoir
contre la demande en payement de ces années
précédentes.

Cette jurifprudence a pour fondement la loi
qui a établi cette préfomption à l'égard des impôts publics ; mais voyez ce que nous avons
dit fur ce fujet à l'article *Arrérages*.

De diverfes obligations du preneur. Le preneur
ne doit fe fervir de la chofe qui lui a été louée,
que pour les ufages auxquels elle eft deftinée,
& pour lefquels elle lui a été louée.

Par exemple, fi j'ai pris à loyer pour un certain temps un cheval de felle, je ne peux pas le
mettre à la charette, ni le faire fervir à porter
des fardeaux comme un cheval de fomme ; & fi
je l'ai fait, je fuis tenu de dommages & intérêts du bailleur, eu égard à ce que le cheval
peut avoir perdu de fa qualité de bon cheval de
felle.

Par la même raifon, fi un aubergifte a pris à
loyer une auberge, il eft obligé de l'entretenir
comme auberge pendant tout le temps du Bail,
finon il eft obligé envers le bailleur des dommages & intérêts qui réfultent de ce que la maifon
n'a pas été entretenue comme auberge : par-là
le locataire a donné occafion à ceux qui avoient
coutume d'y loger, de fe pourvoir d'une autre
auberge ; ce qui doit empêcher de la louer à
l'avenir auffi cher qu'auparavant.

Au contraire, fi une maifon a été louée comme maifon bourgeoife, il ne fera pas permis au
locataire d'en faire un cabaret, ni d'y établir
une forge de maréchal ou de ferrurier, &c. Il
doit l'occuper comme maifon bourgeoife, finon

le bailleur peut l'expulſer, & le faire condamner à ſes dommages & intérêts.

Le preneur doit jouir & uſer de la choſe qui lui eſt louée, comme un bon pere de famille uſeroit de la ſienne propre ; il doit avoir ſoin de la conſerver.

Par exemple, celui qui a pris à loyer un cheval, ne doit point le ſur-mener, ni le faire courir, ni lui faire faire de trop fortes journées ; & il faut qu'il le faſſe bien panſer & nourrir.

Le fermier d'une vigne doit la bien façonner, la bien fumer, la bien entretenir d'échalas, la provigner, & généralement la cultiver de la même manière qu'un bon vigneron cultiveroit ſa propre vigne.

Le fermier d'une métairie doit pareillement bien façonner les terres en ſaiſon convenable ; il ne lui eſt pas permis de les deſſaiſonner, & il doit avoir des beſtiaux en quantité ſuffiſante pour exploiter la métairie : il lui eſt expreſſément défendu d'employer les fumiers & les pailles à d'autres uſages qu'à l'engrais des terres, à quoi ces ſubſtances ſont deſtinées.

La coutume d'Orléans en a une diſpoſition formelle ; elle porte expreſſément, que *le ſeigneur de métairie peut empêcher qu'on ne tranſporte ailleurs les fourages & pailles qui doivent ſervir à la nourriture du bétail de la métairie, & à faire des fumiers, pour les convertir à fumer & à amander les terres, quand même le métayer ne s'y fût expreſſément obligé.* Ainſi cette obligation eſt de droit, & eſt renfermée dans celle de jouir en bon pere de famille.

Le fermier des terres où il n'y a point d'habitation, contraƈte à cet égard la même obligation qu'un fermier de métairie, & le bailleur peut pareillement l'empêcher d'employer les pailles & les fourages à autre chose qu'à l'engrais des terres qui ont produit ces substances.

L'obligation que contracte le fermier d'une métairie, de conserver la chose qui lui est louée, l'engage aussi à veiller à ce qu'il ne se fasse, pendant le cours de son Bail, aucune usurpation des terres de la métairie. C'est pourquoi, si quelque voisin a acquis, pendant le cours du Bail que j'ai fait à mon fermier, la possession d'an & jour de quelque partie des terres de ma métairie, mon fermier est tenu de mes dommages & intérêts ; parce que cette usurpation procède de sa négligence. Il a dû s'opposer à l'usurpation, & ne pas laisser le voisin posséder par an & jour.

Pour que le propriétaire puisse facilement établir que l'usurpation s'est faite pendant le cours du Bail fait à son fermier, il est à propos qu'il détaille dans le Bail toutes les pièces de terres dont sa métairie est composée, la contenance de chacune, & les tenans & aboutissans, afin de connoître à la fin du Bail s'il ne manque rien.

Nous avons établi que le preneur étoit obligé de conserver la chose qu'on lui avoit louée ; mais quel soin doit-il y apporter ? Est-ce le soin le plus exact, ou seulement un soin commun ? Est-il tenu de la faute la plus légère ? Cette question se décide par le principe de droit, que dans les contrats qui se font pour l'utilité réciproque dés contractans, ils ne sont obligés qu'à un soin commun, & ne sont en conséquence tenus que de la faute légère.

Quoique suivant ce principe, le preneur ne

foit tenu par la nature du contrat que de la faute légère, on peut convenir qu'il fera tenu de la faute la plus légère; il peut même fe charger des cas fortuits, mais cette convention ne fe préfume pas facilement.

C'eft pourquoi, s'il étoit dit par le contrat que *la chofe fera aux rifques du preneur pendant tout le temps qu'il s'en fervira & qu'il la retiendra*, le preneur ne feroit cenfé s'être, par ces termes, rendu refponfable que de la faute la plus légère, & non des cas fortuits qu'on appelle autrement force majeure. Caroccius dit que tel eft le fentiment commun.

Le locataire eft tenu par rapport à la confervation de la chofe qui lui a été louée, non-feulement de fa propre faute, mais de celle des gens de fa maifon, c'eft-à-dire de fa femme, de fes enfans, de fes ferviteurs & fervantes, des ouvriers qu'il fait travailler chez lui, &c.

Le locataire eft pareillement refponfable de fes penfionnaires, de fes hôtes, de fes fous-locataires.

Nous fommes en ce point plus rigoureux que les jurifconfultes romains : ceux-ci ne rendoient le locataire refponfable des fautes de fes efclaves ou de fes hôtes, que dans le cas où il auroit été en faute lui-même d'avoir eu à fon fervice des efclaves de la part defquels il y avoit lieu de craindre l'accident arrivé, ou d'avoir reçu chez lui des hôtes de pareil caractère; autrement il n'en étoit pas tenu en fon nom.

Comme les incendies arrivent ordinairement par la faute des perfonnes qui demeurent dans les maifons; lorfqu'une maifon eft incendiée, on préfume facilement que ça été par la faute du locataire , ou par celle de ses domestiques , desquels nous venons de dire qu'il est responsable. C'est pourquoi il est en ce cas tenu de rétablir la maison incendiée , à moins qu'il ne justifie que l'incendie est arrivé par un cas fortuit , ou que le feu a été communiqué par une maison voisine où il avoit commencé.

S'il y a plusieurs locataires principaux dans une maison , c'est le locataire de la partie par où le feu a commencé , qui est seul tenu de l'incendie : mais si l'on ignore par où le feu a commencé , en seront-ils tenus tous , ou aucun n'en sera-t'il tenu? M. Pothier pense qu'aucun n'en doit être tenu. La raison qu'il en donne est que comme il est entièrement incertain par la faute duquel le feu a pris , il ne peut y avoir contre aucun d'eux , nulle présomption qui puisse servir de fondement à la demande du bailleur pour faire rétablir sa maison , & par conséquent la demande ne peut avoir lieu contre aucun.

Si le feu avoit pris à une auberge , & qu'il parût que ce fût par le fait & l'imprudence d'un voyageur qui y logeoit, le locataire qui tient l'auberge seroit-il responsable de l'accident? On dira en faveur de l'aubergiste qu'il y a une grande différence entre des voyageurs qui logent dans une auberge en passant , & des domestiques ou pensionnaires : un locataire commet une sorte de faute lorsqu'il prend des domestiques ou des pensionnaires étourdis & imprudens , parce qu'il ne doit se servir que de personnes de la conduite desquels il se soit informé ; c'est pour cela qu'il est responsable de leurs fautes : mais un aubergiste est par son état obligé de recevoir dans son auberge les voyageurs qui

s'y préfentent fans qu'il les connoiffe ; c'eft pourquoi il ne devroit pas être refponfable de leurs
fautes.

Cependant M. Pothier penfe que d'aubergifte
ne pourroit, même dans ce cas, être excufé de
l'incendie : car, comme il ne connoît pas les
gens qui logent chez lui, il doit, pour prévenir
les accidens, tenir pendant la nuit fa cuifine
fermée, & il doit veiller par lui-même, ou par
quelqu'un de fes gens, jufqu'à ce que tous les
voyageurs qui font logés dans fon auberge foient
au lit, & qu'il ne paroiffe plus de lumière dans
les chambres. Ainfi pour n'avoir pas pris de
telles précautions, il doit répondre du dommage caufé par l'incendie. En effet, quoique le
feu ait pris dans la chambre d'un voyageur,
l'aubergifte auroit prévenu l'accident s'il eût
veillé comme il le devoit.

Mais fi un voyageur avoit caufé dans la maifon de l'auberge du dommage que le locataire
aubergifte n'auroit pû prévenir ni empêcher, il
n'en doit pas être refponfable. La raifon en eft
que fon état l'obligeoit de recevoir le voyageur
dans l'auberge fans le connoître : il faut toutefois, pour qu'il foit déchargé de ce dommage
envers le propriétaire, qu'il n'ait négligé aucune
des voies propres à en procurer l'indemnité :
par exemple, fi ce voyageur avoit une valife
ou d'autres effets, il a dû les arrêter pour la réparation du dommage.

Pour que le preneur foit tenu de la perte ou
de la détérioration de la chofe louée, il n'eft pas
précifément néceffaire que ce foit fa faute qui ait
caufé le dommage, il fuffit qu'elle y ait donné
occafion. Par exemple, s'il lui étoit défendu par

le Bail d'avoir des matières combustibles dans quelque endroit, & qu'il y en ait eu, il sera tenu de l'incendie, quoiqu'arrivé par cas fortuit. La raison en est que c'est sa contravention aux clauses du Bail qui a donné lieu à l'accident.

Par la même raison, si j'ai été attaqué en chemin par des voleurs qui ont tué le cheval que j'avois pris à loyer pour faire mon voyage, quoique cette violence soit une force majeure dont le locataire n'est pas responsable, & que j'en aie la preuve par la capture des voleurs, cependant si j'ai donné occasion à cet accident, en faisant route à des heures indues, ou en quittant le grand chemin pour en prendre un plus court, mais beaucoup moins sûr, je serai responsable de la perte du cheval.

Il en seroit différemment, si en quittant le grand chemin pour en prendre un autre, je n'avois fait que ce que les autres voyageurs avoient coutume de faire, parce que le grand chemin étoit alors impraticable.

Il reste à observer qu'il y a un cas auquel le preneur n'est pas chargé du soin de conserver la chose qui lui est louée ; c'est lorsqu'il y a une personne préposée par le bailleur pour avoir ce soin pendant que le preneur se sert de la chose: c'est ce qui arrive lorsqu'un loueur de chaise loue à quelqu'un une chaise & des chevaux pour faire un voyage, & lui donne un cocher pour conduire la voiture : ce cocher préposé par le bailleur est chargé du soin de la chaise & des chevaux, & le locataire n'est chargé de rien.

Il faut que le preneur rende la chose en bon état après l'expiration du Bail.

Faute de pouvoir la rendre, parce qu'il l'a

perdue par fa faute, il doit être condamné à en payer l'eſtimation ; cependant tant qu'il n'a pas payé cette eſtimation, s'il vient à recouvrer la choſe, il peut en offrant de la rendre ſe faire décharger de la condamnation ; mais lorſque le bailleur a reçu l'eſtimation, le locataire n'eſt plus recevable à offrir de rendre la choſe, ni à répéter la ſomme qu'il a payée : il ſe contracte par ce payement une eſpèce de vente que le bailleur fait au locataire de la choſe dont il reçoit l'eſtimation.

Le bailleur doit dans ce cas ſubroger le preneur à ſes droits pour revendiquer cette choſe ; & ſi après que le preneur l'a recouvrée, elle étoit réclamée par un tiers qui ſ'en prétendît le propriétaire, le locataire pourroit appeler en garantie le bailleur pour lui faire reſtituer la ſomme qu'il lui auroit payée.

Le locataire eſt déchargé de l'obligation de rendre la choſe, ſi la choſe a péri ſans ſa faute ; mais il doit enſeigner & juſtifier comment elle a péri, autrement elle eſt préſumée avoir péri par ſa faute, & il eſt tenu de la payer ſelon l'eſti-mation. Par exemple, celui qui a pris à loyer un cheval pour faire un voyage ne peut ſe dé-charger de l'obligation de le rendre, en diſant qu'il eſt mort dans le voyage par un cas fortuit ; il faut qu'il juſtifie ce cas fortuit par le rapport de certificats de maréchaux, ou autres gens du lieu auxquels il aura fait voir le cheval lorſqu'il eſt tombé malade.

Et ſi le locateur n'étoit pas trop éloigné pour pouvoir être appelé à la viſite, il y devroit être appelé.

Pareillement ſi la choſe a été détériorée ſans la faute du preneur, il lui ſuffit de la rendre telle qu'elle eft ; mais il eft obligé de juftifier comment cette détérioration eft arrivée, autrement elle fera cenfée arrivée par fa faute.

Lorfque la détérioration eft de nature à pouvoir s'appercevoir d'abord, le bailleur à qui la chofe a été rendue fans qu'il ait fait aucune proteftation en la recevant, ne peut plus être admis à s'en plaindre. Il en feroit autrement fi la détérioration étoit de nature à ne pas pouvoir s'appercevoir d'abord : mais même en ce cas il ne doit être reçu à fe plaindre que dans un temps très-court qui doit être laiffé à l'arbitrage du juge.

. Les coutumes obligent le locataire d'une maifon à la garnir de meubles fuffifans pour répondre d'un certain nombre de loyers à écheoir; celle d'Orléans oblige le locataire à la garnir pour deux termes à écheoir. Le bailleur doit pour cela affigner le locataire à quitter la maifon, faute par lui de la garnir de meubles fuffifans. Si le locataire foutient qu'elle eft garnie, il y a lieu à la vifite : lorfque l'objet n'eft pas de conféquence, l'ufage du châtelet d'Orléans eft que le juge envoie vifiter la maifon par un huiffier-prifeur; & s'il paroît par le procès-verbal de cet huiffier qu'elle n'eft pas fuffifamment garnie, il permet au bailleur d'expulfer le locataire, & de difpofer de fa maifon envers tel autre que bon lui femblera (*).

_____

(*) Il y a néanmoins des circonftances où le juge peut s'écarter de cette règle, comme fit le parlement de Paris en 1759 entre un particulier de cette ville & un joueur de marionnettes.

Le particulier qui avoit loué une maifon fur le boulevart au joueur de marionnettes, voulut obliger celui-ci à fortir

Cette diſpoſition ne concerne que les maiſons. A l'égard des métairies, les fruits de la terre répondent des fermages; le fermier peut néanmoins être contraint de garnir la métairie de meubles aratoires & des beſtiaux néceſſaires pour la faire valoir, & cette obligation naît de la nature même du Bail: la raiſon en eſt qu'étant obligé de jouir de la métairie en bon pere de famille, & de la cultiver, il s'enſuit qu'il doit avoir tout ce qui eſt néceſſaire pour la culture.

Enfin le preneur eſt obligé de s'acquitter de tout ce qu'il a promis par les clauſes particulières du contrat.

Par exemple; c'eſt une clauſe ordinaire dans les Baux des métairies que le fermier fera les voitures des matériaux néceſſaires pour les réparations des bâtimens de la métairie.

Le fermier qui a contraĉté cette obligation n'eſt pas toujours obligé de faire ces voitures au jour indiqué par le propriétaire. Lorſque les travaux de la campagne ſont preſſans, comme dans le fort de la récolte, dans le temps des ſemailles, le propriétaire ne doit pas exiger ces voitures; mais il doit attendre un temps plus commode à ſon fermier pour les faire, ſur-tout lorſque les réparations ne ſont pas urgentes.

_____

ou à garnir de meubles la maiſon pour ſûreté du loyer: le joueur de marionnettes répondit qu'il n'avoit pas déguiſé ſon état au bailleur, ni l'uſage qu'il prétendoit faire de la maiſon louée & qu'il ne devoit pas être obligé à garnir cette maiſon d'autres meubles que de ſes marionnettes : le châtelet n'admit pas les défenſes de l'hiſtrion, & le condamna; mais le parlement infirma la ſentence, & débouta le bailleur de ſa demande, à la charge au preneur de payer le loyer à l'échéance.

Si elles font urgentes, il faut examiner fi le propriétaire eft en faute d'avoir attendu juf-qu'alors à faire faire ces voitures. S'il y a long-temps que les réparations font furvenues, & qu'il en ait été averti par fon fermier, on ne peut douter qu'en obligeant celui-ci de faire les voitures dans le fort de fes travaux, le proprié-raire ne lui doive un dédommagement propor-tionné à ce que ces voitures lui coûtent de plus que s'il les eût faites dans un temps plus com-mode.

Le fermier qui a contracté une telle obliga-tion ne peut être obligé d'aller chercher les matériaux dans des endroits éloignés, lorfqu'on en trouve de bons dans le voifinage de la mé-tairie : cependant fi la différence de la diftance de l'un & de l'autre endroit eft peu confidéra-ble, il doit aller quérir les matériaux dans celui qui lui eft indiqué, quoiqu'un peu plus éloigné que l'autre.

Enfin le fermier n'eft obligé qu'aux voitures néceffaires pour les réparations à faire à la mé-tairie, eu égard à l'état où elle étoit lors du Bail.

Si le propriétaire venoit à changer cet état, & qu'au chaume qui couvroit fa métairie, il voulut, par exemple, fubftituer des tuiles qu'il faudroit aller chercher au loin, le fermier ne pourroit être tenu de ce furcroit de voitures. La raifon en eft que le propriétaire ne peut pas par fon fait & en changeant l'état de la métai-rie, rendre plus dure l'obligation de fon fer-mier, & l'affujettir à un plus grand nombre de voitures que celui auquel il s'étoit attendu.

Si pendant le cours du Bail la métairie venoit

à être incendiée, le fermier ne seroit pas obligé en vertu de la clause du Bail, à faire toutes les voitures nécessaires pour la réconstruction de cette métairie. La raison en est qu'il n'a entendu s'obliger qu'aux voitures nécessaires pour les réparations d'entretien qui ont coutume de survenir dans le cours d'un Bail, & non aux voitures qu'exige une reconstruction entière, à laquelle un incendie qu'on n'avoit pas prévu a donné lieu.

Il y a aussi une convention assez fréquente dans les Baux qui consiste à charger le fermier d'acquitter les cens & rentes seigneuriales.

Cette convention ne concerne que les redevances modiques : si la ferme se trouvoit chargée d'une rente considérable quoique seigneuriale, le fermier n'en seroit pas tenu en vertu de cette convention s'il n'en avoit point eu connoissance.

Lorsque le bailleur a chargé le fermier de l'acquittement des cens & rentes seigneuriales sans lui indiquer à qui ces redevances étoient dues & en quoi elles consistoient, ce ne sera pas le fermier qui sera tenu des frais faits par les seigneurs pour être payés, ni des amendes & défauts ; ce sera le propriétaire.

Le propriétaire qui loue son héritage en conserve non-seulement la propriété, mais encore la possession & la jouissance ; car il en jouit par son fermier, de qui il reçoit les fermages qui lui tiennent lieu de jouissance & de possession : d'où il suit que c'est le propriétaire qui doit supporter toutes les charges de l'héritage, & non le fermier.

Toutes les rentes foncières, soit seigneuriales,

soit non seigneuriales, doivent donc être acquittées par le propriétaire, à moins que le fermier n'en ait été expressément chargé par son Bail.

Il paroît néanmoins qu'on pourroit excepter le champart, & qu'il devroit être acquitté par le fermier ; car le champart consistant en une portion des fruits, qui doit être laissée au seigneur, le propriétaire, en affermant la terre sujette à ce droit, est censé n'avoir affermé que la partie des fruits qui lui reste.

Au surplus, pour que le fermier soit tenu d champart sans aucun recours contre le propriétaire qui lui a fait le Bail, il faut qu'il n'ait p ignorer cette charge, & par conséquent que le seigneur se trouve depuis long-temps en possession de ce champart.

Il y a beaucoup moins de difficulté à décider que la dîme doit être acquittée par le fermier, & non par le propriétaire ; car la dîme n'est pas une charge du fonds, ce n'est pas un droit foncier, c'est une louable coutume qui a passé en obligation : le fermier qui perçoit les fruits doit donc l'acquitter, parce qu'elle n'est due que sur les fruits, & en vertu de l'usage dans lequel sont ceux qui perçoivent les fruits de la payer.

Les impositions qui sont sur les héritages, sont charges du fonds, telles que sont les impositions du dixième, du vingtième, les impositions pour ban & arrière-ban, fortifications, pavé, &c. C'est par conséquent le propriétaire ou possesseur qui en est tenu, & non le fermier ou locataire.

Il est vrai que selon les édits ou lettres-pa tentes portant établissement de ces impositions les fermiers ou locataires sont contraints à le payer, mais ils en doivent être acquittés par le bailleur à qui ils retiennent fur les loyers ou fermages ce qu'ils ont payé pour ces impofitions.

Les impofitions qui ont lieu pour les réparations à faire aux églifes paroiffiales, font d'une nature mixte ; elles font charges du fonds pour une portion, & charges perfonnelles du fermier ou locataire qui eft paroiffien, pour l'autre portion. Comme les églifes paroiffiales concernent principalement & immédiatement l'utilité des habitans, il eft jufte que les locataires & fermiers contribuent à l'entretien de ces églifes avec les propriétaires des fonds. La portion à laquelle ils doivent contribuer eft ordinairement réglée au tiers du taux auquel la maifon ou métairie dont ils font locataires ou fermiers a été impofée par ces fortes de tailles.

Le locataire ou fermier étant tenu de contribuer pour un tiers à ces impofitions en qualité d'habitant & de paroiffien, il s'enfuit, 1°. que fi le locataire à fous-baillé toute la maifon, c'eft le fous-locataire qui eft tenu du tiers de l'impofition, & non le locataire ; & s'il n'a fous baillé que pour partie, le fous-locataire eft tenu d'une partie du tiers de la taxe à proportion de ce qu'il occupe.

2°. Il s'enfuit que le locataire d'un magafin ou d'autres bâtimens deftinés à renfermer ou à débiter des marchandifes ne doit point fon tiers du taux de la taille d'églife, impofée fur ces fortes de bâtimens. La raifon en eft qu'un tel locataire qui a fon domicile ailleurs, n'étant ni habitant ni paroiffien, n'a aucune qualité qui le rende contribuable.

Obſervez que dans la répartition de la taxe, les bâtimens qui ne ſervent pas pour l'habitation d'un paroiſſien, doivent être impoſés à un tiers de moins que les maiſons ; autrement le propriétaire d'un magazin ou autre bâtiment ſemblable qui n'ayant point de locataire paroiſſien, doit porter ſon taux en entier, ſe trouveroit porter plus que ſa part des deux tiers de l'impoſition dûe par les propriétaires.

A l'égard des maiſons occupées par les propriétaires, elles doivent être taxées comme les maiſons louées ; parce que le propriétaire étant en même-temps paroiſſien, doit contribuer à l'impoſition dans les deux qualités.

Tout ainſi que le fermier d'un héritage qui en perçoit tous les fruits, n'eſt pas tenu des charges réelles, s'il n'en a été expreſſément chargé par le Bail ; de même le fermier d'une juſtice qui perçoit à ſon profit les frais de la juſtice, tels que ſont les amendes, n'eſt pas tenu de fournir aux dépens des pourſuites qui ſont faites à la requête du procureur-fiſcal contre les criminels, s'il n'en a été expreſſément chargé. Il en eſt de même des autres frais qui ſont des charges du droit de juſtice, tels que les gages des officiers, les réparations de l'auditoire, &c.

Le bailleur eſt tenu de toutes les réparations à faire à l'héritage qu'il a loué.

Il y a néanmoins certaines menues réparations qu'on appelle locatives, dont l'uſage a chargé les locataires des maiſons.

Le fondement de cet uſage eſt qu'elles proviennent ordinairement de la faute des locataires, ou de leurs gens, ou des perſonnes qu'ils introduiſent

introduifent chez eux, & dont ils font refpon-
fables.

Pour juger quelles réparations font locatives,
on doit donc tenir cette règle que ce font les
menues réparations qui ont coutume de prove-
nir de la faute des locataires, ou de leurs gens,
& qui ne proviennent pas de la veftuté ou mauvaife qualité des parties dégradées.

Defgodets, en fon livre des lois des bâtimens, rapporte parmi ces réparations celles
qui font à faire aux âtres & contre-cœurs des
cheminées, parce que la préfomption eft que
c'eft ou par la violence d'un trop grand feu,
ou par le choc des buches jetées fans précaution, qu'ils ont été dégradés, & par conféquent par la faute des locataires ou de leurs
gens. On préfume la même chofe à l'égard des
plaques de fonte qui fervent de contre-cœurs,
lorfqu'elles fe trouvent caffées: ainfi le locataire
en doit fournir d'autres.

Par la même raifon le locataire doit faire re-
crépir le bas des murailles des chambres, quand
il fe trouve dégradé, la préfomption étant que
cette dégradation vient de ce qu'on a appuyé
fans précaution des meubles contre les murailles.

A l'égard des pavés & carreaux, lorfque tout
un pavé eft mauvais par veftuté, il eft évident
que la réparation de ce pavé n'eft pas à la charge
du locataire; mais lorfque le pavé étant bon, il
fe trouve quelques carreaux caffés ou ébranlés,
la préfomption eft que c'eft par la faute du locataire ou de fes gens, & il eft tenu d'en remettre d'autres.

Goupi, en fes notes fur Defgodets, excepte

de cette règle les pavés des grandes cours ou
des écuries qui se trouvent cassés : ces cours
étant destinées à supporter des chariots, des
charettes & autres choses de grands poids, &
les écuries étant destinées à recevoir des chevaux qui battent du pied, lorsqu'il s'y trouve
des pavés cassés, on n'en doit pas attribuer la
faute au locataire, mais au paveur qui a employé des pavés trop minces, ou qui a épargné
le ciment. Goupi décharge aussi le locataire de
la réparation des pavés qui ne sont pas cassés,
mais seulement ébranlés dans les petites cours
& dans les cuisines.

Le locataire est tenu de remettre des losan-
ges ou carreaux de vitres & des verges de
fer pour les soutenir, à la place des vitres ou
verges qui manquent ou qui sont cassées, la
présomption étant que c'est par la faute du locataire ou de ses gens, à moins que les vitres
n'aient été cassées par la grêle ; & à l'égard des
verges, à moins qu'on ne reconnoisse qu'elles
ont été cassées par le vice de la matière. Mais
la réparation pour remettre les panneaux en
plomb, n'est pas à la charge du locataire; cette
réparation n'étant censée causée que par la vé-
tusté des plombs. Desgodets & Goupi comprennent aussi dans les réparations locatives les la-
vages des vitres.

Enfin entre les différentes choses dont une
maison est composée, telles que sont les portes,
croisées, volets, planches de cloison ou de
fermeture de boutiques, ratcliers, gonds, pen-
tures, ferrures, targettes, barreaux ; lorsqu'il
s'en trouve quelques-unes de détachées par violence, ou cassées, ou endommagées autrement

que par vétufté, ou par leur mauvaife qualité, le locataire eft obligé de les réparer ou d'en fubftituer d'autres à la place de celles qui ne peuvent fe réparer, la préfomption étant que toutes ces chofes fe font trouvées en bon état, lorfque le locataire eft entré en jouiffance fans s'en plaindre, & que c'eft par fa faute qu'elles fe trouvent manquer, ou qu'elles font endommagées. C'eft pourquoi Goupi donne un confeil très-judicieux aux locataires, en les avertiffant de bien examiner avant d'entrer en jouiffance d'une maifon les chofes qui y manquent, ou qui font endommagées, & de s'en faire donner une reconnoiffance par le bailleur.

Lorfqu'il y a un jardin dans une maifon louée, l'entretien de ce jardin eft une charge du locataire qui doit le mettre en auffi bon état qu'il étoit lorfqu'il eft entré en jouiffance; & lorfqu'on ignore en quel état il étoit alors, il eft préfumé avoir été en bon état.

A l'égard des vafes & des pots de fleurs qui fervent à l'ornement du jardin, & des bancs que le propriétaire y a laiffés en donnant la maifon à loyer, Goupi fait une diftinction: il dit qu'en ce qui concerne les vafes de fayance, de fonte ou de fer, caiffes de bois, & les bancs de bois, caffés ou dégradés autrement que par vétufté, la préfomption eft que c'eft par la faute du locataire ou de fes gens, & qu'en conféquence il eft tenu de les réparer ou d'en fubftituer d'autres; mais qu'à l'égard des vafes de marbre, de pierre ou de terre cuite, & des bancs de pierre, la dégradation de ces chofes pouvant venir de l'intempérie de l'air, le loca-

taire n'en eft point tenu, à moins que le propriétaire ne prouve qu'ils ont été rompus par
violence.

Il n'eft pas douteux que le nettoiement des
cheminées ne foit une charge des locataires, &
que fi le feu prenoit à une cheminée faute
d'avoir été ramonée, le locataire ne fût tenu
de tout le dommage caufé par l'incendie qui auroit été la fuite de fa négligence, à moins qu'il
ne fe fût trouvé dans le tuyau quelque pièce de
bois; dans ce cas ce feroit par le défaut de la
conftruction de la cheminée que l'incendie feroit
arrivé, & le locataire n'en feroit pas tenu : c'eft
ce qu'obferve Goupi. Au contraire, il n'eft pas
moins certain que le curement des privés eft
une charge du bailleur, & non des locataires.
Quant aux curemens des puits, Defgodets en
charge les locataires, parce que ce font les
pierres & autres chofes que ces locataires ou
leurs gens y laiffent tomber par leur faute, qui
donnent lieu à ce curement; mais lorfque dans
des années de féchereffe, il faut percer le tuf
pour faire venir de l'eau, ce doit être aux frais
du bailleur.

Les fermiers des héritages de campagne font
tenus à l'égard des bâtimens qu'ils occupent, des
menues réparations dont nous avons dit qu'é-
toient tenus les locataires des maifons. Defgodets les charge de l'entretien des haies & du
curement des foffés. Cela paroît jufte, fi ce curement a coutume de fe renouveler dans un
temps qui n'excède pas celui de la durée des
baux; car dans ce cas, il fait partie de la culture.

Sur les réparations locatives dont les fermiers ou locataires des diverses espèces d'héritages doivent être tenus, il faut s'en rapporter aux usages des différens lieux.

Des droits du bailleur sur les fruits des terres louées, & sur les meubles qui sont dans la maison louée. Le bailleur a une espèce de droit de gage sur les fruits des terres louées & sur les meubles que le preneur met dans la maison louée. Ce droit tire son origine des lois romaines : elles accordoient aux bailleurs des biens de campagne sur les fruits qui étoient recueillis durant le temps du Bail, une hypothèque tacite pour le payement des fermes & des autres obligations du fermier.

Les mêmes lois romaines accordoient aux bailleurs des maisons, sur les meubles que le locataire y avoit fait porter ou conduire, une hypothèque tacite pour le payement des loyers & autres obligations du Bail.

Elles accordoient ce droit d'hypothèque tacite, non-seulement dans les baux des maisons, c'est-à-dire, des édifices loués pour servir à l'habitation du locataire, mais encore dans les baux des auberges, magasins, cours, boutiques, & autres héritages semblables.

Mais elles ne donnoient aux bailleurs de métairies aucune hypothèque sur les meubles qu'on y plaçoit ; elles jugeoient que l'hypothèque accordée sur les fruits devoit suffire.

Les coutumes, à l'imitation des lois romaines, ont accordé aux bailleurs d'héritages une espèce de droit de gage sur les fruits. Celle de Paris & celle d'Orléans ont même été plus loin ; car elles accordent aux bailleurs des métairies une espèce de droit de gage, non-seulement sur les fruits qui se recueillent dans ces métairies, mais encore sur les meubles que les fermiers y ont.

Quant aux coutumes qui ne se font pas expliquées à cet égard, il se trouve au journal des audiences un arrêt du 22 novembre 1655, par lequel on a jugé que les bailleurs des métairies & biens de campagne, n'avoient ce droit que sur les fruits, conformément aux lois romaines, & non sur les meubles ; la coutume de Paris qui l'accorde ne devant pas à cet égard faire loi hors de son territoire. Il ne paroît pas que cet arrêt ait été suivi ; car Basnage, en son traité des hypothèques, atteste que c'est un usage général de la france coutumière, que le bailleur des métairies ait ce droit sur les meubles comme sur les fruits.

Il reste à faire remarquer une différence entre notre droit & le droit romain, à l'égard du droit des bailleurs sur les fruits & sur les meubles : selon le droit romain c'étoit une hypothèque parfaite que le bailleur conservoit, en quelque main que passassent les choses qui y étoient sujettes ; mais dans notre droit, lorsque les fruits & les meubles ont été déplacés de la métairie ou de la maison où ils étoient, & que le bailleur a manqué de les saisir dans le court délai qui lui est accordé pour cela, & dont nous parlerons plus bas, son droit s'évanouit.

Cette décision auroit lieu quand même le fermier ou locataire demeureroit propriétaire de ces choses ; il suffit qu'elles aient été déplacées de la maison ou métairie, & que le bailleur ait

omis de les fuivre, pour qu'il ne foit plus recevable à prouver que les fruits qui fe trouvent
dans un autre lieu, font ceux qui ont été recueillis dans fa métairie, & que les meubles
font ceux qui ont été déplacés de fa maifon.

Il doit en être de même à bien plus forte raifon, lorfque ces chofes ne font plus en la poffeffion du fermier ou locataire qui les a aliénées,
par la règle générale, qu'en france *les meubles
n'ont pas de fuite par hypothèque.*

Le droit de gage dont il s'agit fe contracte par
le Bail à ferme ou à loyer qui eft fait de l'héritage, le Bail ne fût-il que verbal.

Il eft accordé aux propriétaires de maifon &
de métairie, non en leur qualité de propriétaires, mais en celle de bailleurs de la maifon ou
métairie. C'eft à cette qualité que ce droit &
les autres dont nous parlerons, font attachés.
C'eft pourquoi non-feulement le propriétaire
qui loue la maifon qui lui appartient, mais auffi
l'ufufruitier, ou le poffeffeur qui loue la maifon
ou métairie dont il a l'ufufruit ou la poffeffion,
ont le même droit.

Le feigneur féodal qui a faifi féodalement la
maifon ou métairie de fon vaffal, ou qui jouit
du revenu de l'année pour fon droit de rachat,
a auffi le même droit, foit que ce foit lui-même
ait fait le Bail, foit que ce foit le vaffal.

Il faut dire la même chofe dans la coutume
d'Orléans, du feigneur de cenfive qui jouit du
revenu de l'année pour le droit *de relevoifon à
plaifir.*

Il y a plus : un fimple locataire qui a fous-
baillé la maifon ou la métairie qu'il tenoit à

loyer, a le même droit fur les meubles du fous-locataire & fur les fruits.

Un tiers qui a payé le bailleur de ce qui lui étoit dû par le locataire, fuccède à ce droit pour la répétition de tout ce qu'il a payé & exerce à cet égard tous les droits du bailleur.

Ce droit s'étend, comme nous l'avons déjà dit, à tous les fruits, de quelque nature qu'ils foient, qui ont été recueillis fur les terres de la métairie, tels que font les bleds & grains de toute efpèce, les foins, bois, vins, cidres, &c.

Ces fruits me font obligés non-feulement lors qu'ils ont été recueillis par le principal locataire; ils le font pareillement lorfqu'ils l'ont été par fes fous-locataires ; car mon fermier principal n'a pas pu, en fous-baillant, me priver de ce gage.

Les fous-fermages qui font dus à mon fermier principal, font comme des fruits civils, & font en conféquence fujets à mon droit ; mais je dois choifir ou de me venger fur les fruits perçus par ce fous-locataire, ou fur les fous-fermages qu'il doit ; car comme il ne peut devoir de fous-fermages qu'autant qu'il perçoit les fruits des héritages qui lui ont été fous-baillés, fi je lui enleve ces fruits en vertu de mon droit, il n'y a plus de fous-fermages que je puiffe faifir.

Ce droit comprend auffi les meubles qui fe trouvent dans les métairies & les maifons, non-feulement ceux du principal locataire, mais auffi ceux des fous-locataires, à l'exception que ceux de chaque fous-locataire n'y font fujets que jufqu'à concurrence du loyer de la portion de la maifon que ce fous-locataire occupe.

La coutume de Paris a fuivi cette difpofition de droit en l'article 162 : « *S'il y a des fous-* » *locatifs, peuvent être pris leurs biens pour ledit* » *loyer & charges du Bail ; & néanmoins leur* » *feront rendus en payant le loyer pour leur occu-* » *pation* ». Cette difpofition doit avoir lieu dans les coutumes qui n'en ont point de contraires.

De ce que le fous-locataire n'engage fes meubles que jufqu'à la concurrence de fon loyer, Bafnage en fon traité des hypothèques en conclut après Barthole, que les meubles de celui à qui le locataire a donné l'habitation gratuite d'une partie de la maifon, ne font point obligés envers le bailleur, fi ce n'eft pour les menues réparations de fon appartement, defquelles il eft tenu comme un fous-locataire : cette décifion eft critiquée avec raifon par M. Pothier. En effet, un propriétaire qui compte pour la fureté de fes loyers fur les meubles dont il voit fa maifon garnie, feroit trompé fi la maifon ou prefque toute la maifon fe trouvoit occupée par différens particuliers auxquels il fuffiroit de dire que le principal locataire leur a accordé une habitation gratuite ; il paroît équitable que leurs meubles foient obligés au loyer à proportion de la partie qu'ils occupent.

La coutume d'Orléans s'eft écartée de la difpofition du droit Romain ; elle affujettit les meubles du fous-locataire de partie de la maifon au payement de tous les loyers, & non pas feulement à proportion de ce qu'il occupe ; d'où il fuit qu'elle y affujettit auffi ceux de celui qui auroit une habitation gratuite. Voici les termes

dans lefquels eft rédigé l'article 408. « Le feigneur
» d'hôtel peut faire exécution fur tous les meu-
» bles qu'il trouve en fon hôtel pour le paye-
» ment des loyers qui lui lui font dus, encore
» que celui fur lequel l'exécution fera faite ne
» tînt que partie de la maifon ».

Cette coutume, par cet article, donne au
propriétaire pour fes loyers un droit indéfini fur
les meubles du fous-locataire qui n'occupe que
partie de la maifon, & ne le limite point à ce
qui eft dû pour la portion qu'il occupe : ce droit
eft exorbitant & particulier à la coutume d'Orléans.

Cette difpofition donne lieu à la queftion fuivante. Une maifon a été fous-baillée par parties
à fix fous-locataires. Le propriétaire a exécuté
les meubles de Titius, l'un des fix fous-locataires ; Titius a payé tout ce qui étoit dû au propriétaire & a été fubrogé à fes droits : Titius
pourra-t-il exécuter les meubles de chacun des
autres fous-locataires pour le total des loyers
qu'il a payés, ou feulement pour un fixième ?
La raifon de douter eft que Titius exerce les
droits du propriétaire, d'où il femble fuivre
que de même que ce propriétaire avoit le droit
d'exécuter les meubles de chacun de ces fous-
locataires pour le total de fes loyers, Titius
qui exerce fes droits doit l'avoir de même.
La raifon de décider au contraire eft que le
propriétaire n'avoit le droit de fe venger fur
les meubles de chacun de ces fous-locataires
pour le total, qu'à la charge de lui céder
tous fes droits ; Titius qui eft fubrogé aux
droits du propriétaire, devroit donc auffi les

céder à chacun de ces fous-locataires qui payeroit le total : mais ce fous-locataire qui auroit
rembourſé Titius de tout ce qu'il auroit payé au
propriétaire, devenant lui-même ſubrogé à tous
les droits de ce propriétaire, auroit le droit ſur
les meubles de Titius que le propriétaire y
avoit ; & par ce moyen après avoir payé Titius, il obligeroit à ſon tour Titius à lui rendre
ce qu'il lui auroit payé. Pour éviter ce circuit
de droits & d'actions, le fous-locataire qui a
payé le total ne doit ſe venger ſur les meubles
de chacun des fous-locataires que pour la portion de chacun.

Si l'un des fous-locataires n'avoit pas de quoi
ſatisfaire à ſa portion, il faudroit la repartir entre
tous les autres.

Obſervez que l'article de la coutume d'Orléans doit s'entendre des fous-locataires & non
d'un principal locataire à qui le propriétaire auroit loué ſéparément une partie de ſa maiſon.

Il eſt évident que les meubles de ce principal
locataire ne peuvent être affectés qu'au loyer
de cette partie ; car lorſqu'un propriétaire loue
ſéparément différentes parties de ſa maiſon à
différentes perſonnes, ce ſont autant de baux
ſéparés qu'il y a de différentes parties.

La Lande prétend auſſi que cette diſpoſition
de la coutume d'Orléans ne doit pas s'entendre
du fous-locataire dont le fous-Bail auroit été
expreſſément agréé par le propriétaire ; mais ſa
déciſion ne paroît pas juſte : perſonne n'eſt facilement préſumé renoncer à ſes droits. Le fait
dont on voudroit induire cette renonciation
doit être tel qu'il ne puiſſe pas paroître avoir

été fait par un autre motif : or c'eſt ce qu'on ne peut pas dire en cette eſpèce ; le propriétaire qui conſent au ſous-Bail peut n'y conſentir que pour déclarer que par ce conſentement il reconnoît le ſous-locataire pour une perſonne honnête à qui le ſous-Bail a pu être fait.

. Si le propriétaire avoit expreſſément déchargé le principal locataire du loyer de la partie ſous-baillée, & qu'il eût accepté le ſous-locataire pour ſon locataire, il eſt certain que dans ce cas les meubles de ce ſous-locataire ne répondroient que de ſon loyer & non de celui du premier locataire : la raiſon en eſt que le propriétaire par cette décharge fait de ce ſous-locataire & du ſous-Bail, un Bail ſéparé de la partie de maiſon qu'il occupe.

. Ce droit que les coutumes accordent aux locataires des maiſons ou métairies comprend non-ſeulement les meubles qui appartiennent aux fermiers ou locataires & aux ſous-locatai-res ; il comprend encore ceux qui appartiennent à des tiers, lorſque c'eſt de leur conſente-ment, ou exprès ou tacite, qu'ils garniſſent la maiſon.

Par exemple, ſi un tapiſſier a donné à loyer des meubles à mon locataire pour meubler la maiſon qu'il tient de moi, les meubles de ce tapiſſier, quoiqu'ils n'appartiennent point à mon locataire, ſeront obligés à mes loyers & à toutes les obligations du Bail, tout comme s'ils appartenoient à mon locataire ; & en conſé-quence ſi je les ſaiſis, le tapiſſier n'en pourra prétendre la recréance.

. Cette déciſion eſt fondée ſur un uſage conſtant qui a ainſi interprêté l'eſprit des coutumes.

Les coutumes, ſuivant qu'il paroît par un grand nombre de leurs diſpoſitions, ayant apporté tout le ſoin imaginable à procurer la ſureté du payement des fermages des métairies & des loyers des maiſons dans leſquels conſiſte le principal revenu des citoyens & d'où dépend l'entretien de leurs familles, il auroit manqué quelque choſe à leur prévoyance, ſi elles n'euſſent pas aſſujetti au droit des propriétaires des maiſons & métairies, tous les meubles qui s'y trouvent : car ſans cela un propriétaire ſeroit tous les jours expoſé à perdre ſes loyers. Lorſqu'il loue ſa maiſon, il ne connoît ordinairement pas la fortune de ſon locataire ; il ne peut compter que ſur les meubles qui paroiſſent dans ſa maiſon, & il ne peut ſavoir s'ils appartiennent à ſon locataire ou non : il eſt donc néceſſaire pour ſa ſureté que ces meubles lui ſoient obligés, ſoit qu'ils appartiennent ou non à ſon locataire.

On oppoſera qu'il répugne aux principes de droit & même à la nature des choſes, que les meubles qui n'appartiennent pas au locataire ſoient obligés ; car les meubles qui ſe trouvent dans une maiſon ne ſont obligés que parce que le locataire eſt cenſé les avoir tacitement obligés : mais il ne peut pas obliger les choſes qui ne lui appartiennent pas. Perſonne ne peut accorder à un autre un droit dans une choſe lorſqu'il n'y a lui-même aucun droit, ſuivant la règle *nemo plus juris ad alium transferre poteſt quam ipſe habet.* La réponſe eſt qu'on ne peut à la vérité obliger la choſe d'autrui ſans le confentement de celui à qui elle appartient ; mais on le peut avec fon confentement : or, celui qui prête ou qui loue des meubles à mon loca-taire, ou qui pour quelqu'autre raifon les place chez lui, eft cenfé en fouffrant qu'ils garniffent ma maifon, confentir qu'ils foient obligés au loyer, parce qu'il fait ou doit favoir que tout ce qui occupe une maifon répond des loyers & de toutes les obligations du Bail.

Ceci doit avoir lieu quand même celui qui a prêté ou donné a loyer des meubles à mon lo-cataire, auroit par l'acte qui contient ce prêt ou ce louage, & qui eft paffé à mon infçu, expreffément protefté qu'il n'entendoit point confentir que ces meubles me fuffent obligés, car cet acte ne peut me préjudicier.

Des principes que nous avons établis, il fuit que, pour que les meubles qui n'appartiennent pas au locataire foient obligés au loyer, il faut que ce foit par la volonté du propriétaire de ces meubles qu'ils aient été introduits dans la maifon louée ; autrement le bailleur n'y peut prétendre de droit, n'y ayant en ce cas aucune raifon fur laquelle il puiffe être fondé. C'eft pourquoi fi l'on a volé des meubles à quel-qu'un, & que le voleur, ou celui qui les a acquis du voleur, en ait garni la maifon qu'il tient de moi à loyer, je ne pourrai en contefter la recréance au propriétaire lorfqu'il aura juftifié que ces meubles lui ont été volés & qu'il les aura fait reconnoître pour lui appartenir. La raifon de cette décifion eft qu'on ne peut pas dire que ce foit par fa volonté que fes meubles aient été introduits dans ma maifon.

Si une perfonne vend des meubles à mon locataire fans jour & fans terme ; & que dans
l'efpérance de recevoir fon argent comptant, elle
les laiffe enlever & porter dans la maifon que
mon locataire tient de moi, pourrai-je prétendre qu'ils me font obligés & empêcher qu'on
ne les révendique peu après faute de payement ?
il y a lieu de répondre que non. La raifon en
eft que le vendeur ayant vendu fans terme &
au comptant, eft fuppofé n'avoir point voulu le
défaifir de la chofe qu'autant qu'on le payeroit,
& l'on ne peut pas dire qu'il ait confenti à ce
qu'elle fût obligée à mes loyers.

Mais s'il avoit tardé un temps un peu confidérable à redemander fa chofe faute de payement, il réfulteroit de ce retard une préfomption qu'il auroit bien voulu s'en rapporter à
la bonne foi du locataire, & par conféquent lui
en transférer la propriété, auquel cas nul doute
que cette chofe ne foit obligée à mes loyers,
puifque mon locataire en eft devenu le propriétaire.

Les meubles pour être fujets au droit que la
coutume accorde au bailleur, doivent garnir la
maifon ou métairie qui a été louée. Mais quels
font les meubles qui font cenfés la garnir ? ce
font ceux qui paroiffent y être pour y demeurer
ou pour y être confommés.

Les chofes qui font dans une maifon, non
pour y refter, mais qui y font comme en paffant, ne peuvent donc point paffer pour chofes
qui garniffent la maifon & ne font point obligées
envers le bailleur.

Cela doit fur-tout avoir lieu à l'égard des

chofes qui n'appartiennent pas au locataire :
fuivant ces principes , les effets des voyageurs
qui fe trouvent dans une auberge ne font point
obligés aux loyers de cette auberge , & ne peuvent être faifis par le propriétaire ; car on ne
peut pas dire qu'ils garniflent l'auberge , puifqu'ils n'y font qu'en paffant.

Par la même raifon , le linge que l'on donne
à une blanchiffeufe pour le blanchir , l'étoffe
qu'on donne à un tailleur pour faire des habits,
les montres qu'on donne à un horloger pour les
raccommoder , les livres qu'on donne à un re-
lieur pour les relier & autres chofes femblables,
ne font point cenfés garnir les maifons de ces
perfonnes & ne, répondent point des loyers
qu'elles en doivent.

Pareillement fi quelqu'un a donné à mon locataire quelques meubles en dépôt ou en nantiffement , qu'il tient enfermés , & qui ne font
point en évidence , ils ne doivent pas m'être
obligés ; car on ne peut pas dire qu'ils foient dans
ma maifon pour y dèmeurer , mon locataire
étant obligé de les rendre auffi-tôt qu'on les
lui redemandera , ou lorfque le débiteur qui
les lui a donnés en nantiffement , fe fera libéré.
D'ailleurs je n'ai point dû compter pour mes
loyers fur ces effets qui n'étoient point en
évidence , & que mon locataire qui n'en avoit
que la garde & non l'ufage , devoit tenir enfermés.

Mais fi les meubles qui ont été confiés ou
donnés en nantiffement à mon locataire étoient
des meubles de nature à être mis en évidence
& à garnir une maifon , ils doivent répondre de
mes

mes loyers ; autrement ne fachant point à quel
titre mon locataire les tient, & comptant fur
ces meubles qui garniffent ma maifon, je ferois
induit en erreur. On peut dire en ce cas que
celui qui les a donnés en dépôt ou en nantiffement à mon locataire, en confentant qu'ils fuffent introduits en ma maifon & qu'ils la garniffent, a tacitement confenti qu'ils me fuffent
obligés.

Il en feroit différemment dans le cas d'un
incendie. On ne pourroit pas fuppofer qu'un
voifin qui auroit fait porter dans la maifon de
mon locataire fes meubles pour les préferver des
flammes, eût confenti qu'ils garniffent ma maifon & répondiffent de mes loyers, à moins
qu'il ne les y eût laiffés long-temps après le péril
paffé.

A l'égard des meubles qui appartiennent aux
locataires ou fous-locataires, ils font obligés au
loyer, foit qu'ils foient en évidence, foit que ce
foit des effets renfermés, tels que des bijoux &
autres chofes femblables : car il fuffit qu'ils foient
dans la maifon pour y demeurer, c'eft-à-dire,
qu'ils n'y foient pas en paffant & avec la defti-
nation d'être tranfportés dans un autre lieu.

Quoique des marchandifes ne foient pas au
rang des meubles meublans d'une maifon, &
qu'étant deftinées à être vendues, elles ne
foient pas dans la maifon pour y demeurer, cependant elles font obligées au loyer : la raifon
en eft que le droit du bailleur s'étend fur tous
les effets qui garniffent chacune des parties de
fa maifon, fuivant le genre d'exploitation de
chaque partie : par conféquent, le locataire
ayant fait une boutique, un magafin d'une par-

tie de la maifon, les effets qui garniffent cette
partie de maifon doivent être obligés envers le
bailleur.

—On a demandé fi le bailleur pouvoit exercer
fon droit de gage fur l'argent comptant qui fe
trouvoit dans une maifon? Auzanet décide fort
bien pour la négative ; car cet argent n'étant
pas deftiné pour demeurer dans la maifon, mais
pour être dépenfé au dehors, on ne peut pas
dire que ce foit une chofe qui garniffe la
maifon.

A l'égard des créances dont les cédules &
obligations fe trouvent dans la maifon, il eft
très-évident qu'elles ne font point partie des
chofes qui font dans la maifon & qui répondent
des loyers : ces cédules & obligations font
de fimples inftrumens qui fervent à prouver
l'exiftence des créances & ne font point les
créances mêmes.

Le droit de préférence fur les meubles qui
garniffent les maifons & fur les fruits des métairies, a lieu dans les provinces mêmes où les
meubles font fufceptibles d'hypothèque au préjudice des créanciers antérieurs au Bail, comme
l'attefte Bafnage en fon traité des hypothèques.
La raifon en eft que l'hypothèque dont les
meubles font fufceptibles en ces provinces, ne
dure que tant qu'ils font en la poffeffion du débiteur, fuivant la règle générale du droit François, que *meubles n'ont point de fuite par hypothèque.* D'où il fuit qu'un créancier qui les a en
nantiffement eft préféré aux créanciers antérieurs, parce que le nantiffement en a comme
dépoffédé le débiteur ; or le propriétaire a
comme en nantiffement les meubles qui font

dans fa maifon, & par conféquent il doit être préféré aux autres créanciers.

Suivant les actes de notoriété du châtelet de Paris, des 7 février 1688, 25 mars 1702 & 19 feptembre 1716, on fait à l'égard de cette préférence une diftinction entre les baux devant notaires & ceux qui n'ont été faits que fous-fignature privée ou verbalement. Lorfque le bailleur a un Bail paffé devant notaires, il eft préféré aux créanciers de fon locataire généralement pour toutes les obligations réfultantes du Bail, & par conféquent pour tous les termes échus & pour tous ceux qui reftent à courir du Bail ; mais lorfque le Bail n'eft que verbal ou même feulement fous-fignature privée, le bailleur n'a de préférence que pour trois termes échus & pour le courant.

Denifart en fa note fur l'acte de notoriété du 24 mars 1702, obferve que lorfque le Bail fous fignature privée a été reconnu en juftice avant la faifie des meubles du locataire faite par quelqu'un de fes créanciers, il donne au bailleur la même préférence que s'il étoit devant notaires.

Lalande en fon commentaire fur la coutume d'Orléans avoit fait une pareille diftinction entre les baux paffés devant notaires & ceux qui ne le font pas : mais cet auteur étoit peu inftruit de l'ufage : il eft certain que cette diftinction n'eft pas obfervée dans l'Orléanois. La raifon peut en être que les baux que les particuliers font à Orléans de leurs maifons font tous paffés fous fignature privée, & qu'on n'a pas cru néceffaire de prendre dans cette ville les mêmes précautions contre les fraudes, qu'à Paris, où elles font beaucoup plus communes. Cela a été

Z ij

ainſi jugé par arrêt du mois de juillet 1708 ;
confirmatif d'une ſentence du bailliage d'Orléans qui avoit adjugé aux jéſuites la préférence
pour huit années de loyer contre les créanciers
du ſieur Bonquin, quoique les jéſuites n'euſſent
point de Bail (*).

On demande ſi le proprietaire d'une métairie
doit être préféré pour les avances qu'il a faites

(*) Suivant l'article 17 du titre 12 de la coutume générale de Lorraine les meubles qui ſont dans une maiſon ſont
expreſſément affectés au bailleur pour les loyers : & ſuivant
l'article 18, le propriétaire d'une métairie doit être préféré
aux autres créanciers du preneur ſur les fruits de cette métairie, pour les fermages de l'année courante & d'une année
d'arrérages. Ces diſpoſitions de la coutume ſont confirmées
par l'article 5 du titre 17 de l'ordonnance civile du duc
Léopold de Lorraine du mois de novembre 1707, dont
voici les termes :

Pourra auſſi être demandé au juge permiſſion de faire
ſaiſir & arréter la choſe dérobée, ou celle que le demandeur
prétend lui appartenir, comme auſſi les fruits provenans de
métairie, pour canon de la ferme, à la requête du proprié-
taire qui ſera préféré pour l'année courante, & une d'arré-
rages ; & les meubles étant en la maiſon louée pour les
loyers, encore qu'il n'y auroit aucun Bail par écrit ; com-
me auſſi faire ſaiſir és mains d'un tiers.

Il ſemble d'après ces lois, que l'intention du légiſlateur a
été d'accorder aux propriétaires des maiſons une préférence
pour la totalité des loyers ſur les meubles des maiſons louées:
cependant pluſieurs magiſtrats éclairés nous ont aſſuré que
différens bailliages de Lorraine reſtreignoient à cet égard
les droits des propriétaires des maiſons, & aſſimiloient ces
propriétaires à ceux des métairies en ne leur accordant de
préférence que pour l'année courante & une année d'arrérages. On ne nous a donné aucune raiſon ſatisfaiſante pour
appuyer cette juriſprudence qui nous paroît également op-
poſée à la loi & aux principes établis ſur la matière dont il
s'agit.

à fon fermier afin de faire valoir la métairie ? Il faut diftinguer : fi ces avances ont été faites par le Bail même, l'obligation de les rendre faifant partie des obligations du Bail, il n'eft pas douteux que le propriétaire ne doive être préféré fuivant le principe qui lui accorde la préférence pour toutes les obligations du Bail. Il y a plus de difficulté fi les avances n'ont été faites que depuis le Bail ; car la créance de ces avances dérive d'un contrat de prêt féparé & diftingué du Bail & qui n'en fait point partie. Cependant il paroît que l'ufage a étendu à cette forte de créance les droits des bailleurs, furtout lorfque ces avances ont été faites en grains ou autres efpèces, & qu'on ne peut douter qu'elles n'aient été faites pour faire valoir la métairie.

Cette règle que le bailleur eft préféré pour tout ce qui lui eft dû, reçoit exception à l'égard de la taille ; car fuivant la déclaration du 22 août 1665 & l'édit du mois d'août 1669, le bailleur de maifon n'eft préféré à la taille due par fon locataire que pour fix mois de loyer, & le bailleur de métairie n'eft préféré à la taille due que pour une année de fermage. Au refte la créance du roi n'exclut le bailleur pour le furplus, que fur les meubles qui appartiennent au locataire ou fermier ; car le roi n'ayant droit de fe faire payer que fur les effets qui appartiennent à fon débiteur, il ne peut rien prétendre, ni par conféquent exclure le bailleur fur les autres effets qui, fans appartenir au locataire ou fermier, garniffent la maifon ou métairie.

Il y a certaines créances qui font préférées

au bailleur. Telle eſt d'abord la créance des frais de juſtice qui ont été faits pour la cauſe commune de tous les créanciers ; tels ſont auſſi les frais funéraires qu'on doit arbitrer eu égard à la qualité du défunt. Suivant un acte de notoriété du châtelet de Paris du 4 août 1652, on doit les réduire à une ſomme de 20 livres, mais on n'a pas toujours ſuivi cette réduction.

Baſnage, en ſon traité des hypothèques, met la créance des médecins, chirurgiens, apotiquaires, pour la dernière maladie du défunt, au même rang que les frais funéraires, & par conſéquent avant le bailleur. Dupleſſis, ſur la coutume de Paris, ne les met qu'après.

Les moiſſonneurs ſont préférés au bailleur ſur les grains qu'il ont coupés à la dernière récolte. A Orléans les valets de labour lui ſont auſſi préférés ſur les grains, pour les ſervices qu'ils ont rendus pendant les quatre mois qui ont couru depuis la ſaint Jean juſqu'à la Touſſaint, leſquels leur ſont payés ſur le pied d'une demi-année, à cauſe de la nature du travail.

Dans quelques provinces, comme en Dunois, on accorde auſſi un privilège ſur les fruits avant le propriétaire, aux charons & maréchaux, pour leurs fournitures de l'année, comme ayant ſervi à faire valoir la métairie : dans l'Orléanois, ils n'ont point de privilège.

Celui qui a vendu des chevaux pour faire valoir la métairie, & celui qui a fourni la ſemence, n'ont point de privilège ſur le propriétaire, à moins qu'il n'ait conſenti qu'on les préférât.

Par le droit romain, les meubles qui avoient été une fois amenés & apportés dans la maiſon louée, conſervoient l'hypothèque qu'ils avoient

contractée, quoiqu'ils en fuffent par la fuite déplacés, ou même qu'ils fuffent aliénés. Le prêteur
accordoit au bailleur, pour la pourfuite de cette
hypothèque, une action qui s'appelloit *l'action
fervienne:* cette action, quoique prétorienne, étoit
de la claffe de celles qu'on appelloit *perpétuelles*,
& elle avoit lieu contre quiconque fe trouvoit
avoir en fa poffeffion les chofes fujettes à cette
hypothèque.

Quoique par notre droit françois *les meubles
n'aient pas de fuite par hypothèque*, néanmoins
on a confervé aux bailleurs de maifons & de
métairies, le droit de fuivre les meubles qui
leur font obligés.

Plufieurs coutumes en ont des difpofitions:
par exemple, celle d'Auxerre, dit : « meubles
» n'ont pas de fuite par hypothèque, fi ce n'eft
» pour louage de maifons. »

Mais le bailleur doit exercer ce droit de fuite
dans un court délai (*), depuis que les meubles ont été tranfportés hors de la maifon ou
métairie, finon le droit qu'il avoit fur ces meubles refte fans effet ; & en cela notre droit françois eft différent du droit romain.

Ce droit de fuite peut être exercé de deux
manieres, ou par la voie de faifie, ou par la voie
d'action.

Les articles 415 & 416 de la coutume d'Orléans, établiffent la première. L'article 415 dit:

(*) Ce délai n'eft pas le même par-tout: dans l'Orléanois
le bailleur d'une maifon a huit jours pour fuivre les meubles qui ont été enlevés, & le bailleur d'une métairie en a
quarante. Il faut fuivre à cet égard les ufages des différens
lieux.

« le feigneur d'hôtel ou de rente foncière peut
» pourfuivre les biens enlevés de l'hôtel, &
» iceux, par lui, fon procureur ou commis,
» (un fergent appelé) prendre, faifir & enlever
» par exécution pour la fûreté de ce qui lui eft
» dû pour trois termes échus & deux à écheoir
» pour garniffement dudit hôtel. »

L'article 416 dit : « & pour le regard des mai-
» fons, fermes ou penfion d'héritage, le fei-
» gneur peut pourfuivre les biens enlevés de
» fon hôtel pour le payement de trois années
» échues, & garniffement d'une année à écheoir. »

La voie d'action eft établie par l'article 419.
« Si le locataire ou autre que le feigneur d'hô-
» tel, ou de rente foncière, enlevoit les biens
» étant en l'hôtel baillé à loyer, fans le con-
» fentement du locateur ; icelui locateur peut
» appeller ledit locataire ou celui qui a enlevé
» lefdits biens, pour les rétablir audit hôtel
» pour fûreté des trois termes derniers, fi tant
» il en prétend ; & outre peut contraindre ledit
» locataire à garnir ladite maifon pour l'année
» à venir. »

Ces difpofitions ne définiffent point le temps
dans le lequel droit de fuite peut être exercé, foit
par la voie de faifie, foit par la voie d'action ;
mais, comme on l'a vu, l'ufage le reftreint à
huit jours pour les maifons de ville, & à quarante jours pour les métairies.

Il y a néanmoins un cas où le bailleur peut
l'exercer, même après ce temps ; c'eft celui
auquel les effets de la maifon ou métairie en auroient été enlevés par un créancier du locataire
qui les auroit faifis fur lui : le bailleur doit alors
être admis même après les huit jours & les qua-

rante jours expirés, à s'oppofer à la faifie, & à demander la main-levée & le rétabliffement des meubles faifis, fi mieux n'aime le créancier faififfant fe charger de toutes les obligations du Bail, payer au bailleur les loyers ou fermages échus, & lui donner caution pour le furplus. La raifon de cette décifion eft que la main de juftice fous laquelle font les effets enlevés, conferve les droits de tous les créanciers, & par confé-quent celui du bailleur.

Le propriétaire d'une maifon ou métairie, peut, fuivant l'article 415 cité ci-deffus, faifir les meubles enlevés, foit qu'ils foient encore en la poffeffion du locataire qui les a tranfportés ailleurs, foit qu'ils foient en celle d'un tiers, envers qui le locataire en auroit difpofé; mais il lui faut une permiffion du juge pour les faifir dans la maifon de ce tiers : car, fuivant l'article 455, *aucun ne peut entrer en la maifon d'autrui pour faire enlever les biens étant en icelle maifon, fans autorité de juftice.*

Le bailleur peut, dans le temps prefcrit, fui-vre par la voie de faifie ou par la voie d'action les meubles enlevés de fa maifon ou métairie, même contre un acheteur de bonne foi, ou contre un créancier qui lès auroit reçus de bonne foi, foit en payement, foit en nantiffement. La raifon en eft que ces meubles ayant contracté une efpèce d'hypothèque, lorfqu'ils ont été in-troduits dans la maifon ou métairie, le locataire ne les poffédant dès-lors qu'à la charge de cette efpèce d'hypothèque, n'a pu les tranfporter à un autre qu'à cette charge, perfonne ne pou-vant transférer à autrui plus de droit dans une chofe, qu'il n'en a lui-même : tel eft l'avis de

Dumoulin en fa note fur l'article 125. de la coutume de Bourbonnois ; & tel eft l'ufage contre l'avis de Lalande.

De-là il fuit que fi à l'expiration du Bail, le locataire d'une maifon a tranfportés fes effets dans une autre maifon qu'il a prife à loyer, fans s'être acquitté envers le premier bailleur, celui-ci a droit de les fuivre dans cette autre maifon, & doit être préféré au nouveau bailleur, & non pas venir avec lui en concurrence, comme l'enfeigne mal-à-propos Lalande ; car tant que l'hypothèque de ces meubles contractée envers le premier bailleur n'eft pas purgée, il n'ont pû devenir obligés envers le fecond bailleur au préjudice du premier.

Ce droit de fuite a lieu même contre le propriétaire des meubles enlevés, qui les auroit prêtés ou donnés à loyer ; car nous avons vû ci-deffus qu'ils étoient obligés au bailleur, d'où il fuit qu'il doit avoir le droit de les fuivre, même contre le propriétaire.

Lorfqu'il ne paroît pas que le détenteur contre qui le bailleur exerce fon droit de fuite, ait eu connoiffance que les meubles réclamés par le bailleur aient occupé fa maifon, ce dernier eft obligé de les faire reconnoître à fes dépens, qu'il peut répéter contre fon locataire.

Il y a plufieurs prefcriptions qui peuvent être oppofées au bailleur par les tiers, contre la pourfuite qu'il fait des meubles enlevés de fa maifon ou métairie.

La première a lieu quand le bailleur a donné quelque confentement, même tacite, à l'enlèvement, car dès-lors il n'eft plus recevable à les fuivre.

La seconde, quand le bailleur a laissé passer le temps.

La troisième, lorsque les meubles enlevés ont été depuis vendus en foire ou marché ; parce que la faveur du commerce a fait établir que ceux qui achètent en foire ou marché public, fussent à couvert de toute recherche de la part de ceux qui prétendroient quelque droit aux choses ainsi vendues : ces ventes ont, à l'égard des meubles, le même effet que les ventes des immeubles par décret.

Il faut dire la même chose à plus forte raison des ventes judiciaires faites à l'encan par un sergent. C'est pourquoi si le créancier de mon locataire a saisi les effets qui étoient dans ma maison, & qu'il les ait fait vendre sans que je m'y sois opposé, je ne pourrai les suivre contre ceux qui s'en seront rendus adjudicataires.

C'est à celui qui allègue ces prescriptions à les justifier, suivant la règle, *reus excipiendo fit actor :* par conséquent, si le bailleur d'une maison forme une demande contre quelqu'un pour faire rétablir les meubles qui étoient dans sa maison ; s'il est constant que ces meubles occupoient effectivement sa maison, ce sera au défendeur qui alléguera quelqu'une de ces prescriptions, à justifier, ou que le bailleur a consenti à l'enlèvement, où que le temps qui lui est accordé pour les suivre est expiré, ou qu'ils ont été vendus à l'encan en foire ou au marché public.

Il reste à observer que l'esprit des coutumes, en accordant le droit de suite au bailleur, n'est pas d'ôter au locataire toute disposition des meubles qu'il a portés dans la maison louée ;

mais feulement d'empêcher qu'il ne foit donné atteinte à la fûreté du bailleur pour fes loyers & les autres obligations du Bail.

Le locataire peut donc librement difpofer des effets qu'il a dans la maifon ou métairie louée, & le bailleur ne peut les fuivre ni en demander le rétabliffement, pourvu qu'il en refte fuffifamment pour procurer au bailleur la fûreté de fes loyers ou fermages.

Quoique le bailleur ne puiffe pas empêcher fon locataire de difpofer des effets qui font dans fa maifon, pourvu qu'il en refte fuffifamment pour répondre des loyers ; cependant, fi un créancier du locataire faififfoit les meubles, le bailleur feroit fondé à s'oppofer à l'enlèvement, & à demander la main-levée de la faifie, fi mieux n'aimoit le faififfant fe charger de toutes les obligations du Bail, tant pour le paffé que pour l'avenir, & donner caution à cet égard.

Des droits du preneur. Le preneur a droit de jouir de toute la chofe qui lui a été louée : cela fouffre néanmoins une limitation, qui eft que le fermier d'une terre où il y a logement pour le maître & logement pour le fermier, n'a pas le droit de jouir du logis deftiné pour le maître ni des jardins qui ne fervent que de promenade, ni des bois de haute-futaie, quoiqu'ils n'ayent pas été expreffément exceptés par le Bail. La raifon en eft que le droit d'un fermier qui loue une terre, ne s'étend qu'à jouir des parties de cette terre deftinées à produire & à loger les fruits, & au ménage ruftique.

Le fermier peut néanmoins défricher les terres qui lors du Bail étoient en friche & en percevoir les fruits pendant le temps de fon Bail, après qu'il

les aura défrichées ; car fi lors du Bail elles n'é-
toient pas cultivées & ne produifoient pas de
fruits, ce n'étoit que par le défaut d'induftrie
du propriétaire & de fes prédéceffeurs ; mais
le vœu & l'intérêt du propriétaire étoient que
le fermier pût en les défrichant leur en faire produire. C'eft pourquoi en affermant fa terre, il
eft cenfé avoir compris dans le Bail, non-feulement les parties qui lors du Bail produifoient
des fruits, mais toutes celles qui n'étant pas
deftinées à d'autres ufages, pourroient par
l'induftrie du fermier, en produire.

Le droit du preneur eft un droit qui paffe à
fon héririer, comme toutes les autres créances
y paffent.

Ce droit peut auffi fe céder à un tiers. C'eft
pourquoi un locataire ou fermier peut fous-
bailler en tout ou en partie à des tiers la maifon
ou les héritages qui lui ont été loués : ces
fous-locataires doivent jouir comme le principal
locataire ou fermier auroit dû jouir lui-même ;
c'eft pourquoi fi la maifon a été louée comme
auberge, il ne peut la fous-bailler qu'à un aubergifte qui l'entretienne comme auberge.

Pareillement, fi une maifon bourgeoife a été
louée à un bourgeois, il ne peut pas la fous-
bailler à un chartier, à un forgeron, ou à d'autres
gens femblables, parce qu'elle doit être occupée comme maifon bourgeoife.

Le locataire ou fermier qui a fous-baillé, demeure toujours obligé envers le bailleur.

Les baux portent quelquefois la claufe que le
fermier ou locataire ne pourra pas fous-bailler
fans le confentement par écrit du bailleur : mais
cette claufe ne s'exécute pas toujours à la ri-

gueur. Lorfque le locataire étant obligé de quitter la maifon, préfente au bailleur un fous locataire tel qu'il eft indifférent au bailleur que ce foit lui ou le principal locataire qui occupe la maifon, tout l'effet de la claufe eft que le bailleur peut reprendre fa maifon & faire prononcer la réfiliation du Bail, faute par le locataire d'exécuter la claufe de ne point fous-bailler, fous laquelle il lui avoit été fait ; mais s'il ne veut pas reprendre le Bail, il ne doit pas être écouté à empêcher l'exécution du fous-bail, quoique fait contre la claufe portée au Bail : la raifon en eft qu'il n'a nul intérêt pour s'oppofer à ce fous-bail.

Si le locataire n'a pas fous-loué la totalité des chofes comprifes au Bail qui lui défend de fous-louer fans le confentement du bailleur, & qu'il refte en poffeffion d'une partie de ces chofes, le bailleur ne peut pas demander la réfolution du bail quelque petite que foit la portion réfervée par le locataire, pourvu que les lieux foient garnis : telle eft la jurifprudence du châtelet de Paris ; & la cour des aides a jugé en conformité, par un arrêt rendu le vendredi 17 mars 1758, dont voici l'efpèce.

Le dérangement des affaires du fieur Guyot de Villers l'ayant obligé de fous-louer à quatre perfonnes différentes l'hôtel de la Valliere, fitué à Paris, rue Neuve faint-Auguftin, qu'il avoit d'abord occupé en totalité, & dont il ne conferva pour lui qu'un très-petit appartement, M. le duc de la Valliere demanda la réfolution de fon Bail, & fe fonda fur ce qu'il étoit interdit au fieur de Villers de céder fon droit fans le confentement par écrit du bailleur.

Il y avoit cette circonstance, que les baux des sous-locataires se montoient à 13200 livres, & que le prix du bail fait au sieur de Villers n'étoit que 10000 livres : ainsi les créanciers unis du sieur de Villers auxquels il avoit fait un abandonnement de ses biens & de ses droits, trouvoient un bénéfice de 3200 livres par an, outre le petit logement que le sieur de Villers s'étoit réservé.

M. le duc de la Valliere ajoutoit à ses moyens que le sieur de Villers avoit été fort longtemps sans habiter l'appartement qu'il s'étoit conservé; & de ces deux circonstances jointes au fait de l'abandonnement total des droits du sieur de Villers à ses créanciers, le duc de la Valliere concluoit qu'il avoit pu demander la résiliation du Bail.

Le sieur de Villers aidé par l'intervention de ses créanciers unis soutenoit que puisqu'il avoit conservé une portion de l'hôtel, on ne pouvoit pas faire résoudre son Bail; il attestoit sur cela la jurisprudence du châtelet; il ajoutoit pour détruire le prétendu reproche de l'abandon de son appartement pendant quelque tems, qu'on ne pouvoit raisonnablement s'en faire un moyen contre lui, puisqu'il étoit naturel qu'il mît sa personne à couvert dans des circonstances critiques où le contrat d'arrangement fait avec ses créanciers n'étoit point encore homologué.

A l'égard de l'abandonnement qu'il leur avoit fait, il n'opéroit tout au plus, disoit le sieur de Villers, qu'un mandat qui ne le dépouilloit que fictivement. Ces moyens furent adoptés, & l'arrêt cité débouta M. le duc de la Valliere de sa demande en résiliation.

. La claufe de ne point fous-bailler une métairie, doit être plus fcrupuleufement exécutée ; parce qu'il n'eft pas auffi indifférent d'avoir un tel fermier plutôt qu'un autre, que cela peut l'être à l'égard des locataires de maifon : tous les fermiers ne cultivent pas également bien une terre. Cependant fi le fermier ne peut plus faire valoir la terre, & en préfente un bon à fa place, le propriétaire de la métairie doit, nonobftant la claufe, l'agréer, fi mieux il n'aime reprendre le Bail.

Lorfque celui à qui j'ai fuccédé à titre fingulier à un héritage, m'a chargé de l'entretien du Bail, foit par une claufe expreffe, foit par une claufe fous entendue, comme dans les acquifitions qu'on fait du filc, il eft cenfé, en me chargeant de l'entretien du Bail, m'en avoir auffi cédé tous les droits & actions; & de même que je fuis obligé envers le locataire à l'entretien du bail, ce locataire y eft auffi obligé envers moi.

Il en eft de même, quoique la claufe par laquelle il eft dit qu'on charge l'acquéreur de l'entretien des baux, porte l'alternative *fi mieux il n'aime s'arranger pour les dommages & intérêts, & en acquitter le vendeur* : la raifon en eft que le vendeur, en le chargeant de l'entretien du Bail, quoique fous cette alternative, eft cenfé lui en avoir cédé les droits & actions, s'il vouloit l'entretenir.

Il en feroit autrement s'il n'étoit pas chargé de l'entretien du Bail, mais feulement d'acquiter le vendeur des dommages & intérêts réfultans de l'inexécution des baux : n'y ayant en ce cas rien qui puiffe paroître renfermer une ceffion des baux, le fucceffeur qui voudroit entretenir

ces

ces baux ne pourroit pas y obliger les fermiers qui ne le voudroient pas ; mais alors ces fermiers ne pourroient point prétendre de dommages & intérêts.

Le fuccefleur à titre fingulier qui n'a pas été obligé par fon contrat d'acquifition à l'entretien du Bail, peut par la fuite s'y obliger par une convention avec le locataire ou fermier.

Mais on demande fi cette convention peut s'inférer de ce que ce fuccefleur, depuis fon acquifition, a laiffé jouir pendant une année ou deux le locataire ou fermier, & en a reçu les loyers ou fermages fans proteftation ? Defpeiffes affure qu'on en doit inférer une approbation du Bail pour tout ce qui en refte à courir, & il n'en fait pas de queftion. Caroccius eft d'avis contraire, & fon avis paroît préférable. Le fuccefleur, en laiffant jouir le locataire ou fermier, eft bien cenfé avoir confenti qu'il jouît de l'héritage aux mêmes conditions que celles portées par le Bail de fon auteur, pendant le temps que dure une tacite reconduction ; mais il n'y a nulle néceffité d'inférer qu'il ait confenti qu'il en jouît pendant tout le temps qui refte à courir de ce Bail : on ne fauroit dire non plus que le défaut de proteftation, dans les quittances qu'il a données, doive le faire décheoir du droit qu'il avoit d'expulfer le fermier : on n'eft pas cenfé avoir voulu renoncer à un droit, faute d'avoir protefté qu'on entendoit le conferver. Il y a un arrêt du 5 mai 1714 au cinquième tome du journal des audiences, qui appuie cette opinion.

Si un nouveau propriétaire qui a fuccédé à titre fingulier au bailleur, n'eft pas obligé à l'entretien du Bail, quoiqu'il tienne fon droit du bailleur , ni le fermier ou locataire envers lui ; à plus forte raifon , un propriétaire qui ne tient pas fon droit du bailleur , ne doit-il pas être tenu à une pareille obligation envers le fermier, ni le fermier ne doit pas être obligé envers lui.

Suivant ce principe, fi un propriétaire grevé de fubftitution a fait un bail à ferme ou à loyer d'un héritage , & que pendant le cours du bail il y ait ouverture à la fubftitution , le fubfti-tué , nouveau propriétaire, ne fera point tenu d'entretenir ce bail pour les années qui en reftent à courir, & le fermier n'y fera point obligé non plus envers lui.

Suivant le même principe , le fucceffeur à un bénéfice n'eft pas obligé à l'entretien des baux des biens du bénéfice fait par fon prédécef-feur (*) , & le fermier n'en eft pas tenu envers lui. Néanmoins lorfqu'il lui fuccède à titre de réfignation en faveur , la reconnoiffance qu'il doit au réfignant doit l'obliger à les entretenir pour ne pas expofer fon bienfaiteur au recours en garantie qu'auroient contre lui les fermiers pour l'inexécution de leurs Baux.

La même jurifprudence eft établie à l'égard des réfignataires par permutation.

Telle eft l'opinion de Dumoulin fur la règle de *infirmis* , de Duperrai dans fon traité du par-tage des fruits des bénéfices, de Chopin, de Papon, de Vanefpen, d'Héricourt, &c. c'eft ce

---

(*) En Artois, l'ufage eft d'affujettir les abbés & prieurs réguliers à entretenir les Baux faits par leurs prédéceffeurs décédés. Le confeil d'Artois a attefté cet ufage par un acte de notoriété du premier feptembre 1673.

qui réfulte auffi des difpofitions de l'article 5 de l'arrêt du confeil du 2 feptembre 1760 rapporté ci-après.

Il y a néanmoins une ordonnance du 7 feptembre 1568, rapportée dans Fontanon, & à la fin du fecond volume des anciens mémoires du clergé, qui porte que toutes fermes des bénéfices expireront par la démiffion, réfignation au trépas du bénéficier, fauf le recours du fermier contre le réfignant ou contre les héritiers du défunt, en cas d'avance, à moins que les Baux n'aient été faits au plus offrant, comme ceux des domaines du roi. Mais cette ordonnance n'a point été obfervée pour ce qui regarde les fucceffeurs par réfignation. Brodeau fur Louet dit même qu'elle n'a pas été vérifiée.

En effet, cette ordonnance eft fi peu fuivie que par arrêt rendu en la premiere chambre des enquêtes, le 26 février 1760, la cour a déclaré valable contre le fieur Lizabois, réfignataire ; le Bail du prieuré de Saint-Étienne de Sérigni en Poitou, près Châtellerault, confiftant en terres & autres héritages fait par le fieur de la Garde, réfignant, au fieur Gallois le 27 mars 1755, pour commencer à être exécuté au 25 mars 1757, quoique le fieur Lizabois prétendît n'être pas obligé d'entretenir ce Bail, tant à caufe de la mutation arrivée dans le bénéfice, que parce qu'il avoit été fait par anticipation, & que dès le dernier novembre 1756, près de quatre mois avant l'exécution de ce Bail, il avoit déclaré au fermier qu'il vouloit jouir lui-même du temporel de fon prieuré.

L'économe établi pour la perception des revenus des bénéfices confiftoriaux pendant leur

vacance, ne peut pas non plus expulſer les fermiers.

Il ſembleroit ſuivre auſſi du principe établi ci-
deſſus, que le ſeigneur qui a ſaiſi féodalement le
fief de ſon vaſſal n'eſt point tenu d'entretenir le
Bail fait par ce dernier, car ce ſeigneur a le droit
de percevoir les fruits du fief : il en eſt réputé
comme propriétaire tant que la ſaiſie dure, &
il ne tient pas ſon droit de ſon vaſſal : cependant
les coutumes de Paris & d'Orléans l'obligent à
entretenir le Bail, lorſqu'il eſt fait ſans fraude.
La raiſon en eſt tirée de l'amitié & de la protection
qu'un ſeigneur doit à ſon vaſſal, leſquelles l'obligent à avoir pour lui des égards, & à lui épargner
de la part du fermier ou locataire le recours en garantie auquel donneroit lieu l'inexécution du Bail.

Cette raiſon ceſſe lorſque c'eſt pour cauſe de
déſaveu ou de félonie que le ſeigneur a conſiſ-
·qué le fief de ſon vaſſal ; ne lui devant en ce cas
aucun égard, il n'eſt pas obligé d'entretenir
les Baux qu'il a faits.

La femme après la diſſolution du mariage eſt
tenue d'entretenir les Baux à ferme ou à loyer
de ſes héritages propres faits par ſon mari : c'eſt
une diſpoſition de la coutume de Paris. La raiſon
en eſt que le mari n'eſt pas un ſimple uſufruitier
des biens de ſa femme, mais le légitime adminiſtrateur de ſa perſonne & de ſes biens, & c'eſt
en cette qualité qu'il eſt cenſé faire les Baux
d'où il ſuit que la femme eſt cenſée les faire elle-
même par le miniſtere de ſon mari, & qu'elle eſt
conſéquemment tenue de les entretenir.

Lorſqu'un homme a abandonné la poſſeſſion
de ſes biens à ſes créanciers, & qu'après ſes
dettes acquittées il rentre en poſſeſſion, il doit

entretenir les Baux faits par le féqueftre prépofé par fes créanciers ; car comme c'étoit pour lui & en fon lieu que ces créanciers & le féqueftre par eux prépofé en jouiffoient & les adminif- troient , il eft cenfé avoir fait lui-même ces Baux par le miniftère de ce féqueftre. C'eft l'avis de Defpeiffes & des auteurs par lui cités.

De la réfolution du Bail. Il y a plufieurs cas où le Bail fe réfout de plein droit avant l'expiration du temps.

1°. Le Bail fe réfout fans le confentement des parties lorfque par quelque cas fortuit la chofe louée ceffe d'exifter : tel feroit le cas où la maifon louée viendroit à être incendiée par le feu du ciel. Mais fi l'incendie eût eu lieu par la faute du locataire il ne feroit pas libéré.

2°. Le Bail fe réfout auffi de plein droit avant l'expiration du temps , lorfque le fermier ou lo- cataire a fuccédé foit à la propriété, foit feule- ment à l'ufufruit de l'héritage qu'il tenoit à ferme ou à loyer; car on ne peut être fermier de fa propre chofe ni d'une chofe dont on a l'ufufruit.

C'eft pourquoi fi le bailleur a légué à fon fer- mier l'ufufruit de l'héritage qu'il tenoit de lui à ferme, il eft évident que ce fermier ne dèvra pas le fermage pour la récolte qu'il aura faite de- puis fa demande en faififfement de legs, ni pour celles des années fuivantes; car ces récoltes lui appartiennent ; il ne les a pas faites comme fer- mier, mais comme ufufruitier.

3°. Lorfque le bailleur a donné à Bail un hé- ritage fur lequel il n'avoit qu'un droit réfoluble, ce Bail ceffe d'avoir lieu avant l'expiration du temps par la réfolution du droit du bailleur fur- venue fans fon fait.

A a iij

Par exemple, si un usufruitier, si un bénéfi
cier en sa qualité d'usufruitier ou de bénéficier
si un propriétaire grévé de substitution ont fai
un Bail d'une maison ou d'une métairie, & qu
cet usufruitier ou bénéficier vienne à mourir pen
dant le cours du Bail ou que la substitution vienn
à s'ouvrir, le Bail sera résolu de plein droit pa
la résolution du droit du bailleur.

Le locataire ayant connu la qualité du bailleu
n'a contracté avec lui qu'en cette qualité; i
savoit que l'usufruitier n'avoit le droit de jou
de l'héritage, ni par conséquent d'en accorder
jouissance à un autre que pendant sa vie; & qu
le grévé n'avoit droit d'en jouir que jusqu'à l'ou
verture de la substitution; il est donc censé n'a
voir entendu l'affermer que pendant ce temps
Il y a une raison de plus à l'égard du Bail fa
par un usufruitier, qui est que c'est son droit d'u
sufruitier qu'il est censé louer, plutôt que l'he
ritage qui ne lui appartient pas. C'est pourquo
son droit qui étoit le sujet du Bail ne subsistan
plus le Bail ne peut plus subsister.

Lorsqu'un usufruitier a fait un Bail en qualit
d'usufruitier, si ce n'est pas par la mort, mai
par son fait que l'usufruit a été éteint, s'il en
par exemple fait remise au propriétaire, il de
meure obligé à faire jouir le locataire ou fer
mier pendant tout le tems du Bail. Le proprié
taire à qui l'usufruit a été remis doit entreteni
le Bail si la remise lui a été faite à titre gratuit
parce qu'il doit reconnoissance à l'ancien usufrui
tier qui a intérêt qu'il soit entretenu. Mais si l
remise a été faite à titre onéreux, il n'y e
pas obligé.

Le propriétaire à qui l'usufruit est retourné
le successeur au bénéfice, quand même ils au

roient les droits cédés des héritiers de l'ufufruitier ou du bénéficier ne peuvent obliger le locataire ou fermier à entretenir le Bail pour les années reftantes du temps porté par le Bail, de même que le locataire ne peut les y obliger; c'eft ce qui a été jugé par un arrêt du 19 juillet 1669, rapporté par Soefve : c'eft une fuite du principe que le Bail fait en leur qualité d'ufufruitier ou de bénéficier eft cenfé n'être fait que pour le temps que devoit durer leur droit.

Quoique le Bail foit réfolu par la mort de l'ufufruitier ou du bénéficier, le fermier ou locataire doit néanmoins jouir pendant l'année qui étoit commencée lors de cette mort, à la charge de payer le loyer fur le pied du Bail; & par la même raifon il peut être contraint par le fucceffeur de continuer l'exploitation pendant l'année commencée.

Si depuis l'expiration de l'année commencée, le locataire ou fermier a recommencé une nouvelle année de jouiffance, fans en être empêché par le fucceffeur au bénéfice ou à l'ufufruit, cette nouvelle jouiffance eft cenfée être une tacite reconduction, qui ne doit durer que pendant le tems que durent les tacites reconductions, pour le prix & aux conditions du dernier Bail.

Lorfque l'ufufruitier ou le bénéficier ont fait un Bail, non en leur qualité d'ufufruitier ou de bénéficier, mais comme d'un héritage à eux appartenant ; & pareillement lorfque le propriétaire grévé de fubftitution ne s'eft point annoncé par le Bail comme grévé de fubftitution, le Bail n'eft pas réfolu par leur mort, ni par l'ouverture de la fubftitution ; & quoique le fuccef-

feur au bénéfice ou le propriétaire à qui l'ufufruit eft retourné, ou ceux qui ont recueilli la
fubftitution ne foient pas obligés de l'entretenir,
& qu'ils puiffent expulfer le locataire ou fermier, les héritiers du bailleur doivent faire
jouir le preneur, & ils font en conféquence
tenus de fes dommages & intérêts s'il eft expulfé.

Par la même raifon le fermier ou locataire
doit nonobftant la mort du bailleur, continuer
d'être obligé à l'entretien du Bail ; & le fucceffeur au bénéfice, ou le propriétaire à qui l'ufufruit eft retourné, ou le fubftitué en fe faifant
céder les droits du Bail par les héritiers de l'u-
fruitier ou du bénéficier, s'ils veulent bien les
céder, peuvent obliger le fermier ou locataire
à la continuation du Bail.

Il y a des réfolutions des baux à ferme ou à
loyer qui ne fe font pas de plein droit, mais qui
peuvent être demandées, foit par le bailleur,
foit par le locataire.

Le bailleur peut demander la réfolution du
Bail & expulfer le preneur lorfque celui-ci n'a
pas dans la maifon une quantité fuffifante de
meubles pour répondre des loyers. Sur la quantité de meubles qu'il doit avoir il faut fuivre
les ufages des différens lieux : la coutume d'Orléans exige qu'il y en ait pour répondre de deux
termes à échoir.

Ce feroit auffi une caufe d'expulfer le fermier
d'une métairie, s'il n'avoit pas les meubles &
beftiaux néceffaires pour la faire valoir ; mais il
n'eft pas obligé d'avoir des meubles pour répondre de deux termes à écheoir, le propriétaire
de la métairie ayant fa fûreté dans les fruits.

Lorſque la maiſon louée menace ruine, le propriétaire qui a intérêt d'en prévenir la ruine pour conſerver les matériaux, peut pour la rétablir donner congé au locataire avant l'expiration du temps, quand même il ſeroit aſſez imprudent pour y vouloir demeurer.

Si le locataire diſconvenoit de la néceſſité de rebâtir la maiſon, il faudroit que le bailleur fît conſtater cette néceſſité par une viſite. Au reſte le preneur ne peut être contraint de déloger que lorſqu'il faut abattre toute la maiſon: s'il y en a quelque partie à laquelle on ne touche point, & où il veuille reſter, on ne peut l'en empêcher.

Le locataire peut-il s'oppoſer à la réſolution du Bail en offrant de ſortir de la maiſon, à la charge d'y rentrer lorſqu'elle aura été reconſtruite? Bruneman eſtime que de telles offres doivent être admiſes : mais M. Pothier penſe avec raiſon que cette déciſion ne doit avoir lieu que lorſque le propriétaire entend rebâtir ſa maiſon telle qu'elle étoit : mais ſi étant obligé de la reconſtruire, il veut la rendre plus vaſte ou plus belle, la réſolution du Bail pour l'avenir doit être prononcée ſans qu'on doive accorder au locataire la faculté de rentrer dans cette maiſon après qu'elle aura été reconſtruite.

Il y a auſſi raiſon ſuffiſante pour donner congé au locataire avant l'expiration du Bail, lorſqu'il ne jouit pas de la maiſon comme il doit en jouir; s'il la dégrade & la détériore, s'il en fait un lieu de proſtitution; ſi d'une maiſon bourgeoiſe il fait un cabaret, une forge, &c. bien loin que le bailleur doive en pareil cas des dommages & intérêts, il peut en exiger du preneur.

L'une ou l'autre des caufes qu'on a rapportées peut donner lieu à l'expulfion du locataire, quand même il y auroit une claufe dans le Bail par laquelle il feroit dit que le bailleur ne pourroit l'expulfer pour quelque chofe que ce fût. Il eft évident qu'une telle claufe ne peut avoir aucune application à la première caufe, qui eft le cas auquel il eft néceffaire de rebâtir la maifon qui menace ruine ; car cette néceffité de la rebâtir pour en prévenir la ruine imminente, rend le délogement du locataire néceffaire, & la continuation de fa jouiffance impoffible ; or le bailleur ne peut par quelque claufe que ce foit s'obliger à l'impoffible.

Cette claufe ne peut pas plus s'appliquer aux autres caufes d'expulfion, favoir, les cas auxquels le locataire méfufe de la maifon qui lui a été louée ; car c'eft une règle en fait de contrats fynallagmatiques, que lorfqu'une des parties contrevient à fes obligations, elle n'eft pas recevable à demander que l'autre partie fatisfaffe aux fiennes : le locataire qui ne remplit pas fes obligations en n'ufant pas comme il le doit de la maifon qui lui a été louée, ne doit pas, en vertu de quelque claufe que ce foit, demander que le bailleur lui continue la jouiffance dont il méfufe.

Le locataire qui eft expulfé pour quelqu'une de ces caufes ne peut prétendre aucun dédommagement, quand même il feroit dit par une claufe du Bail que dans le cas où le locataire feroit contraint de déloger il feroit dédommagé de la fomme de tant : cette claufe de dédommagement ne pouvant avoir d'application qu'au cas auquel ce feroit par le fait du bailleur ou par quelque fait dont il feroit garant que le locataire auroit été obligé de déloger ; & non pas au cas auquel ce seroit une nécessité dont le bailleur ne peut être garant, ni encore moins auquel ce seroit par son propre fait que le locataire auroit été contraint de déloger.

Cependant s'il étoit dit expressément que le locataire seroit dédommagé de la somme de tant dans le cas où il faudroit rebâtir la maison avant l'expiration du Bail, la clause n'ayant rien d'illicite devroit être exécutée.

Le locataire peut demander la résolution du Bail lorsque la maison devient inhabitable faute de réparations, & que le bailleur a été mis en demeure de les faire faire.

Un locataire est aussi fondé à demander la résolution du Bail, lorsqu'un voisin en élevant sa maison lui ôte le jour dont il avoit besoin.

On insère souvent dans les Baux une clause par laquelle il est permis à chacune des parties de résoudre le Bail au bout d'un certain temps, en avertissant l'autre. Par exemple, dans un Bail fait pour neuf ans on stipule fréquemment qu'il sera permis à chacune des parties de résoudre le Bail au bout de trois ans ou de six ans, en avertissant l'autre six mois auparavant.

Lorsque la clause porte un temps certain dans lequel l'avertissement doit se faire, il faut à cet égard suivre cette clause à la lettre. C'est pourquoi dans l'espèce proposée celui qui veut résoudre le Bail au bout de trois ans, doit avertir l'autre partie avant Noël, ou du moins le jour de Noël de la troisième année qui a commencé à la Saint Jean : il ne seroit plus à temps après Noël parce qu'il ne reste plus un temps entier de six mois avant l'expiration des trois ans.

Lorſque la clauſe n'a pas exprimé le temps dans lequel l'avertiſſement doit ſe faire, il doit avoir lieu dans un temps que l'autre partie puiſſe trouver à louer ſa maiſon, ſi c'eſt le locataire qui veuille réſoudre le Bail ; ou ſe pourvoir d'une autre maiſon ſi c'eſt le bailleur qui veuille la réſolution. Ce temps doit être laiſſé à l'arbitrage du juge.

L'avertiſſement peut ſe faire verbalement lorſqu'on eſt aſſuré de la partie à qui il eſt fait, & qu'elle n'en diſconviendra pas, ſinon il faut faire une ſignification par un huiſſier ; car ſi l'avertiſſement n'avoit été que verbal & que la partie à qui il auroit été fait eût la mauvaiſe foi d'en diſconvenir, celle qui l'auroit fait ne ſeroit pas reçue à le prouver par témoins, ſi le loyer des années qui reſtent à expirer montoit à plus de cent livres. La raiſon en eſt que quand il s'agit d'un objet de plus de cent livres l'ordonnance refuſe à cet égard toute preuve par témoins lorſqu'on a pu ſe procurer une preuve par écrit. Celui qui a averti ne peut plus après l'avertiſſement changer de volonté malgré l'autre partie.

Quoique cette clauſe ſoit ordinairement réciproque dans les Baux, cependant ſi elle étoit accordée par le Bail à l'une des parties ſans qu'elle le fût à l'autre, il n'y auroit que celle pour qui elle auroit été ſtipulée qui pourroit en uſer.

En vertu de la loi *æde*, le propriétaire a le droit de réſoudre le Bail de ſa maiſon lorſqu'il veut l'occuper lui-même ; mais ce droit ne peut être exercé par le principal locataire envers les ſous-locataires, quoique ce principal locataire jouïfle d'ailleurs de tous les autres droits du propriétaire.

Le droit dont nous parlons ne pourroit pas être exercé non plus par quelqu'un qui ne feroit propriétaire qu'en partie, comme l'ont décidé deux arrêts des 27 août 1616 & 22 août 1628 rapportés par Brodeau : mais fi ce propriétaire en partie avoit le confentement de fes co-propriétaires pour ufer de ce droit il pourroit l'exercer. L'auteur qu'on vient de citer rapporte un arrêt du 17 mai 1629 qui l'a ainfi jugé.

Le titulaire d'un bénéfice peut exercer le droit dont il s'agit à l'égard d'une maifon qui dépend de fon bénéfice. Il en eft de même d'un mari à l'égard d'une maifon qui appartient en propre à fa femme : & Brodeau rapporte un arrêt par lequel il a été jugé qu'une mère tutrice legitime d'une fille qui demeuroit avec elle, pouvoit ufer du même droit.

Obfervez que le propriétaire qui veut occuper fa maifon avant la fin du Bail doit en avertir le locataire dans un temps fuffifant avant le prochain terme, pour que le locataire puiffe trouver à fe pourvoir d'une autre maifon.

On doit à cet égard fuivre les ufages des différens lieux.

A Orléans plufieurs prétendent que le propriétaire doit avertir le locataire trois mois avant le terme, faute de quoi le congé qu'il donne au locataire ne doit être déclaré valable que pour l'année fuivante. La jurifprudence n'en eft pas bien conftante ; il feroit fort équitable de l'admettre lorfque le propriétaire qui a tardé à avertir le locataire a pu l'avertir plutôt.

Mais lorfque c'eft par un accident imprévu &

nouvellement furvenu qu'il fe trouve avoir befoin de la maifon qu'il a louée, il eft recevable
à fignifier le congé à fon locataire, quoique
peu de jours avant la Saint Jean.

Il faut auffi avoir égard à la qualité du locataire; s'il eft d'un état à ne pas trouver facilement une maifon convenable à fon état, le propriétaire ne peut le déloger qu'il ne lui ait laiffé
un temps affez long pour qu'il puiffe fe pourvoir ailleurs. Si c'eft un bourgeois à qui il eft
indifférent de demeurer dans une maifon ou
dans une autre, il n'a pas befoin d'un temps fort
long.

C'étoit autrefois l'ufage du châtelet de Paris
que le propriétaire de la maifon qui délogeoit
fon locataire en vertu de la loi *æde* avant l'expiration du temps du Bail, fût tenu de lui faire
pour dédommagement la remife d'une demi-année du loyer; c'eft ce qui paroît par un arrêt
de 1658 confirmatif d'une fentence du châtelet
de Paris, lequel eft rapporté par Soefve. Il paroît
que cette jurifprudence n'a plus lieu à Paris, &
que l'ufage y eft aujourd'hui de ne plus adjuger
dans ce cas aucun dédommagement au locataire.

A Orléans l'ufage d'accorder le dédommagement d'une demi-année eft conftamment fuivi
lorfqu'on fait déloger le locataire qui étoit déjà
entré en jouiffance; mais comme c'eft principalement pour les frais du délogement que ce
dédommagement eft accordé, fi le propriétaire
fignifie le réfiliment du Bail au locataire avant
qu'il foit entré en jouiffance, on ne lui adjuge
ordinairement aucun dédommagement.

Lorfque l'état du locataire demande un dédommagement plus fort que celui d'une demi-

année de loyer, comme quand il s'agit d'un aubergiſte qui a été obligé de faire des proviſions
qui lui deviennent à charge lorſqu'on lui fait
quitter ſon auberge ; ou d'un teinturier qui a
placé à grand frais des chaudières, &c. dans ces
cas & autres ſemblables on renvoie par-devant
des experts pour fixer le dédommagement.

Quelquefois les parties règlent elles-mêmes
par le Bail le dédommagement qui ſera dû au
locataire, ſi le propriétaire le fait déloger pour
venir occuper ſa maiſon ; elles peuvent le règler à telle ſomme que bon leur ſemble.

Le propriétaire peut renoncer entièrement
par le Bail au droit que la loi lui donne d'occuper ſa maiſon ſi elle lui devient néceſſaire pendant le cours du Bail, & cette convention eſt
valable : car on peut par des conventions déroger aux lois lorſqu'elles n'ont pour objet
qu'une utilité particulière.

Il n'y a que le propriétaire ou ſon fondé de
procuration ſpéciale qui puiſſe faire cette renonciation. Celui à qui j'aurois donné procuration
pour louer ma maiſon à tel prix & à telles conditions qu'il jugeroit à propos, n'auroit pas pouvoir de faire pour moi cette renonciation. La
procuration ne doit s'entendre que des conditions qui ſont ordinaires dans les Baux.

La clauſe par laquelle le bailleur promet de
ne point contrevenir aux obligations du Bail &
y affecte ſpécialement la maiſon, n'emporte pas
la renonciation au droit accordé par la loi *æde*
aux propriétaires des maiſons. La raiſon en eſt
qu'un propriétaire uſant de ce droit ne contrevient point aux obligations du Bail, qui eſt toujours cenſé renfermer tacitement la faculté de

pouvoir occuper lui-même fa maifon lorfqu'elle lui fera néceffaire. Cela a été ainfi jugé par un arrêt cité par Brodeau fur Louet.

Par la même raifon l'acquéreur qui achette du bailleur la maifon à la charge de l'entretien du Bail n'eft pas cenfé avoir renoncé au droit de la loi *æde*, à moins que le Bail de l'entretien duquel il eft chargé ne contienne la claufe de renonciation à cette loi.

Il refte à obferver que ce droit n'a lieu que pour des maifons deftinées principalement à l'habitation, foit qu'elles foient fituées dans les villes ou même à la campagne ; mais il n'a pas lieu à l'égard des métairies ; car les métairies ne font pas comprifes fous le nom d'*ædes* dont la loi parle ; & ce droit établi pour les maifons étant un droit exorbitant & contraire au droit commun ne doit pas être étendu. C'eft pourquoi un propriétaire qui a donné à ferme fa métairie, fût-il lui-même laboureur de profeffion, ne peut pas donner congé avant l'expiration du Bail à fon fermier fous prétexte qu'il en a befoin, & qu'il veut faire valoir fa métairie lui-même.

Quoiqu'il y ait quelque petit morceau de terre labourable qui dépende d'une maifon, fi ce morceau de terre eft un objet peu confidérable en comparaifon de la maifon, cela ne fera pas paffer la maifon pour une métairie & n'empêchera pas que la maifon ne doive être confidérée comme une maifon deftinée à être habitée & fur laquelle le propriétaire bailleur peut exercer le privilége de la loi *æ de*.

Lorfque les fermiers généraux ou des aides font locataires de maifons où les bureaux font établis pour la perception des droits du roi, on ne peut les faire sortir sous prétexte que les Baux en sont expirés ; ils peuvent y rester malgré le propriétaire qui ne peut pas même user du privilége qu'ont les bourgeois d'occuper en personne ; & si le propriétaire veut augmenter le loyer, il doit se pourvoir au conseil.

L'article 199 du Bail fait à Legendre le premier septembre 1668 ; l'article 565 de celui de Carlier du 19 août 1726, & l'article 557 de celui de Forceville du 16 septembre 1638, leur permettent de prendre les maisons qu'ils jugeront nécessaires pour faire des bureaux de recette en payant le loyer, à l'exception seulement des maisons occupées par les propriétaires.

Un arrêt du conseil du 15 septembre 1722 a cassé une sentence des élus de Joigny qui admettoit le propriétaire à occuper en personne ; & a ordonné que le fermier continueroit de jouir des maisons dans lesquelles étoient les bureaux des aides, en payant le prix porté par les Baux.

D'autres arrêts du conseil des 24 septembre 1720 & 17 novembre 1722 ordonnent que les fermiers généraux jouiront des maisons contre le gré des propriétaires en payant le loyer sur le pied des anciens Baux, sauf aux propriétaires à se pourvoir au conseil pour l'augmentation.

Il a été rendu de semblables arrêts au conseil les 17 novembre 1722 & 23 août 1724 au sujet du bureau des aides établi à Saint-Quentin dans la maison du sieur Godefroi, avec lequel le dernier de ces arrêts est contradictoire.

Dans un acte en forme de Bail de lieux propres pour établir une forge, passé entre le marquis de Beaufremont & les sieurs Robelot &

Greffet, il avoit été convenu que les preneurs auroient fix mois pour examiner fi les lieux leur convenoient & s'il y avoit des inconvéniens dans le projet d'établiffement de la forge. Le marquis de Beaufremont avoit promis de ne pas louer à d'autres les mêmes lieux dans ce délai ; mais l'acte portoit qu'après les fix mois .expirés il pourroit les louer à qui bon lui fembleroit fi les fieurs Greffet & Robelot ne l'avoient pas requis de leur paffer Bail. En conféquence de cet acte Robelot & Greffet vifitèrent les lieux & les trouvèrent propres à leur deffein ; ils firent enfuite différentes fommations au marquis de Beaufremont de leur paffer Bail avant que les fix mois fuffent expirés : mais dans le temps de ces fommations le marquis de Beaufremont étoit attaqué d'une maladie dangereufe dont il mourut, & on lui cacha les réquifitions des fieurs Robelot & Greffet ; peu après fon décès, ils demandèrent l'exécution de fes promeffes contre fon héritier ; & celui-ci foutint qu'elles étoient nulles, parce que l'acte ne contenoit point un Bail, mais feulement une promeffe d'en paffer un, & qu'il n'y avoit point de réciprocité dans cet engagement. Il ajoutoit qu'un Bail contenant une claufe fufpenfive en faveur des preneurs ne pouvoit pas être confidéré comme un acte fynallagmatique tel que devoit être un Bail. Robelot & Greffet répondoient que l'acte paffé entre le marquis de Beaufremont & eux contenoit véritablement un Bail, & que ce Bail fufpendu feulement par une claufe conditionelle devoit avoir fon exécution dès qu'ils avoient fait ufage de la faculté qui leur étoit accordée, en requérant dans les fix mois le marquis de Beaufremont de leur paffer

Bail. Par arrêt rendu sur délibéré le 16 juillet 1756, après une plaidoirie de deux audiences, l'acte passé entre le marquis de Beaufremont & les sieurs Robelot & Greffet, a été déclaré nul; mais comme les sieurs Robelot & Greffet avoient fait des dépenses pour visiter les lieux, & que c'étoit par le fait de l'héritier du marquis de Beaufremont que le Bail n'avoit pas lieu, il fut condamné à quatre mille livres de dommages & intérêts envers les preneurs; la redevance annuelle fixée par l'acte étoit de vingt-deux mille livres.

Il arrive quelquefois que l'on donne le Bail général d'une ferme considérable dont il a été passé précédemment des sous-Baux par le premier preneur; lesquels ne doivent même expirer que quelques années avant la fin du nouveau Bail général : pour lors s'il est dit simplement dans le Bail que le preneur sera tenu d'entretenir les sous-Baux tels qu'ils ont été faits & sans y rien changer, avec la faculté toutefois de les renouveler à leur expiration, le preneur pourra les renouveler pour autant d'années qu'ils avoient été passés, à moins cependant que le Bail du preneur ne porte des défenses expresses de renouveler les sous-Baux pour un temps qui excéde celui de sa jouissance. La raison en est que de même que le preneur du Bail général a été obligé d'entretenir les anciens sous-Baux, de même aussi celui qui succède doit être assujetti aux mêmes charges, sauf son recours contre le bailleur s'il n'en a point été chargé par son Bail.

Nous parlons à l'article *réconduction tacite*, de l'espèce de Bail qui porte ce nom.

Des Baux judiciaires. Les Baux judiciaires font les Baux par lefquels la jouiffance d'un héritage ou d'un droit incorporel eft adjugée par le juge à titre de ferme ou de loyer pour un certain temps, au plus offrant & dernier enchériffeur.

On fait des Baux judiciaires des biens du fifc, de ceux des corps & communautés, de ceux des mineurs, où dans lefquels les mineurs ont quelque portion, &c.

Quoique les Baux judiciaires foient les plus réguliers, néanmoins les tuteurs & autres adminiftrateurs en font fouvent de gré à gré, & ils doivent paffer lorfqu'il n'y paroît pas de fraude, & que la vileté du prix du loyer ne les rend pas fufpects.

Les Baux judiciaires qui font le plus d'ufage font ceux des biens faifis réellement. Ils fe font par la pourfuite du commiffaire aux faifies réelles.

Les biens faifis réellement étant mis-fous la main de la juftice, le commiffaire aux faifies réelles qui eft un officier prépofé pour la régie de ces biens doit jufqu'à l'adjudication du décret en avoir l'adminiftration & en percevoir les revenus, pour les diftribuer à l'acquit du débiteur, partie faifie, aux créanciers faififfans & oppofans, fuivant l'ordre de leurs hypothèques.

Cette adminiftration des héritages faifis réellement qu'a le commiffaire, l'oblige à en pourfuivre le Bail à loyer ou à ferme, qu'il doit après les publications, faire adjuger par le juge à l'audience au plus offrant & dernier enchériffeur.

Le Bail qui eft ainfi adjugé eft un vrai Bail à loyer ou à ferme fait pour le prix auquel il eft adjugé, pour le temps & aux conditions portées par l'affiche, dans lequel Bail le commiffaire en sa qualité de commissaire est le bailleur, & l'adjudicataire est le locataire ou fermier. Il est appelé Bail judiciaire parce qu'il est confirmé par l'autorité du juge & par la sentence d'adjudication.

Si dans le temps que le commissaire fait des procédures pour parvenir au Bail judiciaire, un opposant à fin de distraire demande que les fonds ou les droits qu'il prétend lui appartenir ne soient point compris dans le Bail, il n'est point juste de commencer par le dépouiller. C'est pourquoi on ordonne en ce cas que l'opposant sera tenu dans un certain temps de mettre en état son opposition à fin de distraire, sinon que ce temps étant passé il sera fait droit, & cependant qu'il sera sursis au Bail judiciaire. Ce jugement intervient sur une requête que l'opposant donne contre le commissaire & que ce dernier doit signifier à la partie saisie, au poursuivant & au plus ancien procureur des opposans s'il y en a. La distraction demandée par l'opposant ne donne lieu à la surséance entière du Bail, que quand l'opposition à fin de distraire est formée pour tout le bien saisi, ou pour quelque partie si considérable qu'on auroit de la peine à trouver un fermier judiciaire pour le surplus ; car s'il y avoit plusieurs maisons, l'opposition à fin de distraire du Bail d'une de ces maisons n'empêcheroit pas que les autres ne pussent être données à Bail judiciaire.

Il y a aussi quelques provinces en France où le tiers acquéreur qui se trouve en possession dans le temps de la saisie, est en droit de s'opposer aux baux judiciaires. La coutume de Normandie en a une disposition expresse. L'article

552 de cette coutume porte que *le tiers acquis-teur ayant joui par an & jour, ne doit être dé-possédé pendant le décret en baillant caution de rendre les fruits depuis la saisie jusqu'au jour de l'état.* (cet état est la même chose que l'ordre dans d'autres provinces). Ces termes de la coutume de Normandie, *depuis la saisie*, ont fait naître la question en cette province, si le tiers acquéreur qui a joui des fruits doit les rapporter du jour même que la saisie réelle a été faite ou du jour qu'on a procédé au Bail judiciaire. Basnage cite sur cette question un arrêt du parlement de Rouen du 31 mai 1691, par lequel le tiers acquéreur ne fut condamné à rapporter les fruits que du jour du Bail judi-ciaire, quoiqu'il se fût écoulé huit années entre ce Bail & la saisie & les premières procédures faites pour parvenir au Bail. Le motif de cet arrêt fut que tant que le tiers possesseur n'est point troublé dans sa possession par un fermier judiciaire, il possède de bonne foi & gagne par conséquent les fruits. On a cru que l'article 252 de la coutume de Normandie ne devoit s'enten-dre que d'une saisie qui auroit son effet par le Bail judiciaire.

Le règlement de 1616 du parlement de Bour-gogne dit aussi que pendant l'instance de criées, les tiers possesseurs ne pourront être dépossédés. La même chose a lieu au parlement de Tou-louse, suivant les arrêts rapportés par M. de Catelan, parce qu'on y présume que les tiers acquéreurs qui demandent la jouissance des fonds à condition de rendre compte des fruits, auront plus soin des biens que nul autre gardien. Mais la jurisprudence du parlement de Toulouse est différente de celle de Normandie, en ce qu'au parlement de Touloufe le tiers poffeffeur eft obligé de rapporter les fruits du jour de la faifie, parce qu'on prétend que de ce jour-là fon droit de propriété eft converti en hypotheque, & qu'il eft préfumé dépoffédé par la main du roi.

Ce qui eft de certain, c'eft que dans tous les pays où le tiers poffeffeur conferve la jouiffance à la charge de rendre compte des fruits, il eft fuffifamment dépoffédé de même que fon vendeur fur qui la faifie eft faite, puifqu'il ne jouit plus des fruits que précairement & comme une efpèce de fequeftre.

L'ufage général par toute la France, eft de ne point faire de baux judiciaires des offices & des rentes. Il fuffit pour dépofféder le propriétaire, que le commiffaire aux faifies réelles faffe fignifier la faifie au payeur des gages de l'office ou au débiteur de la rente, afin qu'on ne puiffe payer les gages ou les arrérages à d'autres qu'à lui.

Au parlement de Paris, les procédures pour parvenir aux baux judiciaires fe font devant le juge du décret, mais en Normandie ces procédures doivent être faites fuivant l'article 550 de la coutume, devant le plus prochain juge ordinaire des lieux où les biens faifis font fitués.

Au châtelet & dans les autres juridictions ordinaires du reffort du parlement de Paris, c'eft le premier juge de la juridiction ou celui qui le fuit dans l'ordre du tableau qui répond les requêtes, & l'adjudication des baux judiciaires fe fait à l'audience. Mais au parlement, à la cour des aides, même aux requêtes du pa-

lais, le commissaire aux saisies réelles ne peut
procéder au Bail judiciaire des biens saisis, qu'il
n'ait fait commettre un des juges à cet effet &
que la commission n'ait été enregistrée au greffe.
Si le juge commis décède ou est absent dans le
temps des procédures, le commissaire aux saisies réelles doit en faire subroger un autre, à
peine par le procureur du commissaire de demeurer garant & responsable en son nom de
toute la procédure qui feroit faite par-devant le
juge qui n'auroit point été commis ou subrogé ;
c'est ce que prescrit l'arrêt du 12 mai 1696,
fait pour confirmer une délibération de la communauté des avocats & des procureurs, qui ne
tendoit qu'à conserver l'ancien usage & le bon
ordre.

A l'égard de la procédure que doit faire le
commissaire, elle est réglée au parlement de
Paris par un arrêt du 12 août 1664. Si c'est une
maison située dans Paris, dont la saisie soit poursuivie à Paris, le commissaire dans la quinzaine
de l'enregistrement, fait arrêter les loyers entre
les mains des locataires, sans aucune assignation
pour affirmer, & il les somme de déclarer s'ils
entendent faire convertir les baux conventionnels en judiciaires : quand ils acceptent la conversion, on en passe une sentence ou un arrêt,
sans qu'il soit besoin d'aucune autre procédure ;
mais quand le locataire garde le silence, le
commissaire poursuit les baux de la manière
dont il le feroit pour des biens qui ne seroient
point situés à Paris ; il fait seulement signifier les
remises au locataire après une seule apposition
d'affiches.

Pour ce qui est des héritages & des maisons

fituées hors de la ville de Paris , le commiffaire doit , fix femaines après l'enregiftrement, faire affigner la partie faifie & le faififfant, pour voir procéder au Bail judiciaire & y faire trouver des enchériffeurs, fi bon leur femble ; enfuite il fait mettre des affiches (*) à la porte de la paroiffe

───────────────────

(*) *Formule d'affiches pour parvenir au Bail judiciaire.* DE PAR LE ROI ET NOSSEIGNEURS....

On fait favoir à tous qu'il appartiendra, qu'à la requête de D.... commiffaire établi au régime & gouvernement d'une maifon & héritages fis à.... faifis réellement fur B.... à la requête de A.... pourfuivant criées, pour lequel domicile eft élu en la maifon de H.... fon procureur, faute de payement, & pour les caufes portées par l'exploit de faifie réelle, & établiffement de commiffaire, il fera le.... jour de.... procédé au Bail judiciaire à loyer de ladite maifon & héritages au plus offrant & dernier enchériffeur en la manière accoutumée, aux charges, claufes & conditions portées par l'enchère, qui fera le même jour lue & publiée en jugement, l'audience des criées tenant à.... *dans les tribunaux où c'eft l'ufage de marquer dans l'affiche les charges dont fera tenu le fermier judiciaire, on doit les exprimer de la manière la plus claire & la plus précife qu'il eft poffible ; par exemple, fi c'eft une maifon , à la charge* de garnir la maifon de biens meubles exploitables pour fûreté du loyer, faire faire toutes les menues réparations locatives & néceffaires ; acquitter les charges de ville, donner bonne & fuffifante caution, &c. & feront toutes perfonnes reçues à y enchérir, fauf aux fermiers conventionnels defdits biens d'intervenir, fi bon leur femble, en la procédure du Bail judiciaire, & de requérir la converfion de leurs Baux conventionnels en judiciaires, defquels ils donneront copie à D.... fi non ils n'y feront plus reçus après l'adjudication.

S'enfuit la déclaration de ladite maifon & héritages.

Une maifon fife à.... confiftant à....

On explique en détail les parties de la maifon ou des biens faifis dont on doit faire le Bail ; fi c'eft un fief, on expli-

où les choſes ſaiſies ſont ſituées, & à la porte
de la maiſon, ſi c'eſt une maiſon qui ſoit ſaiſie.

On explique dans ces affiches la conſiſtance
du bien ſaiſi, le jour auquel il ſera procédé au
Bail judiciaire, & devant quel juge l'adjudication ſera faite : à l'égard des clauſes du Bail par
rapport aux charges dont le fermier ſera tenu,
il y a des tribunaux où l'on ſe contente de
mettre que l'adjudication ſe fera aux charges,
clauſes & conditions portées par l'enchère, qui
ſera lue & publiée en jugement, l'audience tenant, au jour de l'adjudication. En d'autres tribunaux, l'uſage eſt de marquer dans les affiches
toutes les clauſes, les conditions & les charges
dont le fermier ſera tenu. Le commiſſaire fait
ſignifier à la partie ſaiſie, au ſaiſiſſant & au plus
ancien procureur des oppoſans, s'il y en a, qu'il
a fait appoſer les affiches pour parvenir au Bail
judiciaire.

Si le fermier conventionnel inſtruit par ces
affiches, veut faire convertir le Bail conventionnel en Bail judiciaire, il doit donner copie
de ſon Bail au commiſſaire, ſe rendre partie

_____

*que autant qu'il eſt poſſible en quoi les domaines & les droits
utiles conſiſtent.*

*Le ſergent qui a poſé les affiches à la porte de l'égliſe pa-
roiſſiale & de la maiſon, ſi c'eſt une maiſon qui eſt ſaiſie,
met un certificat de cette appoſition ſur une autre affiche qui
ſert d'original. On ſignifie enſuite l'appoſition de cette affiche à la requête du commiſſaire aux ſaiſies-réelles, à la
partie ſaiſie, au ſaiſiſſant, au procureur plus ancien des
oppoſans s'il y en a, & au locataire de la maiſon, ſi elle
eſt ſituée à Paris, & on l'aſſigne en même-temps pour ſe voir
condamner à vider les lieux au profit de celui qui ſe rendra adjudicataire.*

intervenante dans la procédure & demander la conversion par une requête expresse que le commissaire fait signifier aux parties intéressées. Le jugement qui intervient adjuge ordinairement au fermier ses conclusions (*). Cependant on seroit bien fondé à s'y opposer, si le Bail avoit été fait en fraude à vil prix, ou si la partie saisie en passant le Bail avoit reçu par forme de pot-de-vin, une somme considérable qui eût diminué le prix du Bail. Un commissaire pourroit aussi empêcher la conversion d'un Bail conventionnel dont la redevance seroit stipulée en grains; car le prix des fermages des biens saisis ne doit jamais être stipulé en grains, mais en argent, suivant les arrêts rendus au parlement de Paris en 1533 & 1581; ce seroit une trop grande charge pour le commissaire aux saisies réelles que

---

(*) *Jugement de conversion d'un Bail conventionnel en Bail judiciaire.*

Extrait des registres de ....

Entre.... *insérer les qualités & demandes des parties.*

La cour a converti le Bail conventionnel du .... fait par..... partie saisie de la maison sise .... sur lui saisie en Bail judiciaire. En conséquence ordonne que J.... jouira de la maison saisie pendant le temps qui reste à expirer dudit Bail, ou tant que la commission de D.... durera; ce faisant, sera tenu de payer audit D.... la somme de.... qu'il a reconnu devoir pour reste des loyers échus le.... & ceux qui écheront ci-après. A ce faire contraint, ainsi qu'il est obligé; ce faisant, il en demeurera bien & valablement déchargé; ordonne que les saisies & arrêts faits entre les mains de J.... tiendront en celles de D.... à la conservation de qui il appartiendra, sur lesquels loyers J.... sera remboursé par préférence de ses frais, (on ajoute si la conversion est faite par une sentence,) ce qui sera exécuté sans préjudice de l'appel.

de faire percevoir ces grains, de les faire vendre, en appelant les parties qui pourroient y avoir intérêt, & de rendre compte de cette gestion.

Lorsque le Bail conventionnel est converti en Bail judiciaire, ce Bail a lieu pour le temps qui restoit du Bail conventionnel, si le décret dure pendant ce temps.

Après l'adjudication du Bail judiciaire, les fermiers conventionnels ne sont plus reçus à demander la conversion de leurs baux, suivant le règlement du 12 août 1664.

Il semble qu'aux termes de ce règlement, il devroit dépendre du fermier conventionnel de faire convertir son Bail en Bail judiciaire ou d'abandonner sa ferme ; car il porte que les fermiers conventionnels *peuvent intervenir, si bon leur semble, en la procédure du Bail judiciaire & requérir la conversion de leurs baux*, & on leur laisse ordinairement cette liberté. Cependant si la partie saisie demande que le Bail conventionnel soit converti en judiciaire, que le saisissant & les opposans y consentent, le fermier ne peut l'empêcher, & l'on ordonne qu'il payera le prix de son Bail au fermier judiciaire. Bardet rapporte un arrêt qui l'a ainsi jugé le 7 juillet 1639, & Bruneau assure que c'est la jurisprudence des derniers arrêts ; elle est fondée sur ce qu'il n'y a aucune loi qui dise que le Bail conventionel est résolu de plein droit par une saisie réelle, & que la partie saisie a intérêt que le Bail conventionnel, qui est ordinairement plus avantageux que le Bail judiciaire, ait son effet : c'est aussi l'intérêt des créanciers ; mais comme en ce cas il ne faut point rendre la condition du fermier plus dure qu'elle ne l'auroit été si le bien n'avoit point été faiſi, le commiſſaire aux ſaiſies réelles ne peut le contraindre par corps au payement du prix de ſa fermé, quand il ne s'eſt point ſoumis à la contrainte par corps par le Bail conventionnel.

Si entre le jour de l'appoſition de l'affiche & celui qui étoit marqué pour procéder au Bail judiciaire, il ne s'eſt point préſenté de fermier ou de locataire pour faire convertir les baux conventionnels en judiciaires, le procureur du commiſſaire aux ſaiſies réelles ſe préſente à l'audience ou devant le conſeiller commiſſaire, ſi le Bail doit être fait à la barre de la cour : on y lit & on y publie les affiches, ſi elles contiennent les conditions auxquelles le Bail eſt propoſé, ou un acte qui contient ces conditions que le commiſſaire met au greffe & que l'on appelle dans pluſieurs tribunaux *enchère de loyer* : puis on reçoit les enchères, s'il ſe préſente des enchériſſeurs ; ſur quoi il intervient une ſentence (quand le Bail ſe pourſuit à l'audience) qui donne acte aux parties comparantes de leur comparution & défaut contre les défaillans ; en conſéquence on remet l'adjudication au jour & à l'heure qui ſont indiqués ; enſuite on ordonne que les affiches feront miſes aux lieux accoutumés, avec la déclaration de la plus forte enchère, s'il y en a eu ; tout cela ſe fait par le procès-verbal du commiſſaire, quand le Bail doit être adjugé à la barre de la cour. On obſerve la même choſe à la ſeconde remiſe pour parvenir à la troiſième. On fait ſignifier ces remiſes à la partie ſaiſie & au ſaiſiſſant.

Quand il ne s'eſt préſenté perſonne pour enchérir après ces trois remiſes, le commiſſaire aux saisies réelles qui a fait ses diligences est déchargé des loyers des fermes & des maisons saisies, selon le règlement du 12 août 1664; mais les parties intéressés, qui sont le saisi, le saisissant & les opposans, peuvent sommer le commissaire de faire de nouvelles diligences; après cette sommation il est obligé de recommencer la procédure jusqu'à trois autres remises inclusivement.

Quoiqu'il se soit présenté des enchérisseurs aux premières remises, le juge peut encore en ordonner une ou plusieurs après la troisième, s'il voit que le prix du Bail n'ait point encore été poussé à la juste valeur du bien.

Ce sont les procureurs qui enchérissent; mais comme il arrive quelquefois que les parties intéressées font des enchères pour faire monter plus haut le prix du Bail, ils doivent prendre garde que l'adjudication ne soit point faite à des personnes à qui il est défendu par les ordonnances & par les règlemens de prendre les baux judiciaires. L'ordonnance de Blois défend expressément à tous les officiers de judicature, avocats, procureurs, solliciteurs, greffiers & leurs commis, tant des justices royales que de celles des seigneurs, de se rendre adjudicataires des fruits des biens saisis par justice en leur siège, même cautions pour les adjudicataires directement ou indirectement, à peine d'être privés des émolumens des fermes, & néanmoins d'en payer le prix, & encore sous peine d'être privés de leurs offices. Le parlement de Paris voulant faire exécuter plus exactement cette disposition de l'ordonnance de Blois dans toute l'étendue de son ressort, fit sur ce sujet un règlement

le 22 juillet 1690, renouvelé & expliqué par
l'article 35 de l'arrêt du 29 avril 1722, qui
mérite une attention particuliére. La cour y fait
des défenses aux commissaires aux saisies réelles
& à leurs commis, aux procureurs & à leurs
clercs, même aux huissiers, de prendre sous
leurs noms, ou sous des noms interposés, directement ou indirectement, aucun Bail judiciaire des biens saisis réellement, ni de s'en
rendre cautions ou certificateurs, à peine de
nullité des baux, de 3000 livres d'amende envers
le roi, & de payer aux créanciers pour le temps
pendant lequel les baux auront eu leur effet à
leur profit, le quadruple du prix, à la décharge
de la partie saisie, si mieux n'aime le poursuivant, même les créanciers opposans demander
l'estimation par experts : auquel cas les commissaires & leurs commis, les procureurs, leurs
clercs & les huissiers payent l'estimation si elle
est plus forte que le quadruple & les frais qui
auront été faits pour y parvenir, sans qu'au cas
d'une estimation plus foible que le quadruple,
ces personnes puissent s'exempter de payer le
quadruple ; à condition que les frais de cette
estimation demeureront alors à la charge de
celui qui l'aura requise. Ces arrêts ajoutent que
les clercs de procureurs qui auront contrevenu
à ce règlement, seront incapables d'être reçus
à l'office de procureur ; que les procureurs titulaires seront interdits de leur charge pendant
six mois, & privés de leur office en cas de récidive. Pour ce qui est des commis des commissaires aux saisies réelles, les deux arrêts portent
qu'ils seront punis exemplairement, sans expliquer quelle sera cette peine. Les mêmes arrêts

permettent néanmoins à ces personnes de se rendre adjudicataires ou cautions des baux judiciaires, quand elles sont créancières & opposantes en leur nom à la saisie réelle par titre légitime & sans fraude, avant l'enregistrement de la saisie réelle, ou depuis l'enregistrement, lorsqu'elles sont devenues créancières par succession ou par donation sans fraude.

On ne doit pas non plus, suivant le règlement du 22 juillet 1690, prendre pour adjudicataires ou pour cautions les mineurs de vingt-cinq ans qui ne peuvent s'obliger ou contracter d'une manière irrévocable, ni les septuagénaires qui, aux termes de l'ordonnance de 1667, ne peuvent être sujets à la contrainte par corps pour des dettes purement civiles.

Il y a aussi des coutumes, comme celles de Nivernois & de Bourbonnois, qui décident que la partie saisie, les opposans & les poursuivans ne peuvent être fermiers judiciaires. Il n'y a point de doute que la disposition de ces coutumes, par rapport à la partie saisie, ne doive être suivie dans tout le ressort du parlement de Paris, parce qu'il est à craindre que le débiteur demeurant possesseur de son bien, ne se trouve excité par-là à proroger le plus qu'il lui sera possible les procédures du décret au préjudice de ses créanciers. Nous avons un ancien arrêt rapporté par M. le Maître du 6 décembre 1551, qui l'a ainsi jugé ; c'est pourquoi l'arrêt de règlement du 29 avril 1722 fait défenses aux commissaires & à leurs commis de recevoir pour fermiers judiciaires, cautions ou certificateurs, les parties saisies, & aux procureurs d'enchérir pour elles, à peine de nullité des baux, de 3000 livres

livres d'amende, de restitution du quadruple du prix ou de l'estimation, & ce solidairement, tant contre la partie saisie que contre le procureur, le commissaire aux saisies réelles, même les commis s'ils en ont eu connoissance. Le même arrêt défend aux fermiers judiciaires, aux cautions & aux certificateurs, de faire des transports des baux aux parties saisies, ou de les laisser jouir des biens saisis gratuitement ou moyennant rétribution, à peine de 300 livres d'amende pour chaque contravention.

A l'égard des dispositions des coutumes de Nivernois & de Bourbonnois sur les opposans, on ne les étend pas aux coutumes qui ne connoissent point une pareille disposition, parce qu'il n'est pas à craindre qu'ils abusent de la jouissance de la ferme pour proroger le décret. Il est même de l'intérêt du débiteur que ces parties soient reçues à enchérir pour faire porter plus haut le prix du Bail; c'est ce que Gouget a soutenu contre l'avis de M. le Maître. Le sentiment de Gouget a depuis été confirmé par les arrêts de règlement du parlement de Paris du 22 juillet 1690, & du 29 avril 1722, qui en défendant aux procureurs & à leurs clercs de se rendre adjudicataires ou cautions des baux judiciaires, le leur ont permis dans le cas où ils sont eux-mêmes créanciers ou opposans sans fraude.

On n'étend point non plus aux autres coutumes les défenses faites par celles de Nivernois aux enfans, aux frères & aux héritiers présomptifs des juges, des greffiers, des sergens exécuteurs des décrets, des avocats & des procureurs des parties, d'être fermiers des biens saisis réellement, pourvu qu'il n'y ait point de fraude.

.Basnage assure qu'en Normandie il n'y a que les personnes à qui il est défendu d'enchérir par l'article 132 de l'ordonnance de Blois, qui ne puissent se rendre adjudicataires du Bail judiciaire.

Lorsque le juge voit qu'il n'y auroit point d'espérance par de nouvelles remises de faire monter le prix du Bail plus haut qu'il n'a été porté, il l'adjuge au procureur dernier enchérisseur, qui est obligé, suivant le règlement du parlement de Paris de 1664, de déclarer dans trois jours au plus tard pour tout délai, celui pour qui il a enchéri, & de marquer son nom, son surnom, sa qualité & son domicile (*).

_____

(*) *Formule du jugement qui adjuge un Bail judiciaire.*
Attendu qu'il ne s'est trouvé personne qui ait enchéri plus que N.... qui a persisté en son enchère, nous avons audit N.... comme plus offrant & dernier enchérisseur adjugé & adjugeons le loyer des choses saisies, pour en jouir par l'adjudicataire du.... jour de.... un, deux ou trois ans, si tant la commission de D.... dure, moyennant la somme de.... par chacun an, aux charges, clauses & conditions de l'enchère, sans diminution du prix. Fait....

Quand le Bail se fait à la barre de la cour, l'adjudication n'est qu'un procès-verbal que fait dresser le commissaire, où l'on transcrit les affiches, & où l'on marque en détail les comparutions & les dires des parties, les ordonnances du commissaire pour les remises, les différentes enchères pour le Bail, & l'adjudication faite aux derniers enchérisseurs, aux charges, clauses & conditions portées par les affiches, sans diminution du prix.

Déclaration du procureur à qui l'adjudication a été faite. Et le..... jour de.... de.... est comparu N.... qui a déclaré que l'adjudication du loyer ci-dessus à lui faite est pour & au profit de J..... demeurant rue & paroisse Saint.... lequel pour ce présent en personne a accepté ladite déclaration, & a promis de payer le prix du Bail par chacun

Selon l'article 4 de l'édit de 1551, le fermier judiciaire doit donner caution. Le parlement de Paris, par fon arrêt du 12 août 1664, fixe le délai pour la préfentation de la caution, à la huitaine après la déclaration du procureur à qui l'adjudication a été faite. C'eft par un acte fignifié au commiffaire ou à fon procureur, que fe fait la préfentation de la caution ; fi elle eft conteftée, il faut donner copie de la déclaration de fes biens & en communiquer les titres juftificatifs fous le récépiffé du procureur. Si après l'examen des titres le commiffaire avoit encore quelque fujet de craindre, il pourroit demander un certificateur de la caution. Il eft de la prudence du juge d'examiner fi l'on ne confent point avec trop de facilité à la réception des cautions ou fi l'on ne fait point mal-à-propos des difficultés contre elles. Il doit recevoir fur le champ la caution ou la rejeter fans qu'il puiffe appointer à mettre, ou en droit, fur la folvabilité, ni même rendre un appointement de contrariété. Les ordonnances du juge ou du commiffaire fur cette matière font toujours exécutées nonobftant les oppofitions & les appellations & fans y préjudicier. La caution étant reçue, on en fignifie l'acte à la partie ou à fon procureur, & la caution fait au greffe fa foumiffion par laquelle elle déclare qu'elle fe conftitue caution envers le commiffaire des faifies réelles, pour l'exécution du Bail des biens faifis, dont elle nomme le fer-

***

an, fatisfaire aux charges de l'enchère, & du tout acquitter N.... procureur, à peine de tous dépens, dommages & intérêts, ledit J.... a élu fon domicile à.... & ont figné fur l'enchère.

mier judiciaire. On fignifie encore au commiffaire le procès-verbal de réception de caution
& l'acte de foumiffion.

 Un commiffaire ne fauroit agir avec trop de
circonfpection dans la procédure pour la réception des cautions & des certificateurs ; car étant
chargé par la juftice de la régie des biens faifis
pour en rendre compte aux créanciers , il eft
refponfable , non-feulement des pertes que les
créanciers feroient par fa mauvaife foi , mais
encore de celles qu'ils fouffriroient par fa faute.
C'eft ce que décide Ulpien. Mais quand le commiffaire a pris toutes les précautions qu'auroit
pu prendre un père de famille intelligent & at-
tentif à fes intérêts , on ne peut rien lui imputer.
C'eft pourquoi il n'eft point refponfable de l'infolvabilité de la caution , fi étant folvable dans
le temps du Bail , elle eft enfuite devenue infolvable par quelqu'accident que l'on ne pouvoit
prévoir.

Si l'adjudicataire ne préfente point de caution,
ou fi celle qu'il préfente eft rejetée parce qu'elle
n'eft point trouvée folvable , le commiffaire fait
procéder à un nouveau Bail judiciaire , à la folle
enchère du premier adjudicataire , en obfervant
dans fa procédure les mêmes formalités que
celles qui avoient été faites pour parvenir au
Bail qui n'a point eu d'effet.

Il femble que quand le fermier judiciaire a
ainfi contracté folemnellement avec la juftice,
.& qu'il a fatisfait à toutes les conditions qui lui
font impofées , il n'auroit pas lieu de craindre
de fe voir évincé de fon Bail ; cependant l'avantage des créanciers & de la partie faifie a fait
introduire un ufage qui l'emporte fur cette rè-

gle ; c'eſt de recevoir après l'adjudication & la réception de la caution, ceux qui offrent le tiers en ſus du prix du Bail; qui offrent, par exemple, de payer 400 livres de fermages par chaque année, au lieu de 300 livres, & de rembourſer l'adjudicataire de ſes frais, s'il en a fait quelques-uns. Les offres de tiercement ſe font par une requête que l'on préſente aux juges par-devant leſquels le décret eſt pendant. On les ſignifie au commiſſaire, à l'adjudicataire du Bail, à la partie ſaiſie, & au plus ancien procureur des oppoſans. Si le tiercement eſt admiſſible, on rend un jugement par lequel on ordonne qu'il ſera procédé à un nouveau Bail judiciaire ſur le tiercement, au plus offrant & dernier enchériſſeur, à la charge de rembourſer les frais du précédent Bail, & les autres frais que l'adjudicataire aura pu faire. Le premier adjudicataire n'eſt dépoſſédé que du jour que celui qui a fait le tiercement ou un autre adjudicataire plus haut enchériſſeur, a fait recevoir la caution. Juſqu'à ce temps le précédent fermier judiciaire demeure en poſſeſſion ſans augmentation du prix de ſon Bail.

Cette voie du tiercement pour faire réſoudre un Bail judiciaire adjugé à vil prix, eſt admiſe dans le parlement de Normandie, comme dans celui de Paris, ainſi que Baſnage l'a remarqué. Un arrêt de règlement rendu au parlement de Bretagne le 8 mai 1690, porte en termes exprès que pour conſerver l'intérêt des parties ſaiſies & des créanciers, & empêcher qu'ils ne ſouffrent de la modicité des Baux, le tiercement ſera reçu & admis ; cet arrêt de règlement a été confirmé par une déclaration du 9 décembre 1690, enregiftrée au parlement de Rennes, où cet article du règlement eft répété mot à mot.

On a peine à admettre le tiercement quand il s'eft écoulé une partie confidérable du temps du Bail judiciaire. On ne doit jamais l'admettre quand le temps de la moiffon approche, parce qu'il ne feroit pas jufte qu'après avoir fait courir tous les rifques au fermier judiciaire, on vint lui ôter fon Bail dans le temps qu'il feroit près d'en recueillir quelque profit. On pourroit cependant ordonner en ce cas que le premier fermier judiciaire qui n'eft encore qu'à la première année de fon Bail, feroit la récolte, & admettre le tiercement pour les années fuivantes.

Tous les Baux judiciaires faits après les remifes ordinaires à la folle enchère d'un premier adjudicataire ou fur tiercement, doivent être faits pour trois ans, *fi tant la faifie dure*, fuivant l'article 16 de l'édit du mois de février 1626, qui a fixé ce terme pour éviter les frais que caufoit auparavant le renouvellement trop fréquent des Baux judiciaires. Ces termes de l'édit de 1626, *fi tant la faifie dure*, font affez connoître que l'intention du roi Louis XIII étoit que le fermier judiciaire pût être dépoffédé, dès que la faifie cefferoit par la main-levée accordée au propriétaire, ou par l'adjudication, fans que le fermier qui s'étoit foumis à cette condition pût demander des dommages & intérêts, mais feulement la reftitution des avances qu'il auroit faites; on l'obferve encore de cette maniere dans plufieurs juridictions du royaume; mais l'arrêt de règlement du parlement de Paris du 12 août 1664, a introduit dans le reffort de ce parlement une jurifprudence différente. Il veut qu'en cas d'éviction du Bail par main-levée ou par ad-

judication, le fermier judiciaire jouiffe des loyers
de la maifon faifie & des revenus des terres qu'il
aura labourées ou enfemencées, en payant le
prix du Bail au propriétaire ou à l'adjudicataire
des fonds faifis. L'arrêt ajoute que le pourfuivant criées fera tenu de faire mention de cette
charge dans l'enchère & affiche de quarantaine,
afin que l'adjudicataire ne prétende point être
en droit d'entrer d'abord en poffeffion des biens
adjugés.

Si le décret dure plus de trois ans, les Baux
judiciaires doivent être renouvelés fix mois
avant l'expiration pour les maifons de Paris, &
un an avant l'expiration pour les maifons & héritages qui font fitués hors de la ville de Paris.

Il n'eft du que huit livres au commiffaire aux
faifies-réelles pour tous les droits & les frais qu'il
fait afin de parvenir aux Baux judiciaires, ou
pour la converfion des Baux conventionnels en
judiciaires, & deux livres pour le contrôle quand
le prix des Baux n'eft que de trois cens livres &
au-deffous. Il eft du douze livres au commiffaire
& trois livres pour le contrôle des baux judiciaires qui font au-deffus de 300 livres, à quelque
fomme qu'ils puiffent monter. Il ne peut prétendre aucun droit pour les frais de publication,
les appofitions d'affiches, les fignifications d'ór-
donnances des juges, les remifes, les vacations
de fon procureur, les exploits de commandement, les voyages, ou pour quelqu'autre caufe
que ce foit à peine du quadruple. On excepte de
cette règle l'expédition du greffier dans les juftices ordinaires, & au parlement l'expédition du
greffier & les vacations du confeiller commis à
la barre, à la charge cependant que tous les

frais des Baux judiciaires dont le prix ne sera que de cent livres, n'excèderont point la somme de vingt livres. Ces frais font pris par les commissaires sur les adjudicataires des Baux, à l'exception des Baux conventionnels convertis en judiciaires pour lesquels les frais font pris sur le prix des Baux en cas qu'il y ait du fonds sur la commission, & que les sommes aient été allouées dans les comptes.

On observe en Bretagne des formalités particulieres pour parvenir aux Baux judiciaires. On voit par les déclarations du 9 décembre 1690, & du 4 janvier 1698, qui font faites pour cette province, que l'huissier qui fait la saisie-réelle est tenu de publier au prochain marché des choses saisies; qu'à la quinzaine en cas que la chose saisie soit dans les dix lieues de la juridiction où le décret sera fait, ou au mois en cas de plus grande distance, il sera procédé au Bail judiciaire à la diligence du commissaire aux saisies-réelles à peine de nullité. La déclaration de 1690 vouloit qu'outre cette publication il en fût fait une seconde par le recteur au prône de la grand'messe de l'église paroissiale du lieu où le principal manoir des biens saisis est situé; & que le recteur donnât un certificat de la publication; mais cette publication se doit faire à présent par un sergent ou par un notaire à l'issue de la grand'-messe de paroisse, & on doit apposer des affiches à la principale porte de l'église; l'édit du mois d'avril 1695 a substitué ces formalités aux publications aux prônes, en défendant d'interrompre le service divin pour faire des publications sur les affaires des particuliers, même pour les décrets.

Deux mois après l'enregistrement de la saisie-réellé, le commissaire fait sommer la partie saisie de rapporter main-levée, & lui déclare que si elle ne rapporte point de main-levée dans la huitaine à compter du jour de la signification, qu'il fera procéder à l'adjudication des Baux judiciaires. On fait les Baux judiciaires en Bretagne, nonobstant les oppositions ou appellations & sans y préjudicier. C'est une des dispositions de la déclaration du 4 janvier 1698, qui ajoute que l'article 5 du titre des lettres d'état de l'ordonnance de 1669, sera suivi en Bretagne, & en conséquence que les Baux judiciaires qui auront été faits avant la signification des lettres auront leur exécution, & qu'il sera procédé au renouvellement des Baux judiciaires, quand ils seront expirés.

Les commissaires aux saisies-réelles doivent avoir des registres pour les Baux judiciaires sur lesquels il est de leur devoir de marquer jour par jour, de suite, & sans aucun blanc, le jour auquel chaque Bail judiciaire a été adjugé sur les premieres enchères ou sur le tiercement, ou le jour auquel le Bail conventionnel a été converti en judiciaire, la juridiction où est faite l'adjudication, le prix du Bail, le tems auquel il doit commencer & celui auquel il doit finir, le nom & le domicile de l'adjudicataire, celui des cautions & des certificateurs. A la marge de l'article on marque le nom du bien saisi, le registre & le *folio* de la saisie, l'union ou la division de cette saisie, s'il y en a eu d'ordonnée.

Les liasses des procédures & des actes qui concernent chaque Bail judiciaire doivent être mises à part avec une inscription sur le dossier du nom du bien faifi, du preneur du Bail & de fes cautions, du *folio* de l'enregiftrement de la faifie & des Baux judiciaires. Dans les juridictions où le regiftre des Baux eft fait par un commis comme au bureau des faifies-réelles de Paris, le commiffaire met fur une des colonnes du regiftre général de la commiffion un extrait du regiftre des Baux judiciaires, des faifies & des empêchemens qui peuvent être faits entre fes mains fur les parties prenantes & des mains-levées qui en ont été données.

Ordinairement les biens faifis ne fe trouvent point en bon état : la pemiere chofe que doit faire le fermier judiciaire lorfqu'il s'en veut mettre en poffeffion, eft de préfenter fa requête au juge devant lequel le décret fe pourfuit afin de faire vifiter par des experts la maifon & les lieux qui en dépendent, & de faire dreffer un état des réparations néceffaires pour l'exploitation du Bail. Le juge rend fur cette requête une ordonnance en vertu de laquelle le fermier fait affigner la partie faifie, le pourfuivant & le plus ancien procureur des oppofans. Le juge du décret ordonne que les lieux feront vus & vifités par des experts qui feront leur rapport. La procédure pour la nomination des experts & pour la preftation du ferment fe fait devant le juge même du décret, ou devant le juge fur les lieux auquel cette procédure eft renvoyée, quand les biens faifis font fort éloignés de la juridiction où le décret fe pourfuit. Le faifi, le faififfant & le plus ancien procureur des oppofans doivent être appelés à la vifite, & dès qu'elle eft faite, il faut leur donner copie du rapport, de même qu'au commiffaire aux faifies-réelles.

Si les réparations néceffaires pour l'exploitation du Bail de la ferme n'excèdent point la fomme de 300 livres, l'ufage obfervé au parlement de Paris, eft de faire fommer la partie faifie, le pourfuivant, le plus ancien procureur des oppofans & le commiffaire aux faifies-réelles, de fe trouver chez un notaire au jour & à l'heure marqués, pour faire le marché avec les ouvriers & les entrepreneurs qui feront les réparations.

Mais fi les réparations montent à plus de 300 livres, elles doivent être faites au rabais pardevant le plus prochain juge des lieux. On met à cet effet des affiches, & l'adjudication fe fait par le juge à celui des ouvriers & des entrepreneurs qui demande le moins.

Au parlement de Paris on ne permet pas d'employer en réparations par chaque année, plus des deux tiers du prix du Bail pour les Baux qui font de 300 livres & au-deffous ; plus de moitié, pour les Baux qui font au-deffus de 300 livres jufqu'à 1000 ; plus du tiers, pour les Baux au-deffus de 1000 livres jufqu'à 2000 livres, ni plus du quart pour les Baux qui font au-deffus de 2000 livres. Si le fermier judiaire employoit en réparations de plus grandes fommes que celles qui font portées par le règlement, il perdroit le furplus. A l'égard des quittances données par-devant notaire par les ouvriers ou par les entrepreneurs au fermier judiciaire, jufqu'à la concurrence de ce qu'il eft permis d'employer en réparations par les règlemens, elles doivent être prifes pour argent comptant, en déduction du prix du Bail.

Lorfqu'il furvient dans le cours du Bail des

réparations à faire, urgentes & nécessaires, le fermier doit pour sa décharge en avertir le poursuivant par écrit ; le poursuivant dénonce cet acte à la partie saisie, & au plus ancien procureur des opposans, puis on présente une requête au juge pour faire ordonner la visite, & pour procéder à l'adjudication au rabais des réparations, comme on le pratique au commencement du Bail judiciaire. Lorsque le prix de ces réparations urgentes & nécessaires excède la somme qui peut être allouée au fermier judiciaire suivant les règlemens, il faut obtenir un jugement avec les parties intéressées, lequel ordonne que ces réparations seront faites à quelque somme qu'elles puissent monter. Ce seroit un grand malheur pour les créanciers, si sous prétexte d'observer un règlement qu'on n'a fait qu'en leur faveur, on laissoit tomber une maison qui fait leur sûreté.

Lorsque les réparations urgentes & nécessaires se trouvent si peu considérables qu'elles ne méritent point que pour les faire on ordonne une visite, & que l'on fasse les autres procédures qui monteroient quelquefois plus haut que le prix des réparations, on se contente de présenter une requête au juge du décret, & il permet d'employer jusqu'à concurrence d'une certaine somme à ces réparations. On peut même, dans le cas où le retardement seroit dangereux, donner la requête au plus prochain juge royal pour faire faire ces réparations ; car on ne peut rien imputer au fermier dès qu'il paroît manifestement qu'il a fait le bien de la chose, que tout s'est passé de bonne foi, & qu'il n'auroit pu faire de procédure plus longue, sans que les délais fissent un tort confidérable aux créanciers : mais un fermier ne doit avoir recours à ce moyen que dans des circonftances très-preffantes.

Le fermier judiciaire s'étant mis en poffeffion des biens faifis jouit de tous les fruits utiles, même des droits de quint & de relief, s'il en eft échu quelques-uns pendant fon bail judiciaire. Il eft expreffément défendu par l'édit de 1551, à toutes fortes de perfonnes, de le troubler direc-tement ou indirectement dans la jouiffance de fon Bail, fous peine d'être déclarées rebelles aux ordres du roi & de la juftice & de confifca-tion de bien : mais le fermier judiciaire ne jouit point des droits honorifiques; ils font attachés à la propriété dont la partie faifie n'eft dépouillée que par l'adjudication; ainfi il ne peut pas rece-voir la foi & hommage d'une terre qui relève de celle dont il a la ferme, quoiqu'il en gagne les fruits, quand la faifie féodale eft faite à faute d'hommes, droits & devoirs non faits & non payés. Il ne peut pas non plus préfenter aux bé-néfices, ni nommer aux offices. Il y en a une dif-pofition expreffe pour les bénéfices dans une dé-cifion du pape Innocent III : elle porte que le clerc qui a été préfenté à un bénéfice par le pro-priétaire d'une terre, doit être préféré au clerc nommé par celui qui jouit de la terre par enga-gement pour être payé de ce que lui doit le pro-priétaire. Cette décifion eft fuivie au parlement de Paris pour les baux judiciaires;car on rapporte un arrêt de ce parlement,rendu le 11 de mai 1634, au profit du comte de Sancerre, par lequel on infirma un Bail judiciaire fait au requêtes du Palais, parce qu'on y donnoit au fermier la no-mination aux bénéfices & aux offices; on ordonna qu'elle appartiendroit à la partie saisie. La chasse est aussi un droit honorifique attribué par les ordonnances des eaux & forêts aux seigneurs hauts-justiciers & aux seigneurs des fiefs ; c'est pourquoi un fermier judiciaire n'en peut jouir, comme on l'a jugé à l'audience de la Tournelle du parlement de Paris, le 14 février 1698, en faveur d'un gentilhomme de Berry, dont la terre étoit en Bail judiciaire.

Ce que l'on vient de dire, que par les ordonnances il étoit défendu de troubler les fermiers judiciaires dans leur possession, n'a pas lieu suivant l'arrêt d'enregistrement de l'édit de 1551 fait au parlement de Paris, contre les tiers-opposans à fin de distraire, qui lors de la saisie se font trouvés en possession des choses pour lesquelles ils ont formé leur opposition, ni pour ceux qui ont obtenu une distraction de leurs biens que l'on avoit compris mal-à-propos dans la saisie-réelle.

Cette disposition de l'édit n'empêche point non plus que si le fief saisi est ouvert à faute par le propriétaire d'avoir fait la foi & l'hommage, le seigneur dont il relève ne le puisse faire saisir féodalement & gagner les fruits ; car les créanciers n'ont pas plus de droit que leur débiteur, qui ne pouvoit jouir des fruits pendant la saisie féodale. Cependant, comme un débiteur de mauvaise foi pourroit refuser de faire la foi & hommage pour priver ses créanciers des revenus de la terre, il est juste en ce cas que les créanciers à qui les loix permettent d'exercer les droits, & de proposer les exceptions de leurs débiteurs puissent faire la foi & hommage ou demander la souffrance pour la partie saisie. Les coutumes de Paris, d'Orléans & de Berry en contiennent des dispositions expresses : on doit les suivre, même dans les coutumes qui gardent le silence là-dessus, parce qu'elles sont fondées sur des principes d'équité, & qu'on le jugeoit ainsi dans la coutume de Paris, même avant la derniere réformation, quoique l'ancienne coutume n'en parlât point. Dumoulin en rapporte un arrêt du 17 juin 1538. Il y en a d'autres qui sont rapportés par Tournet & par Bacquet au traité des droits de justice.

Ainsi dès que le fief est saisi féodalement, le fermier judiciaire doit faire signifier la saisie féodale au propriétaire de la terre partie saisie, au commissaire aux saisies-réelles, & au poursuivant, sous peine en cas de négligence de sa part d'avertir les parties intéressées, de supporter lui-même la perte des fruits saisis féodalement, sans aucune diminution du prix de son Bail, suivant l'article 72 du titre 9 de la coutume de Berry.

Ce sont les commissaires aux biens saisis que les coutumes autorisent à faire la foi & hommage au seigneur féodal pour le vassal dont les biens se trouvent saisis réellement ; mais comme les commissaires doivent résider aux lieux de leur établissement, suivant les édits de création de leur office, & que les édits ne leur attribuent aucun droit pour s'acquitter de cette fonction au profit des créanciers, il suffit qu'ils offrent de donner leur procuration à telle personne que les créanciers jugeront à propos pour faire la foi & hommage & pour obtenir la main-levée de la saisie féodale.

Dans les coutume où le vassal doit faire la

foi & hommage en perſonne, le ſeigneur peut
refuſer d'admettre à la foi le proçureur du commiſſaire aux ſaiſies-réelles ; mais il ne peut refuſer d'accorder une ſouffrance, comme le porte
l'article 4 de la coutume d'Orléans.

S'il eſt du au ſeigneur des droits, ſoit de relief, ſoit de quint, pourra-t-il refuſer d'admettre
à la foi, ou de donner la ſouffrance juſqu'à ce
que ces droits ſoient payés ? Il peut le refuſer
dans la coutume de Berry, qui veut que celui
qui ſe préſentera pour faire la foi, paye les droits
& devoirs au nom du vaſſal. La coutume d'Orléans dit au contraire que l'on donnera la ſouffrance au commiſſaire, ſauf au ſeigneur à ſe
pourvoir pour ſes profits ſur les deniers de la
ferme de l'héritage, ou ſur les deniers qui proviendront de la vente. Il ſemble qu'on devroit
ſuivre la diſpoſition de la coutume de Berry,
dans les coutumes qui ne déçident point çette
queſtion ; car dès que l'on permet au ſeigneur de
pourſuivre ſes droits par la ſaiſie féodale qui
emporte perte de fruits, nonobſtant la ſaiſie-
réelle, pourquoi l'obligeroit-on d'admettre à la
foi, ſans payer les droits utiles, tandis que dans
toute autre occaſion il peut refuſer de recevoir
l'hommage ou de donner ſouffrance, quand il
n'eſt point ſatisfait des droits utiles ? Cependant
nos auteurs diſent qu'en ce cas les droits utiles
ne doivent être regardés que comme d'autres
dettes privilégiées, pour leſquelles le ſeigneur ſe
doit pourvoir par la voie de l'oppoſition, & qu'il
lui ſuffit d'avoir l'aſſurance d'être colloqué dans
l'ordre, tant pour le principal de ſes profits de
fief, que pour les intérêts du jour de la demande.
Auzanet qui ſuit çette derniere opinion, rapporte

porte pour la confirmer un arrêt du 7 août 1627 entre dame Efther de Jamard, & dame Madelaine Barthelemi, veuve du fieur Dupleffis-Praffin. Les principes paroiffent oppofés à ce préjugé.

S'il arrive pendant le cours des procédures que le vaffal partie faifie vienne à décéder après que le commiffaire a eu fait la foi & hommage, le feigneur peut faifir de nouveau féodalement à faute d'homme, de droits & devoirs non faits & non payés ; car tant que le bien faifi réellement n'eft point adjugé, les mutations fe règlent du chef de la partie faifie, ou de fes héritiers, & non du chef du commiffaire ou du fermier qui n'étant point propriétaires du fief, ne peuvent être regardés comme vaffaux.

Quand il y a eu une perte de fruits par la faifie féodale, fans qu'on puiffe imputer aucune négligence au fermier judiciaire, il eft jufte de lui faire une diminution fur le prix de fon Bail à proportion de la perte qu'il a foufferte, puifqu'il n'a pu jouir de ce qui lui avoit été affermé.

On accorde auffi une diminution au fermier judiciaire, quand un oppofant a fait diftraire une partie confidérable des biens faifis, ou quand quelque force majeure l'a empêché de jouir, comme fi la grêle a gâté tous les fruits, fi un moulin ayant été confumé par le feu, fans qu'il y eût de la faute du fermier ou du fous-fermier, n'a pu produire aucun profit. C'eft avec la partie faifie, le pourfuivant & les oppofans, que le fermier doit demander ces diminutions fur le prix de fon Bail : on ne les accorde que difficilement, & feulement dans le cas où le fermier judiciaire prouve clairement qu'il fait une perte réelle : car comme on eſt perſuadé que les Baux judiciaires ſont ordinairement adjugés à vil prix, on préſume que les accidens dont les fermiers ſe plaignent n'ont point eu d'autre effet que de les priver d'un profit exorbitant qu'ils eſpéroient de faire ſur leur Bail.

Dès que les termes pour le payement du Bail judiciaire ſont échus, le commiſſaire aux ſaiſies-réelles doit faire des diligences pour en être payé ; car ſi le fermier ou les cautions qui étoient en état de payer dans le tems de l'échéance du terme devenoient par la ſuite inſolvables, il demeureroit reſponſable en ſon nom du prix du Bail. Si par quelque raiſon particulière la juſtice défend de contraindre les débiteurs des Baux judiciaires & les cautions, le commiſſaire dénonce le jugement au pourſuivant, & cette dénonciation lui ſert de décharge valable juſqu'à ce que les défenſes aient été levées, & que le jugement lui en ait été ſignifié.

, Au parlement de Paris les fermiers judiciaires, leurs cautions & leurs certificateurs ſont obligés de payer en deniers ou en quittances valables les termes qui ſont échus, trois jours après la première ſommation qui leur en eſt faite, ſinon ils ſont tenus ſolidairement des frais qui ſont faits contre l'un d'eux pour le recouvrement des loyers, ſans que le commiſſaire puiſſe les employer dans ſon compte. Entre les quittances que le commiſſaire doit recevoir ſont celles des charges ordinaires des fonds ſaiſis, comme celles des cenſives, des rentes foncières, les gages des officiers, les frais pour la pourſuite des affaires criminelles, quand il y a juſtice, & que les frais n'ont pu être recouvrés ſur la confiſcation. Si le fermier étoit tenu par son Bail d'acquitter ces charges sans diminution du prix, on ne prendroit point ces quittances en déduction.

Des Baux à nourriture des mineurs. On appelle *Bail à nourriture des mineurs,* une convention par laquelle le preneur se charge de nourrir & entretenir un mineur moyennant une certaine somme.

Ces sortes de Baux sont particulièrement en usage dans les provinces de Brie, de Champagne, de Gâtinois & de Bourgogne.

Le Grand prétend que le mineur devenu majeur peut réclamer contre un pareil Bail, en tenant compte de toutes ses pensions.

Par arrêt rendu, au rapport de M. de la Michaudiere en la troisième chambre des enquêtes, le 27 mai 1724, la cour a confirmé une sentence du bailliage de Sens, par laquelle des enfans âgés de trente-cinq ans avoient été déclarés non-recevables dans leur appel d'un Bail à nourriture.

Il y a un autre arrêt rendu par la même chambre, le 17 août 1696, qui confirme un pareil Bail.

Un autre arrêt rendu le 15 février 1732, sur les conclusions de M. Chauvelin, avocat-général, a confirmé une sentence du bailli de Langres qui condamnoit un pere à rendre compte, nonobstant le délaissement porté au *Bail à nourriture.*

Enfin, le 14 décembre 1745, la cour a confirmé un Bail à nourriture par lequel on avoit abandonné à un pere, tuteur, des immeubles appartenans à son fils, pour le nourrir, élever & entretenir jusqu'à l'âge de dix-huit ans.

Dans l'espèce de cet arrêt, le mineur fils

d'un premier lit qui reclamoit, allégua qu'on ne pouvoit aliéner les biens des mineurs fans toutes les formalités prefcrites ; mais l'ufage l'emporta fur ce moyen.

De tout ceci il réfulte que dans les pays où les Baux à nourriture font en ufage, on les confirme lorfqu'on n'en abufe point pour frauder les mineurs.

Des droits de contrôle & autres concernant les Baux. L'article 15 du tarif du 29 feptembre 1722 porte que pour les Baux à loyer ou à titre de ferme, & tous autres jufqu'à neuf années feulement, le droit de contrôle fera payé fur le pied d'une année du loyer en argent ou autres chofes qui feront évaluées, & conformément à ce qui eft réglé par cet article.

Le confeil a décidé, le 24 août 1707, que fi le bailleur fe réferve une partie des biens ou la perception des fruits de cette partie, cela ne fait point partie du Bail, & que le droit de contrôle n'eft dû que fur le prix effectif ; mais que fi le propriétaire afferme le bien, moyennant une fomme en deniers ou une quantité de blé ou de fruits que le fermier doit rapporter au propriétaire, le droit de contrôle doit être payé fur le prix en deniers, & fur la valeur du blé ou des fruits, parce que l'un & l'autre font le prix du Bail.

Tout ce qui eft un objet onéreux pour le preneur & un objet lucratif pour le bailleur, fait inconteftablement partie du prix en quelques efpèces que le payement en ait été ftipulé : il faut néanmoins obferver que les charges paffives dont le fonds eft tenu indépendamment de toute ftipulation, & qui ne tournent point au profit du bailleur, ne doivent pas être jointes au prix convenu par un simple Bail à ferme. Cela a été ainsi décidé par arrêt du conseil du 24 juillet 1730, en faveur des bénéficiers de Bayeux, au sujet des Baux de leurs dîmes, faits moyennant une somme & à la charge des portions-congrues des curés. Mais s'il s'agit d'un Bail à vie, qui est une espèce d'aliénation, toutes les charges dont le preneur est tenu, doivent être jointes au prix pour fixer les droits sur la totalité. C'est ce qui a été jugé par arrêt du conseil du 4 mars 1741, contre le procureur-général des jésuites de la province de Toulouse.

Quoique le Bail à loyer ne soit fait que pour un an, le droit de contrôle est dû sur le pied de l'article 15 du tarif, si le bailleur avoit lui-même une plus longue jouissance. C'est ce que le conseil a décidé par arrêt du 19 novembre 1729, pour les adjudications annuelles des dîmes. Par un autre arrêt du 8 octobre 1751, il a confirmé la perception du commis de Melun sur le pied de l'article 15 du tarif, pour un Bail fait pour une année par le sieur Herment, propriétaire, au nommé Francheveux. Mais si le droit du bailleur lui-même est borné à une seule dépouille, on ne doit pas regarder comme un Bail la cession qu'il en fait, & le droit de contrôle ne doit être perçu que sur le pied réglé par l'article 3 du tarif.

Si le prix du Bail est stipulé payable en une certaine quantité de grains, le droit de contrôle est dû sur la valeur des grains, en formant de dix années une année commune. Le Conseil l'a ainſi décidé par trois arrêts des 17 avril 1724, 24 février 1726, & 30 novembre 1729.

Par un autre arrêt du conſeil du 11 août 1713, il a été jugé que le doit de contrôle d'un acte portant engagement d'une rafinerie aux îles pour cinq ans, moyennant 1000 livres la première année, & 1100 livres chacune des autres, eſt dû ſur le pied réglé par l'article 15 du tarif pour les baux à ferme.

Un autre arrêt du 7 novembre 1733 a jugé que tout ce que le preneur s'engage à fournir au bailleur, doit être joint au prix en argent, & que le droit de contrôle eſt dû ſur le tout.

Le 16 mars 1737, il a été décidé au conſeil, en faveur de Nicolas Boquillon, que le droit de contrôle d'un acte qui accorde neuf coupes conſécutives dans un bois taillis, à raiſon de 405 livres chacune, devoit être perçu comme pour un Bail ſur le pied de l'article 15 du tarif ; au lieu que le commis l'avoit perçu, comme marché, ſur la totalité. Mais il ne paroît pas que cette déciſion doive être ſuivie ; parce que dans cette eſpèce il ne s'agit aucunement d'un Bail qui accorde des dépouilles conſécutives d'un même fonds ; c'eſt un véritable marché portant vente de la coupe entière, & pour une ſeule fois, d'un bois taillis dont l'exploitation & le payement ſont diviſés dans des proportions convenues. Le conſeil même a adopté cette diſtinction le 26 juin 1724, en jugeant qu'un acte, pour la coupe des bois de la terre de S. Juſt, près Beaumont-ſur-oiſe, pendant douze années, n'étoit pas un Bail, puiſque le preneur n'exploitoit qu'une ſeule fois le même canton, & que c'étoit une vente de la coupe partagée en douze ans.

Les droits de contrôle fixés pour les baux font auſſi dûs pour les ſous-baux, tranſports, ceſſions, retroceſſions & ſubrogations des mêmes baux, conformément à l'article 16 du tarif du 29 ſeptembre 1722.

A l'égard des baux à moitié ou par tiers, ou de ceux faits moyennant certaines eſpèces, l'article 17 du tarif porte que le droit de contrôle en ſera payé ſur le pied de l'article 15 & ſuivant l'eſtimation que les parties ſeront tenues de faire dans ces baux, de la valeur, année commune, des choſes qui doivent être payées au bailleur, laquelle eſtimation ſe fera ſans fraude, à peine de 200 livres d'amende tant contre le bailleur que contre le preneur.

Un arrêt du conſeil du premier ſeptembre 1757 a confirmé une ordonnance de l'intendant de Montauban, par laquelle Jeanne Hébrard & Pierre de Tours ſon fils ont été condamnés au payement du ſupplément du droit de contrôle de ſix baux à moitié fruits, & à ſix amendes de 200 livres chacune, à cauſe des fauſſes eſtimations faites par ces baux : ils prétendoient n'avoir pas dû faire entrer dans l'eſtimation la portion des fruits avenante au bailleur, comme lui appartenante en propriété, mais ſeulement les volailles & autres objets particuliers ſpécifiés par les baux. Mais le tarif eſt précis, & ſon objet a été de faire payer pour ces baux à moitié ou par tiers, les mêmes droits qui ſeroient payés pour des baux à prix d'argent ; c'eſt-à-dire ſur le produit en nature revenant également au bailleur.

Les Baux judiciaires ne ſont pas ſujets au contrôle, parce que ce ſont des actes purement

judiciaires qui ne peuvent être faits qu'en justice.

Les extraits qui en font délivrés par les greffiers des juridictions royales aux commiffaires
aux faifies-réelles font fujets au petit fcel ; c'eft
ce que le confeil a décidé par arrêt du 31 décembre 1722.

Les Baux des revenus des gens de main-morte
doivent être paffés pardevant notaires & contrôlés, à peine de 200 livres d'amende pour
chaque omiffion, jouiffance par tacite réconduction, convention verbale, ou fous-fignature
privée, & ces amendes font payables folidairement par les bailleurs & par les preneurs,
avec les droits de contrôle des Baux qui auroient dû être paffés. Telles font les difpofitions de l'arrêt du confeil du 13 décembre 1695,
de l'article 4 de la déclaration du 19 mars 1696,
de l'article 3 de la déclaration du 14 juillet 1699,
& de l'article 2 de la déclaration du 20 mars
1708.

Par arrêt du confeil du 4 avril 1719 rendu
contradictoirement avec les gens de main-morte
de Rheims qui prétendoient que le fermier ne
pouvoit les obliger à repréfenter leurs Baux, il
a été ordonné que les eccléfiaftiques, bénéficiers, communautés féculières & régulières &
les autres gens de main-morte feroient tenus
auffi-tôt qu'ils en feroient requis, de repréfenter au fermier, fes prépofés ou commis les
Baux qu'ils auroient paffé par-devant notaire,
de leurs biens & revenus, & que ceux qui ne
juftifieroient pas de ces Baux feroient pourfuivis
& condamnés à des amendes relatives aux circonftances, mais qui ne pourroient être au-

deſſous de deux cens livres pour chaque ferme
ou métairie dont le Bail ne ſeroit pas repréſenté.

Par un autre arrêt du 31 mai 1729, le conſeil
ſans s'arrêter à l'ordonnance de l'intendant de
Champagne, a condamné les religieux de notre
Dame des trois Fontaines ſolidairement avec
Jean Carré leur fermier, à deux cens livres
d'amende, pour avoir rédigé ſous-ſignature
privée la continuation d'un Bail fait devant notaires.

Par un autre arrêt du 11 avril 1752, le conſeil
a confirmé une ordonnance de l'intendant de
Limoges par laquelle les ſieur abbé & religieux de
Grammont ont été condamnés à payer les droits
de contrôle de chacun des Baux qu'ils avoient
paſſés ſous-ſignature privée, par tacite réconduction ou convention verbale depuis 1731, ſuivant la déclaration ſincère qu'ils ſeroient tenus
de faire, ſous les peines portées par les règlemens, du nombre, de la durée & du prix de ces
Baux, & à 200 livres d'amende, faute de les
avoir paſſés par-devant notaires. Cet arrêt ordonne en outre que conformément aux règlemens, les curés, bénéficiers & autres gens de
main-morte de la généralité de Limoges feront
tenus de paſſer des Baux par-devant notaires,
des biens & revenus de tous leurs bénéfices ſans
aucune exception, même des dixmes dépendantes des mêmes bénéfices, à quelque condition qu'ils veulent en faire faire la levée à leur
profit par des particuliers, a peine de 200 livres
d'amende payables ſolidairement, tant par les
bailleurs que par les preneurs : l'arrêt permet cependant aux mêmes curés, bénéficiers & gens de

main-morte, de faire par eux-mêmes, leurs domestiques ou gens de journée, la levée de leurs dixmes, à la charge de faire publier au prône de la paroisse qu'ils entendent faire cette exploitation, desquelles publications ils seront tenus de remettre dans la huitaine au commis du fermier, dans l'arondissement du bureau duquel les dixmes seront perçues, des copies certifiées d'eux, & d'en prendre de lui une reconnoissance ; & au cas qu'au préjudice de ces publications ils donnent la jouissance de leurs dixmes par écrit sous signature privée, tacite réconduction, ou convention verbale, ils seront condamnés solidairement avec les preneurs aux peines & amendes portées par les règlemens. Le même arrêt décharge par grace & du consentement du fermier, ces curés, bénéficiers & gens de main-morte, des amendes par eux encourues, pour n'avoir pas passé jusqu'à présent des Baux de leurs dixmes par-devant notaires, à la charge par eux de représenter, dans le délai de trois mois, à compter du premier mai prochain, les deux précédens Baux passés par-devant notaires, ou d'en payer les droits de contrôle, faute de quoi ils seront contraints au payement, tant des droits que des amendes qui se trouveront dus pour raison des Baux qui n'auront pas été passés par-devant notaires.

Cet arrêt a été rendu contradictoirement avec messieurs les agens généraux du clergé qui avoient pris le fait & cause des gens de main-morte de la généralité de Limoges.

Par un autre arrêt du 7 juillet 1759 le conseil a confirmé une ordonnance de l'intendant de Montauban du 12 septembre 1758, par laquelle le prieur de Notre-Dame des Planques & de Saint-Etienne de Brés a été condamné solidairement avec le nommé Arnal au payement des droits de contrôle des Baux des revenus de ses prieurés, & à deux cens livres d'amende. .Le prieur difoit avoir vendu à Arnal cinquante-trois facs de blé, provenant de fa dixme de la récolte de 1755, à raifon de dix livres cinq fous le fac, & que ce particulier lui avoit fait un billet le 29 mars 1756 du montant du prix de ces grains, lequel avoit été contrô'é fans difficulté; mais par l'affignation donnée en conféquence à Arnal, il avoit conclu *au payement de tout ce qui devoit lui appartenir des revenus de fes prieurés perçus dans les années 1756 & 1757 par Arnal, comme il feroit prouvé en cas de déni, & à ce qu'il fût tenu d'exécuter tout ce à quoi il pourroit être juftement tenu envers ledit fieur prieur;* ce qui prouvoit inconteftablement que ce parti-culier avoit joui comme fermier des revenus des prieurés.

Le clergé lors de fon affemblée générale ayant fait de nouvelles repréfentations fur l'exécution des arrêts des 11 avril 1752 & 15 mai 1759, il en fut rendu un autre le 2 feptembre 1760, en forme de règlement, fur la feule requête des députés compofant l'affemblée générale du clergé de France, & fans que l'adjudicataire des fermes eût été entendu. Nous allons rapporter en entier cet arrêt comme formant le dernier état de la jurifprudence fur la matière dont il s'agit.

Sur la requête préfentée au roi en fon confeil par les archevêques, évêques & autres députés compo-fant l'affemblée générale du clergé de France, con-

tenant qu'il s'élève journellement des contestations
entre les bénéficiers & les fermiers des droits de contrôle, sur les interprétations différentes que l'on
donne aux arrêts du conseil des 11 avril 1752 &
15 mai 1759, concernant la perception des droits
de contrôle des Baux des biens & revenus des bénéficiers & autres gens de main morte : les intentions
du clergé général étant également de mettre lesdits
bénéficiers à l'abri des poursuites qui sont mal-à-
propos faites contre eux par les commis des fermiers,
& de faire payer auxdits fermiers les droits qui leur
sont légitimement dûs, à ces causes requéroient les
supplians qu'il plût à sa majesté vouloir bien en in-
terprêtant les arrêts du conseil des 11 avril 1752
& 15 mai 1759, faire connoître ses intentions,
de façon qu'il ne puisse plus y avoir de difficultés
entre les fermiers des droits de contrôles & les redevables d'iceux. Vû les arrêts des 11 avril 1752 &
15 mai 1759 ; la requête signée Bronod avocat du
clergé. Oui le rapport du sieur Bertin conseiller ordinaire au conseil royal, contrôleur général des
finances : le roi en son conseil ayant égard à ladite
requête a ordonné & ordonne ce qui suit :

I. Les bénéficiers, communautés & autres gens
de main-morte ne pourront affermer les biens &
revenus dépendans de leurs bénéfices, même les
dixmes, que par Bail passé devant notaires ou
autres personnes publiques ayant qualité & possession d'en recevoir, à la charge d'en payer les droits
de contrôle : leur défendons de faire aucuns Baux
sous signature privée, tacite réconduction ou convention verbale, sous les peines portées par la déclaration du 20 mars 1708.

II. Pourront les bénéficiers & autres gens de main
morte faire valoir & exploiter par eux-mêmes,

leurs domestiques ou gens de journée en tout ou en partie, leurs dixmes & autres biens dépendans de leurs bénéfices, sans distinction de ceux de l'ancienne ou nouvelle dotation, même les biens acquis au profit de leurs bénéfices, par contrats de vente, échanges & autres actes, à la charge par rapport aux dixmes, d'en faire la publication au plus tard un mois avant la récolte de chaque année, à l'issue de la messe paroissiale, & d'en rapporter copie certifiée d'eux dans le mois au commis du bureau du contrôle, dans l'arondissement duquel sont situées lesdites dixmes, & d'en tirer reconnoissance de lui, le tout sans frais & sur papier non-timbré; & par rapport aux autres biens dépendans des bénéfices, ils seront tenus d'en faire faire tous les neuf ans à l'issue de la messe paroissiale la publication, & ce dans les premiers mois de l'année de leur exploitation, & d'en rapporter copie certifiée d'eux dans lesdits trois mois au commis du bureau du contrôle dans l'arondissement duquel sont situés lesdits biens, & d'en tirer reconnoissance de lui, le tout sans frais & sur papier non-timbré, à peine de payer le double des droits de contrôle pour autant d'années qu'ils auroient manqué à faire les publications, & en se conformant au surplus aux règlemens concernant les tailles faits pour l'exploitation des biens des privilégiés.

III. Ne seront tenus lesdits bénéficiers, communautés & autres gens de main morte de comprendre dans la publication prescrite par l'article précédent, les rentes ou redevances en argent, en grains ou en autres espèces dépendantes de leurs bénéfices, autrement qu'en déclarant qu'ils entendent en jouir, & désignant le bailliage ou sénéchaussée où ils les perçoivent, & sans aucune mention des

rentes conſtituées, & à l'égard des dixmes & champarts, enſemble de tous biens fonds dépendans des
bénéfices, ou appartenans auxdits gens de main-
morte, ils ſeront déſignés par leur nom s'ils en ont
un, celui des paroiſſes ou autrement, de manière
à diſtinguer ce qu'ils voudront faire valoir de ce qu'ils
affermeront, ſans qu'il ſoit néceſſaire d'en détailler la meſure ni la conſiſtance.

IV. Diſpenſe néanmoins ſa majeſté leſdits bénéficiers, communautés & autres gens de main-morte,
de faire aucune publication des jardins, clos ou vergers, attenans à leur habitation ou en dépendans.

· V. Les nouveaux titulaires des bénéfices qui auront
ſuccédé par réſignation ou par permutation étant
tenus des faits de leurs prédéceſſeurs ne pourront être
aſtreints à remplir aucune nouvelle formalité au ſujet des Baux de leurs prédéceſſeurs, à moins qu'ils
n'y faſſent quelque changement ; mais lorſque les
bénéfices auront vaqué par mort ou par démiſſion
pure & ſimple, les nouveaux titulaires qui voudront
laiſſer ſubſiſter les Baux de leurs prédéceſſeurs, le
feront publier à l'iſſue de la meſſe paroiſſiale dans
l'eſpace de ſix mois, à compter du jour de leur priſe
de poſſeſſion, autrement ils ſeront tenus de paſſer un
nouveau Bail par-devant notaires, dans le délai
d'une année, à compter du jour de leur priſe de poſſeſſion : ſi mieux n'aiment leſdits nouveaux titulaires faire valoir par eux-mêmes, leurs domeſtiques
ou gens de journée, auquel cas ſeront ſeulement tenus de ſe conformer aux publications preſcrites par
les articles 2 & 3 du préſent arrêt.

VI. Les bénéficiers ou autres gens de main-morte
qui auront des biens dans les lieux où le contrôle eſt
établi ne pourront en paſſer des Baux par-devant
des notaires domiciliés hors du royaume ou dans

les lieux où le contrôle n'eſt pas établi, *qu'à la charge de payer les droits de contrôle qui en ſeront dûs au bureau dans l'arondiſſement duquel leſdits biens ſont ſitués, & ce dans les trois mois du jour & date deſdits actes, à peine de reſtitution deſdits droits & de deux cens livres d'amende pour chaque contravention, payables ſolidairement, tant par le bailleur que par le preneur.*

VII. Lorſque les bénéficiers & autres gens de main-morte auront affermé par Bail général paſſé devant notaires tous les revenus dépendans de leurs bénéfices, les preneurs pourront faire des Baux particuliers faits ſous ſignature privée; & lorſqu'ils auront paſſé devant notaires des Baux particuliers de tous leurs dits revenus, ils pourront paſſer ſous ſignature privée un Bail général; ſans néanmoins que les bailleurs ni les preneurs puiſſent faire aucune demande, ſignification, exploit ni acte en conſéquence, ni produire en juſtice leſdits Baux, ſoit généraux ſoit particuliers faits ſous ſignature privée, pour quelque cauſe que ce ſoit, qu'ils n'aient été préalablement contrôlés, à peine pour chaque contravention de l'amende portée par les règlemens.

VIII. Les bénéficiers ou autres gens de main morte des pays étrangers qui auront en ladite qualité des biens dans notre royaume & qui voudront les affermer, en paſſeront des Baux devant les notaires qui y ſont domiciliés, pour être contrôlés & les droits payés dans la quinzaine de leur date; & au cas qu'ils les paſſent en pays étrangers, ils ſeront tenus de les faire contrôler au bureau dans l'arondiſſement duquel leſdits biens ſont ſitués, & ce dans le délai de trois mois, à peine de deux cens livres d'amende payables ſolidairement, tant par le Bailleur que par le preneur.

IX. Les grains, foins, pommes, raisins &
autres fruits pendans par les racines étant censés
meubles en différentes provinces, à différentes épo-
ques de l'année, n'empêche sa majesté que les béné-
ficiers & autres gens de main morte desdites pro-
vinces qui auront satisfait à ce qui a été prescrit par
les articles 2 & 3 du présent arrêt, n'en puissent faire
après lesdites époques, telles ventes particulières qu'ils
jugeront à propos, pour raison desquelles les fer-
miers du domaine ne pourront exiger aucuns des
droits de contrôle portés par l'arrêt du 11 avril
1752, que dans le cas où ils auroient affermé leurs
dixmes & autres revenus dépendans de leurs béné-
fices par Baux sous signature privée, tacite récon-
duction ou convention verbale : & qu'à l'égard de
ceux qui auroient fait valoir par eux, leurs domes-
tiques ou gens de journée, leur dixme ou autres biens
dépendans de leurs bénéfices, il ne puisse leur être
demandé aucuns droits de contrôle ni représenta-
tion de Baux passés par-devant notaires, des biens
qu'ils ont exploités ; & décharge par grace lesdits
bénéficiers & autres gens de main morte, des amendes
par eux encourues jusqu'à présent, pour n'avoir pas
- passé des Baux devant notaires, des dixmes &
autres biens & revenus de leurs bénéfices qu'ils ne
faisoient pas valoir eux-mêmes, à l'exception ce-
pendant des amendes qui peuvent avoir été payées
ou prononcées jusqu'à ce jour. Fait au conseil d'état
du roi, tenu à Versailles le 2 septembre 1760,
signé DE VOUGNY.

L'article 20 du tarif du 29 septembre 1722
porte que les droits de contrôle des Baux ou
adjudications des biens & revenus communs,
patrimoniaux & d'octrois des villes, communautés & paroisses seront payés à raison d'une
année

année du revenu fur le pied de l'article 15 du même tarif.

Les adjudications des revenus des communautés laïques passées devant les intendans & commissaires départis font dispensées de la formalité & des droits de contrôle. Mais toutes les autres y font expressément assujetties, comme le prouvent l'arrêt du conseil du 13 décembre 1695, & les déclarations des 19 mars 1696, 14 juillet 1699 & 20 mars 1708.

Par l'article 3 de l'arrêt du 29 avril 1721, il est ordonné que les Baux à ferme ou adjudications des biens & octrois des villes & communautés de la province de Béarn, faits & reçus par les syndics, jurats, notaires, magistrats & greffiers de cette province feront contrôlés, fous les peines & amendes portées par les règlemens.

Un arrêt du conseil du 17 octobre 1721 a confirmé une ordonnance de l'intendant de Bourges, par laquelle le maire & le greffier de l'hôtel de ville de Bourges ont été condamnés à une amende pour défaut de contrôle des Baux des revenus de la ville qui ont été déclarés nuls. Ils opposoient que par droit de juridiction ils avoient celui de passer les Baux de ces revenus, & prétendoient que ces actes reçus étoient judiciaires & non sujets au contrôle.

Par un autre arrêt du conseil du 14 juillet 1722, deux Baux faits par les prévôt & échevins de Corbie ont été déclarés nuls faute d'avoir été contrôlés ; & les habitans & le greffier condamnés aux amendes encourues.

Un autre arrêt du conseil du 15 mai 1725 a débouté les consuls de Carmant de la généralité d'Auch, de leur requête tendante à ce qu'ils fuffent déchargés des amendes qu'ils avoient encourues, pour n'avoir pas paffé devant notaires des Baux de leurs boucheries.

D'autres arrêts du 24 février 1726 rendus contre les communautés de la Baffe-Navarre & de la ville de Bayonne, les ont condamnés au payement des droits de contrôle des adjudications de leur revenus reçues par les greffiers de l'hôtel de ville, & en outre à une amende.

L'article 3 de l'arrêt du 15 octobre 1737 concernant les actes des communautés du Languedoc, porte que les Baux des octrois, & revenus patrimoniaux des communautés feront contrôlés & les droits payés conformément aux articles 15 & 20 du tarif de 1722.

Par ordonnance de M. l'intendant d'Auch du 30 décembre 1759, les confuls & greffier de faint Béat ont été condamnés à différentes amendes, & au payement des droits de contrôle des Baux & adjudications des revenus patrimoniaux avec injonction à eux & à ceux des autres communautés de fe conformer aux règlemens.

Il faut auffi, fuivant l'arrêt du confeil du 15 octobre 1737, que les procès verbaux de publications & affiches relatifs aux Baux & adjudications des revenus communs & patrimoniaux foient contrôlés.

Les Baux à nourriture des mineurs doivent être contrôlés dans la quinzaine de leur date, à la diligence du greffier, quoique faits en juftice & même contenus dans l'acte de tutelle ; parce que ce font des actes volontaires & d'adminiftration qui n'exgent ni la préfence, ni l'autorité du juge : ils peuvent être faits valablement devant notaires ou autrement, pourvu que le tuteur foit autorifé par un avis de parens homologué. Cela a été ainfi jugé par arrêt du confeil du 16 mars 1737 contre le greffier du bailliage de Lifieux en Normandie. Il a été jugé de même par un autre arrêt du confeil du 29 juin 1748 contre le greffier de la prévôté de Rofoy en Brie pour lequel M. le procureur général du parlement de Paris avoit pris fait & caufe.

· Par ordonnance de l'intendant de Bretagne du 17 juillet 1752, Olivier Martin greffier de la juridiction de Chamballan, la Miniere & le Rouvre a été condamné à payer le droit de contrôle d'un Bail à penfion & entretien d'une mineure contenu dans l'acte de tutelle, & à une amende pour n'y avoir pas fatisfait dans la quinzaine ; & il a été également prononcé une amende contre le nommé Martin fergent, pour avoir fignifié ce Bail fans qu'il fût contrôlé.

Le confeil a décidé le 22 juillet 1754 fur l'article 8 du cahier des états de Bretagne, qu'un jugement qui homologue un avis de parens & qui autorife un mineur à s'affurer fur fes propres biens une penfion viagère n'eft pas fujet au contrôle ; mais que fi ce même jugement reçoit l'acte au lieu de renvoyer les parties devant notaires, il y eft fujet, de même que les Baux à nourriture des mineurs, & toutes les autres conventions volontaires.

Obfervez néanmoins que dans les lieux où la loi oblige de faire devant le juge les conventions fur la penfion & entretien des mineurs, les actes qui renferment ces conventions ne font pas fujets au contrôle. Voyez *les lois civiles ; les traités du contrat de louage, du contrat de vente & des obligations par Pothier ; les établissemens de Saint Louis ; les coutumes de Paris , d'Orléans & de Bretagne ; les règlemens de 1690 & de 1722 ; l'ordonnance de Blois ; l'édit d'Amboise de 1572 ; Péleus en ses questions illustres ; Bacquet , traité du droit d'aubaine ; les actes de notoriété du châtelet de Paris ; les conférences sur l'usure ; les lois es bâtimens ; la collection de jurisprudence ; le journal des audiences ; Basnage , traité des hypothèques ; la déclaration du 22 août 1565 ; l'édit du mois d'août 1669 ; les arrêts d'Augeard ; Chopin , sur la coutume de Paris ; Renusson , traité du douaire ; les lois ecclésiastiques ; Broaeau sur Louet ; les arrêts de Brillon ; l'ordonnance du mois d'avril 1667 ; le traité de la vente des immeubles par décret ; l'ordonnance de Lorraine du mois de novembre 1707 ; le parfait notaire ; Legrand , sur la coutume de Troyes ; le tarif du 29 septembre 1722 ; le dictionnaire raisonné des domaines ; l'arrêt du conseil du 13 décembre 1695 ; les déclarations des 19 mars 1696 , 14 juillet 1699 & 20 mars 1708 ; les arrêts du conseil des 15 octobre 1737 ; 1 avril 1752 , 15 mai 1759 & 2 septembre 1760 , &c.* Voyez aussi les articles CENS , CHAMPART , DIXME, RENTE , OFFICE , GREFFE , DOMAINE , BÉNÉFICE , CHASSE , OBLIGATION , SERVITUDE, RÉCONDUCTION TACITE , VENTE , COMMODAT , ARRÉRAGES , AMENDE , CONTRAINTE PAR CORPS , CONGÉ , OUVRAGE , PRIVILÈGE, MARCHÉ , TRANSPORT , CESSION , SUBROGATION , CONTRÔLE , COMMISSAIRE AUX SAISIES RÉELLES , BOUCHERIE , NOURRITURE , GARANTIE , CAUTION , &c.

BAIL A CENS. V yez CENS.

BAIL A CHEPTEL. Voyez CHEPTEL.

BAIL A DOMAINE CONGEABLE. C'est une

espèce de tenure singulière qui a lieu en Bretagne, dans les usemens de Rohan, Cornouaille, Leon, Broüerec & Treguier.

L'origine en est expliquée par l'article 3 de l'usement de Treguier, en ces termes : « lors-
» que le propriétaire d'une maison & terres de
» la campagne a besoin d'argent, qu'il veut as-
» surer les rentes d'une terre éloignée, & n'a-
» voir pas l'embarras des réparations, il donne
» sa terre, maison & superficie, à convenant ou
» domaine congéable, à la charge de payer une
» rente & de faire les corvées ordinaires, pour
» en jouir par le preneur à perpétuité, sauf le
» droit du seigneur propriétaire de le congédier
» toutefois & quantes, en le remboursant de ses
» droits convenanciers au dire de priseurs. »

Le supplément de l'usement de Broüerec dé-
finit le *convenant* ou *domaine congéable*, « une
» espèce de contrat emphitéotique, par lequel
» les seigneurs ont excité les laboureurs à en-
» treprendre les défrichemens & culture en leur
» laissant la jouissance du fonds, à charge de
» certaine prestation annuelle, avec faculté d'y
» faire des améliorations, dont ils ne pourront
» être expulsés qu'en leur remboursant le prix
» de ce qu'elles se trouveront valoir lors du
» congément. »

. L'usance générale sur la jurisdiction, dit que
» le convenant ou domaine congéable tient quel-
» que chose de la censive ou afféagement rôtu-
» rier, de sorte que les seigneurs qui ont justice
» l'exercent sur les hommes de fiefs ; » & l'article 10 de l'usement de Treguier, porte que
» colons doivent déclaration à chaque mutation
» de seigneur, par tenans & aboutissans, d'au-

» tant que cette forme de tenure reſſemble de
» près au contrat de cens, quant à la preſcrip-
» tion des rentes. » Cette diſpoſition eſt conforme à l'article 17 de l'uſement de Cornouaille,
& à l'article 6 de celui de Rohan qui aſſujettit
même le colon à fournir aveu & à comparoir de
dix ans en dix ans à la réformation des rôles de
ſon ſeigneur.

Il n'y a point de tems fixé pour la durée de ces
baux : ils peuvent être de 99 ans & même
de plus, ſuivant l'article 4 de l'uſement de Cornouaille; celui de Broüerec article 2 prouve qu'ils
peuvent être illimités. Mais quand ils ſeroient faits
pour un certain temps, il ne s'enſuit pas qu'à
l'expiration ils ceſſent d'avoir leur exécution,
parce que le ſeigneur foncier a ſeul la liberté de
retirer ſes fonds & d'y réunir la ſuperficie par la
voie du *congément*, qui doit être précédé d'une
eſtimation par experts à ſes frais. Le colon ne
peut contraindre le ſeigneur à le rembourſer,
ſuivant l'article 19 de l'uſement de Cornouaille.

Par le Bail à domaine congéable, le ſeigneur
foncier donne donc la jouiſſance de ſon fonds;
& il aliène la propriété des édifices, ſous la ſimple faculté de les racheter ſur le pied de l'eſtimation qui en ſera faite ; il ſe réſerve un droit
annuel en reconnoiſſance de ſon droit de ſeigneurie. Ce Bail eſt plus avantageux au colon
que l'emphytéoſe, en ce qu'il ne perd pas les
améliorations comme l'emphytéote. La condition du Bail à domaine congéable eſt une eſpèce
de clauſe, comme ſi l'on diſoit : *je vous accorde
le fonds à titre précaire & la ſuperficie en propriété.*
Voyez le commentaire de Poullain.

C'eſt ſur ces principes que le Bail à domaine
congéable a été aſſujetti au droit de centième

denier, par l'article 6 de la déclaration du 20 mars 1708, de même que les ceſſions de fonds avec fruits, les baux emphytéotiques, les ventes à faculté de réméré ou de rachat, les antichrè- ſes, contrats pignoratifs & engagemens, quoi- que les biens ne fuſſent ſujets ni à lods & ventes, ni à d'autres droits ſeigneuriaux.

Un arrêt du conſeil du 16 juin 1719 a or- donné que le droit de centième denier d'un Bail à domaine congéable, dans lequel il n'y avoit aucun temps limité, ſeroit payé ſur le pied du capital au denier vingt de la redevance.

Néanmoins par un autre arrêt du conſeil du 2 ſeptembre 1732, il a été ordonné qu'à l'avenir les droits de centième denier des Baux à do- maine congéable, lorſqu'ils n'excéderoient pas le terme de neuf années, ſeroient ſeulement perçus pour raiſon des édifices & de la ſuperficie, dont la propriété paſſeroit d'un fermier ou co- lon à un autre, ſans qu'à l'avenir ces droits pûſſent être perçus pour le fonds dont le fermier n'auroit que la jouiſſance ſans propriété ; ainſi le droit de centième denier n'eſt dû pour raiſon du fonds, que lorſque le Bail eſt fait pour plus de neuf ans, ou lorſqu'il ne contient point de temps limité.

Mais le centième denier eſt dû pour la ſuper- ficie, quelle que ſoit la durée du Bail, parce qu'il en transfère la propriété au colon qui en peut diſpoſer à ſa volonté, ſuivant l'article 2 de l'uſement de Trequier, & l'article 2 de celui de Cornouaille.

Cette ſuperficie eſt un immeuble réel que les co- lons peuvent vendre en payant les lods & ventes au ſeigneur : c'eſt ce que porte l'article 28 de l'uſe-

ment de Rohan : ils peuvent en faire le partage
entre eux fans le confentement du feigneur. La
même fuperficie eft fufceptible du douaire des
femmes , d'hypothèque & même de retrait lignager ; les colons en doivent fournir aveu &
déclaration ; ils font fujets à la jurifdiction & au
moulin du feigneur foncier. D'où il réfulte que les
édifices font fujets au centième denier , à toutes
les mutations , foit de colon à colon , foit par l'a-
liénation qu'en fait le feigneur foncier , tant par
un premier démembrement que par un fecond ,
après avoir réuni le tout par un congément ou
par deshérence.

Il n'y a point en effet de diftinction à faire de la
première conceffion d'un bien à titre de domaine
congéable, ou d'une feconde. Le feigneur foncier qui a réuni le tout dans fa main par deshérence ou par congément , peut affermer fa terre
par un fimple bail à ferme ordinaire , ou en
faire de nouveau un Bail à domaine congéable ;
dans le dernier cas il aliene la propriété des édifices ; le nouveau colon acquiert un immeuble
dont il doit par conféquent le centième denier.

Mais fi le feigneur foncier ne fait que continuer par un renouvellement de Bail la jouiffance
du colon détenteur , il n'eft point dû de centième denier pourvu que le nouveau Bail n'excède
pas neuf années , parce qu'il n'y a pas de mutation à l'égard de la fuperficie dont le colon étoit
déjà propriétaire. Au lieu que fi le Bail excédoit
neuf années ou qu'il ne fût pas limité, il y auroit
aliénation du fonds & le centième denier en feroit par conféquent dû.

Si le feigneur foncier cède à un tiers le droit
de congédier le colon , & que le *congément* foit

exercé en conséquence, le centième denier est incontestablement dû ; parce qu'à ce moyen il y a mutation de colon, de même que si le détenteur avoit vendu à un autre : c'est la même hypothèse que le retrait féodal exercé par le cessionnaire du droit du seigneur.

Enfin, si le seigneur foncier exerce lui-même le congément, il n'est pas d'usage de percevoir le droit de centième denier de la superficie qu'il réunit au fonds ; parce que suivant les usemens de Broüerec & de Treguier, cette superficie doit être considérée comme meuble à l'égard du seigneur seulement, & en conséquence il a été jugé par une ordonnance de M. de Viarme, Intendant de Bretagne, du 14 juin 1737, que le droit de centième denier n'étoit pas dû pour les remboursemens que les seigneurs fonciers faisoient aux colons du prix des édifices des tenures à domaine congéable.

Mais si le seigneur fait ensuite Bail à domaine congéable à un autre, le droit de centième denier est dû de la superficie, parce qu'il transfère un immeuble dans la possession duquel il y a mutation par ce moyen, de même que s'il avoit été vendu par un colon à un autre.

De toutes ces observations il résulte, 1°. que dans le domaine congéable on doit distinguer le fonds de la superficie.

2°. Que le fonds est sujet aux mêmes droits que tous les autres immeubles, & qu'encore que le seigneur en conserve toujours la propriété directe par la faculté qu'il a d'y rentrer, le centième denier en est néanmoins dû, lorsque le Bail qui en accorde la jouissance précaire au colon est illimité, ou qu'il excède neuf années.

3°. Que la superficie est un immeuble réel dont le colon acquiert la propriété, quoique son Bail soit au-dessous de neuf ans, & dont il peut disposer ainsi que de tout autre immeuble ; que le centième denier est par conséquent dû de cette superficie à toutes les mutations, à l'exception seulement de celle où l'immeuble retourne dans la main du seigneur foncier.

Suivant l'article 18 du tarif du 29 septembre 1722, il doit être payé pour le droit de contrôle des Baux à domaine congéable le double de ce qui est dû pour les Baux à loyer ou à ferme dont la jouissance ne s'étend pas au-delà de neuf années.

BAIL A RENTE. Voyez RENTE.

BAIL A VIE. C'est une espèce de vente d'usufruit d'un héritage pendant la vie du preneur, ou pendant celle du bailleur, moyennant une certaine somme payable chaque année.

Le Bail à vie diffère de la vente à vie, 1°. en ce qu'il est fait moyennant une redevance annuelle, au lieu que la vente à vie est faite moyennant un prix fixe.

2°. En ce que le Bail à vie ne donne lieu qu'à un demi-centième denier, & que la vente donne ouverture au droit de centième denier en entier.

3°. En ce que le preneur à vie n'est jamais considéré que comme usufruitier, & qu'il n'est point tenu des charges du propriétaire ; au lieu que l'acquéreur à vie, le preneur a emphytéose, &c. jouissent de tous les avantages de la propriété : ainsi les Gentilshommes & autres exempts de taille, peuvent faire valoir les biens qu'ils ont achetés à vie ou pris à emphytéose, sans être taillables, parce que c'est leur bien qu'ils exploitent.

Suivant l'article 18 du tarif du 29 septembre 1722, le droit de contrôle des Baux à vie doit être perçu sur le pied du double de ce qui est réglé par l'article 15 pour les Baux à loyer.

Les Baux à vie ne sont pas sujets aux droits seigneuriaux, à moins que les coutumes ne les y assujettissent par une disposition expresse, parce que la propriété de l'héritage n'est point transférée & que la durée de la jouissance est incertaine.

Mais ces Baux sont sujets au droit de centième denier sur le pied du capital au denier dix de la redevance annuelle, à quoi il faut joindre la somme payée pour deniers d'entrée; & même si le preneur est obligé de faire des constructions & améliorations jusqu'à concurrence d'une certaine somme, le droit de centième denier en est pareillement dû, parce que cette obligation est une augmentation de prix puisque les bâtimens doivent retourner au bailleur. Il faut dans ce cas joindre au prix annuel la dixième partie des deniers d'entrée & du montant des améliorations pour percevoir le droit de contrôle sur le tout.

Si l'usufruit est cédé moyennant un prix fixe une fois payé, c'est une vente à vie dont les droits de contrôle & de centième denier sont dûs sur le pied de la somme entière.

Par arrêt du conseil du 24 décembre 1722, il a été jugé que le droit de centième denier étoit dû sur le pied du denier dix pour un Bail à vie fait d'une partie de l'intérieur de la maison des incurables à Paris au sieur Sagault, avec clause réciproque de réſoudre en avertiſſant ſix mois auparavant.

Un autre arrêt du conſeil du 6 février 1723 a condamné à payer les droits de contrôle & de centième denier comme d'un Bail à vie pour un acte capitulaire de 1706 , par lequel le chapitre d'Autun abandonnoit au ſieur Benoiſt , chanoine, la jouiſſance d'une terre pour lui tenir lieu d'une portion de ſa prébende canoniale , & a jugé qu'un tel acte devoit être paſſé pardevant notaires.

Un autre arrêt du conſeil du 18 juillet 1724 a confirmé une ordonnance du lieutenant particulier de Châumont en Baſſigny , par laquelle les religieux de l'abbaye de la Crette , ceſſionnaires par Bail à vie de la portion des fruits & revenus appartenans à leur abbé , moyennant 4000 livres par an , outre les charges évaluées 2000 livres , avoient été condamnés à faire leur déclaration de la valeur annuelle des biens , & à en payer le centième denier ſur le pied du capital au denier dix avec le triple droit encouru.

Un autre arrêt du conſeil du 30 janvier 1728 a condamné René Bertrand à payer le centième denier d'un Bail à vie , tant ſur le capital au denier dix des 2000 livres de prix annuel que ſur les 14000 livres qu'il s'etoit obligé d'employer en bâtimens.

Par un autre arrêt du conſeil du 24 mars 1729, les prieur & religieux de l'abbaye de Painpont , ceſſionnaires par Bail à vie de la portion des fruits & revenus de leur abbé , moyennant 5500 livres par an outre les charges évaluées 600 livres , ont été condamnés à faire inſinuer ce Bail à vie & à payer le droit de centième denier fur le pied du denier dix de la valeur des revenus.

Un autre arrêt du confeil du 23 août 1732, rendu contre la comteffe de Mailly qui avoit acquis à vie des religieufes de Poiffy un arpent & demi de terre en friche, à la charge d'y faire bâtir une maifon, a jugé que le droit de centième denier étoit dû fur le prix fixé & fur la valeur de cette maifon.

Un autre du 14 mars 1733 rendu contre les Bénédictins d'Argenteuil preneurs à vie des revenus de leur prieur commendataire, les a condamnés à en payer le droit de centième denier, fans diftraction des charges & réparations.

Un autre arrêt du confeil du 20 juillet 1737 rendu contre le fieur la Fautrife, curé d'Argenton, pour l'acquit de la portion congrue duquel & des curés fes fucceffeurs, le pénitencier de l'églife d'Angers avoit abandonné la jouiffance de certains biens, moyennant une redevance annuelle, a jugé que l'acte ne pouvoit être confidéré que comme un Bail à vie, & que le droit de centième denier en étoit dû.

Un autre arrêt du confeil du 29 juillet 1747 rendu contre la dame veuve du fieur Mazois, à laquelle fon fils avoit cédé la jouiffance d'une portion de maifon, pour lui tenir lieu des arrérages d'une fomme de 20000 livres dont il s'étoit trouvé débiteur envers elle par l'acte de compte de la fucceffion du pere, a jugé qu'on ne pouvoit confidérer l'acte que comme un Bail à vie, dont le centième denier étoit dû.

Par un autre arrêt du 24 décembre 1754, il a été jugé que le droit de centième denier étoit dû pour le Bail à vie d'une commanderie fait en 1724 par M. le grand-prieur de france à feu M. Bernard, maître des requêtes, nonobstant l'allégation des créanciers que ce Bail n'avoit eu aucune exécution.

Les Baux à vie des biens & revenus des gens de main-morte ne peuvent être faits que par-devant notaires, de même que les simples Baux à loyer ou à titre de ferme de ces biens & sous les mêmes peines. Un arrêt du conseil du 4 mai 1751 a déclaré nul le Bail à vie fait sous signature privée par le prieur commendataire de Sainte Foy de Longueville à ses religieux, & les a condamnés au payement des droits & à l'amende. Un autre arrêt du conseil du 6 mai 1760 a confirmé une ordonnance de l'intendant de Rouen du 29 septembre 1759, par laquelle un Bail à vie fait sous signature privée le 15 octobre 1750, par le sieur Fumée, abbé du Valasse, au sieur Cousté, des revenus de l'abbaye, avoit été déclaré nul & les parties condamnées à en payer les droits, &c.

Les droits dûs pour les Baux à vie sont dûs de même pour les cessions & rétrocessions de ces Baux : c'est ce que le conseil a décidé par arrêt du 28 juin 1749, contre les religieuses Carmelites de la rue chapon à Paris, pour la rétrocession d'un Bail à vie. Elles avoient fait le Bail pour avoir lieu pendant la vie de Madame la duchesse de Grammont & de Madame de Beaumanoir sa fille ; & la rétrocession avoit été faite à ces religieuses par Madame de Beaumanoir après le décès de Madame de Grammont. *Voyez le traité des fiefs de Guyot ; le dictionnaire raisonné des domaines ; le tarif du 29 septembre 1722 ; la collection de jurisprudence,* &c. Voyez auffi les articles VENTE A VIE, USUFRUIT, EMPHYTHÉOSE, QUINT, LODS ET VENTES, CENTIÈME DENIER, INSINUATION, &c.

BAIL EMPHITHÉOTIQUE. Voyez EMPHY-TÉOSE.

BAILLEUR. C'eft celui qui donne a bail une maifon, un héritage, &c. Il eft oppofé a pre-neur. Voyez BAIL.

BAILLI, BAILLIAGE. On appelle *Bailli* un officier royal d'épée au nom duquel la juftice fe rend dans l'étendue d'un certain reffort. Et l'on appelle *Bailliage*, un tribunal compofé de juges qui rendent la juftice au nom du Bailli ou avec le Bailli.

On donne auffi le nom de *Bailliage*, a l'é-tendue de pays qui eft fous la juridiction du Bailli.

Comme les *fénéchaux* & les *fénéchauffées* font des officiers & des fièges qui ne différent des Baillis & des Bailliages que par la dénomination, tout ce que nous dirons de ceux-ci s'appliquera auffi a ceux-là.

Dans l'origine, les Baillis & les Sénéchaux étoient des gentils-hommes que nos rois en-voyoient dans les provinces avec le pouvoir néceffaire pour y exercer la police.

Les commiffions de ces officiers ont été dans la fuite érigées en titre d'office comme on le voit par les ordonnances d'Orléans, de Mou-lins & de Blois.

Suivant ces ordonnances les Baillis & les fénéchaux doivent être gentils-hommes, agés de trente ans, & avoir fervi en qualité d'offi-ciers dans les troupes du roi.

Ils doivent être reçus à la grand'chambre du parlement & y prêter ferment.

Ils préfident dans leur fiège tant a l'audience qu'à la chambre du confeil aux jugemens des procès foit civils ou criminels, & toutes les fentences ou commiffions doivent être expédiées fous leur nom.

Ils peuvent auffi affifter aux audiences & à la chambre du confeil du préfidial tant au civil qu'au criminel & y préfider, mais dans ce cas les fentences doivent être intitulées, *les gens tenant le fiège préfidial de......* &c. Cela eft ainfi réglé par un arrêt du parlement de Paris du 25 mars 1574, rapporté par Joli.

Au refte il faut obferver que lorfque les Baillis ou fénéchaux affiftent aux jugemens, ils n'y ont pas voix delibérative & ne participent point aux épices. C'eft la difpofition de l'article 266 de l'ordonnance de Blois.

Lorfque le Bailli eft préfent à l'audience, les avocats doivent lui adreffer la parole au fingulier. Le parlement de Paris l'a ainfi decidé par arrêt du 21 juillet 1759 en faveur du Bailli d'épée de Mortagne.

Lorfqu'on prononce les fentences d'audience en préfence du Bailli, le lieutenant général ou autre principal officier qui a la parole doit ufer de cette formule; *le Bailli dit & ordonne,* &c. Chenu rapporte deux arrêts de règlement qui l'ont ainfi prefcrit en 1576 pour Nogent, & en 1606 pour Montargis.

Le Bailli ne peut affifter aux féances du fiège qu'en habit & en manteau noir avec le collet & l'épée. Cela eft ainfi réglé par l'article 9 de l'édit l'édit du mois de février 1705 , pour le préfidial d'Ypres.

Par l'article 10 du même édit les huiffiers font tenus d'aller prendre le Bailli au bas de l'efcalier intérieur , quand il va au fiège , & de le reconduire à la fortie, jufqu'au même endroit.

Les Baillis & fénéchaux commandent le ban & arrière-ban. C'eft à eux à le convoquer & à en avoir la conduite , & ils dreffent les procès-verbaux de cette convocation : en leur abfence , ce droit appartient aux lieutenants généraux. Le parlement de Paris l'a ainfi décidé pour Nogent-fur-Seine par arrêt du 6 février 1576.

A l'égard des taxes des contribuables & des exemptions des privilègiés, elles doivent être déterminées par le Bailli avec l'avis du lieutenant général & des avocats & procureurs du roi , & s'il y a des oppofitions aux taxes, c'eft au fiège à y faire droit. C'eft encore ce qui eft réglé par l'arrêt qu'on vient de citer.

Un arrêt du confeil du 9 octobre 1692 , *fait défenfes à tous autres juges que les Baillis & fénéchaux même aux cours de parlement de connoître des différends qui naîtront pour raifon du ban & arrière ban , & ordonne que les jugements rendus à cet effet feront exécutés nonobftant toutes oppofitions, appellations , & autres empêchements quelconques ; & qu'en cas de prétendue léfion ou erreur dans ces jugements, ceux qui fe trouveront léfés & auront lieu de s'en plaindre , fe retireront par devers fa majefté pour en être par elle ordonné ainfi qu'elle verra être jufte & raifonnable.*

Tout ce qui concerne la garde , la protection & les fortifications de la ville doit fe faire & exécuter par ordonnance du Bailli avec l'avis du lieutenant général, des avocats & procureurs du roi, & des échevins, s'il est nécessaire. Cela a été ainsi réglé par arrêt du parlement du 6 février 1576, pour Nogent-sur-Seine.

La réception des paquets du roi & de ceux du gouverneur de la province appartient au Bailli, & l'ouverture doit s'en faire chez lui, le lieutenant général appelé. C'est ce que porte l'article 3 de l'ordonnance de 1536.

Toutes les publications doivent se faire sous le nom du Bailli ; mais il ne peut les faire faire à son de trompe, ni autrement en choses importantes, ni donner permission a cet effet sans prendre l'avis du lieutenant général : c'est encore ce qui résulte de l'ordonnance citée & de l'arrêt du 6 février 1576 dont on a parlé.

Les Baillis peuvent faire enprisonner & en dresser procès-verbal & les huissiers doivent à cet effet leur prêter main forte ; mais le jugement des accusés, où leur élargissement doit être prononcé au siège, & c'est au lieutenant criminel à instruire le procès. C'est encore ce qui résulte de l'arrêt de 1576 rendu pour Nogent-sur-Seine.

Les contrats & autres actes des notaires & tabellions royaux doivent être intitulés du nom du Bailli. Cela est ainsi prescrit par l'article 1 de l'ordonnance du 3 mai 1519.

Suivant les lettres-patentes du 13 juillet 1559, les Baillis ont le droit de présider aux assemblées des trois états de leurs provinces & sont à la tête de l'ordre de la noblesse : mais par arrêt du conseil du 30 octobre 1761, il leur est défendu de prendre la qualité de chefs de la noblesse. cet arrêt a été rendu contre le grand Bailli du perche fur l'oppofition des gentils hommes de Mortagne (*).

Les Baillis & les fénéchaux connoiffent à l'exclufion des prévôts & châtelains royaux, de plufieurs matières dont la connoiffance leur eft attribuée par l'édit de Cremieu & d'autres réglemens fubféquens ; mais non au préjudice des feigneurs haut-jufticiers dont les droits ont été confervés à cet égard par la déclaration du 24 février 1536 ; rendue en interprétation de l'édit de Cremieu.

Les Baillis & fénéchaux connoiffent donc en vertu de cet édit des différends relatifs aux fiefs & biens nobles, foit qu'il s'agiffe d'actions réelles, hypothècaires ou mixtes ; & même d'actions perfonnelles, comme l'action en recours de garantie pour un fief quand même les parties feroient rôturières ; & en général lorfqu'il s'agit de la propriété qualité & quotité des domaines

_____

(*) Par une difpofition précife de l'ordonnance de Léopold duc de Lorraine du mois de novembre 1707, les Baillis de cette province font déclarés chefs de la nobleffe dans l'étendue de leurs bailliages, ainfi ils pouvoient prendre cette qualité ; mais le roi Staniflas duc de Lorraine ayant par fon édit du mois de juin 1751 fupprimé tous les bailliages créés par les ducs fes prédéceffeurs, les Baillis des nouveaux bailliages créés par ce prince ne peuvent prétendre d'autres droits que ceux qui leur font attribués dans le refte du royaume : c'eft la conféquence que l'on doit tirer de l'article 13 de l'édit cité, qui attribue aux officiers de ces nouveaux bailliages *les mêmes honneurs, autorités, prérogatives, prééminences, franchifes, &c. dont jouiffent les officiers des bailliages établis en France, &c.* ainfi il paroît qu'aujourd'hui les Baillis des bailliages de Lorraine n'ont pas plus de droit que ceux de France pour fe qualifier *chefs de la nobleffe.*

& droits des fiefs & héritages nobles & du retrait féodal.

Il en est de même des cens & rentes, lods & ventes, amendes, fouages, rouages, champarts, & de tous autres droits seigneuriaux quand le fond du droit est contesté; c'est-à-dire, quand il y a contestation entre le seigneur & le censitaire pour savoir si ces droits sont dûs ou non. C'est ce qui résulte de l'arrêt de règlement du 23 mai 1626 rendu entre les officiers de Compiègne.

Mais si entre le seigneur de cens ou de rente seigneuriale & le censitaire le droit n'est pas contesté, la connoissance du différend pour le payement, la déclaration d'hypothèque, la reconnoissance, &c. appartient aux prévôts.

2°. Quant aux droits honorifiques attachés aux seigneuries, comme droit de justice, droit de banc, chapelle, sépulture, patronage, droit de litre, rang & honneur dans l'église, &c. il est constant que ces droits faisant la principale & la plus noble partie des fiefs, doivent sans aucune difficulté être discutés devant les Baillis à l'exclusion des prévôts.

Les Baillis & sénéchaux connoissent aussi des saisies réelles des fiefs & biens nobles, même entre rôturiers, surtout lorsque la saisie réelle ne se fait point en vertu d'une sentence de la prévôté. C'est ce qui résulte de divers arrêts du parlement rendus pour Montfort l'Amauri, pour Compiègne, pour Crepi, & pour Montargis les 13 avril 1560, 14 avril 1681, 11 décembre 1626, & 8 mai 1638.

Observez toutefois que par un autre arrêt du parlement du 9 août 1684 rendu pour Angers, le droit des Baillis & fénéchaux paroît reftreint au cas ou la faifie réelle fe fait en vertu d'une fentence du bailliage où d'un contrat paffé fous le fcel royal.

Les Baillis & fénéchaux connoiffent auffi privativement aux prévôts royaux de toutes les caufes & matières civiles, perfonnelles & poffeffoires dans lefquelles une perfonne noble eft partie, ou à intérêt fans fraude; excepté lorfque ces nobles réfident dans l'étendue des juftices des feigneurs, auquel cas ils font jufticiables de ces feigneurs & doivent plaider devant eux. Et même fi c'eft un noble qui fait affigner il eft tenu d'affigner les jufticiables du feigneur devant leur juge, fuivant la déclaration du 24 février 1536, rendue en interprétation de l'édit de Cremieu; finon le feigneur peut revendiquer la caufe.

Sous le terme de nobles font compris les fecrétaires du roi, les premiers officiers en chef de la maifon du roi, ainfi que les gentils hommes ordinaires du roi. C'eft ce qui refulte de deux arrêts du parlement des 27 juillet 1598; & 5 juin 1659.

Lorfque la qualité de celui qui fe prétend noble eft conteftée, la connoiffance en doit appartenir au Bailli; d'autant plus que la queftion de la nobleffe qui devient ici incidente eft de fa juridiction. L'arrêt du parlement du 6 avril 1630 fervant de règlement pour Vitry a une difpofition précife à cet égard.

Ces mots, *où une perfonne noble eft partie où a intérêt*, font voir que lorfqu'un noble eft affigné en garantie dans une inftance portée devant une prévôté, il peut demander que la caufe foit

renvoyée au bailliage : cela eſt conforme à l'article 8 du titre 8 de l'ordonnance de 1667,
lequel porte que ceux qui feront aſſignés en
garantie feront tenus de procéder en la juriidiction où la demande originaire eſt pendante,
à moins que le garant ne foit privilégié, &
qu'il ne demande ſon renvoi devant le juge de
fon privilège : or on ne peut douter que fous
ce mot de *privilégié* les nobles ne foient compris, puiſque le droit qu'ils ont de plaider devant les Baillis à l'exclufion des prévôts eſt un
véritable privilège.

Il en eſt de même du cas où quelque noble
intervient, ou devient autrement partie dans
une cauſe ; pourvu que cette intervention ſe
faſſe fans fraude ; & que ce noble ait intérêt dans
la cauſe. C'eſt ce qui réfulte d'un arrêt du 27
février 1663, rendu pour Mortagne.

Au reſte il faut obferver que quoique les nobles
en matière perſonnelle & poſſeſſoire aient leurs
cauſes commiſes au Bailliage, à l'exclufion des
prévôts, cependant ſi la cauſe portée à la prévôté eſt un appel d'une juſtice feigneuriale dans
laquelle le noble aura été partie, le prévôt doit
connoître de cet appel. Cela eſt fondé ſur ce
qu'en matière civile on doit toujours en cauſe
d'appel ſe pourvoir devant les juges qui connoiſſent immédiatement des appels.

Et de même quand il s'agit de matières réelles
& hypothécaires, quoi qu'entre perſonnes nobles, c'eſt au prévôt à en connoître. C'eſt ce qui
réfulte de l'article 8 de l'édit de Crémieu, de
la déclaration du 17 juin 1554, & de divers arrêts du parlement rendus pour Melun, Mont-

didier, Vic & Angers les 27 juillet 1641, 5 juin 1659, 20 avril 1660 & 27 juin 1741.

Les Baillis & sénéchaux connoissent aussi par la même raison privativement aux prévôts, des tutelles & curatelles, scellés & confection d'inventaires des biens des mineurs nobles; mais non à l'exclusion des juges des seigneurs. C'est ce qui résulte de l'article 6 de l'édit de Crémieu, de la déclaration du 24 février 1536., & de l'arrêt du 26 août 1665 rendu au profit des officiers de la duché pairie de Nevers & rapporté au journal des audiences.

Les Baillis connoissent aussi à l'exclusion des prévôts & même des juges des seigneurs de l'exécution du scel royal entre nobles, sur-tout lorsque par le contrat il y a soumission devant le juge royal. Il y a à ce sujet un arrêt de réglement du 23 mai 1626, rendu pour Compiègne.

Les Baillis & sénéchaux connoissent aussi à l'exclusion des prévôts de l'homologation des sentences arbitrales entre nobles, ou dans lesquelles un noble est intéressé. C'est ce que porte l'arrêt de réglement du 14 avril 1681 rendu pour Compiègne.

Il en est de même de l'homologation des contrats d'atermoiement & des cessions & répits, lorsqu'il y a des nobles intéressés.

Ils connoissent aussi à l'exclusion des prévôts, mais non du juge du seigneur dans la justice duquel la succession est échue, des partages des successions entre personnes nobles, ou lorsqu'un des co-partageans est noble, soit que les biens & héritages soient nobles ou roturiers. Telles sont les dispositions de l'article 7 de l'édit de Crémieu.

F f iv

Les Baillis & sénéchaux connoissent aussi par la même raison des saisies réelles d'héritages, même roturiers, qui se poursuivent sur des personnes nobles ; particulièrement lorsque la saisie réelle ne se fait point en vertu d'une sentence de la prévôté. C'est ce que portent deux arrêts du parlement rendus pour Compiègne & Angers les 14 avril 1681 & 9 août 1684.

On seroit tenu d'observer la même règle dans le cas où parmi les opposans il y auroit un noble où un privilégié, du moins si l'opposition étoit contestée ; car alors il faudroit faire juger cette opposition au Bailliage. C'est ce qui résulte de l'article 25 du titre 1ᵉʳ. de l'ordonnance des évocations du mois d'août 1737.

A l'égard des saisies réelles des terres & héritages nobles ou roturiers, offices & autres immeubles faites en vertu des sentences des Baillis & sénéchaux, & par eux rendues non comme juges d'appel, mais comme juges de première instance, elles doivent toujours être poursuivies devant eux, soit que ces héritages soient situés en différentes juridictions ou autrement. C'est ce que porte l'arrêt du 9 août 1684 rendu pour Angers.

Mais si les sentences étoient rendues par les Baillis comme juges d'appel, alors l'exécution de leurs sentences appartenant au juge dont est appel, il s'ensuit que les décrets & saisies qui font partie de cette exécution appartiendroient au juge par lequel la sentence auroit été rendue en cause principale.

Il faut aussi observer que les saisies réelles des biens des personnes condamnées à mort ou à des dommages & intérêts en vertu de sentences rendues dans un Bailliage criminel se portent au Bailliage civil & non au Bailliage criminel.

La connoissance de tous les cas royaux simples, & qui ne sont point bailliagers appartient en général aux Baillis & sénéchaux, concurremment & par prévention avec les prévôts royaux ; de manière que pour tous ces cas on peut se pourvoir indistinctement ou devant les prévôts, ou aux Bailliages. Cela a été ainsi décidé par l'arrêt du 20 avril 1660 rendu pour Vic en Carladès.

Il faut cependant faire à cet égard une distinction ; c'est qu'entre les justiciables du prévôt, c'est à lui naturellement à en connoître en première instance ; comme quand il s'agit d'exécution de lettres de chancellerie, de causes concernant les offices royaux dépendans des prévôtés, de privilèges royaux, de corps & compagnies de fondation royale : & l'on pourroit même prétendre avec fondement que dans tous ces cas le procureur du roi de la prévôté seroit bien fondé à revendiquer du Bailliage.

Mais quand il s'agit de cas qui se passent entre des personnes qui n'étoient point justiciables de la prévôté, pour la connoissance de l'affaire principale ; comme lorsqu'il est question de l'exécution d'une sentence consulaire, ou émanée d'un official, ou de quelques autres ordonnances rendues par les évêques ou archevêques dans le cours de leurs visites, il paroît qu'alors les Baillis & sénéchaux en peuvent connoître concurremment ; parce que la connoissance de ces sortes d'exécutions étant attribuée indistinctement aux juges royaux, cela regarde les Baillis comme les prévôts.

On prétend que quand il s'agit de commissions

émanées directement du parlement, &c. par lefquelles la cour commet en général le plus prochain juge royal pour l'exécution de quelque
commiſſion ou arrêt, cela s'entend toujours du
Bailli ou ſénéchal & non du prévôt royal ; à
moins que ce dernier ne ſoit nommé expreſſément par l'arrêt. Cette maxime ſe trouve ainſi
établie par M. Talon avocat général, dans une
cauſe plaidée à l'audience de la tournelle le 4
janvier 1680. L'arrêt du 30 juillet 1678 rendu
entre les officiers de Moulins, & celui du 14
janvier 1681 pour Compiègne, renferment auſſi
la même diſpoſition.

Les Baillis & ſénéchaux connoiſſent concurremment avec les prévôts, à l'excluſion des
ſeigneurs hauts-juſticiers, de la conſervation des
priviléges de l'univerſité du lieu de leur établiſſement dans les endroits où cette connoiſſance
n'a point été attribuée à des juges particuliers,
& cela s'obſervoit ainſi à Orléans avant la réunion de la prévôté au Bailliage, mais ce privilège n'a lieu qu'en matière civile. Aujourd'hui
qu'il n'y a plus de prévôté à Orléans le Bailliage
connoît de ce privilège.

Quoique les Baillis & ſénéchaux ainſi que les
prévôts aient la prévention parfaite en matière
de complainte & poſſeſſoire ſur les juges de ſeigneurs de leur reſſort ; cependant les Baillis
n'ont à ce ſujet aucune prévention ſur les prévôts. C'eſt ce qui réſulte de l'article 2 de la troiſième déclaration du mois de juin 1559, ſur l'é-
dit de Crémieu.

Les Baillis connoiſſent auſſi de tout ce qui peut
donner atteinte aux droits du roi ; & ils doivent
veiller à ce qu'il ne ſoit établi aucun impôt
nouveau ſans le concours de l'autorité royale.

Cela eſt ainſi preſcrit par les ordonnances de Moulins & de Blois.

Les mêmes officiers connoiſſent de l'établiſſement des collèges, monaſtères, communautés religieuſes, ſéculières & autres corps & compagnies, & ils doivent veiller à ce qu'elles ne s'établiſſent pas ſans la permiſſion du roi. C'eſt ce que portent l'édit du mois de décembre 1666, la déclaration du 7 juin 1659 & celle du 1er. juin 1739 concernant le parlement de Metz.

Ils connoiſſent auſſi en général du droit de juſtice & de tout ce qui en dépend. L'arrêt du 9 août 1684 rendu pour Angers, porte que ſi en levant par le prévôt des enfans expoſés, il ſurvient des conteſtations entre les ſeigneurs pour ſavoir en quel fief ces enfans ont été trouvés, c'eſt au Bailli à connoître de ces conteſtations. On doit dire la même choſe à plus forte raiſon lorſqu'il y a conteſtation pour ſavoir dans quel fief l'expoſition a été faite.

Ils ont la réception des Baillis, lieutenants, avocats & procureurs fiſcaux des juſtices ſeigneuriales, conformément à l'édit de Crémieu, à l'ordonnance d'Orléans & à l'édit du mois de mars 1693.

La connoiſſance des droits des officiers de juſtice pour raiſon des fonctions de leurs charges appartient auſſi aux Baillis & ſénéchaux.

Néanmoins les parlemens prétendent que les juges royaux ne ſauroient informer contre les officiers ſubalternes, pour raiſon des différends qui naiſſent entre eux au ſujet de leurs charges & juridictions; & qu'ils peuvent ſeulement dreſſer des procès verbaux reſpectifs, & les envoyer au parlement pour y être pourvu; telles font les difpofitions de l'arrêt du parlement du 2 juin 1663 rapporté au journal des audiences.

Les Baillis & fénéchaux ont auffi infpection fur les juges, procureurs fifcaux & autres offi- ciers de leurs reffort, pour leur faire rendre la juftice qu'ils doivent à leurs jufticiables & pour connoître des abus que ces officiers peuvent commettre dans leurs fonctions ; mais fi pour, raifon de ces abus ils font pourfuivis criminelle- ment, c'eft au Bailliage criminel & non au Bail- liage civil à en connoître. C'eft ce qu'a jugé l'arrêt de la cour du 28 mars 1609 rendu pour Laon, & rapporté par Joli.

Ils peuvent en conféquence condamner ces officiers à rendre les épices & vacations qu'ils ont perçues induement.

Le juge ainfi condamné à reftituer peut être contraint à la reftitution en vertu de la fentence, foit à la requête du procureur du roi du Bail- liage, foit à la requête de la partie qui y a in- térêt ; & en cas d'oppofition de la part de l'offi- cier condamné, il en doit donner les moyens devant le juge qui l'a condamné.

Les Baillis & fénéchaux connoiffent auffi des conteftations de juridictions entre deux feigneurs ou juges de leur reffort, & de tous les procès qui peuvent naître à ce fujet.

C'eft en conféquence du même droit que les Baillis & fénéchaux appellent aux affifes qu'ils tiennent une ou plufieurs fois l'année, les juges & autres officiers de leur reffort pour recevoir les plaintes qu'on peut faire contre eux.

Les Bailliages ou fénéchauffées connoiffent à l'exclufion des prévôts, des caufes concernant les offices royaux ; à moins que ce ne foit des officiers royaux fubalternes, auquel cas il paroît que les prévôts en pourroient connoître.

Un arrêt du parlement du 27 février 1663 rendu pour Mortagne porte que le lieutenant général connoîtra en première inftance de tous les différends relatifs aux offices royaux, à la réferve des faifies réelles & décrets de ces offices autres néanmoins que ceux du Bailliage.

Ils ont aufli le droit à l'exclufion des prévôts d'appofer le fcellé fur les titres & papiers, minutes, regiftres, comptes, deniers confignés & autres qui appartiennent au public chez les notaires royaux, les recèveurs des confignations & les commiffaires aux faifies réelles. C'eft ce qui réfulte de deux arrêts du parlement de Paris, l'un du 9 août 1684 rendu pour Angers, & l'autre du 17 janvier 1708 rapporté au journal des audiences.

Néanmoins par arrêt de la cour du 13 juin 1741, le prévôt d'Iffoudun a été maintenu dans le droit d'appofer le fcellé chez les notaires royaux de cette ville & de faire inventaire de leurs minutes.

Les Baillis & fénéchaux connoiffent aufli des procès & différends qui peuvent naître entre les prévôts royaux & les maires & échevins de leur reffort pour raifon de leurs droits & fonctions.

Ils peuvent même connoître & juger les différends qui furviennent entre les avocats & procureurs du roi & fubftituts de leurs fièges. C'eft ce qui réfulte de l'arrêt de règlement du parlement du 9 juin 1700 rapporté au journal des audiences, rendu entre l'avocat du roi & le fubftitut du procureur du roi au Bailliage & fiège préfidial de Tours, & confirmatif d'une ordonnance du Bailliage de la même ville qui maintient l'avocat du roi en sa qualité aussi de substitut du procureur du roi, au droit & possession de faire toutes les fonctions de procureur du roi, en cas d'absence, maladie ou autre empêchement de ce dernier.

Ils peuvent aussi connoître des causes où les procureurs du roi des prévôtés royales de leur ressort sont parties, pour raison des fonctions de leurs charges.

Les Baillis & sénéchaux ont la réception des officiers royaux tant de leur Bailliage que des prévôtés de leur ressort, tels que les notaires, procureurs, huissiers, sergens & autres officiers ayant titre, exercice ou emploi dans leur Bailliage. Telles sont les dispositions de l'édit de Crémieu & de l'ordonnance d'Orléans.

Suivant la même ordonnance d'Orléans, les prévôts royaux devroient pareillement être reçus au Bailliage où ils ressortissent ; car elle ne fait à leur égard aucune distinction.

Les Baillis & sénéchaux peuvent aussi recevoir au serment d'avocat ceux qui sont licentiés en droit pour exercer les fonctions de leur état dans l'étendue de leur Bailliage. Le conseil l'a ainsi décidé par un règlement du 24 mai 1603 rendu pour le présidial de Bourg en Bresse.

Suivant l'ordonnance de 1670, ils connoissent de la rébellion aux mandemens & à l'exécution des jugemens & ordonnances émanés des officiers royaux.

Ils connoissent aussi à l'exclusion de tous les autres juges de la correction des officiers royaux & des malversations par eux commises dans les fonctions de leurs offices.

Le juge civil peut même dans ce cas condamner non-seulement à l'amende mais encore interdire l'officier délinquant, pourvu que cela se fasse sur le champ.

Les Bailliages peuvent aussi réformer les épices des sentences des prévôts royaux de leur ressort.

Mais à l'égard des prises à partie des juges, le parlement prétend qu'il n'y a que lui qui soit en droit d'en connoître.

Les saisies d'offices royaux dont les titulaires ont leurs fonctions & exercices aux Bailliages doivent se faire devant les Baillis & sénéchaux.

Les Bailliages ou sénéchaussées connoissent de tout ce qui concerne les privilèges royaux & concessions émanées du roi. Ainsi, 1°. ils connoissent du droit de justice & de tout ce qui en dépend.

2°. De l'état & qualité de la noblesse d'une personne lorsqu'on lui conteste ce droit, parce que le droit d'annoblissement est une concession du prince & un droit attaché à sa personne.

3°. De la légitimation des bâtards, naturalisation des aubains, lettres de réhabilitation & autres lettres de grâce, concessions de foires & marchés, exemptions de taille & autres privilèges.

Ils connoissent pareillement de tout ce qui concerne les lettres royaux & le scel royal. Ainsi,

Ils ont, à l'exclusion de tous les autres juges, la publication & l'enregistrement des édits & déclarations envoyés par le roi.

Ils ont aussi, à l'exclusion de tous les autres juges, conformément à l'article 12 de l'édit de Cremieu, la connoissance & vérification de

toutes les chartres, édits, établissemens de foires
& marchés & affranchissemens. Il en est de
même de la vérification & enthérinement de
toutes les autres lettres patentes, provisions de
gouverneurs, brevets & lettres de cachet,
établissement de nouveaux corps & communautés, confirmation des privilèges des anciens
corps & communautés ou des anciens règlemens
& statuts. C'est ce que porte l'arrêt du 16 juin
1659, rendu entre les officiers de Mont-Didier.

Les lettres de répit devoient aussi autrefois
être entérinées dans les Bailliages, à l'exclusion
des prévôts, suivant le même article 12 de
l'édit de Crémieu ; mais cette disposition a été
changée par l'article 3 du titre 6 de l'ordonnance du mois d'août 1669, qui porte que
l'adresse de ces lettres se fera au plus prochain
juge royal du domicile de l'impétrant ; si ce n'est
qu'il y ait instance pendante devant un autre juge
avec la plus grande partie des créanciers hypo-
caires ; auquel cas l'adresse des lettres lui sera
faite.

A l'égard des lettres de restitution en entier,
de rescision, d'émancipation & de bénéfice d'inventaire, elles peuvent être entérinées par les
prévôts, même par les juges des seigneurs,
lorsqu'elles sont incidentes à des procès pendans
devant eux.

Les Bailliages ou sénéchaussées connoissent
aussi de ce qui concerne les biens royaux. Ainsi
1°. Ils connoissent, à l'exclusion des prévôts
& de tous autres juges, (dans les endroits où
cette connoissance n'a point été attribuée aux
trésoriers de France ou à d'autres juges particuliers), des causes du domaine du roi & de tout
ce

ce qui en dépend ; comme les droits de confiscation, d'aubaine, de bâtardife & de déshérence,
lorfque le fonds ou les droits du roi font conteftés
& que les procureurs du roi ou leurs fubftituts
font parties principales ou intéreffées ; & ils donnent le domaine à ferme & connoiffent de l'exécution des baux lorfque le droit eft contefté. C'eft
ce que portent les articles 1, 2 & 4 de l'édit de
Cremieu conforme en cela à l'ordonnance de
Philippe VI de l'an 1338, & à celle de Charles
VI de l'an 1408.

Mais lorfqu'il ne s'agit que de l'exécution des
baux du domaine ou autres revenus ordinaires
dont le droit n'eft pas contefté, c'eft aux prévôts
à en connoître.

Par un édit du mois d'avril 1627, la connoiffance des caufes du domaine où le procureur du
roi eft partie, a été ôtée aux Baillis & fénéchaux & a été attribuée aux tréforiers de France
des provinces du royaume, à la réferve feulement de quelques-unes, comme la Bretagne &
autres provinces qui étoient alors en apanage
ou engagées, telles qu'Orléans, Moulins, &c.
où les chofes font reftées dans l'ancien état &
conformément à l'édit de Cremieu.

Les Baillis & fénéchaux ont auffi la connoiffance & vérification des hommages des vaffaux
relevans du roi, & des lettres de fouffrance &
de confortemain prifes par les mêmes vaffaux
pour raifon des hommages, droits & devoirs
féodaux, des aveux & dénombremens & faifies
féodales, tant en caufe principale que recours
de garantie ; des terres nobles ou fiefs ayant juftice ou vaffaux, entre toutes fortes de perfonnes
nobles ou roturières ; pour raifon defquels diffé-

rends, si la cause est commencée à la prévôté, elle doit être renvoyée au Bailliage. C'est ce qu'a jugé l'arrêt du parlement du 27 février .663, rendu pour Mortagne.

A Orléans, le lieutenant-général a prétendu autrefois devoir connoître seul de ces sortes de matières : mais il n'est pas aisé de voir sur quoi cette prétention pouvoit être fondée. L'édit de 1627 qui a ôté la connoissance des causes du domaine aux Baillis & aux sénéchaux pour l'attribuer aux tréforiers de France, à l'exclusion de tout autre juge ; n'a rien changé à cet égard dans les sièges qui, comme celui d'Orléans & de Rennes, n'ont point éprouvé cette distraction ; savoir, la sénéchaussée de Rennes & toutes celles de la province de Bretagne, à cause de l'exception expresse portée dans le préambule de cet édit ; & le Bailliage d'Orléans, à cause que le duché de cette province avoit été donné depuis près d'un an en apanage à Gaston frère du Roi Louis XIII, & qu'il y est toujours resté jusqu'à présent. Or il est constant qu'avant l'année 1627 les causes du domaine ont toujours été jugées dans tous les Bailliages de la même manière que l'ont été toutes les autres matières, c'est-à-dire, par tous les juges du tribunal où ces matières sont portées, & non point par le lieutenant-général seul : pour le prouver, il suffit d'observer que tous les édits d'établissement d'offices de conseillers portent qu'ils connoîtront avec le lieutenant-général & le lieutenant particulier, de toutes les matières qui sont de la compétence du tribunal, suivant l'ancien règlement, sans faire aucune exception ; & par conséquent qu'ils connoîtront des causes du domaine qui faifoient partie de ces matières, fuivant l'édit de Cremieu & autres. L'édit d'ampliation des préfidiaux du mois de mars 1551 en a une difpofition formelle ; & celui du mois de janvier de la même année portant établiffement de ces mêmes préfidiaux, s'explique de manière à ne laiffer là-deffus aucune équivoque, *en interdifant & défendant aux préfidiaux de prendre ni retenir aucune connoiffance en fouveraineté des faits du domaine ou de partie d'icelui.* D'où il fuit par une conféquence toute naturelle qu'ils en connoiffoient à la charge de l'appel ; car on fait que les édits d'établiffement & ampliation des préfidiaux, n'ont pas eu uniquement pour objet de créer des officiers pour juger en dernier reffort jufqu'à une certaine fomme, mais encore de les créer pour être juges ordinaires dans les autres cas qui fe jugent à la charge de l'appel, comme il eft aifé de s'en convaincre par la fimple lecture de ces mêmes édits.

L'édit du mois de feptembre 1537 portant création de fix confeillers au Bailliage d'Orléans porte auffi qu'ils jugeront les caufes du domaine.

Il y a eu même à ce fujet un règlement important rendu en faveur du lieutenant particulier & des confeillers de la fénéchauffe de Moulins, contre le lieutenant du domaine de cette même ville, quoique ce dernier foit un juge particulier différent du lieutenant général & auquel la connoiffance des caufes du domaine a été originairement attribuée, à l'exclufion de ce même lieutenant général & de tout autre juge ; enforte que cette juridiction du domaine de Moulins forme une juridiction particulière qui fubfifte encore aujourd'hui, différente de la fénéchauffée ; cependant par arrêt de règlement du 6 juin 1598, qui eft imprimé dans le recueil des règlemens de Filleau, il a été jugé que ce lieutenant du domaine feroit tenu d'appeler au jugement des caufes domaniales, le lieutenant particulier & les autres juges préfidiaux en nombre fuffifant.

Il a auffi été rendu un arrêt de règlement à-peu-près femblable en 1627 en faveur des officiers du préfidial de Laon : il porte que le lieutenant général appellera aux procès du domaine le lieutenant particulier & les confeillers du fiège ; on trouve auffi ce règlement dans Filleau.

Toutes ces autorités font, comme on voit, fuffifantes pour combattre la prétention où étoit autrefois le lieutenant général d'Orléans de connoître feul des caufes du domaine d'Orléans, quand même il auroit été fondé en cela fur une longue poffeffion ; parce qu'on ne peut pas oppofer la prefcription contre des titres auffi authentiques.

C'eft auffi fans aucun fondement que les officiers du Bailliage d'Orléans ont ceffé de connoître des caufes du domaine de l'apanage depuis les lettres de terrier du duché d'Orléans obtenues en l'année 1676 ; puifque les lettres de terrier n'étant point attributives de juridiction, n'ont pu dépouiller le Bailliage d'Orléans de la connoiffance des caufes du domaine dont il avoit toujours joui, & qu'il n'y a que le fouverain feul qui puiffe faire ce changement.

En effet, les lettres d'apanage de Gafton duc d'Orléans du mois de juillet 1626, enregiftrées

au parlement le 14 décembre de la même année,
& celles de Philippe duc d'Orléans, du mois de
mars 1661, portent que la justice & juridiction
ordinaires des duchés d'Orléans, Chartres, &c.
sera exercée & administrée au nom de M. le
duc d'Orléans & de ses successeurs mâles par
les Baillis & sénéchaux des lieux & autres juges
qui ont été établis & institués précédemment,
ou de leurs lieutenans généraux, sans y faire
aucune innovation ni mutation.

Mais depuis l'année 1743, la connoissance
des causes du domaine du duché d'Orléans a
été attribuée à des commissaires particuliers par
des lettres patentes du 29 mars de la même
année, qui à l'occasion du terrier établi par ces
lettres patentes, donnent à ces commissaires
choisis au nombre de cinq, & depuis au nombre
de six parmi les officiers du Bailliage d'Orléans,
le droit de juger au nombre de trois, (à la
charge de l'appel au parlement) & de connoître
généralement de tous les biens, droits, baux à
cens ou rentes, revenus & dépendances des
duché d'Orléans & comté de Beaugenci, & de
toutes actions, instances & contestations au
sujet des mêmes biens, circonstances & dépendances, auxquels commissaires ces lettres en
arribuent la connoissance & juridiction & l'in-
terdisent à tout autre juge.

2°. Le droit de confiscation étant une matière
domaniale qui regarde le fond du domaine, les
confiscations prononcées par des sentences criminelles rendues en la prévôté doivent se
pourfuivre au Bailliage & non devant le prévôt.
C'est ce qu'a décidé le chancelier d'Aguesseau.

dans une lettre écrite au procureur du roi de la prévôté d'Orléans le 3 septembre 1714.

Les réparations des maisons royales & autres biens royaux sont aussi de la connoissance des Bailis & non des prévôts ; du moins quand il s'agit de faire les marchés & devis.

Les scellés, lorsqu'il s'agit d'aubaine, bâtardise, confiscation & déshérence, s'apposent aussi par les Baillis & sénéchaux & non par les prévôts, dans les endroits où la connoissance du domaine appartient aux juges ordinaires : & même en Provence, quoique la connoissance des causes du domaine du roi appartiennent aux trésoriers de France, les Baillis & sénéchaux de cette province ont été maintenus dans ce droit par un arrêt du conseil du 16 mai 1640 rapporté par Boniface.

3°. Les Baillis & sénéchaux connoissent des causes concernant les biens & domaines des villes de leur résidence, à l'exclusion des prévôts. Le parlement l'a ainsi décidé par arrêt du 1 décembre 1627 rendu pour Crepy en Vallois & rapporté en la conférence des ordonnances.

Ils connoissent aussi par la même raison, des réparations des édifices des mêmes villes, de leurs ponts & chaussées, chemins, &c. mais seulement lorsque ces réparations se font avec les deniers du domaine du roi ; car si elles se font avec les deniers communs & particuliers des sujets du roi, la connoissance en appartient alors aux prévôts, à moins que par des règlemens particuliers elle n'ait été attribuée aux Baillis, comme à Orléans, &c.

L'article 47 de l'édit du mois d'août 1764 porte que toutes les contestations concernant les biens patrimoniaux des villes qui seront portées en première instance devant les Baillis & sénéchaux, y seront jugées sommairement sans pouvoir être appointées, si ce n'est à mettre; dans le cas de partage d'opinions.

Les articles 29 & 48 du même édit ajoutent que quand il ne s'agira que d'une somme moindre de 300 livres une fois payée, les mêmes contestations seront jugées en dernier ressort, au nombre de cinq juges, par les Baillis ou sénéchaux devant lesquels elles seront portées en première instance, & qu'ils seront tenus de signer leurs sentences.

· 4°. Dans plusieurs villes du royaume, les Baillis & les sénéchaux ou leurs lieutenans sont juges des contestations concernant les impositions, emprunts, assiettes, & surtaux, & de celles qui surviennent à l'occasion des deniers publics & d'octrois qu'on lève sur la ville. Cela se pratique ainsi à Orléans.

Anciennement c'étoient le prévôt & le Bailli d'Orléans qui jugeoient à l'hôtel-de-ville avec les douze échevins, tous les procès civils & criminels concernant les tailles, emprunts & impositions qu'on levoit sur les habitans de la ville & de ses fauxbourgs. C'est ce que prouve une déclaration du roi du 25 juin 1551, rapportée par Filleau.

Depuis il y a eu des lettres patentes du 15 mars 1575, confirmées par d'autres du 18 juillet 1576, qui attribuent au Bailli d'Orléans ou à son lieutenant, la connoissance en première instance, de tous les procès & différends pour raiſon des droits de·barrage accordés aux habitans d'Orléans.

En 1594, il y a eu d'autres lettres patentes en date du 10 mai, qui attribuent au Bailli d'Orléans ou à ſon lieutenant général ſeul, la connoiſſance des tailles, octrois, barrages & autres impoſitions de la ville d'Orléans, & qui l'établiſſent commiſſaire en cette partie. Tout cela a été confirmé par pluſieurs autres règlemens poſtérieurs.

5°. Les comptes des deniers patrimoniaux des villes doivent ſe rendre devant les Baillis ou ſénéchaux ; ils préſident à l'audition, examen & clôture de ces comptes & ont la connoiſſance des procès & différends qui peuvent ſurvenir à cet égard. Cela eſt ainſi réglé par l'article 27 de l'édit de Cremieu & par divers arrêts du parlement des 17 avril 1612, 11 avril 1627 & 9 août 1684 rendus pour Sens, Crépy & Angers.

L'article 95 de l'ordonnance d'Orléans porte auſſi que les comptes des deniers patrimoniaux ſe rendront par-devant les Baillis & ſénéchaux ou leurs lieutenans, & elle ajoute que les avocats & procureurs du roi doivent y être appelés & y aſſiſter, ainſi que les maire & échevins ou conſeillers des villes, ſans pouvoir prendre pour cela aucun ſalaire pour leurs vacations, ni faire aucuns frais, excepté dans les villes où de tout temps & de toute ancienneté ces comptes ont coutume d'être rendus devant les prévôts des marchands, échevins, conſeillers ou bourgeois des villes. Ce même article porte qu'à l'égard des deniers d'octrois des villes, les comptes s'en rendront à la chambre des comptes.

Les articles 33 & 38 de l'édit du mois d'août 1764 n'ont rien changé à ces dispositions & paroissent y être entièrement conformes.

. Il y a des lettres patentes particulières rendues à ce sujet pour la ville d'Orléans, en date du 15 février 1527, confirmées par une déclation du roi du 20 août 1543 & par des lettres patentes du 27 décembre 1560, qui portent, « que les comptes de la ville d'Orléans se ren- » dront par-devant le Bailli d'Orléans ou son » lieutenant, comme commissaire & juge des- » dits comptes pour les ouir, clore & affirmer, » présens & appelés les députés de l'église & » échevins de l'hôtel-de-ville, selon la manière » ancienne & accoutumée, sans que le prévôt » d'Orléans, ni autre juge que le Bailli ou son » lieutenant y aient ou puissent prendre aucune » cour ou juridiction; mais que ledit prévôt y » sera appelé avec les avocats & procureurs du » roi, pour y assister seulement avec eux & dire » son avis & opinion, si bon lui semble, sans » prendre aucun salaire pour raison de ladite » assistance ».

D'autres lettres patentes du 18 octobre 1533 accordent une dispense de compter à la chambre des comptes, en faveur des maire & échevins de la ville d'Orléans, à la charge de compter par-devant le Bailli de cette ville ; ce qui depuis a été confirmé par d'autres lettres des 27 décembre 1560, 7 février 1573, 5 mai 1574, 13 mars 1575, 12 mars 1577 & par des arrêts du conseil des 10 mars 1638 & 14 décembre 1639.

Cependant l'édit du mois de janvier 1681

attribue l'examen & la clôture des deniers d'octrois aux chambres des comptes, conformément à l'article 95 de l'ordonnance d'Orléans.

- Ces comptes doivent être rendus à la requête
des gens du roi, syndics & échévins ; & en
l'absence du lieutenant général, ils se rendent
devant le lieutenant particulier. C'est ce qui résulte d'un arrêt du 12 septembre 1586 rapporté
par Joly.

Depuis la nouvelle forme d'administration des
villes, les Baillis & sénéchaux connoissent de
même, à l'exclusion des juges de seigneurs, de
l'audition des comptes des deniers patrimoniaux
des villes & bourgs de leur ressort ; & ces
comptes doivent être rendus devant eux, après
avoir été arrêtés & vérifiés dans une assemblée
de notables, pour être ensuite réformés, s'il y
a lieu, en la grande chambre du parlement, sur
la réquisition de M. le procureur général. Telles
sont les dispositions des articles 40 & 41 de
l'édit du mois d'août 1764.

A l'égard des comptes des deniers d'octrois
des mêmes villes & bourgs, ainsi que de ceux
des villes royales, ils doivent être rendus, tant
aux bureaux des finances, qu'aux chambres des
comptes, conformément aux articles 38 & 39
du même édit.

- Il est bon aussi d'observer que ces deniers
d'octrois & impositions accordés par le roi aux
villes pour les réparer, garder & entretenir,
doivent être employés aux choses auxquelles ils
sont destinés par les ordonnances des échevins,
à peine de répondre par ces échevins de ce qui
aura été ordonné au contraire. Telle est la dif-

pofition de l'article 351 de l'ordonnance de Blois.

6°. Les Baillis & fénéchaux préfident aux affemblées de ville qui fe font, tant au fujet des élections des maires & échevins, confuls & autres ayant l'adminiftration des affaires, que pour d'autres objets. C'eft ce qu'ont réglé l'article 27 de l'édit de Cremieu, & l'article 30 de l'édit du mois de mai 1765.

L'article 6 de la troifième déclaration du mois de juin 1559 rendue fur l'édit de Cremieu porte que les prévôts feront appelés aux affemblées de ville, ainfi qu'à l'audition, examen & clôture des comptes, & veut qu'ils y préfident en l'abfence des Baillis & fénéchaux & leurs lieutenans.

A Orléans, les confeillers du Bailliage pouvoient autrefois préfider aux affemblées de ville en l'abfence du lieutenant général ou particulier ; & c'eft pour cela que dans ces affemblées, avant la nouvelle adminiftration, il devoit toujours y avoir un député des confeillers du Bailliage, conformément au règlement de Gafton duc d'Orléans, du premier mars 1648 ; mais aujourd'hui ils n'y ont point de féance, fi ce n'eft en l'abfence du lieutenant général ou autre officier qui les précède.

A l'égard de la preftation de ferment des maire & échevins, il y a un arrêt du confeil du 7 mai 1615 rendu contre M. d'Entragues gouverneur & lieutenant général au duché d'Orléans, qui prétendoit que ce ferment devoit être prêté par-devant lui. Ces arrêt ordonne que les maire & échevins qui feront élus &

nommés à Orléans, prêteront le ferment devant
le Bailli, & en son absence par-devant le lieutenant général du Bailliage, suivant les ordonnances & lettres patentes de l'année 1568, vérifiées au parlement.

Mais depuis l'edit du mois de mai 1765 qui
établit une nouvelle forme dans l'administration
des villes du royaume, les lieutenans gé éraux
& autres premiers juges n'ont plus de voix délibérative aux assemblées de ville, quoiqu'ils y
président suivant l'article 30 de cet édit. L'article 20 porte que les maires prêteront ferment
entre les mains du premier officier du siège ordinaire, & feront enregistrer leur brevet de
nomination au même siège ; mais à l'égard des
échevins & autres officiers de ville, ils doivent
prêter ferment entre les mains du maire en
exercice ou de celui qui en remplit les fonctions.

Il n'est pas inutile d'observer que les ordonnances faites par celui qui présidoit dans ces
assemblées s'exécutoient par provision, comme
faits de police & de règlement, & qu'il n'étoit
pas permis aux habitans de faire aucune délibération contraire. Il y a là-dessus un arrêt rendu
au profit des officiers du Bailliage de Beaune
contre les maire & échevins de cette ville ;
mais l'article 14 de l'édit de mai 1765, & l'article 5 des lettres patentes du 15 août 1766
attribuent en général aux juges ordinaires des
lieux, la connoissance des différents qui peuvent survenir dans les assemblées de ville : d'où
il suit que le lieutenant général ou autre premier juge qui préside à ces sortes d'assemblées,

peut feulement dreffer procès verbal des conteftations & différents qui y furviennent, & qu'il
doit pour les faire juger, les renvoyer au fiège.

7°. Tout ce qui regarde les prifons royales,
foit pour l'entretien & les réparations, ou
pour la police, eft auffi de la juridiction des
Baillis ou fénéchaux & de leurs lieutenans, à
l'exclufion des prévôts.

. Les Baillages connoiffent pareillement, mais
non à l'exclufion des prévôts, de ce qui concerne les corps & communautés de fondation
royale, leurs biens, leursprivilèges & leurs droits.

Ils connoiffent par la même raifon, de la confervation des privilèges des univerfités concurremment avec les prévôts.

Un arrêt du parlement de Touloufe, du 18
mai 1616, rendu pour Montpellier, & rapporté
par Defcorbiac, porte que le juge-mage (c'eft-
à-dire le lieutenant-général) aura la connoiffance des différents qui furviendront outre les
profeffeurs en l'univerfité, pour raifon de leurs
charges.

Les Baillis & les fénéchaux connoiffent privativement à tout autre juge, des chofes qui concernent la religion, & de ce qui peut y caufer
du trouble, ainfi que de tous les procès & différents qui peuvent naître à ce fujet. C'eft que
portent l'article 50 de l'édit du mois d'avril 1695,
& l'article 2 de la déclaration du 14 mai 1724.

Par la même raifon, ils connoiffent de tout ce
qui regarde la religion prétendue réformée, &
les autres héréfies.

C'eft en conféquence de cette attribution
qu'ils peuvent fupprimer ou faire lacérer & bru-

ler par l'exécuteur de la haute juftice, les écrits
dangéreux ou capables de caufer du fchifme dans
l'état, & contraires aux loix & ordonnances du
royaume.

Ils connoiffent auffi des abus commis par les
prêtres & autres miniftres de l'églife dans leurs
fonctions, comme refus injufte de facremens, &c.

Les mêmes officiers connoiffent de ce qui regarde la difcipline de l'églife & la puiffance eccléfiaftique. Ainfi lorfque les eccléfiaftiques qui
poffèdent des bénéfices à charge d'ames, s'ab-
fentent pendant un tems confidérable, ou que
les titulaires des bénéfices ne font pas acquitter
le fervice & les aumônes dont ils peuvent être
chargés, les Baillis & fénéchaux doivent en
avertir les bénéficiers, & en même-temps leurs
fupérieurs eccléfiaftiques; & fi trois mois après
cet avertiffement, ils négligent de réfider fans
avoir des excufes légitimes, ou de faire acquitter le fervice ou les aumônes, & de faire faire
les réparations, particulièrement aux églifes, les
Bailliages peuvent à la requête du procureur du
roi, faire faifir jufqu'à concurence du tiers du
revenu de ces bénéfices, pour être employé à
l'acquit du fervice & des aumônes, à la réparation des bâtimens, ou diftribué à l'égard des bénéficiers qui ne réfident pas, par les ordres du
fupérieur eccléfiaftique au profit des pauvres des
lieux, ou appliqué à d'autres œuvres pies, à la
charge néanmoins par les juges des Bailliages &
procureurs de fa majefté, de ne procéder aux
faifies dont il s'agit qu'avec toute la retenue &
la circonfpection convenables; & par la feule
néceffité de faire obferver les faints décrets, de

faire exécuter les fondations & de conferver les
églifes & bâtimens qui dépendent des bénéfices.
C'eft ce que prefcrit l'article 23 de l'édit du mois
d'avril 1695.

Au refte cela ne regarde ni les évêques ni les
archevêques qui ne peuvent être foumis qu'à la
juridiction des parlemens à cet égard, conformément au même article.

Les Bailliages doivent auffi veiller à ce que
les eccléfiaftiques qui jouiffent des dîmes dépendantes de leurs bénéfices, & fubfidiairement
ceux qui poffèdent des dîmes inféodées, aient
foin de réparer & entretenir en bon état le chœur
des églifes paroiffiales dans l'étendue defquelles
ils lèvent ces dîmes, & d'y fournir les calices,
ornemens & livres néceffaires, fi les revenus des
fabriques ne fuffifent pas pour cet effet : fi les
décimateurs négligent de remplir ces obligations,
les Baillis ou fénéchaux doivent y pourvoir foigneufement, & faire exécuter par toutes voies,
même par faifies & adjudication des dîmes à la
diligence des procureurs du roi, les ordonnances que les archevêques & évêques auront rendues dans le cours de leurs vifites pour les réparations des églifes & l'achat des ornemens
dont il s'agit ; s'il y a plufieurs décimateurs, ils
doivent être contraints folidairement, fauf le recours des uns contre les autres ; & les ordonnances rendues à cet égard par les Baillis ou fénéchaux, & autres juges royaux reffortiffant
nuement aux cours de parlement, doivent être
exécutées nonobftant oppofitions & appellations
quelconques. C'eft ce qui réfulte de l'article 21
de l'édit du mois d'avril 1695.

Les Bailliages connoiffent en général de la

conſervation & du maintien des loix eccléſiaſtiques reçues dans le royaume, ainſi que des autres droits de la puiſſance eccléſiaſtique ; mais
ils doivent d'un autre côté veiller à réprimer les
entrepriſes injuſtes qui pourroient être faites à
cet égard par les eccléſiaſtiques. (*)

(*) On trouve dans le tome 3 des libertés de l'égliſe
gallicane une ſentence du préſidial d'Angers au ſujet d'un
bref du pape publié dans cette ville, lequel avoit réſervé au
ſaint ſiège, comme un péché énorme, le recours des eccléſiaſtiques aux juges ſéculiers. Cette ſentence *donne acte au
procureur du roi, de la préſentation de la copie du même
bref,* (publié à Angers par la permiſſion des grands vicaires)
*& de l'appel comme d'abus par lui interjeté de l'exécution
dudit bref, ſur lequel il eſt dit qu'il ſe pourvoira ainſi
qu'il verra à faire ; & cependant par proviſion, & juſqu'à ce qu'autrement par la cour il en ait été ordonné, fait
défenſes à toutes perſonnes d'imprimer, publier & afficher,
& vendre ledit bref, & à tous prédicateurs, de tenir en
leurs prédications aucuns propos ni maximes contraires à
ladite ordonnance.*
Une autre ſentence rendue par le même préſidial le 26
février 1726, *a donné acte au procureur du roi de ſa re-
montrance, au ſujet de pluſieurs innovations & entrepriſes
faites par l'évêque d'Angers, contre l'autorité du roi, &
celle de ſes officiers, & ordonne que tant l'évêque que les
curés de la ville ſeront tenus de lui délivrer copie de l'ordonnance de l'évêque, & un certificat de la publication
d'icelle par eux faite, leſquelles ſeront par lui envoyées à
M. le procureur général pour y être ſtatué par la cour de
parlement, & qu'en cas de refus, ſeront les refuſans appelés audit ſièges d'Angers, pour voir dire qu'ils ſeront
contraints à ce faire par toutes voies de juſtice.*
Les entrepriſes de l'évêque d'Angers étoient,
1°. D'avoir par pluſieurs ordonnances changé la forme
de l'expédition des *viſa*, ſur les proviſions des bénéfices.
2°. D'avoir fait défenſes de décerner des monitoires
pour crimes publics.

C'eſt

C'est en conséquence des mêmes principes que les Bailliages ou sénéchauffées peuvent évoquer des sièges officiaux les caufes qui ne font point de la compétence des juges éccléfiaftiques, fans même être tenus d'en demander le renvoi.

Mais d'un autre côté, les Baillis & fénéchaux doivent fe renfermer dans les bornes légitimes qui leur font prefcrites par rapport à la puiffance eccléfiaftique ; & ils ne doivent point entreprendre fur la juridiction des officiaux ou autres juges d'églife. Ainfi ils ne peuvent connoître, non plus que les autres juges royaux, de la validité des mariages célébrés en face d'églife ainfi que l'a jugé l'arrêt du 3 août 1700 rapporté par Néron. Il n'y a dans ce cas que la voie de fe pourvoir par appel comme d'abus de la célébration du mariage.

A l'égard des mariages célébrés autrement qu'en face d'églife, ou par des curés autres que ceux des contractans, comme alors on ne peut agir par la voie d'appel comme d'abus du moins dans le premier de ces deux cas, il eft conftant que les Baîllis en peuvent connoître. C'eft en

---

3°. D'avoir fait défenfes de fe pourvoir devant les juges royaux pour complaintes en matières bénéficiales.

4°. D'avoir fait publier un bref du pape, dans lequel il y avoit plufieurs chofes contraires à l'autorité du roi.

Une autre ordonnance rendue au bailliage d'Orléans le 3 juin 1755, a donné acte au procureur du roi de l'appel comme d'abus par lui interjeté d'une ordonnance de M. l'évêque d'Orléans du 20 mai précédent, qui privoit les religieufes de faint Charles de cette ville, de la participation aux facremens.

conféquence de cette règle que la déclaration du roi du 15 juin 1697 leur enjoint ainfi qu'à tous les autres officiers royaux de tenir la main à l'exécution de l'édit du mois de mars de la même année concernant les mariages célébrés par des curés autres que ceux des contractans ; & lorfqu'ils jugent des procès où il s'agit de mariages de cette efpèce, ils doivent obliger ceux qui les ont contractés de fe retirer par-devant l'évêque pour les réhabiliter.

Les mêmes officiers connoiffent auffi à l'ex-clufion des prévôts & des autres juges, des bé-néfices & de tout ce qui en dépend ; ainfi ils ont la connoiffance ,

1°. De tous les procès & différents qui peu-vent naître touchant les matières bénéficiales. C'eft ce que porte l'article 27 de l'édit de Cré-mieu.

2°. Du poffeffoire des bénéfices, quand même ces bénéfices feroient de la fondation des fei-gneurs. Cela eft ainfi réglé par l'article 4 du titre 15 de l'ordonnance de 1667.

Sur quoi il faut obferver que les Baillis peu-vent maintenir dans la poffeffion d'un bénéfice fur une fimple demande en complainte celui qui a été refufé par l'ordinaire quoiqu'il n'ait pas épuifé tous les degrés de juridiction eccléfiafti-que. C'eft ce qui a été jugé par un arrêt du 9 mars 1708 rapporté au journal des audiences. Cela eft d'ailleurs conforme à l'article 9 de l'édit du mois d'avril 1695.

3°. Ils connoiffent par la même raifon à l'ex-clufion de tout autre juge, du droit de patro-nage. Cela a été ainfi jugé par deux arrêts du par-

lement de Rouen des 27 février. 1676 & 22
mai 1683.

4°. Du possessoire des dîmes inféodées ou non
inféodées.

· Cependant lorsqu'il s'agit de dîmes inféodées
qui sont tenues en fief d'une terre de seigneur,
par exemple d'une pairie, la connoissance du
possessoire de ces dîmes appartient au juge de
cette pairie du moins concurremment avec le
juge supérieur. C'est ce qui résulte de l'arrêt de
règlement du 7 septembre 1621 rendu entre le
lieutenant-général de Noyon & les officiers de
la pairie du même lieu, & d'un autre arrêt du 21
juin 1614 rendu entre les officiers du Bailliage
de Riom & ceux de la pairie de Montpensier.
Ces deux arrêts sont rapportés par Filleau.

A l'égard du pétitoire des dîmes il faut distinguer si elles sont inféodées ou non. Lorsqu'elles sont inféodées, c'est-à-dire lorsqu'elles sont
tenues en fief par des laïques, & par eux possé-
dées comme champarts & autres biens profanes,
la connoissance du pétitoire de ces dîmes même
entre ecclésiastiques appartient aux juges laïques,
c'est-à-dire aux Baillis & aux sénéchaux ou aux
juges des seigneurs suivant que ces dîmes relèvent
du roi ou des seigneurs hauts-justiciers, sans que
les juges d'église puissent en connoître : mais
s'il s'agit de dixmes ecclésiastiques, il en est autrement. Si par exemple un ecclésiastique à qui
la dixme appartient & qui en a été dépossédé
depuis vingt ou trente ans, agit pour y rentrer
contre celui qui l'a usurpé; ou si un curé soutient contre un décimateur de sa paroisse que les
terres du domaine de sa cure sont franches &

exemptes de dixmes, ou bien encore si les chevaliers de Malthe, les religieux de cîtaux & autres privilégiés prétendent être exempts pour
les terres & héritages qui dépendent de leurs
commanderies ou abbayes, l'official peut connoître du pétitoire de ces dixmes.

Si la demande touchant la dixme est au pétitoire, & que le demandeur prétende que la
dixme est ecclésiastique, tandis que le défendeur
soutient au contraire qu'elle est inféodée, &
qu'il y ait contestation pour savoir si c'est au
juge d'église ou au juge laïque à en connoître,
la connoissance alors en doit appartenir au juge
laïque ; c'est ce qui a été jugé par arrêt du 18
janvier 1551, rapporté par Coquille en ses institutions au droit françois ; mais tant que les parties n'allèguent point l'inféodation, le juge d'é-
glise peut connoître de la contestation entre ecclésiastiques ; & en cela il n'y a aucun abus
quand même au fond les dixmes seroient inféodées. Le parlement l'a ainsi jugé par arrêt du 18
avril 1709 rapporté au journal des audiences.

Lorsque le possessoire des dixmes a une fois
été jugé par les juges laïques, les parties ne peuvent plus se pourvoir sur le pétitoire devant le
juge d'église ; & l'article 49 de l'ordonnance de
1539 ne doit point être observé à cet égard.
Cela a été ainsi jugé par arrêt du premier février
1724, sur l'appel d'une sentence de l'official
d'Amiens, conformément aux conclusions de M.
Gilbert de Voisins.

Il faut observer que la juridiction des officiaux
quant au pétitoire des dixmes n'a lieu que par
rapport aux grosses dixmes ou dixmes ordinaires & non pour les dixmes insolites, telles que

font les dixmes de légumes, foins, &c. & que pour ces fortes de dixmes infolites, il faut fe pourvoir même au pétitoire devant les juges laïques. C'eft ce qu'a jugé l'arrêt du 28 novembre 1707, rapporté au journal des audiences.

Quand il s'agit d'une demande en payement d'arrérages de dixmes formée par un curé ou autre contre un laïque, fans que le fond du droit foit contefté, comme il arrive quand ce laïque néglige ou refufe de payer la dixme, cette forte de demande doit fe porter devant les juges royaux & non devant l'official, & même il y auroit abus s'il en connoiffoit. C'eft ce qui réfulte de l'article 5 de l'édit de février 1557 & de l'arrêt du 27 juin 1707 rapporté au journal des audiences : s'il s'agiffoit de dixmes inféodées, on pourroit fe pourvoir devant les juges de feigneurs dont ces dixmes relèvent.

L'édit de Melun attribue auffi aux juges royaux la connoiffance des procès concernant la quotité des dixmes.

5°. Les Baillis & les fénéchaux connoiffent de la fimonie contre les laïques, & même contre les eccléfiaftiques lorfqu'elle eft incidente à des procès portés devant les Bailliages.

6°. Ils peuvent & même ils doivent faire faifir les fruits & revenus, faute par les bénéficiers d'entretenir les biens qui en dépendent.

7°. Ils ont auffi le droit d'appofer le fcellé fur les titres & papiers concernant les bénéfices confiftoriaux & autres bénéfices, à l'exclufion de tout autre juge, foit après le décès d'un bénéficier ou autrement, dans le cas où il échet de faire cette appofition de fcellé. C'eft ce qui

réfulte de deux arrêts du confeil des 16 mai &
10 juillet 1725.

Mais quand il s'agit de fimples vifites de réparations à faire à ces fortes de bénéfices, il eft
défendu aux juges ainfi qu'aux procureurs du roi
d'y affifter. C'eft ce qu'ont jugé trois arrêts
des 16 juillet 1727, 20 feptembre 1734 &
29 avril 1747 rendus pour Poitiers, Nantes &
Senlis.

8°. Les Baillis & les fénéchaux connoiffent à
l'exclufion de tout autre juge des portions congrues des curés & des vicaires. C'eft ce qui réfulte des déclarations des 29 janvier 1686, 30
juin 1690 & 5 octobre 1726.

Avant l'année 1686 la connoiffance de ces
portions congrues appartenoit aux officiaux ;
mais la déclaration du 29 janvier 1686, en a
attribué la connoiffance aux Baillis ou fénéchaux
royaux. Une autre declaration du dernier août
de la même année portoit auffi que dans certain
cas les fentences rendues en cette matière dans
les Bailliages & fénéchauffées feroient portées
par appel au grand confeil ; mais cette difpofition a été changee par l'article 12 de la déclaration du 15 janvier 1731 qui porte que l'appel
des fentences touchant les portions congrues,
ne pourra être porté ailleurs qu'aux cours de
parlement, ce qui même avoit déja été jugé par
un arrêt du 18 avril 1709 rapporté au journal
des audiences.

Les Baillis connoiffent pareillement à l'exclufion de tous autres juges, de ce qui concerne les
biens appartenans à l'églife, quand il s'agit du
fonds. Ainfi,

1º. Ils connoiſſent des cauſes des égliſes, même de celles qui n'ont point de lettres de garde-gardienne, lorſqu'il s'agit du domaine de ces égliſes, ſoit qu'elles ſoient de fondation royale ou non. C'eſt ce qui réſulte de l'arrêt de règlement du 23 mai 1626 rendu pour Compiegne, & de celui du 31 mai 1626 rendu pour Crépi.

Un autre arrêt de règlement du 5 juin 1659 rendu pour Compiegne donne en général aux officiers du Bailliage la connoiſſance du domaine, champart, terrage & autres droits appartenans à l'égliſe, lorſque la propriété ou quotité eſt conteſtée.

Mais quand il s'agit de ſimples réparations des égliſes ou presbitères, les prévôts en peuvent connoître, à moins que les procureurs du roi des Bailliages ne faſſent des pourſuites au ſujet de ces réparations.

2º. Conformément à l'article 54 de l'ordonnance de Blois & à l'article 26 de l'édit de Melun les Baillis & les ſénéchaux ont auſſi la connoiſſance des terriers & cenſives des biens eccléſiaſtiques.

3º. Ils connoiſſent pareillement de l'aliénation des biens & domaines de l'égliſe, & de ceux des hôpitaux & confréries. C'eſt ce que portent l'édit du premier ſeptembre 1597, & l'arrêt du 23 mai 1626 rendu pour Compiegne.

Ils ſont par la même raiſon juges des conteſtations qui ſurviennent quand l'égliſe ou les fabriques veulent rentrer dans leurs biens aliénés. C'eſt ce qu'a réglé l'arrêt du parlement du premier mars 1662 portant vérification de l'édit du mois de février 1661 touchant les biens des eccléſiaſtiques.

Ils doivent auffi veiller au remploi des rentes foncières rembourfées aux eccléfiaftiques, ou autres communautés d'églife, hôpitaux, fabriques, &c. ce qui eft une fuite des principes qu'on a établis.

Les mêmes officiers connoiffent de ce qui concerne les droits & privilèges des églifes, chapitres hôpitaux & fabriques, &c. ainfi que ceux des eccléfiaftiques en général & autres perfonnes qui font fous la garde & protection du roi. Ainfi,

1°. Ils connoiffent concurremment avec les prévôts, à l'exclufion des juges des feigneurs, des caufes & différents des églifes, abbayes, prieurés, chapitres, confréries & autres communautés eccléfiaftiques, pour la confervation de leurs droits ou privilèges foit que ces églifes foient de fondation royale ou non.

2°. Ils connoiffent auffi par préférence aux autres juges même aux prévôts, des caufes des eglifes de fondation royale ou non lorfqu'elles ont des lettres de garde gardienne, pourvu que ces lettres foient duement vérifiées dans les cours fouveraines. C'eft ce qui réfulte de l'article 9 de l'édit de Crémieu, & de l'article 3 de la troifième déclaration du mois de juin 1659, rendue en interprétation de l'édit de Crémieu : ils connoiffent pareillement de toutes les caufes où les chapitres, hôpitaux & communautés ayant lettres de garde gardienne font parties, foit en demandant ou en défendant, & foit qu'il s'agiffe de caufes civiles ou criminelles, réelles, perfonnelles ou mixtes. C'eft ce que porte l'arrêt de règlement du 23 mai 1726, rendu pour Compiegne. La même chofe a lieu à l'égard des particuliers qui font membres de ces églifes ou communautés, lorfqu'il s'agit toutefois des droits & privilèges du corps & non lorfqu'il eft queftion des autres caufes de ces particuliers. C'eft ce qui réfulte de l'arrêt du parlement du 22 juin 1635 rendu pour Angers & rapporté par Soefve.

Il faut obferver que ce privilège de garde gardienne n'appartient point aux particuliers qui tiennent des bénéfices de la collation des églifes ou communautés dont il s'agit, & qui ne font point du corps commun de ces églifes.

Obfervez auffi que quoique régulièrement les lettres de garde gardienne foient limitées aux biens que ceux qui jouiffent de ce privilège, poffèdent dans l'étendue de la juridiction du juge royal auquel la connoiffance en eft attribuée, néanmoins il y a des chapitres & communautés à qui l'on en accorde de plus étendues. Ainfi le chapitre de la cathédrale d'Orléans a des lettres de garde gardienne pour tous les biens qu'il poffède, même à Etampes & dans le Nivernois, &c. De même les lettres de garde gardienne de l'hôtel-Dieu de la même ville s'étendent à dix lieues du Bailliage d'Orléans.

C'eft en conféquence de ce même droit de garde gardienne que les comptes de l'hôtel-Dieu d'Orléans fe rendent devant le Bailli ou le lieutenant-général de la même ville.

Les mêmes officiers connoiffent à l'exclufion même des prevôts, de l'état des perfonnes & de ce qui concerne les regiftres des baptêmes, mariages & fépultures. Cela eft ainfi réglé par la déclaration du 11 avril 1736.

C'est à eux en conséquence qu'appartient le droit de réformer ces regiſtres lorſqu'il s'agit de procéder à la réformation de quelque acte du nombre de ceux qui y ſont contenus.

Ils ont auſſi par la même raiſon la connoiſſance des mariages clandeſtins ou faits contre la diſpoſition des ordonnances. A l'égard de ce qui concerne l'état des regiſtres qui ſe trouvent dans la maiſon des curés en cas de décès , & la remiſe des mêmes regiſtres au curé ſucceſſeur , il paroît que les ſeigneurs hauts - juſticiers ou leurs juges ſont en droit d'en connoître. C'eſt ce qui réſulte des articles 20 & 21 de la même déclaration du 11 avril 1736.

Les Baillis ou ſénéchaux ont le droit de faire des règlemens généraux pour leurs provinces (du moins pour les différens endroits de ces provinces dont les appellations ſe portent devant eux) & pour l'utilité commune des ſujets de cette province : c'eſt ce qui réſulte de l'arrêt du conſeil du 15 avril 1644 , ſervant de règlement entre les officiers du Bailliage & ceux de la pairie de Châlons-ſur-Marne. De même il appartient au juge principal de chaque ville , ſoit royale ou non , de faire des règlemens pour tout ce qui regarde la police particulière de la même ville & des fauxbourgs.

Mais il faut obſerver , 1º. que les réglemens du magiſtrat de la province ou de celui de la ville particulière ne doivent contenir rien de contraire aux règlemens généraux & univerſels, & à ceux du parlement : 2º. que ces règlemens doivent être fondés ſur quelque conſidération qui ſoit particulière à la province pour laquelle ils ſe font ; parce qu'autrement c'eſt au souverain à pourvoir par des loix générales aux nécessités communes de son état, tant à cause que cela dépend de son autorité que parce que ce seroit un désordre dans un royaume si chaque ville avoit ses loix particulières.

C'est sans doute sur le fondement de cette distinction que le parlement dans le temps de la cherté excessive des bleds qui arriva en 1709 & qui étoit générale dans tout le ressort du parlement, & pour laquelle le parlement rendit un grand nombre d'arrêts, fit défenses à tous les juges de son ressort, par son arrêt du 17 mai de la même année, de rendre aucune ordonnance en forme de règlement général ou particulier, & notamment sur la police des bleds ou autres grains, sauf à eux d'en rendre pour faire exécuter les ordonnances du Roi ainsi que les arrêts de règlemens de la cour, & leur enjoignit de recourir à son autorité lorsqu'ils estimeroient nécessaire de faire quelque règlement nouveau.

Cet arrêt parle à la vérité de règlemens généraux & particuliers indistinctement; mais il faut toujours supposer que le parlement n'a point entendu parler par ce même arrêt des règlemens de police ou autres qui sont fondés sur quelque considération particulière à chaque lieu, à l'égard desquels il faut dire que le parlement a laissé les choses dans l'ancien état; autrement il auroit excédé son autorité, parce qu'il paroît qu'il ne dépend pas de lui d'ôter à des juges des droits qu'ils ne tiennent que de sa majesté, & qui sont inséparables du droit de justice que le roi leur a accordé.

¬ Il y a un grand nombre d'exemples de règle-mens rendus en pareil cas touchant cette police générale par les Baillis ou fénéchaux pour toute l'étendue de leur reffort. En voici quelques-uns émanés du Bailliage d'Orléans & rapportés par M. Jouffe.

Une ordonnance de police générale du 4 août 1617 rendue en la chambre du confeil du Bailliage d'Orléans règle ce qui doit être obfervé touchant les foins à faner & à livrer fur le pré ; une autre du 16 juin 1646 concerne la célébration des fêtes & des dimanches ; d'autres de l'année 1662 & du 28 juin 1741 concernent les glaneurs & glaneufes ; d'autres des 22 février 1686, 13 mai de la même année, & 22 mars 1718 concernent le port-d'armes ; une autre de l'année 1708 défend à peine du fouet & du carcan d'aller de jour ou de nuit dans les vignes pour y voler les raifins ; une autre du 23 avril 1708 concerne l'embarras des voitures fur le pavé d'Orléans à Paris ; une autre ordonnance du Bailliage du 3 feptembre 1710 fait défenfes à toutes perfonnes de fe tranfporter dans les vignes foit de jour ou de nuit pour y caufer aucun dommage, à peine du fouet & du carcan, conformément à la déclaration du roi du 11 mai 1710 ; ordonne que dans les paroiffes du vignoble où il n'a point été élu de meffiers, les habitans s'affembleront le premier dimanche d'après la publication de la même ordonnance, à l'effet d'élire un nombre fuffifant de perfonnes pour en faire les fonctions dans chaque paroiffe : enjoint à ceux qui feront élus de veiller foigneufement à la confervation des raifins & fruits, & d'arrêter & conduire en prifon ceux qu'ils trouveront caufer du dommage à autrui pour en être fait un châtiment exemplaire ; ce qui fera exécuté dans toute l'étendue du Bailliage.

Il eft vrai que prefque tous les règlemens précédens regardent principalement l'exécution des édits, ordonnances & autres règlemens du royaume ; mais cela n'empêche pas que les Baillis ou fénéchaux n'en puiffent auffi rendre de nouveaux quand l'occafion l'exige.

Ainfi dans le temps de l'inondation de la rivière de Loire qui arriva au mois de juin de l'année 1709, il fut rendu en la chambre du confeil du Bailliage d'Orléans le 25 du même mois une ordonnance portant que tous les particuliers fur les héritages defquels fe trouveroient des amas d'échalas entraînés par la rivière feroient tenus d'en faire raifon à ceux qui les réclameroient, eu égard à ce que chacun avoit de vignes non encore liées au temps de l'inondation, & la perte que chacun auroit foufferte ; & cela fuivant la répartition qui en feroit faite par le juge des lieux.

Ce qu'on vient de dire touchant le droit qu'ont les Baillis de faire des règlemens ne regarde que les règlemens généraux de police ; mais il y a plus de difficulté à favoir s'ils peuvent faire d'autres règlemens qui participent plus de la juftice que de la police.

1°. On ne peut douter que les Baillis & fénéchaux ainfi que tous les autres juges ne foient en droit de régler tout ce qui regarde la police de leur fiège, foit pour le temps & l'heure des audiences & le temps de leurs vacations, ou pour fupprimer des fêtes de palais lorfqu'elles ne font plus fêtes d'églife, & autres règlemens pour le fiége, pourvu que ces règlemens ne soient point contraires aux ordonnances du royaume & aux arrêts de règlemens.

2°. Les Baillis & les sénéchaux peuvent aussi régler la taxe des frais & salaires des notaires, greffiers, procureurs, huissiers & autres officiers de leurs siéges lorsqu'il n'y a point été pourvu par les ordonnances & arrêts de règlemens. L'article 13 du titre 31 de l'ordonnance de 1667 en a une disposition expresse pour tous les droits qui doivent entrer en taxe dans les dépens des procédures : cela est conforme à la disposition de l'article 160 de l'ordonnance de Blois qui enjoint en général, tant aux juridictions souveraines qu'à toute autre subalterne, de régler les salaires des greffiers, sergens & autres ministres de la justice, & d'en faire un tableau ; avec défenses à tout greffier, sergent, &c. de prendre un plus grand salaire à peine de la vie.

3°. Les Bailliages peuvent aussi établir des procédures dans les cas particuliers qui n'ont point été prévus & réglés par les ordonnances & arrêts de la cour ; & c'est sur ce fondement qu'il a été rendu au Bailliage d'Orléans le 5 mai 1624 un règlement particulier imprimé qui est suivi dans toute l'étendue de son ressort, touchant les séparations de biens d'entre les maris & les femmes. Il y a encore un autre règlement rendu au Bailliage d'Orléans le 14 février 1685 composé de 41 articles touchant les procédures des décrets & ventes sur affiches qui y est observé exactement.

En 1691 il a été pareillement rendu au châtelet de Paris un règlement général touchant les appellations qui se portent en ce siége, lequel a été confirmé par arrêt du parlement du 2 juillet de la même année.

Il faut même obferver qu'avant l'ordonnance du mois d'avril 1667 il y avoit dans la plûpart des fiéges des ufages particuliers pour la procédure, à l'effet de quoi il avoit été néceffaire de rendre en chaque fiége des règlemens pour la fixer.

Mais ces fortes de règlemens ne doivent aujourd'hui être rendus qu'avec beaucoup de réferve & dans des cas abfolument néceffaires, & qui n'ont point été prévus.

4°. Quant à ce qui regarde le fait de la juftice les parlemens ne veulent pas que les juges qui leur font fubordonnés entreprennent de faire aucun règlement particulier à cet égard, parce qu'il ne peut jamais y avoir de confidération particulière pour cela, & que c'eft une maxime conftante que *æquitas non clauditur loco*, ainfi que le dit Loifeau dans fon traité des feigneuries; ce qui a donné occafion de dire que les matières de règlemens appartiennent aux cours de parlement en première inftance. C'eft pourquoi un arrêt de règlement du 20 décembre 1692, faifant droit fur les conclufions du procureur-général du roi, a fait défenfes aux officiers du châtelet de faire à l'avenir aucun règlement fous quelque titre que ce foit & fous titre de mémoire ou autrement.

Un autre arrêt du parlement du 5 feptembre 1701 fait défenfes aux juges de faire des règlemens généraux, & leur permet feulement de rendre des ordonnances pour l'exécution des ordonnances, édits & déclarations fur le fait de la police. Il y a d'autres arrêts femblables des

30 avril 1697, 13 juin 1700, 15 juin 1701, &
7 feptembre 1704 rendus pour les tréforiers de
france de Paris, pour Meulan, pour Blois &
pour Beaumont-fur-oife.

Mais cette défenfe n'a lieu qu'à l'égard des
règlemens généraux, c'eft-à-dire pour les matières qui peuvent & doivent être réglées de la
même manière dans tout le reffort du parlement
où la diverfité des lieux n'exige rien de particulier.

Et en effet l'arrêt de règlement de la cour du
10 juillet 1666 fait feulement défenfes aux
Baillis, fénéchaux & autres juges préfidiaux
de faire aucun règlement foit provifionnel foit
définitif touchant l'adminiftration de la juftice.

Nous avons plufieurs exemples de règlemens
particuliers rendus fur le fait de la juftice qui
ont été infirmés par les cours de parlement.
Ainfi par arrêt du parlement de Touloufe du 8
mars 1571, une fentence préfidiale par laquelle
il avoit été fait défenfes aux artifans d'être folliciteurs de procès, a été caffée, quoique d'ailleurs ces mêmes défenfes ayent été prononcées
par l'arrêt infirmatif de la fentence. Cet arrêt
eft rapporté par la Rocheflavin en fes arrêts.

Un autre arrêt du 19 mai 1616 a jugé qu'un
règlement nouveau entre des chanoines n'avoit
pû être fait que par la cour.

Un autre arrêt du 15 avril 1712 rapporté au
journal des audiences, *fait défenfes aux officiers
de la fénéchauffée de Lyon de faire à l'avenir aucune ordonnance en forme de règlement général,
fauf à eux à rendre telles ordonnances & règlemens
qu'il appartiendra, pour faire exécuter les ordonnances,*

nances, édits, déclarations & arrêts de la cour, &
fans préjudice à eux de recourir à l'autorité de la-
dite cour, dans les cas où ils estimeront nécessaires
de faire des règlemens nouveaux pour y être pourvu
sur les conclusions du procureur-général. Ce règlement portoit défenses aux matrones ou sages-
femmes, ainsi qu'à toute autre personne, de recevoir chez elles aucune fille ou femme enceinte
pour y faire leurs couches sous quelque prétexte que ce fût, sans en avertir dans le moment le lieutenant-criminel & sans en faire la déclaration à son greffe, à peine de punition corporelle & de 250 livres d'amende.

Un autre arrêt du parlement de Paris du 10
décembre 1739 a fait défenses de mettre à
exécution une sentence du Bailliage d'Orléans
du 21 août précédent qui avoit réglé les droits
des jurés-crieurs de la ville d'Orléans, & a ordonné l'exécution des règlemens qui fixent ces
droits.

5°. Enfin les Baillis & les sénéchaux peuvent
rendre des ordonnances en exécution des édits,
déclarations & arrêts de la cour pour les renouveler & en maintenir l'exécution dans toute
l'étendue de leur ressort : c'est ce qui résulte
d'un arrêt du 26 janvier 1657 rapporté par Boniface, & de l'arrêt du 15 avril 1712 dont on
vient de parler.

Mais à quels juges appartient-il de faire exécuter les règlemens & de connoître des contraventions qui peuvent résulter de l'inexécution
de ces mêmes règlemens ? Bacquet, Loiseau &
tous les auteurs qui ont le mieux écrit là-dessus
attribuent cette jurisdiction en première instance
aux juges ordinaires soit royaux ou seigneu-

riaux. Ils font néanmoins une distinction entre les endroits où il n'y a qu'une seule justice & ceux où il y en a plusieurs. Dans le premier de ces deux cas où il n'y a qu'une seule justice sur le lieu, ils pensent qu'il n'y a aucune difficulté de dire que cette exécution des règlemens lui appartient, & que le tribunal supérieur n'a pas droit de l'y troubler, soit par prévention ou autrement; mais dans le second cas où il y a plusieurs justices dans la ville ou autre endroit, ces auteurs demeurent d'accord que la police ne peut se partager entr'eux sans de grands inconvéniens ; & qu'ainsi pour maintenir une bonne discipline & l'ordre public en toutes choses, le premier ou principal de ces tribunaux qui a toujours seul la police générale, doit aussi avoir pour l'exécution & pour la police particulière la prévention & la concurrence avec toutes les autres justices du lieu. C'est ce qui a été décidé par un grand nombre de règlemens ; entr'autres par l'article 3 de l'ordonnance du 5 janvier 1549 ; l'arrêt du 16 décembre 1561 rapporté par Bacquet & rendu contre l'évêque de Soissons ; celui du 10 décembre 1565 rendu en faveur des officiers du roi contre l'évêque de Noyon ; celui du 22 juin 1617 rendu au profit du prévôt de la ville de Tours contre les officiers de la baronnie de Châteauneuf ; & celui du 8 juin 1676 rapporté au journal des audiences & rendu au profit du juge royal des fauxbourgs de la ville de Troyes contre le prieur de la Trinité, seigneur de la justice du fauxbourg saint Jacques de la même ville.

Cette prévention se trouve aussi établie pour la ville de Paris par un grand nombre de règlemens, & entr'autres par l'édit du mois de décembre 1666, qui sert de règlement général pour la police de cette ville. Par l'une des dispositions de cet édit, sa majesté déclare qu'elle veut que la police générale soit faite par les officiers du châtelet dans tous les lieux privilégiés, tels que l'étendue de la justice de S. Germain-des-Prés, du temple, du cloître de S. Jean-de-Latran, &c. ainsi que dans les autres quartiers de la ville sans aucune différence ni distinction : & à l'égard de la police particulière, la même loi veut qu'elle soit faite par les officiers qui auront prévenu ; & qu'en cas de concurrence la préférence appartienne au prévôt de Paris ; ce qui depuis a été confirmé par plusieurs arrêts rapportés par de Lamarre dans son traité général de la police.

Mais il ne paroît pas que cette prévention ait lieu en faveur des Baillis sur les autres juges de leur ressort. En effet l'ordonnance de 1535 veut, qu'il soit laissé à chaque juridiction la connoissance des causes & matières qui sont de leur compétence, sans que les juges royaux puissent ôter cette connoissance aux juges subalternes, sinon pour cas royaux ou souveraineté, ou en cas de négligence de leur part ; d'où il semble que les juges supérieurs ne doivent avoir la prévention en matière de police sur les juges des seigneurs de leur ressort que dans le cas de négligence de la part de ces derniers. C'est aussi ce qui résulte de l'arrêt du premier juin 1556 rendu pour la ville de Sens.

Cependant Chopin, sur la coutume d'Anjou, dit que les juges royaux ont la prévention sur les juges des seigneurs de leur ressort pour déterminer les bans des vendanges, de peur que la vendange ne foit retardée par la diverfité des jours que chaque feigneur pourroit affigner pour commencer à vendanger dans l'étendue de fa juftice.

Cette prévention des juges royaux fur les juges inférieurs, a auffi lieu en matière de voirie.

L'ordonnance du 21 novembre 1519 va même plus loin : elle enjoint aux Baillis, fénéchaux, & autres juges reffortiffans nuement aux cours de parlement, de s'informer fouvent fi les juges ordinaires qui reffortiffent pardevant eux gardent exactement les ordonnances rendues fur le fait de la police, & de procéder contr'eux en cas d'infraction, par fufpenfion de leurs offices ou par amendes arbitraires ou autrement.

L'article 16 de l'ordonnance du 26 novembre 1546 renferme une pareille difpofition, ainfi que l'article 9 de celle du 22 décembre 1557.

Cette même prévention des juges royaux fur les juges des feigneurs de leur reffort en matière de police, a lieu à plus forte raifon lorfqu'il s'agit de l'exécution des règlemens concernant les mefures royales. La coutume de Normandie en a une difpofition.

C'eft pourquoi quand une mefure eft royale & ne fait point partie du droit de haute-juftice, on ne peut douter que pour l'exécution des règlemens touchant cette mefure, les juges royaux n'aient du moins la prévention fur les juges fubalternes, pour connoître des contraventions qui peuvent intervenir à ce fujet.

En effet, le roi en accordant aux feigneurs le droit de juftice dans l'étendue de leurs terres

& seigneuries n'a point entendu se priver de ce même droit de justice ; au contraire il l'a retenu en entier en ce qui est de la police générale, notamment pour les poids & mesures qu'il s'est réservés.

Et quoique plusieurs hauts-justiciers & principalent les châtelains, barons & autres supérieurs en dignité se soient maintenus dans le droit & possession d'avoir dans l'étendue. de leurs seigneuries des mesures particulières, principalement pour le bled & les petites mesures à vin, comme sont la pinte, la chopine, &c. néanmoins on ne peut disconvenir que le droit de poids & mesures considéré en lui-même, surtout le droit de grandes mesures & de gros poids ne soit un droit vraiment domanial & inséparable du domaine de la couronne.

Parmi ces grandes mesures, celle qui concerne les vins est sans contredit une des plus considérables ; car comme le plus grand commerce du royaume est sur le vin & que sur cette liqueur on lève des droits considérables, nos rois ont principalement interposé leur autorité pour régler & faire ensorte que la mesure des vaisseaux à mettre le vin fût exacte, & que le commerce qui s'en fait fût plus fidèle & moins sujet aux fraudes. On a en cela suivi l'exemple des romains qui avoient une grande attention à ce que la mesure de ces sortes de vaisseaux fût extrêmement juste & qu'elle fût partout d'une même continence.

C'est dans ces vues que le roi Henri II, par édit de l'année 1553, créa en chacune des villes situées sur les rivières de Seine, Yonne, Marne, Oise & environs, (ce qui depuis a été étendu à la plûpart des villes du royaume) des jaugeurs marqueurs & mesureurs des vaisseaux à vin, pour examiner s'ils étoient de la continence réglée par les coutumes & usages des lieux ; ce qui a été exécuté à la connoissance des seigneurs hauts-justiciers, sans aucune contradiction de leur part, ainsi que le remarque M. Lebret en ses actions.

Et c'est sur le même fondement qu'est établi l'article 492 de la coutume d'Orléans qui porte, « qu'en tout le Bailliage d'Orléans il n'y a qu'une seule jauge & étalon de fust à mettre vin. »

Or, puisque de tout temps on a regardé le droit de jauge & étalon des vaisseaux à mettre du vin, comme un droit de grande mesure dont la connoissance appartient au roi à l'exclusion des seigneurs hauts-justiciers, il s'ensuit que la connoissance de tout ce qui concerne ce droit appartient aux prevôts royaux ou aux Baillis & aux sénéchaux à l'exclusion des seigneurs hauts-justiciers ; & par conséquent le droit de visiter ces mêmes mesures pour voir si elles sont de la continence marquée par les ordonnances ou par la coutume des lieux, & de décider les contestations qui peuvent intervenir à ce sujet en cas de contravention leur appartient aussi.

Et quand même il seroit vrai de dire avec Loiseau que la connoissance de l'exécution de tous les règlemens de police en général & des contraventions à ces règlemens, appartient à tous les juges des lieux chacun dans son district, soit qu'ils soient royaux ou non, il ne s'ensuit pas de-là que cette connoissance doive appartenir aux juges des seigneurs à l'exclusion des juges royaux. On doit dire au contraire que dans tous les cas où il s'agit de droits qui concernent l'intérêt du roi ou celui d'une province entière & non l'intérêt particulier des seigneurs hauts-justiciers en tant que seigneurs, c'est aux Baillis ou sénéchaux, comme juges supérieurs de la province, à qui la police générale est confiée, de veiller à ce que les règlemens rendus là-dessus soient observés; & la moindre autorité qu'ils puissent avoir en ce cas est de connoître par prévention & concurremment avec les seigneurs qui sont dans l'étendue de leur ressort, de l'exécution de ces mêmes règlemens & des contraventions qui y peuvent survenir. Cette concurrence est fondée non-seulement sur le droit commun, mais encore sur la droite raison; parce que le roi a le principal intérêt à maintenir l'ordre public & à procurer le bien commun & général de ses sujets.

C'est pourquoi l'article 23 de la coutume de Normandie établit sagement que la connoissance des poids & mesures appartient aux juges royaux par prévention aux seigneurs haut-justiciers dans toute l'étendue de leur ressort : ce qui est fondé uniquement sur ce que dans cette province le droit de poids & mesures est regardé comme un droit royal ; & quoique cela n'ait pas lieu dans les autres coutumes, si ce n'est pour les grands poids & mesures, il s'ensuit néanmoins que dans les autres provinces on doit y observer la même disposition à l'égard des poids & mesures dont le souverain s'est réservé le droit à l'exclusion des seigneurs hauts-justiciers.

D'ailleurs si l'on ôtoit cette concurrence & cette prévention aux Baillis & sénéchaux ils se trouveroient privés de la plus noble de leurs fonctions, qui est de veiller à ce que les règlemens qui concernent l'ordre & l'intérêt public soient observés dans leur province ; & il arriveroit le plus souvent (comme l'expérience le vérifie tous les jours) que le juge royal n'ayant plus d'accès, & toutes fonctions lui étant interdites dans l'étendue des justices seigneuriales, les ordonnances concernant la police générale & l'utilité commune des citoyens ne seroient plus observées ou le seroient mal par la négligence des juges subalternes.

· C'est pour remédier à cet inconvénient que l'article 49 de l'ordonnance d'Orléans prescrit aux Baillis & aux sénéchaux de visiter leurs provinces quatre fois l'année, & même plus souvent, pour tenir la main à ce que les arrêts, jugemens & sentences soient exécutés ; ce qui prouve que c'est à eux principalement qu'est confié le soin de veiller à l'observation des ordonnances & des loix du royaume ou qui concernent l'ordre public. ·

. C'est aussi par un pareil motif d'intérêt public que l'ordonnance criminelle de 1670 donne aux Baillis & aux sénéchaux la prévention sur les juges de leur ressort lorsque ces derniers ne sont pas assez exacts à faire leur devoir & à informer des délits. Or ne doit-on pas établir la même décision avec autant de fondement par rapport à la police générale qui, au sentiment de tous les auteurs, n'est pas tant de justice que d'autorité & de gouvernement, qui par conséquent participe beaucoup plus de la puissance du prince, & qui d'ailleurs ne requiert le plus souvent pas moins de célérité que les affaires criminelles ?

Et quand bien même le droit de visiter les grandes mesures ne seroit pas un cas de police générale mais un droit de justice ordinaire, il ne seroit pas moins vrai de dire que les Baillis & les sénéchaux sont bien fondés à exercer ce droit de justice dans toute l'étendue des justices seigneuriales de leur ressort : la raison en est qu'en France toutes les justices sont originairement émanées du roi, & que les seigneurs ne les ont que par grace & communication. Or sa majesté en les aliénant n'a jamais prétendu se priver de son droit de concurrence & accorder aux seigneurs ce privilége privativement à elle-même. Ainsi quand les officiers royaux prennent connoissance de ce qui arrive dans l'étendue des justices de leur ressort ils ne font qu'user de leur droit.

C'est pourquoi dans les cas de juridiction ordinaire, s'il est vrai de dire, comme on n'en peut douter, que les juges royaux ont la prévention sur les seigneurs hauts-justiciers de leur ressort tant que la cause n'est point revendiquée par le seigneur de la justice, ainsi qu'il est expressément établi par le droit commun du royaume & par l'arrêt de la cour du 15 novembre 1554 portant vérification des lettres-patentes du 7 juin de la même année données en interprétation de l'édit de Crémieu ; on doit dire à plus forte raison que cette prévention a lieu en matière de police dans les cas du moins où les seigneurs hauts-justiciers négligent de l'exercer.

L'édit du mois de janvier 1704 portant création des offices de contrôleurs-visiteurs des poids & mesures donne aux officiers royaux la prévention sur ceux des seigneurs pour abus

& malverfations commmifes au fait des mêmes poids &, mefures, pourvu néanmoins que les officiers royaux aient dreffé leurs procès-verbaux de contravention avant que les officiers des feigneurs en aient pris connoiffance.

· L'ordonnance de 1535 veut qu'il foit laiffé à chaque juge en fa juridiction la connoiffance des caufes qui font de fa compétence, fans que les juges royaux puiffent ôter cette connoiffance aux juges fubalternes; mais elle excepte les cas royaux & de fouveraineté ou le cas de négligence de leur part; ce qui fait voir que cela s'étend au cas de police comme aux autres cas.

Cette prévention en matière de police eft même expreffément établie à l'égard des contraventions au prix taxé pour les denrées, furtout dans le cas où cette taxe eft générale pour tout le royaume ou pour toute une province : c'eft ce qui réfulte de l'article 5 de l'ordonnance de Henri II du 5 janvier 1549.

· Suivant l'arrêt du parlement de Paris du 27 février 1663 rendu pour Mortagne, le lieutenant général a droit de faire tous les règlemens définitifs pour les proceffions générales & particulières, & de décider par provifion, d'après l'avis des officiers qui y affiftent, tous les débats & conteftations qui peuvent arriver aux mêmes proceffions, & à toute autre affemblée où ces officiers fe trouvent.

L'arrêt de règlement du 8 mai 1638 rendu entre le lieutenant général & le prévôt de Montargis porte que le lieutenant général aura l'établiffement des nouveaux métiers, ainfi que la publication du ban à vin au mois d'août, dont l'exécution appartiendra au prévôt.

C'est aussi au lieutenant général & non au prévôt à donner les permissions de tirer de l'arquebuse & de l'arc. C'est ce qui résulte de l'arrêt du parlement du 31 mái 1636 rendu pour Crépy, & de celui du 5 juin 1659 rendu pour Montdidier. Ce dernier dit que dans ce cas les permissions générales seront données par le lieutenant général,& les particulières par le prévôt.

L'arrêt du 11 décembre 1627 rendu pour Crépy en Valois porte aussi que la publication du ban de vendange appartient au lieutenant général, mais que l'exécution appartient au prévôt. La même chose est ordonnée par l'arrêt du parlement du 8 mai 1638 rendu pour Montargis ; & par celui du 27 juillet 1641 rendu pour Melun.

Les Bailliages & les sénéchaussées font à l'exclusion de tous les autres juges, même des prévôts royaux, la publication & l'enregistrement des substitutions, & ils ont la connoissance de toutes les contestations qui peuvent naître à l'occasion de ces actes. C'est ce qui résulte de l'article 57 de l'ordonnance de Moulins, de la déclaration du 18 janvier 1712, & de l'article 47 du titre 2 de l'ordonnance de substitutions du mois d'août 1747.

Pareillement c'est dans les Bailliages & les sénéchaussées que se doit faire l'insinuation des donations, & ces sièges connoissent des contestations qui peuvent intervenir à ce sujet : telles font les dispositions de l'article 58 de l'ordonnance de Moulins, & de l'article 3 de l'ordonnance du mois de février 1731. Mais la déclaration du 17 février de la même année 1731 expliquant cet article déclare que ce n'est point

aux greffes mêmes des Bailliages ou fénéchauffées que fe doit faire cette infinuation ; & que
c'eft aux bureaux établis pour la perception des
droits d'infinuation dans les Bailliages ou fénéchauffées royales , ou autres fièges royaux
reffortiffant nuement aux cours de parlement :
elle déclare nulles & de nul effet toutes les
infinuations qui feroient faites à l'avenir en d'autres juridictions.

C'eft dans les Bailliages & les fénéchauffées
que fe font la publication & l'enregiftrement des
édits , déclarations & lettres-patentes vérifiées
dans les cours de parlement , & des arrêts de
règlement des mêmes cours.

Lorfque ces enregiftrements intéreffent particulièrement la province du fiège où ils doivent fe faire , & lui peuvent caufer quelque
préjudice , & que les règlemens qu'il s'agit
d'enregiftrer ont été rendus fans entendre les
juges royaux qui font les défenfeurs nés des
droits, intérêts & privilèges de leurs provinces,
ils peuvent faire des repréfentations à ce fujet
à M. le chancelier.

Et il en eft de même lorfqu'il vient à être
rendu quelque arrêt du confeil ou autre règlement contre ces officiers. Nous avons plufieurs
exemples de ces fortes de repréfentations faites
à M. le chancelier depuis quelques années &
fur-tout depuis 1752 jufqu'en 1760 , de la part
des officiers du châtelet , du Bailliage de Saint-
Dizier , de celui de Langres , &c.

Les procureurs du roi peuvent auffi dans ce
cas former oppofition à l'exécution de ces fortes
de règlemens , foit qu'ils foient préfentés à
l'enregiftrement ou non ; & c'eft ce qui s'eft

observé au Bailliage d'Orléans en 1758, à l'occasion d'un arrêt du parlement du 27 avril de la même année, obtenu par les procureurs du châtelet, portant un nouveau tarif de dépens en leur faveur. Le procureur du roi du Bailliage d'Orléans ayant formé opposition à l'exécution de cet arrêt, la surséance en a été ordonnée par deux lettres écrites à ce sujets à Orléans, par M. le procureur général, tant au procureur du roi du Bailliage, qu'aux procureurs au châtelet de cette ville, par lesquelles il leur marque d'observer & faire observer au châtelet d'Orléans l'ancien tarif de dépens de 1682, comme par le passé, jusqu'à ce qu'il y ait été pourvu par la cour de parlement.

Les Baillis & les sénéchaux connoissent aussi en première instance de toutes les causes où le procureur du roi du Bailliage est partie, parce que les procureurs du roi ne plaident jamais devant les juges inférieurs & subalternes.

Il en est de même dans le cas de vacance ou suppression des justices seigneuriales, ou autres qui ressortissent par-devant les Bailliages, parce qu'au moyen de cette vacance, soit par défaut d'officiers ou autrement, le droit de justice est dévolu de plein droit au supérieur immédiat.

Ainsi tout ce qui dépendoit autrefois en première instance de la prévôté d'Orléans est devenu en première instance du Bailliage d'Orléans depuis la réunion faite en 1749 de la prévôté au Bailliage de cette ville.

De même tout ce qui dépendoit anciennement de la prévôté royale d'Ouzouer sur Trézée qui ressortissoit autrefois par appel au Bailliage de Gien, va aujourd'hui au Bailliage de Gien

en première inftance, depuis que cette prévôté par défaut d'officiers eft devenue vacante.
Et même avant la réunion générale des prévôtés aux Bailliages faite en 1749, il y avoit
des Bailliages royaux qui étoient juges en première inftance de certaines paroiffes, foit par
la vacance des juftices qui s'etendoient fur ces
paroiffes, foit en vertu de conceffions particulières, ou d'une longue poffeffion. Ainfi les habitans de la paroiffe de Trinai en Beauce étoient
jufticiables & plaidoient en première inftance
au Bailliage d'Orléans avant que la prévôté de
cette ville y eût été réunie.

Les Bailliages & les fénéchauffées connoiffent
auffi en première inftance des caufes des juges
fubalternes à l'occafion de leurs fonctions, foit
pour la confervation de leurs droits & privilèges, foit pour le maintien de leur juridiction.

Ils connoiffent des caufes de l'ordre des avocats & de la communauté des procureurs de
leurs fièges, & en général des procès qui peuvent furvenir entre les différens corps foumis
à leur juridiction pour raifon de leurs droits,
privilèges, &c.

Ils connoiffent auffi en première inftance des
caufes perfonnelles des feigneurs hauts-jufticiers
de leur reffort, & de celles concernant le domaine de ces feigneurs, lorfqu'il ne s'agit pas
des droits & revenus ordinaires ou cafuels tant
en fief que rôture des terres dépendantes de
leurs feigneuries.

Ils connoiffent en première inftance, à l'exclufion des prévôts & autres juges fubalternes,
des partages & des caufes qui en dépendent,
lorfque les biens font fitués en diverfes prévô-

tés & juridictions : c'est ce qui résulte de l'article 7 de l'édit de Cremieu, & de divers arrêts du parlement des 8 mai 1638, 8 février 1653, 20 avril 1660, & 30 juillet 1678 rendus pour Montargis, Lyon, Vic-en-Carladès, & Moulins.

On a jugé de même au Bailliage d'Orléans le 15 décembre 1656, à l'occasion des biens délaissés par un gentil homme décédé dans la justice de Courcelles-le-Roy, lesquels étoient situés en différentes juridictions. Il fut ordonné que les parties procéderoient au Bailliage d'Orléans, malgré le renvoi demandé par quelques-unes d'entre elles à la justice de Courcelles-le-Roy.

La même chose a encore été jugée au Bailliage d'Orléans par sentence du 10 juin 1661, pour le partage des biens du sieur de Mauleon, situés dans la justice de Nouan où il demeuroit, & dans celles de Pierrefitte & de Chaumont.

Il suit dé-là que dans un Bailliage composé de plusieurs sièges royaux particulièrs, comme est par exemple le Bailliage d'Orléans, s'il s'agit d'un partage de biens situés en plusieurs de ces sièges, c'est aux officiers du siège principal comme juges supérieurs à en connoître.

Lorsque tous les biens de la succession sont situés dans une même justice de seigneur, ou dans une même prévôté royale, c'est au juge du seigneur ou au prévôt à en connoître.

Si au contraire les biens à partager sont situés en différents Bailliages royaux, & qu'il s'agisse d'une action générale & universelle, par exemple, d'une hérédité entière, alors la cause doit être traitée & renvoyée au Bailliage où la plus grande partie des biens est située.

Dans les juridictions où il y a des commissaires enquêteurs, ils ne doivent connoître de ces partages que de la même manière que les officiers des sièges ou ils sont établis pourroient en connoître eux-mêmes.

Lorsque le partage se fait devant notaires, & qu'il survient des contestations à ce sujet, il faut suivre la même règle ; c'est-à-dire, que si les biens contentieux sont situés en différentes justices, il faut se pourvoir au Bailliage.

Les Baillis & les sénéchaux peuvent connoitre en première instance des causes dont les parties résident en différentes juridictions qui ressortissent à leur siège : le parlement l'a ainsi jugé par arrêt du 23 mai 1626 rapporté par Bouchel.

Ils peuvent aussi connoitre en première instance, & par prévention sur les juges de seigneurs de leur ressort, des complaintes & manières possessoires ; c'est ce que portent l'article 19 de l'édit de Cremieu, & l'article 2 de la troisième déclaration du mois de juin 1559, rendue en interprétation de cet édit ; la même chose a été jugée depuis par plusieurs arrêts, & entr'autres par un du 7 juin rendu au profit des officiers du Bailliage de Noyon contre ceux de la pairie du même lieu ; & par un autre du 21 juin 1614 rendu pour les officiers du présidial de Riom, contre ceux du duché de Montpensier.

Cette prévention avoit même anciennement lieu sur les prévôts royaux du ressort des Bailliages ; mais cette disposition à été changée par la déclaration de 1556, & par l'article 2 de l'édit de Cremieu qui vient d'être cité.

Au reste il faut observer que la prévention que les Baillis & sénéchaux ont en matière de complainte est une prévention parfaite, & qui a lieu nonobstant les revendications qui pourroient être faites de la part des seigneurs hauts-justiciers.

Les Baillis ont aussi la prévention parfaite, ainsi que tous les autres juges, pour connoître en première instance des reconnoissances de cédules ou promesses ; c'est ce que porte l'article 10 de l'ordonnance de Roussillon de 1564.

Ils connoissent encore par prévention de toutes sortes de causes entre le sujets des hauts-justiciers de leur ressort, même des duchés pairies tant que les seigneurs de ces justices n'en demandent pas le renvoi. C'est ce qui résulte de l'arrêt du parlement du 15 novembre 1554 portant vérification de la déclaration du 17 juin de la même année donnée en interprétation de l'édit de Cremieu.

En matière d'eaux & forêts appartenantes à dés communautés ou à des particuliers, lorsqu'ils s'agit du pétitoire ou possessoire, de ventes, échanges, partages, licitations, retrait lignager ou féodal, ou autres actions intentées directement, & principalement pour raison de la propriété, la connoissance en appartient aux Baillis & sénéchaux & aux autres juges ordinaires ; à moins que la propriété *ne fût nécessairement connexe à un fait de réformation & visitation*, ou *qu'elle ne fût incidente ou proposée pour défenses contre la poursuite.* C'est ce qui résulte de l'article

Tome IV. K k

10 du titre premier de l'ordonnance des eaux & forêts de 1669.

Deux édits, l'un du mois du mars 1749 enregiftré au parlement le 8 mai fuivant ; l'autre du mois d'avril 1769 enregiftré le 16 juin fuivant autorifent les officiers des Bailliages d'Orléans & de Tours à juger, au nombre de trois, dans une audience particulière & fans miniftère de procureur toutes les caufes pures perfonnelles qui ne dérivent pas de contrats paffés fous le fcel royal & qui n'excèdent pas la fomme de 40 livres.

Les difpofitions de ces deux édits ont été étendues à tous les Bailliages & fénéchauffées du reffort du parlement de Paris, par un autre édit du mois de feptembre 1769 enregiftré le 4 feptembre fuivant (*).

_____

(*) *Voici les termes de ce dernier édit :* Ordonnons que les caufes pures perfonnelles, non procédantes de contrats paffés fous le fcel royal, & qui n'excèderont pas la fomme de quarante livres, feront portées devant les officiers des bailliages & fénéchauffées, lefquels au nombre de trois, & dans une audience particulière, jugeront fommairement & en dernier reffort lefdites caufes fans que les parties foient tenues d'obtenir des commiffions en la chancellerie préfidiale. Voulons que les jugemens qui feront par eux rendus, contiennent la liquidation des dépens, fans qu'il puiffe en être fait une taxe féparée, & qu'ils ne foient fujets qu'au petit fcel. N'entendons néanmoins rien innover à l'égard de la juridiction du juge auditeur de notre châtelet de Paris, lequel continuera de juger les affaires de fa compétence, fauf l'appel en notredit châtelet ; & pareillement fans qu'en cas qu'il y ait renvoi requis dans une autre juridiction, lefdits bailliages & fénéchauffées puiffent prononcer fur le déclinatoire, qu'à la charge de l'appel en notredite cour de parlement de Paris.

En matière criminelle les Baillis & les sénéchaux royaux connoissent, mais seulement à la charge de l'appel au parlement, de tous les crimes & délits ordinaires commis dans l'étendue des Bailliages où ils sont établis ; & ils en connoissent soit en première instance, soit par prévention, ou par appel, suivant les cas, comme on le verra dans l'examen qui va être fait des différentes parties de leur compétence.

Ils connoissent de ces crimes quoique commis dans les forêts & sur les eaux, à moins qu'ils ne soient commis sur le fait de la chasse & de la pêche, ou à l'occasion de ces choses. Telles sont les dispositions des articles 7 & 8 du titre 1er. de l'ordonnance des eaux & forêts de 1669.

Ils connoissent en première instance & privativement aux autres juges, des cas royaux, conformément à l'article 11 du titre 1er. de l'ordonnance de 1670.

On demande si ce mot *privativement* ne doit s'entendre que du pouvoir qu'ont les Baillis & les sénéchaux royaux de révendiquer en tout état de cause, ou d'évoquer les affaires dans lesquelles il s'agit de cas mentionnés en cet article, ou s'il établit une incapacité absolue dans tous les autres juges de pouvoir connoître des cas royaux, ensorte que ceux-ci puissent seulement informer & décréter pour raison de ces cas sans pouvoir les juger ni même passer au règlement à l'extraordinaire ? La réponse est que ce mot *privativement* est assez clair pour qu'on ne puisse former la-dessus aucun doute. On trouve en effet plusieurs arrêts qui font défense aux juges de seigneurs de connoître d'aucun cas royal.

Le Bailli du palais à Paris comme juge-royal connoît aussi des cas royaux dans son territoire, suivant l'édit du mois d'octobre 1712.

Les Baillis & les sénéchaux royaux connoissent à l'exclusion de tout autre juge, des délits qu'on nomme *privilégiés* commis par des ecclésiastiques & ils en font l'instruction conjointement avec les officiaux & autres juges d'église. C'est ce que portent les édits de juillet 1684 & d'avril 1695.

A l'égard des délits appelés communs commis par des ecclésiastiques, les Baillis & les sénéchaux en connoissent concurremment avec les juges d'église.

Ils connoissent de tous les crimes ci-dessus, même quand les accusés ou quelques-uns d'eux sont des personnes nobles, & cela privativement aux prévôts & aux châtelains royaux, mais non aux juges de seigneurs. Telles sont les dispositions de l'article 4 de l'édit de Crémieu; de l'arrêt du 11 décembre 1627 rendu pour Crespi en Valois, & rapporté par Filleau; d'un autre arrêt du 22 juin 1651 rendu entre le lieutenant criminel d'Orléans & le prévôt de la même ville; d'un autre du 7 septembre 1638 pour les officiers de Tours, & de deux autres des 5 mai 1646 & 22 juin 1651 pour Orléans. Ces arrêts portent aussi que le lieutenant criminel connoîtra par préférence au prévôt, des délits où un des accusés sera ecclésiastique.

Mais si les plaignans sont nobles & non les accusés, cela ne suffit pas pour attribuer la connoissance du crime aux Baillis ou sénéchaux privativement aux prévôts. C'est ce que porte l'arrêt de règlement du 30 juillet 1678 rendu pour Moulins.

Les Baillis & les sénéchaux connoissent aussi à l'exclusion des prévôts mais non des juges de seigneurs, des crimes commis par les officiers de judicature, même dans leurs fonctions.

Ils connoissent privativement à tout autre juge, de la rebellion commise aux arrêts de la cour ; cette rebellion étant un cas royal.

Ils connoissent des crimes & excès commis dans l'étendue du palais préférablement aux prévôts royaux & aux autres juges qui y tiennent leur juridiction. C'est ce qui résulte d'un arrêt du 10 décembre 1611 rendu pour Angers, rapporté au journal des audiences, & de la disposition de l'ordonnance du mois d'octobre 1535 ; il en seroit différemment si l'excès avoit été commis en présence du prévôt faisant ses fonctions ; il pourroit alors en connoître, conformément à l'arrêt de 1611 qu'on vient de citer.

Les Baillis & les sénéchaux connoissent aussi des délits commis dans les prisons royales, par préférence aux prévôts royaux.

Mais si le délit a été commis par quelque personne emprisonnée en vertu de l'ordonnance du prévôt, c'est à ce dernier à en connoître.

Ils connoissent des contraventions au fait de police lorsqu'elles se poursuivent par action criminelle. C'est ce qui résulte des édits des mois de janvier 1522, mars 1554 & janvier 1572. C'est aussi ce qu'ont jugé trois arrêts des 19 juillet 1574, 14 février 1598 & 13 janvier 1624 rapportés par Descorbiac.

Ils connoissent à l'exclusion de tout autre juge des procès criminels renvoyés par arrêt de la cour devant le juge royal.

Ils connoissent aussi préférablement & privativement à tout autre juge, de l'entérinement des lettres de grâce, rémiffion, pardon, abolition & rappel de ban & de galères. Telles font les difpofitions de l'article 11 de l'édit de Crémieu & de la déclaration du 27 février 1703.

Cela s'étend même aux lettres de grâce obtenues par les eccléfiaftiques.

A l'égard des lettres de grâce obtenues par les gentilshommes, elles doivent être entérinées dans les cours. Cela eft ainfi voulu par l'article 9 de l'édit d'Amboife du mois de janvier 1572, & par l'article 12 du titre 16 de l'ordonnance de 1670.

Les Baillis & les fénéchaux jugent de tous ces cas à la charge de l'appel aux parlemens où ils reffortiffent.

Ils peuvent néanmoins connoître en dernier reffort des cas prévôtaux, même dans les Bailliages & les fénéchauffées où il n'y a point de fiege préfidial ; mais feulement avec les prévôts des maréchaux ou leurs lieutenans. Autrement ils ne peuvent en connoître qu'à la charge de l'appel. C'eft ce que portent les déclarations des 5 février 1549 & 29 mai 1702.

Il faut toutefois obferver qu'en vertu d'une déclaration du 3 juin 1526 le Bailliage de Château-du-Loir juge en dernier reffort les cas prévôtaux, quoique fans le prévôt des maréchaux ou fon lieutenant.

Le Bailliage de Baugé en Anjou jouiffoit auffi du même droit, fuivant des lettres patentes du 30 décembre 1675 ; mais ce droit lui a été ôté par d'autres lettres patentes du 1er. août 1736.

Les Baillis & les fénéchaux royaux connoiffent

en dernier reſſort du crime de mendicité dans les villes & autres lieux où il n'y a point de lieutenans de police, pourvu qu'ils ſoient au nombre de ſept juges. Dans les endroits où il y a des lieutenans de police, les Baillis & ſénéchaux royaux ne connoiſſent du crime dont il s'agit qu'en cas d'abſence, maladie ou autre légitime empêchement de ces lieutenans de police. C'eſt ce que porte la déclaration du 28 juillet 1724.

Si dans le nombre des mendians accuſés, il s'en trouvoit de prévenus d'autres crimes qui ne fuſſent pas de la compétence des lieutenans de police, les officiers du Bailliage ou autres juges compétens en connoîtroient à l'excluſion des lieutenans de police ; mais ſeulement à la charge de l'appel. C'eſt la diſpoſition de l'article 11 de la déclaration qu'on vient de citer.

Suivant l'ordonnance de 1670, les Baillis & les ſénéchaux royaux ont la prévention ſur les juges des ſeigneurs de leur reſſort, ſi ces derniers n'ont point informé & décrété dans les vingt-quatre heures aprés le crime commis.

Ils l'ont de même ſur les prévôts royaux lorſque ceux-ci n'ont point informé & décrété dans les trois jours aprés le crime commis.

Il y a même des endroits où les Bailliages & les ſénéchauſſées ont la prévention parfaite ſur les prévôts royaux. C'eſt ce que prouvent divers arrêts des 5 août 1577, 3 mai 1581, 16 novembre 1596 & 4 mars 1593 rendus pour Sens, Bourges & la Rochelle.

Le lieutenant criminel d'Orléans avant la réunion de la prévôté prétendoit auſſi avoir la prévention sur le prévôt de la même ville, & sur les juges subalternes du ressort du Bailliage ; & il se fondoit sur l'édit de création des lieutenans criminels du 14 janvier 1522, sur l'édit du mois de mai 1552, & sur l'édit de création des lieutenans criminels de robe-courte ; mais il y avoit contre lui un arrêt du 27 juillet 1598 rapporté par Joly.

- Au reste, la prévention que les Baillis & les sénéchaux ont sur les prévôts royaux après trois jours, & sur les juges de seigneurs après vingt-quatre heures, ne doit point s'entendre des cas où il s'agit seulement d'injures verbales & autres affaires légères qui ne méritent point de peine afflictive, & dont la poursuite ne doit point se faire à la requête du procureur du roi. C'est ce qui a été jugé par arrêt du parlement de Paris du 30 juillet 1678 pour Moulins.

. Les Baillis & les sénéchaux royaux peuvent connoître chacun dans leur ressort des cas prévôtaux, concurremment avec les prévôts des maréchaux, mais seulement à la charge de l'appel ; & ils en connoissent préférablement aux mêmes prévôts des maréchaux, s'ils ont informé ou décrété avant eux, ou le même jour. C'est ce que portent l'ordonnance d'Orléans & la déclaration du 5 février 1731.

"Ils peuvent informer contre les présidens, maîtres ordinaires, correcteurs, auditeurs, avocats & procureurs de la chambre des comptes de Paris, quoique ces officiers ne puissent en matière criminelle être jugés ailleurs qu'à la grand'chambre du parlement ; & même s'il s'agit de crimes capitaux, ils peuvent décréter contre eux, à la charge d'envoyer les procédures à la grand'chambre pour y être jugées. Telle est la disposition de l'article 22 du titre 1er. de l'ordonnance de 1670.

Ils ne peuvent connoître en aucune manière dans une instance criminelle des causes où il est question de promesse de mariage quoiqu'incidemment ; & cette question est de la compétence des juges d'église. C'est ce qui a été jugé par un arrêt du 5 mars 1633, rapporté au journal des audiences.

Les Baillis & les sénéchaux royaux peuvent être juges d'appel des affaires criminelles qui ont été instruites ou jugées dans les prévôtés & justices seigneuriales de leur ressort, dans le cas où il n'échet point de peine afflictive ; & il est libre alors aux parties de porter cet appel aux Bailliages ou aux parlemens. Mais si l'appel est d'un procès criminel où il échet de prononcer quelque peine afflictive, l'appel doit être porté nécessairement au parlement. C'est ce que porte l'article 1r. du titre 26 de l'ordonnance de 1670.

Les Baillis les & sénéchaux royaux considérés comme juges d'appel connoissent,

1°. Des appellations des sentences rendues par les prévôts royaux de leur ressort, excepté dans les cas où ceux-ci ont procédé pour l'exécution des arrêts de la cour, à l'effet d'entériner des lettres de répit.

Les appellations des prévôts comme conservateurs des privilèges de l'université se portent aussi nuement au parlement.

Il en est de même quand il s'agit d'appels de condamnations d'amende prononcées contre des

officiers, &c. pour contravention aux règlemens faits par l'édit de Crémieu, & les déclarations rendues en conféquence.

2°. Les Baillis & les fénéchaux connoiffent des
appellations rendues par les juges des feigneurs
de leur reffort, à l'exception auffi des cas où
il s'agit d'entériner des lettres de répit, lefquels
fe portent nuement au parlement par appel de
ces juftices, quoique feigneuriales.

Les appellations des pairies fe portent auffi
nuement aux parlemens & non aux Bailliages
royaux. Ainfi dans le Bailliage d'Orléans, les appellations du duché de Sulli, du marquifat de
Châteauneuf-fur-Loire, & des juftices de Beaune
& de Malesherbes ne reffortiffent point par appel au Bailliage d'Orléans, mais au parlement
de Paris. Il y a même des juftices fimples qui
jouiffent de ce droit, comme la juftice de Bon-
daroy près de Pithiviers.

3°. Les Baillis & les fénéchaux connoiffent de
l'appel de la taxe des dépens de leur fiège, faite
par les commiffaires taxateurs de dépens. Cela
eft ainfi règlé par l'ordonnance de 1667.

4°. Dans tous les cas où il s'agit d'appel de
fentences rendues fur déclinatoires par quelque
juge que ce foit, l'appel ne s'en porte point devant les Baillis ou fénéchaux, mais directement
au parlement.

Outre les Baillis royaux d'épée, dont nous
avons parlé, il y a des Baillis royaux de robe longue
qui rendent la juftice dans l'étendue d'un certain reffort & dont les appellations reffortiffent
immédiatement au parlement. Telles font les
Baillis d'Amboife & de Nogent-fur-Seine.

BAILLI se dit encore d'un officier de robe longue qui rend la justice dans une terre seigneuriale. Il y a des Baillis, tels que ceux des duchés-pairies dont les appellations ressortissent immédiatement au parlement ; il y en a d'autres, tels que les Baillis de quelques comtés ou marquisats dont les appellations ressortissent aux sénéchaussées ou autres sièges royaux.

BAILLI se dit dans l'ordre de Malthe d'un chevalier revêtu d'une dignité supérieure à celle des commandeurs, & qui lui donne la prérogative de porter la grande croix de l'ordre. On distingue ces Baillis en conventuels & en capitulaires.

Les *Baillis conventuels* font les huit chefs ou piliers de chaque langue ; ils sont ainsi appelés parce qu'ils font ordinairement leur résidence à Malthe dans le couvent de la religion.

Les *Baillis capitulaires* font ceux qui possèdent des Baïlliages de l'ordre ; le nom de *capitulaires* leur est donné parce que dans les chapitres provinciaux ils siègent immédiatement après les grands prieurs de l'ordre. Voyez *les ordonnances d'Orléans, de Moulins & de Blois ; l'édit de Crémieu ; les ordonnances du mois d'avril 1433 & du mois d'août 1546 ; les conférences des ordonnances ; l'édit de création des lieutenans criminels du mois de mai 1552 ; Joli, traité des offices ; les édits du mois de mars 1518, & du mois de mai 1519 ; le journal des audiences ; l'édit du mois de mars 1551 ; l'édit de création des présidiaux du mois de juin 1557 ; les lettres patentes du 10 novembre 1725 ; le titre premier de l'ordonnance du duc Léopold de Lorraine du mois de novembre 1707; Chenu, traité des offices ; l'édit du mois de fé-*

vrier 1705 ; la déclaration du 24 février 1536 ;
l'édit du roi Stanislas duc de Lorraine, du mois
de juin 1751 ; l'ordonnance du mois d'avril 1667 ;
les arrêts de règlement du parlement de Paris
des 13 avril 1681, & 9 août 1684 ; les traités de la justice civile & de la justice criminelle,
par M. Jousse ; l'édit du mois de décembre 1666 ;
les déclarations des 7 juin 1659, & premier juin
1739 ; Loiseau, traité des offices ; l'édit du mois
de mars 1693 ; Carondas, sur le code Henri ; l'é-
dit du mois d'avril 1627 ; l'ordonnance du mois
d'août 1670 ; l'édit du mois d'avril 1695 ; les déclarations du 14 mai 1724 & du 10 décembre 1756 ;
les libertés de l'église Gallicane ; le recueil de Néron ;
les arrêts d'Augeard ; le traité de la juridiction des
officiaux ; Coquille, en ses institutions au droit
François ; Loisel, en ses opuscules ; Gohard, en
son traité des bénéfices, les lois ecclésiastiques de
France ; l'édit de Melun du mois de février 1580 ;
Basnage, sur la coutume de Normandie ; l'édit de
février 1557 ; la jurisprudence canonique de La-
combe ; les déclarations des 29 janvier 1686, 30
juin 1690, 5 octobre 1726, & 15 janvier 1731 ;
les mémoires du clergé ; la déclaration du 11 avril
1736 ; l'édit d'Amboise du mois de janvier 1572 ;
le Bret, en ses décisions ; Loiseau, traité des seigneuries ; l'édit du mois de janvier 1597 ; la Rocheflavin, en ses arrêts ; Bacquet, des droits de justice ; les arrêts de Boniface ; Chopin, sur la coutume d'Anjou ; les arrêts de Filleau ; Péleus, en
ses actions forenses ; les œuvres de Henrys ; Bouchel, en ses arrêts ; l'ordonnance de Roussillon, &
celle des eaux & forêts ; les déclaration des 29
mai 1702, & 27 février 1703, &c. Voyez aussi
les articles PRÉVÔT, JUGE, COMPÉTENCE,

LIEUTENANT GÉNÉRAL, ASSISES, JURIDIC-
TION, PRÉSIDIAL, CAS ROYAUX, LIEUTENANT
CRIMINEL, OFFICIAL, BÉNÉFICE, DIXMES,
APPEL, DÉLIT, &c.

BAILLISTRE. Vieux terme de jurisprudence
qui se dit encore dans quelques coutumes pour
signifier tuteur, gardien, administrateur. Voyez
*les institutes coutumières de Loisel & la coutume
de Bourgogne.*

BAISER *le verrou ou la porte du fief dominant.*
C'est dans les coutumes d'Auxerre & de Sens,
l'action par laquelle le vassal fait hommage à son
seigneur absent. Cette espèce d'hommage tient
lieu de celui où le vassal présente la bouche &
les mains au seigneur en lui prêtant serment de
fidélité.

BALANCE. Instrument à deux bassins dont on
se sert pour connoître ou pour règler la pesan-
teur des choses qu'on achette ou qu'on vend.

Tous ceux qui font quelque négoce sont
obligés de se servir de Balances bien ajustées ;
les officiers de police doivent y tenir la main,
surtout chez les débitans.

L'abbé Nollet a donné des règles dans sa
neuvième leçon de phisique expérimentale, pour
la justesse des Balances : mais les officiers de
police n'en ont pas de plus simple & de plus facile pour connoître cette justesse, que de changer les poids d'un bassin à l'autre. S'il en résulte
le même effet, la Balance est juste : si au contraire il y a de la différence, l'instrument n'est
pas suivant les règles. Voyez BALANCIER, POIDS,
MESURES, &c. (article de M. Dareau, avocat
au parlement, &c.)

BALANCIER. Ouvrier qui fait les divers inftrumens fervant à pefer toutes fortes de marchandifes, comme denrées, métaux & autres
chofes qui s'achetent ou fe vendent au poids,
ou dont on veut connoître la pefanteur. Les
mêmes ouvriers font & vendent les divers poids
de cuivre, de fer ou de plomb dont on fe fert
pour pefer.

Les Balanciers forment une communauté établie à Paris en corps de jurande. Cette communauté eft fort ancienne : elle eft fous la juridiction des officiers de la cour des monnoies, par
une attribution fondée d'abord fur une ordonnance de François I, du mois de mars 1540, &
fur une déclaration du 18 feptembre fuivant.
Cette attribution a été enfuite confirmée par un
édit de fouveraineté du mois de janvier 1551,
par des lettres-patentes du 3 mars 1554, par
d'autres lettres-patentes du mois de feptembre
1567 concernant les trébuchets & poids de Limoges, par un édit du mois de feptembre 1570,
par des ordonnances du 14 juin 1575 rendues
pour le règlement des poids & des mefures, &
par des édits des mois de juin 1635, décembre
1638 & mars 1645.

Les ftatuts de cette communauté font enre-
giftrés à la cour des monnoies, parce que c'eft en
cette cour que ceux qui font reçus maîtres vont
prêter ferment & que fe portent les conteftations qui peuvent furvenir au fujet de l'exercice
de leur art. Voici quelle eft en fubftance la difcipline qui concerne la jurande des Balanciers
d'après leurs ftatuts, & un arrêt du confeil du
25 feptembre 1696.

Deux feuls jurés doivent prendre foin de la

police & des affaires de cette communauté ; ils restent chacun deux ans en charge ; le plus ancien fort chaque année ; un autre juré nouvellement élu prend fa place ; c'eft chez l'ancien des jurés en charge que fe tiennent les affemblées, & c'eft à lui de les indiquer.

Avant de parvenir à la maîtrife il faut cinq ans d'apprentiffage , & chaque apprenti pour fon brevet d'apprentiffage doit payer fix livres pour la communauté & quatre livres pour les jurés. Après ces cinq ans d'apprentiffage, l'afpirant doit encore travailler l'efpace de deux ans chez un maître en qualité de compagnon, & pour travailler comme compagnon à Paris, il faut avoir été apprenti chez des maîtres de cette ville. Le maître même chez lequel entre le compagnon doit fe faire repréfenter le brevet d'apprentiffage.

Les afpirans à la maîtrife doivent produire un chef-d'œuvre. Les fils de maître ne font tenus qu'à faire une fimple expérience.

Quand on eft admis à la maîtrife , on doit payer pour droit de réception deux cens livres au profit de la communauté, quatre livres à chaque juré & quarante fous à chacun des anciens de la communauté. Chaque maître eft encore obligé à l'ouverture de fa boutique de payer dix livres à la communauté : il ne peut avoir qu'un feul apprenti à la fois.

Outre les vifites qu'exigent les circonftances, les jurés font tenus d'en faire deux chaque année chez tous les maîtres, & ceux-ci doivent payer à chaque vifite quarante fous dont un quart pour les jurés & le refte pour la communauté.

Il eft permis de recevoir deux maîtres fans

qualité & de faire payer à chacun une somme de quatre cens livres.

Les élections des jurés doivent se faire devant le procureur du roi au châtelet, & les jurés élus doivent exercer en vertu des commissions qu'il leur délivre sans autre confirmation.

C'est aux jurés en charge qu'il appartient d'indiquer aux nouveaux maîtres, les poinçons dont ils doivent se servir pour leur marque particulière.

Les veuves jouissent des privilèges de la maîtrise, à l'exception de celui de faire des apprentis.

Louis XIV jugea à propos en 1691 d'ériger en titre d'office les gardes des corps & marchands ainsi que les jurés des arts & métiers. Comme la communauté des Balanciers n'étoit composée que de six maîtres, personne d'entr'eux ne se présenta pour lever ces offices; elle ne se trouva même pas en état de fournir les deniers nécessaires pour opérer la réunion de ces offices à la jurande. Le roi créa aussi en titre d'office par un édit du mois de mars 1694, deux auditeurs examinateurs des comptes parmi les marchands & parmi les artisans; mais comme personne ne s'empresseroit de lever ces sortes d'offices, il fut dit par un arrêt du conseil du 14 juin 1695, que ces offices demeureroient réunis aux corps & communautés en payant les sommes auxquelles la finance de ces offices seroit évaluée, & que par ce moyen ces mêmes communautés jouiroient des gages attribués à ces offices. La communauté des Balanciers ne se trouvant pas opulente, la finance fut modérée à son égard; & comme elle étoit dans le cas d'emprunter, elle

demanda

demanda qu'il lui fût permis d'impoſer de nouveaux droits ſur ſes membres afin de pouvoir
faire face aux emprunts néceſſaires, & c'eſt cette
permiſſion qui fut accordée par l'arrêt du conſeil
du 25 ſeptembre 1696 que nous avons cité (*).

Voici maintenant quels ſont les devoirs des
Balanciers relativement à l'exercice de leur art,
d'après un arrêt de la cour des monnoies du 31
janvier 1642.

Chaque maître eſt tenu d'avoir un poinçon
particulier dont l'empreinte ſe conſerve ſur une
table de cuivre au greffe de la cour des monnoies & au bureau de la communauté pour y
avoir recours quand le cas y échet, & pour y
faire la vérification de ces poinçons.

L'uſage de ces mêmes poinçons ſur leſquels il
n'y a ordinairement que la première lettre du
nom de chaque maître avec une couronne en
fleur-de-lis au-deſſus, eſt pour marquer les
ouvrages afin que chaque maître puiſſe être
obligé de répondre du ſien s'il ſe trouvoit quelque altération aux poids & aux Balances.

Quand les baſſins des Balances ſont de cuivre,
la marque ſe met au fond de ces baſſins ; s'ils
ſont d'autre matière, c'eſt le fléau de la balance
qui reçoit la marque.

Pour ce qui eſt des poids, ceux qui ſont de
cuivre ſe marquent par-deſſous, & c'eſt au même
endroit que ſe met l'étalonnage (**) de la cour

(*) Nous avons en même-temps inféré cette augmentation de droits dans le précis des ſtatuts que nous venons
de donner.

(**) L'étalonnage de la cour des monnoies ſe fait avec
un poinçon où ſeulement eſt gravée en creux une fleur de

des monnoies. Les poids de plomb reçoivent la marque fur le plomb même , & ceux qui font de fer reçoivent la marque en deſſous dans la cavité où l'on met du plomb pour les ajuſter.

Les gros, les grains & les autres diminutions doivent auſſi porter l'empreinte du poinçon ; mais les maîtres ne font point obligés de faire étalonner ces petites diminutions ; ils les dreſ-fent fur la matrice étalonnée qu'ils ont chez eux ; ils les marquent enſuite de leur propre poinçon avec les chiffres & les points convenables à leur peſanteur.

On ne doit pas oublier que les Balanciers font tenus de donner à tous les poids qu'ils fabri-quent , quelque choſe au-delà de leur juſte pe-ſanteur ; & c'eſt ce qu'il appellent *remède de poids de marc* : il n'y a que les diminutions de-puis 4 onces juſqu'au demi félin, qui ne ſoient point ſujettes à cette obſervation.

Une déclaration du 30 mars 1640 vérifiée en la cour des monnoies, ordonne à tous les maî-tres Balanciers de Paris d'ajuſter leurs poids fur les originaux qui font au greffe de la cour des monnoies ou aux hôtels des monnoies du royau-me. Une autre déclaration du 18 octobre de la même année leur fait défenſes de vendre des poids pour les monnoies , qu'ils ne ſoient éta-lonnés aux hôtels des monnoies des principales villes de province où ils doivent être marqués gratuitement.

Un arrêt de la cour des monnoies du 17 jan-vier 1641 fait défenſes à tous les Balanciers &

---

lis : on ajoute avec d'autres poinçons les chiffres romains qui marquent la peſanteur du poids.

autres qui vendent & débitent des poids de marc & d'autres poids pour peſer l'or & l'argent, d'en expoſer en vente qu'ils ne ſoient bien & dûment ajuſtés & étalonnés ſur les poids originaux de la cour ou ſur ceux qui auront été tirés de ſon greffe , & que pour la ſureté publique il ne ſoient marqués du poinçon de fleurs de lys qui eſt au greffe , à peine de confiſcation de ces poids, de trois cens livres d'amende pour la première fois , & de punition corporelle en cas de récidive.

Par l'arrêt du 31 janvier 1642 dont nous avons parlé, il eſt encore enjoint aux Balanciers de Paris de mettre & laiſſer au greffe de la cour des monnoies, une table de cuivre ſur laquelle les maîtres ſont tenus de graver leur nom & leur poinçon avec la marque dont ils entendent ſe ſervir pour certifier leurs ouvrages. Il leur a été en même temps défendu de débiter aucun poids qu'il ne fût marqué du poinçon par eux adopté, & qu'il ne fût auſſi étalonné & marqué du poinçon de fleur de lys qui eſt au greffe de la cour , à peine de faux & d'amende arbitraire.

La même cour s'étant apperçue dans ces derniers temps , que les Balanciers s'écartoient beaucoup des anciens règlemens , elle chercha à leur rappeler particulièrement ceux ſur leſquels ils paroiſſoient s'être le plus oubliés: voici l'arrêt qu'elle rendit à ce ſujet le 23 ſeptembre 1744.

« La cour ordonne , qu'en exécution des or-
» donnances , arrêts & règlemens du conſeil &
» de la cour intervenus au ſujet des maîtres
» Balanciers , tous les maîtres dudit métier ſe-
» ront tenus à compter du jour de la ſignification

» du préfent arrêt, de marquer de leur poinçon
» particulier tous les ouvrages qu'ils feront ; à
» l'effet de quoi ils feront tenus de faire infculper
» leurs poinçons, tant fur la table de cuivre,
» étant au greffe de la cour, que fur celle étant
» au bureau de la communauté : leur fait défen-
» fes de vendre aucun poids de marc qu'il ne
» foit marqué du poinçon particulier du maître
» qui l'aura fait, & qu'il n'ait été ajufté, éta-
» lonné & marqué en la cour, du poinçon de
» fleur de lys à ce deftiné. Ordonne pareillement
» que les jurés dudit mêtier & leurs fucceffeurs
» éfdites charges, feront tenus dans huitaine
» après leur election, de fe préfenter à la cour
» & d'y prêter ferment à l'effet feulement de
» faire obferver par les maîtres de leur com-
» munauté, les arrêts & règlemens concernant
» les marques & poinçons qui doivent être fur
» leurs ouvrages ; leur enjoint de tenir la main à
» l'exécution du préfent arrêt, & de faire à cet
» effet toutes vifites néceffaires chez les maî-
» tres, & d'y faifir tout ce qu'ils trouveront en
» contravention à cet égard, lefquelles faifies
» ils feront pareillement tenus de rapporter au
» greffe de la cour avec les procès verbaux
» d'icelles, dans trois jours après qu'elles auront
» été faites, pour y être pourfuivies & jugées
» ainfi qu'il appartiendra ». (article de M. Dareau, avocat au parlement, &c.)

BALANCIER. Machine qui fert à frapper les
monnoies, les médailles, les jetons, &c.

. Plufieurs lettres patentes ainfi que plufieurs
arrêts du confeil, notamment celui du 15 janvier 1685 ; plufieurs arrêts de la cour des monnoies des 18 janvier 1672, 19 mars même

année, 14 juillet 1685 & un édit du mois de juin 1696, défendent à tout ouvrier, graveur & monnoyeur & à toute autre perfonne, à l'exception des commis & gardes Balanciers du roi établis aux galeries du louvre à Paris & des hôtels des monnoies, d'avoir ni de tenir aucun moulin, coupoir, laminoir, preffes, Balancier & autres femblables machines, à peine d'être punis comme faux monnoyeurs, & de faire fabriquer ailleurs qu'au Balancier des galeries du louvre & des hôtels des monnoies, des médailles & pièces de plaifir, d'or, d'argent ou d'autres métaux, à peine contre les ouvriers & fabricateurs, de confication des outils & des machines, de mille livres d'amende contre chaque contrevenant, & de plus grande peine s'il y échet.

Il fut créé par le même édit de 1696 un office héréditaire, un directeur fous le titre de *directeur du Balancier du louvre*, & un contrôleur garde de la fabrication des médailles, mais ce dernier office fut réuni à celui de directeur du Balancier par un arrêt du confeil du 3 novembre fuivant. Il n'appartient, comme nous l'avons vu, qu'à ce directeur & à ceux qui font prépofés dans les hôtels des monnoies, de fe fervir du Balancier. Voyez *le traité des monnoies*. (Article de M. Dareau, avocat au parl. de la foc. litt. de Clermont-Ferrand).

BALAUSTE. Sorte de fubftance ufitée en pharmacie.

Suivant le tarif de 1664, la *Balaufte commune* ou écorce de grenade, doit deux livres pour droit d'entrée par cent pefant, & la *Balaufte fine ou fleur de grenade*, cinq livres. *Voyez le tarif*.

Ll iij

cité & les articles ENTRÉE, SORTIE, SOU, MAR-
CHANDISE, &c.

BALDAQUIN. Espèce de ciel formé sur un
trône ou une chaire pontificale.

Les abbés ne peuvent sans privilège spécial
user du Baldaquin ; ils ne peuvent avoir comme
les évêques, un siège dressé & élevé proche de
l'autel. Il ne leur est permis de jouir de cette
distinction qu'aux quatre fêtes solennelles lorsqu'ils officient. (Article de M. Dareau avocat,
&c.)

BALEINE. Poisson de mer fort grand, dont
la pêche est un objet considerable de commerce.

L'article 2 du titre 7 du livre 5 de l'ordonnance de la marine porte que les Baleines, les
marsouins, les veaux de mer, les thons, les
souffleurs & les autres poissons à lard, échoués
& trouvés sur les grèves de la mer, doivent se
partager comme épaves, de même que les autres
effets échoués.

Ainsi un tiers de ces poissons doit appartenir
à celui qui les a trouvés, & les deux autres tiers
au roi & à l'amiral de France, conformément
à l'article 29 du titre des naufrages, bris &
échouemens.

Il faut observer que cette disposition n'a pas
lieu à l'égard des seigneurs de Normandie dont
les fiefs confinent au bord de la mer. Les Baleines & autres poissons à lard échoués sur le
rivage ou à si peu de distance qu'un homme à
cheval puisse y toucher avec sa lance, appartiennent en entier au seigneur du lieu en vertu
du droit de Varech : mais si ces poissons ont été
trouvés sur les flots & conduits sur le rivage

par l'industrie des pêcheurs, le seigneur n'y peut rien prétendre sous prétexte que ces poissons auroient naturellement pu être jetés par les flots sur la côte.

Suivant la déclaration du roi du 18 avril 1667, le cent pesant de Baleine coupée & apprêtée venant de l'étranger doit quinze livres à l'entrée du royaume, & le cent de fanons en nombre, grands & petits, du poids de trois cens livres ou environ, trente livres (*).

Un arrêt du conseil du 13 décembre 1748 a fixé à quinze livres par cent pesant, les droits d'entrée du royaume sur la Baleine coupée & apprêtée venant de l'étranger à la destination de Lyon, & a supprimé pour cet objet les droits de la douane de cette ville.

Les Baleines coupées ou en fanons qui vien-

(*) Le cent pesant de Baleine coupée de pêche françoise ne doit pour droit d'entrée que 2 livres dix sous, & le cent de fanons en nombre, grands & petits, du poids de 300 livres ou environ, aussi de pêche françoise, trois livres, conformément à l'arrêt du 26 septembre 1667.

Les Baleines coupées des villes anséatiques ne doivent pour droit d'entrée que neuf livres par cent pesant, & le cent de fanons en nombre, grands & petits, du poids de 300 livres ou environ, vingt livres, ou six livres treize sous quatre deniers par cent pesant, conformément au traité de commerce du 28 septembre 1716, & à l'article des lettres patentes du 28 avril 1718, non compris toutefois le sou pour livre dont nous parlons à l'article Sou.

Suivant le tarif de 1699 & celui de 1739, les hollandois ne devoient payer pour droit d'entrée de leurs Baleines coupées dans le royaume, que neuf livres par cent pesant, & vingt livres pour le cent de fanons en nombre, mais l'arrêt du conseil du 31 décembre 1745 les a assujettis aux droits dus par les autres étrangers.

nent d'Angleterre font au rang des marchandifes dont l'entrée en France a été défendue fous peine de confifcation & de 3000 livres d'amende, par l'arrêt du confeil du 6 feptembre 1701.

Le cent pefant de Baleine coupée & apprêtée doit quinze fous pour droit de fortie du royaume, felon le tarif de 1664. *Voyez l'ordonnance de la marine du mois d'août 1681 ; les commentaires de MM. Valin & Jouffe fur cette ordonnance ; la déclaration du 18 avril 1667 ; les arrêts du confeil des 26 feptembre 1667, 31 décembre 1745, & 13 décembre 1748 ; le traité de commerce du 28 feptembre 1716 ; les lettres patentes du 28 avril 1718 ; l'arrêt du confeil du 6 feptembre 1701*, &c. Voyez auffi les articles VARECH, PÊCHE, NAUFRAGE, ÉCHOUEMENT, COMMERCE, ENTRÉE, SORTIE, MARCHANDISE, SOU POUR LIVRE, &c.

BALINE. Sorte de groffe étoffe de laine qui fert à faire des emballages.

Suivant le tarif de 1664, les Balines ou emballages de laine doivent quinze fous par cent pefant pour droit d'entrée.

Les Balines fabriquées en Angleterre font prohibées à toutes les entrées du royaume, comme étoffes de laine de toutes fortes, fuivant l'arrêt du 6 feptembre 1701. Si l'on confidéroit catte marchandife comme une forte d'étoffe, il faudroit y appliquer les arrêts des 8 novembre 1687 & 3 juillet 1692, dont le premier fixe l'entrée des étoffes de laine par les ports de Calais & faint-Vallery ; l'autre, en confirmant cet arrêt, affujettit toutes les étoffes dont les droits n'avoient point été augmentés par l'arrêt du 20 décembre 1687, à trente pour cent de la valeur ; mais ces arrêts ne concernent que les étoffes venant des pays étrangers : ainsi les Balines ou emballages de laine venant des provinces réputées étrangères, peuvent toujours entrer dans les cinq grosses fermes par tous les bureaux en payant seulement les droits du tarif. On observera au surplus qu'il n'a été rendu jusqu'à présent aucun règlement qui ait rapport à cette marchandise & qui puisse la faire considérer comme étoffe, quant aux droits d'entrée, à moins qu'elle ne vienne d'Angleterre. Voyez les articles ENTRÉE, SORTIE, MARCHANDISE, SOU, &c.

BALISE. Sorte de signe qu'on met en quelque endroit où il y a du danger, pour avertir les vaisseaux & les autres bâtimens d'éviter cet endroit.

Les vaisseaux payent un droit qu'on appelle *droit de tonnes & Balises*, lequel est ordinairement de dix sous pour chaque tonne ou Balise qu'un vaisseau emprunte, c'est-à-dire, près de laquelle il passe pour mouiller l'ancre.

La fixation de ce droit de tonnes & Balises à dix sous, a été faite dans l'origine pour la rochelle, par M. de la Thuillerie, intendant de cette généralité & de la marine. Son règlement à cet égard est du 22 septembre 1631 ; il fut confirmé d'abord par . le cardinal de Richelieu le 12 août 1632, puis par le duc de Vendôme qui en fit un règlement général le 17 novembre 1660.

Cela n'empêche pas néanmoins qu'en divers endroits le droit ne se paye sur un autre pied ; par exemple, à saint Valery en Somme où le feigneur s'en eft emparé ; à Calais & à Dieppe où le maître de quai en jouit ; à Bordeaux & à Bayonne où les jurats en font en poffeffion ; à Cette, &c. de forte que tout dépend fur cela de chaque port.

Dans l'amirauté de la Rochelle, le droit de Balife fe lève au profit de M. l'amiral, & il eft de dix fous conformément au règlement dont on vient de parler : mais les maîtres & capitaines des bâtimens du port de la Rochelle en font exempts par une poffeffion très-ancienne, de même que ceux des lieux où les Balifes font placées. *Voyez l'ordonnance de la marine & les commentaires de MM. Jouffe & Valin.*

· BALIVEAU. Arbre réfervé dans la coupe des bois taillis, pour le laiffer croître comme les arbres de haute futaie.

Les Baliveaux doivent être choifis entre les arbres les plus vifs & particulièrement entre les chênes. Lorfqu'il n'y a point de chênes, on réferve des hêtres ou des châtaigners.

· L'article premier du titre 26 de l'ordonnance des eaux & forêts du mois d'août 1669 veut que les particuliers qui ont des bois en propriété ne puiffent couper ou vendre ces bois qu'en laiffant feize Baliveaux par arpent de taillis & dix par arpent de futaie. Le même article défend fous les peines portées par les ordonnances, de difpofer de ces Baliveaux avant que ceux des taillis aient atteint l'âge de quarante ans, & ceux des futaies 120 ans (*).

_____

(*) L'article 5 du titre 2 du règlement général des eaux & forêts de Lorraine du mois de novembre 1707, porte ce qui fuit :

Suivant les ordonnances de février 1554 & de mai 1602, la punition de ceux qui n'ont pas fait les réserves ordónnées ou qui ont abattu leurs Baliveaux avant l'âge, doit être une amende arbitraire & la confiscation des bois ; mais par arrêt du conseil du 19 juillet 1723, cette punition a été fixée à 300 livres d'amende.

Suivant le même arrêt, ceux qui veulent faire couper des Baliveaux doivent en faire auparavant leur déclaration au greffe de la maîtrise, afin que les officiers puissent aller reconnoître l'âge & la qualité de ces arbres.

Les officiers des eaux & forêts sont tenus de visiter les bois pour reconnoître si la réserve des Baliveaux a été faite, & en cas de contravention, ils doivent condamner les contrevenans aux peines prononcées par les ordonnances.

L'article 3 du titre 25 de l'ordonnance des eaux & forêts veut que les communautés d'habitans réservent de même que les particuliers, seize Baliveaux par arpent, outre les anciens, les modernes & les arbres fruitiers.

Les communautés, soit féculières ou réguliè-res, ne peuvent en aucun cas disposer de leurs Baliveaux sans en avoir obtenu la permission du

---

« Sera laissé dans chacun arpent, à la mesure de Lor-» raine (que nous voulons être suivie dans tous nos états) » douze Baliveaux de l'age du taillis, des plus beaux brins » naissans de chêne, de hêtre, de chaime ou autres de la » meilleure espèce, outre & par-dessus les arbres de vieille » écorce, Baliveaux anciens & modernes des coupes précé-» dentes, & arbes fruitiers ». Voyez la page 137 du deuxiè-me volume ; article *Amende*, où se trouvent rapportées les amendes qui doivent être prononcées pour les délits commis relativement aux Baliveaux.

roi par lettres patentes dûment enregiftrées. La punition prononcée par l'ordonnance contre ceux qui contreviennent à ce qu'elle prefcrit à cet égard eft une amende arbitraire & la reftitution du quadruple de la valeur des bois coupés ou vendus.

L'article 7 du titre 24 de l'ordonnance des eaux & forêts enjoint aux eccléfiaftiques & aux communautés de charger expreffément leurs fermiers, économes, receveurs, marchands & adjudicataires, de faire dans leurs bois les mêmes réferves qu'il eft ordonné pour les bois du roi, & aux receveurs, fermiers ou adjudicataires de les faire, quoiqu'il n'en foit pas fait mention dans leurs baux, marchés ou adjudications, à peine d'amende arbitraire, de confifcation du prix des ventes & des bois abattus, & de reftitution, dommages & intérêts. Dans le cas d'une telle condamnation, la reftitution & les dommages & intérêts doivent fervir à faire un fonds au profit du bénéfice, & le revenu en doit être affecté à l'hôpital des lieux pendant la vie du bénéficier. Cette difpofition de l'ordonnance a été confirmée par une déclaration du roi du 20 décembre 1693.

Suivant l'article 11 du titre 15 de l'ordonnance des eaux & forêts, il ne doit être réfervé dans les bois du roi que dix Baliveaux par arpent de futaie; mais depuis cette ordonnance, l'ufage s'eft établi d'en réferver feize comme dans les taillis.

Obfervez toutefois que s'il fe trouvoit que les Baliveaux réfervés dans les bois du roi fuffent en telle quantité & groffeur qu'ils empêchaffent par l'ombrage ou autrement les taillis

de pouffer & de croître, les grands maîtres feroient tenus d'en dreffer des procès verbaux &
de les envoyer avec leur avis au contrôleur général des finances pour être ftatué par fa majefté
ce qu'au cas appartiendroit. C'eft la difpofition
de l'article 12 du titre 18 de l'ordonnance.

Il doit être réfervé dans les bois engagés, le
même nombre de Baliveaux que dans les bois
dont le roi jouit actuellement.

Si pendant l'ufance des ventes il y a des Baliveaux abattus par accident, l'adjudicataire doit
en faire avertir les officiers afin qu'ils en marquent d'autres. C'eft ce que prefcrit l'article 46
du titre 15.

Les Baliveaux fur taillis appartiennent à l'ufufruitier & à la douairière quand ils n'ont pas
acquis l'âge requis pour être réputés futaie ;
mais s'ils font réputés futaie, ils fuivent le fort
du fonds ; le propriétaire feul peut en difpofer ;
tous les autres poffeffeurs, comme l'ufufruitier,
la douairière, l'ufager & l'engagifte n'y ont aucun droit.

Les Baliveaux fur taillis devenus futaie font
tellement réputés fonds, que la coupe de ces
bois eft fujette aux mêmes formalités que la
vente des fonds. Le tuteur ne peut les vendre
fans avis de parens, le mari fans le confentement
de fa femme, l'engagifte fans une permiffion
expreffe du roi, à moins qu'elle ne fe trouve
dans le contrat d'engagement, les gens de main-
morte fans un arrêt du confeil revêtu de lettres
patentes. *Voyez l'ordonnance des eaux & foréts du
mois d'août 1669 ; la déclaration du 20 décembre
1693 ; les ordonnances des mois de février 1554
& mai 1602 ; l'arrêt du confeil du 19 juillet*

1723 ; le dictionnaire raisonné des eaux & forêts ;
la collection de jurisprudence ; le commentaire de
M. Jousse *sur l'ordonnance des eaux & forêts* , &c.
Voyez auffi les articles AMENDE , BOIS , EAUX
ET FORÊTS , ARBRE , ADJUDICATAIRE , MAR-
TELAGE , FUTAIE , TAILLIS , &c. -

BAN. C'eft un vieux mot introduit pour fignifier l'annonce publique d'une chofe. Ce mot
s'emploie aujourd'hui pour défigner certains
droits feigneuriaux. Il fignifie auffi en matière
criminelle la peine qu'on fait fubir à un coupable lorfqu'il eft condamné à fe retirer de la juridiction où il a commis un délit , parce qu'autrefois on le conduifoit à fon de trompe hors
des limites de cette juridiction, afin qu'il fût notoire à tout le monde qu'il n'avoit plus droit d'y
refter. C'eft cette peine qui eft aujourd'hui connue fous le nom de *banniffement* & dont il fera
queftion par un article féparé.

Le mot *Ban* s'emploie encore pour marquer
la proclamation que l'on fait d'un futur mariage , afin que ceux qui favent quelques caufes
pour en empêcher la célébration , foient tenus
de les révéler. C'eft ce que nous expliquerons
particulièrement à l'article *Bans de mariage*.

En reftreignant ici la fignification du mot *Ban*
aux droits feigneuriaux , nous l'appliquerons à
ces permiffions publiques que quelques feigneurs
ont droit de donner aux habitans de leur territoire de faucher , de moiffonner & de vendanger , lorfque le tems convenable pour ces fortes
d'opérations eft arrivé. C'eft une efpèce de droit
de police qu'ils fe font réfervés , foit pour empêcher que les principales recoltes ne fe faffent avant la maturité des fruits , foit pour obvier

anx inconvéniens qu'il y auroit qu'un champ ne fût exposé au pillage, si le champ voisin étoit recolté avant le tems où il seroit libre au propriétaire de l'autre champ de recolter le sien.

Ainsi on distingue trois sortes de Bans : *Ban de fauchaison, Ban de moisson, & Ban de vendange.*

Ban de fauchaison. Ce droit s'est insensiblement aboli : il est libre à chaque particulier de faucher ses près quand bon lui semble : un tems déterminé ne fait rien à cette espece de recolte. Cependant ce droit peut subsister encore dans quelques seigneuries où il y a de vastes prairies qui appartiennent ou en commun à tous les habitans d'un village, ou à chacun d'eux en particulier par cantons : comme il y auroit des incouvéniens à ce que les uns pussent faucher avant un tems convenable aux autres, il peut être réservé au seigneur de déterminer ce tems pour l'avantage commun.

Comme la fauchaison exige des travailleurs, & que le seigneur pourroit en manquer s'il ne lui étoit permis de faucher le premier, il peut avoir droit d'interdire ce genre de travail avant que ses foins ne soient serrés ; mais il lui faut à ce sujet des titres précis & non prescrits par un usage contraire.

Ban de moisson. On ne peut pas dire que ce droit soit entièrement aboli ; il subsiste encore dans quelques endroits notamment dans certains cantons de la Bourgogne, comme l'atteste Perrier dans ses observations sur la coutume de cette province.

Freminville voudroit faire entendre que cette espèce de Ban est plus usitée qu'on ne se le per-

fuade ; il défireroit même qu'elle fût rétablie
par-tout où elle avoit lieu anciennement : il en
donne pour raifon qu'il eft d'une bonne police
que les champs foient vifités avant l'ouverture
des moiffons pour s'affurer de la maturité des
grains & pour empêcher que ceux qui dans un
champ recolté s'amufent à glaner ne foient tentés
de dépouiller le champ voifin dont le bled eft
encore fur pied. Il applique à cela les difpofitions de l'article 49 de l'ordonnance de Blois,
& de l'article 28 de l'édit de Melun qui affu-
jettiffent les poffeffeurs d'héritages à faire publier
au prône le jour déterminé pour enlever les
fruits qui en proviennent.

Malgré toutes ces raifons il y a apparence
qu'on a trouvé moins d'inconvénient à ufer d'une
liberté générale que de demeurer foumis à une
permiffion qui entraînoit trop de difficultés.
Quelquefois on eft bien aife de prévenir la
pluie & les orages ; & l'on ne pourroit pas le
faire fi facilement s'il falloit toujours une permiffion. A l'égard de la maturité, chaque particulier eft néceffairement forcé de l'attendre,
& l'on ne voit pas qu'on fe plaigne du défaut de
maturité. Pour ce qui eft des glaneurs, on ne
voit pas non plus qu'ils commettent de dégat
qui faffe fenfation ; au refte c'eft au propriétaire voifin à veiller fur leur conduite & à faire
fa recolte à fon tour. Quant aux ordonnances
fur lefquelles Fréminville s'appuie, il eft certain
qu'elles ne concernent que le droit des décimateurs dont nous parlerons particulièrement au
mot DÎME. Ces ordonnances veulent que les
décimateurs foient prévenus du jour de la moiffon afin qu'ils puiffent faire trouver fur les lieux

leurs

leurs préposés pour dîmer ; & elles n'attribuent au seigneur aucun droit pour donner ou refuser une permission à ce sujet. Il y a plus, c'est que ces mêmes ordonnances sont comme tombées en désuétude, ainsi qu'un arrêt de règlement du parlement de Paris du 6 juillet 1688, qui en renouveloit les dispositions. Chaque particulier fait sa récolte quand il peut, il se contente d'en prévenir le décimateur suivant l'usage introduit, & le décimateur lui-même n'exige pas d'autres formalités ; ce qui prouve que les règlemens dont parle Freminville, n'ont jamais pu être d'une facile exécution.

Au reste ce n'est pas que le droit de Ban de moisson ne puisse être un droit légitime dans les seigneuries où il se trouve établi, mais il faut qu'il s'y soit conservé par un usage ancien & bien suivi : les religieux de saint Leu près de Paris avoient cru en leur qualité de seigneurs hauts-justiciers pouvoit assimiler le Ban de moisson au Ban de vendange dont nous allons parler. Ils avoient cherché à soumettre à ce droit M. l'avocat de Sauveterre, conseiller au grand conseil ; ils l'avoient même fait condamner aux requêtes du palais ; mais au parlement où l'affaire fut portée par appel, la possession dont excipoient les religieux ne fut pas trouvée suffisante quoique appuyée de certains actes de notoriété des usages de quelques paroisses voisines & de l'exemple de ce qui se pratiquoit dans quelques justices du canton ; par arrêt du 10 septembre 1755 les religieux furent déboutés de toutes leurs demandes.

Chopin, sur la coutume d'Anjou, observe que le droit dont il s'agit est nommément aboli à

Amiens & dans le Vermandois en vertu d'une chartre du roi Philippe fils de saint Louis, laquelle se trouve au regiſtre de la cour intitulé *ordinationes antiquæ*, mais cette abolition particulière n'a point détruit ce droit dans les provinces où il se trouve établi par des titres, & où il s'eſt conſervé par l'uſage & par la poſſeſſion. Sur quoi nous remarquerons que ce droit regardé comme un droit de police, ne peut appartenir qu'au ſeigneur haut-juſticier ainſi que nous l'allons voir en parlant du Ban de vendange & de la manière de l'exercer.

Ban de vendange. Si ce droit n'exiſtoit pas comme il exiſte dans preſque tous les pays de vignobles, l'avantage public ſembleroit devoir l'introduire. Il a pour objet d'empêcher que les raiſins ne ſoient enlevés avant leur maturité & qu'il n'en réſulte ou des maladies, ou du vin de mauvaiſe qualité.

Ce droit appartient communément aux ſeigneurs hauts-juſticiers : c'eſt une police qui leur convient préférablement aux ſeigneurs de fief. Ce n'eſt pas que ceux-ci ne puiſſent avoir ce droit dans quelques coutumes, mais ils ſont toujours tenus de recourir au ſeigneur haut-juſticier pour en faire l'exercice. Le juge ſur les repréſentations à lui faites par le ſeigneur féodal ordonne ce qui convient en pareil cas.

Le ſeigneur qui n'a que moyenne & baſſe juſtice ne peut point ordonner ce Ban au préjudice du ſeigneur haut-juſticier ; en voici un exemple.

Le ſeigneur de la paroiſſe de Sigogne dans le comté de Jarnac étoit poſſeſſeur d'un fief avec ſimple juſtice moyenne & baſſe : il avoit un droit de complan fur la recolte des vignes fituées dans fon fief, & il s'étoit cru fondé à donner permiffion de vendanger. Le comte de Jarnac feigneur fuzerain ayant haute-juftice lui difputa ce droit en 1739. La conteftation donna lieu à une inftance en la fénéchauffée d'Angoulême où il intervint fentence en faveur du comte de Jarnac le 6 avril 1739. Sur l'appel interjeté au parlement de Paris, cette fentence fut confir-mée par arrêt de la grand chambredu 3 juillet 1743, & il fut dès-lors irrévocablement jugé que le Ban de vendange feroit publié de l'au-torité du comte de Jarnac.

Bretonnier obferve que le juge de la moyen ne & baffe juftice de Vallorge ayant fait publier en 1699 une ordonnance pour l'ouverture des ven-danges de l'endroit, le châtelain haut-jufticier en rendit une autre à fon tour aux mêmes fins; & que fur l'appel de ces deux ordonnances celle du haut-jufticier prévalut.

Dans les villes & dans la banlieue où le roi a feul la juftice, c'eft aux lieutenans généraux de police à l'exclufion de tout autre officier qu'appartient la publication des vendanges; ceci leur eft attribué par l'édit de novembre 1706.

Dans les lieux où il n'y a point de lieutenant général de police, c'eft comme nous venons de le dire au feigneur haut-jufticier que le droit dont il s'agit appartient; tel eft l'efprit des cou-tumes & des arrêts, à moins que la loi muni-cipale de l'endroit n'en difpofe autrement. Le Prêtre rapporte là-deffus deux préjugés, l'un du 22 juin 1600 pour les religieux de Clairvaux qui avoient pris le fait & caufe de leurs officiers contre le prévôt de Bar-fur-Aube; & l'autre

du 23 novembre 1606 au profit du sieur de Vil-
larnaud, contre les habitans de sa seigneurie. Il
fut même jugé par ce dernier arrêt que le droit
dont il s'agit étoit comme un droit honorifique
non-susceptible de prescription.

Quand il est question de donner le Ban de
vendange, le juge doit auparavant commettre
quatre des principaux habitans de chaque canton pour s'assurer de la maturité du raisin; il doit
aussi entendre le seigneur ou du moins son procureur fiscal, & tous ceux qui peuvent avoir intérêt
à lui faire des représentations. La coutume de
Berri & celle du Nivernois contiennent à ce sujet des dispositions fort sages : le juge ne peut
pas prendre sur lui seul d'avancer ou de retar-
der les vendanges à son gré. Papon rapporte un
arrêt du parlement de Paris de 1514 qui déclara
nulles les défenses qu'un juge avoit faites de
vendanger avant un certain temps, faute par lui
d'avoir pris auparavant l'avis des principaux habitans. Maynard en rapporte un autre du parlement de Toulouse qui infirma la sentence d'un
juge par laquelle il avoit condamné un particulier à l'amende pour avoir vendangé au préjudice
de ses défenses, & cela parce que ces défenses
n'avoient pas été motivées sur le rapport des
habitans (*).

_____

(*) *Modèle de Ban de Vendanges.*
Aujourd'hui.... par-devant nous .. a comparu le procureur-fiscal de cette justice, lequel nous a dit qu'il a chargé
conjointement avec le seigneur de cette même justice les
personnes de.... principaux vignerons, habitans & propriétaires des vignes situées dans la justice de cette seigneurie, de
faire la visite des vignobles de chaque canton, afin de déterminer les jours auxquels il conviendroit de donner le Ban des

Fréminville prétend que le juge & les habitans doivent se transporter au château du seigneur pour y délibérer au sujet du Ban sous prétexte qu'un acte pareil n'est pas de juridiction contentieuse, mais cette raison ne sauroit nous faire penser comme lui. Le juge & les habitans doivent être en pleine liberté, & dès-lors nous croyons que cet acte doit se faire ou à l'auditoire, ou du moins à l'hôtel du juge. C'est un acte de juridiction qui doit émaner du lieu accoutumé pour des actes de cette nature, lesquels sont susceptibles d'appel & de contradiction.

· Si le juge par humeur ou autrement refusoit de donner le Ban, les habitans pourroient le requérir (*) d'une manière autentique ; & en cas

---

vendanges, & qu'il nous requerroit de recevoir leur rapport en la manière accoutumée.

Sur ce ouis lesdits habitans assemblés par-devant nous, ensemble le procureur-fiscal en ses conclusions, nous avons déterminé les vendanges (*de tel canton,*) à (*tel jour*,) celles de (*tel autre canton , &c.*) à (*tel autre jour,*) &c. Faisons défenses à tous habitans, vignerons, propriétaires ou fermiers de vendanger plutôt à peine de (*tant*) d'amende & de confiscation des raisins coupés. Faisons pareillement défenses à toutes personnes de vendanger la nuit & avant le soleil levé, sous les mêmes peines. Ce qui sera publié & affiché aux places publiques suivant l'usage pour être exécuté nonobstant appel ou opposition comme pour fait de police. Fait en notre hôtel à.... lesdits jours & an que dessus, & avons signé avec le procureur fiscal & notre greffier.

· (*) *Modèle d'une sommation pour requérir l'ouverture des vendanges.*

L'an..... à la requête des habitans propriétaires des vignes de (tel canton) je.... huissier, &c. me suis transporté au greffe de la justice de.... exercé par le sieur.... où étant j'ai déclaré au seigneur & aux officiers de ladite justice en parlant à la personne dudit sieur....... leur

de refus continué, ils feroient autorifés fans encourir aucune peine à faire leurs vendanges.
C'eft ce qu'infinue la coutume de Nevers, & c'eft
le fentiment d'Automne fur celle de Bordeaux.

Tous ceux qui font propriétaires de vignes
dans la juridiction font fujets au Ban, quand même
ils auroient leur domicile hors de cette juridiction. Une poffeffion contraire feroit inutile à oppofer; c'eft ce qui a été jugé au parlement de
Dijon par arrêt du 29 mars 1681. Les eccléfiaftiques & les gentilshommes n'en font pas plus
exempts que les autres habitans : les coutumes
du Maine & d'Anjou ont des difpofitions particulières à ce fujet, & Salvaing ne fait pour eux
aucune exception ni diftinction.

Le juge peut pourtant donner quelques permiffions particulières à certains habitans de vendanger plutôt que les autres, lorfqu'il y a de
juftes caufes pour les leur accorder. C'eft que
l'on remarque dans le Prêtre par l'arrêt du 22
juin 1600 que nous avons déja cité : cet arrêt en
faifant défenfes à toutes perfonnes d'enfreindre le
Ban, ajoute *fans l'expreffe permiffion* des feigneurs,
laquelle *ils ne pourront donner que pour caufe*

---

greffier, que les vignes dudit canton appartenant aux requé-
rans, font dans leur dernier degré de maturité depuis quelques jours, & qu'il y auroit du préjudice pour eux de différer
plus long temps à les vendanger, qu'en conféquence je re-
querrois pour lefdits habitans qu'il plût audit feigneur & à
fes officiers d'ouvrir le Ban de vendanges dudit canton fans
autre délai, & que faute par eux de l'avoir fait au plus tard
dans trois jours, lefdits habitans vendangeroient en la manière accoutumée. Et afin que le feigneur ni fes officiers n'en
ignorent, je leur ai laiffé copie au greffe du préfent acte ès
mains & parlant comme deffus.

raisonnable & gratuitement. Le seigneur de Dézise ayant refusé à la dame de Montmoyen de vendanger avant le Ban, elle se pourvut au parlement de Dijon, & par arrêt du 5 juillet 1667 il fut enjoint au seigneur de lui accorder cette permission quand elle la demanderoit pour cause raisonnable & connue pour telle. Mais à moins d'une permission, ceux qui anticiperoient le temps du Ban seroient dans le cas de l'amende & de la confiscation de la vendange faite.

Il n'y a que le seigneur qui dans quelques coutumes ait le privilège de vendanger avant les autres propriétaires, & cela sans doute pour avoir plus de facilité à trouver des vendangeurs. Dans la coutume de Nevers le seigneur peut vendanger la veille du Ban ; dans d'autres provinces il peut user de cette faculté trois jours auparavant : on doit à cet égard se régler sur les coutumes, les titres, l'usage & la possession.

Pour ce qui est des enclos particuliers qui ne dépendent point d'un vignoble, on tient pour maxime qu'il est libre aux propriétaires de les vendanger quand bon leur semble ; c'est ainsi que s'en explique Ragueau sur l'article 4 du titre 15 de la coutume de Berri. Henrys est du même sentiment fondé sur ce que la vendange particulière de quelques pièces détachées ne sauroit porter préjudice aux autres vignes. La coutume de Nevers fait pareillement une exception pour les vergers, les jardins & les enclos qui sont hors du vignoble : elle laisse les propriétaires maîtres de les vendanger quand ils jugent à propos.

Il est inutile de mettre en question si chaque particulier est libre de différer ses vendanges

pour tout le temps qu'il lui plaît après la permiffion donnée : on conçoit aifément que rien
n'eft plus naturel qu'une faculté pareille ; la
coutume du Bourbonnois la donne expreffément.

· Nous finirons par obferver qu'indépendamment des règles genérales que nous venons d'é-
tablir , il fe trouve dans certaines provinces des
ufages particuliers que les arrêts ont autorifés
& dont on ne doit pas s'écarter. Voici un arrêt
du parlement de Dijon rendu en faveur du feigneur de Rémigny le 29 avril 1717 , lequel a
été envoyé dans tous les bailliages du reffort
pour y fervir de règlement.

« La cour maintient & garde ledit de Foudras
» feigneur haut-jufticier de Rémigny au droit de
» donner par fes officiers le Ban des vendanges ,
» & au droit & poffeffion de vendanger fes
» vignes un jour avant celui indiqué pour l'ou-
» verture des vendanges ; ordonne qu'à cet effet
» environ le temps des vendanges , la commu-
» nauté & les propriétaires ou cultivateurs des
» vignes feront affemblés à la place publique &
» devant le juge , à la diligence des échevins ,
» au fon de la cloche , en la manière accoutu-
» mée ; permet aux forains propriétaires des
» vignes de fe trouver à ladite affemblée , pour
» à la pluralité des voix nommer quatre pru-
» d'hommes qui après le ferment prêté devant
» le juge procéderont à la vifite des vignes du
» territoire & reconnoiffance de la maturité des
» raifins , dont ils feront leur rapport , qu'ils re-
» mettront & affirmeront au greffe de la juftice
» des lieux le jour des vifites & reconnoiffance ,
» pour par le juge faire inceffamment fans retard
» & fans frais une ordonnance par laquelle il in-

» diquera le jour de l'ouverture générale des
» vendanges, conformément au rapport, sauf où
» il arriveroit accident imprévu, être statué par
» le juge de l'avis des prud'hommes ; pour être
» ensuite l'ordonnance publiée à la manière accou-
» tumé. Fait expresses inhibitions & défenses aux
» habitans & forains d'enfreindre le Ban, à peine
» contre chacun contrevenant de trois livres cinq
» sous d'amende, & même de confiscation des
» raisins s'il y échet ; si ce n'est qu'ils en aient
» la permission par écrit du seigneur, laquelle
» néanmoins il ne pourra accorder que pour cause
» raisonnable, pressante & gratuitement. »

Par un arrêt du 27 janvier 1756 rendu en faveur du sieur de Sauvan marquis d'Aramon, le
parlement de Toulouse a décidé que le temps des
vendanges arrivé, les communautés d'habitans
des terres dans lesquelles il a la haute-justice doivent chacune pour ce qui la concerne s'assem-
bler & nommer des prud'hommes pour aller
visiter les vignes ; que cette visite faite, le
rapport doit être fait à l'assemblée, & que les
communautés ayant fixé le jour des vendanges,
leur arrêté doit être communiqué tout de suite
au seigneur d'Aramon ou en son absence à ses officiers. Il est porté de plus par cet arrêt que le Ban
des vendanges sera publié au nom de ce seigneur un jour de dimanche ou de fête à l'issue de la
messe de paroisse ou des vêpres, & que le jour des
vendanges étant indiqué le seigneur aura trois
jours pour faire les siennes. Le même arrêt fait
défenses aux habitans de vendanger avant la publication des vendanges ni pendant les trois jours
que le seigneur fera vendanger, à peine de vingt-
cinq livres d'amende & de confiscation de la
vendange.

Ces deux préjugés font voir qu'on peut en user dans un certain pays différemment que dans un autre, & que l'usage introduit est celui qu'on doit pratiquer à moins qu'il n'y ait nécessité de le changer. *Voyez les coutumes de Berri, de Nevers, du Maine & d'Anjou ; Automne sur celle de Bordeaux ; le glossaire de Ducange ; la somme rurale de Boutillier ; le traité des privilèges des rustiques par Chopin ; le traité de la police par la Marre ; les observations du président Bouhier sur la coutume de Bourgogne ; l'usage des fiefs par Salvaing ; la loi 4 au digeste DE FERIIS ; le journal des audiences ; Brétonnier sur Henrys ; la pratique des droits seigneuriaux ; la collection de jurisprudence, &c.* Voyez aussi les articles MESSIER, SEIGNEUR, JUSTICE, GRAINS, VIN, &c. (*Article de M.* DAREAU, *avocat au parlement, de la société littéraire de Clermont-Ferrand.*)

BAN ou BANNISSEMENT. Voyez BANNISSEMENT.

BAN DE MARIAGE. Voyez BANS DE MARIAGE.

BAN ET ARRIÈRE-BAN. C'est l'assemblée des vassaux & arrière-vassaux convoqués par le souverain pour marcher contre l'ennemi lorsque le service de l'état l'exige.

C'est un devoir auquel s'obligent particulièrement ces vassaux envers le roi, lorsqu'ils lui font la foi & hommage : ils jurent & promettent de lui être fidèles, & de le servir *envers & contre tous.*

Le Bān s'applique aux fiefs relevant immédiatement du roi, & l'arrière-Ban aux arrières-fiefs ; l'un désigne le service ordinaire de chaque vassal, & l'autre le service extraordinaire de tous les vassaux.

Dans les premiers temps de la monarchie les nobles que nous appelons aujourd'hui *gentilshommes* étoient les feuls qui euffent l'honneur de fervir le prince dans fes armées. Cette prérogative pouvoit émaner d'un ancien ufage qui régnoit parmi les Gaulois nos premiers pères. Céfar nous apprend dans fes commentaires qu'il y avoit un certain corps de cavaliers (ou chevaliers) qui prenoient les armes auffi-tôt qu'il fe préfentoit une guerre à foutenir. Il n'eft pas furprenant que parmi les Francs le fervice de l'état appartint à la nobleffe. Le roi dans les conquêtes diftribuoit à fes militaires (qui dans la fuite ont été les grands feigneurs de l'état,) les poffeffions que lui acquéroit le droit des armes ; & ces poffeffions fe donnoient pour récompenfe de fervices, & à la charge d'en rendre de nouveaux dans l'occafion C'eft delà que les grands fiefs tirent leur origine.

Ces militaires entièrement occupés de leur fervice auprès du prince, ne pouvoient faire valoir par eux - mêmes les poffeffions qu'ils obtenoient ; ils les cédoient à différens particuliers à la charge par eux de certains droits & devoirs, & c'eft delà que fe font formés les arrière-fiefs ; mais c'étoit toujours à ces militaires que le roi avoit recours en temps de guerre.

Les fiefs étoient tellement attachés aux militaires que les roturiers ne pouvoient les poffé-der. Lorfqu'il étoit queftion du Ban c'étoient ces militaires qui fe préfentoient les armes à la main ; les arrière-vaffaux fourniffoient ce qu'on appelle les frais de la campagne qu'ils tiroient de la culture de leurs terres dont ils étoient uniquement occupés.

Dans la fuite des temps & notamment lors

des croifades & des guerres qu'il fallut foutenir contre les Anglois & les Flamands, on fe relâcha de cette rigueur avec laquelle les roturiers étoient exclus de la poffeffion des fiefs. Les plus grands feigneurs manquant d'argent pour les frais de leur voyage fupplièrent les rois de leur permettre d'aliéner leurs fiefs aux roturiers comme aux gens d'églife. Cette permiffion s'accorda fucceffivement par Philippe le Hardi, par Philippe le Bel & par Charles le fage.

Charles VI voyant que cette aliénation des fiefs avoit porté préjudice à l'état attendu que ceux qui étoient dans le cas d'être convoqués au Ban & à l'arrière-Ban n'étoient pas en état de fervir comme l'étoient les anciens poffeffeurs de ces fiefs, ordonna en 1380 qu'il feroit levé fur les vaffaux roturiers qui tenoient ces mêmes fief le droit qu'on appelle aujourd'hui *droit de franc-fief*; & en payant ce droit qui fervoit de fubfides pour les gens de guerre, les roturiers furent maintenus dans la faculté de pofféder des fiefs & arrière-fiefs comme les poffédoient les nobles de ce temps-là; avec cette différence cependant qu'outre le droit qu'ils payoient pour pofféder des fiefs, ils étoient encore obligés de fervir en perfonne, obligation qui fe bornoit pour les gentilshommes à un fervice perfonnel fans aucune autre contribution.

Louis XI vit avec répugnance les roturiers pofféder des fiefs, & comme s'il avoit voulu ramener les chofes à leur origine, il annoblit en 1470 tous ceux qui fe trouvèrent poffeffeurs de fiefs, d'arrière-fiefs ou de rentes nobles en Normandie, afin que ces roturiers puffent fervir comme les vrais gentilshommes avec plus d'u-

nion & d'intelligence ; & il eſt à remarquer que
quiconque dans les premiers temps de la monarchie étoit inveſti d'un fief étoit tacitement anno-
bli par la ſeule inveſtiture , ſans avoir beſoin de
lettres particulières à cet effet, tant la poſſeſſion
des fiefs étoit eſſentiellement attribuée aux gentilshommes.

A l'égard des eccléſiaſtiques , différens traits
de l'hiſtoire nous apprennent que c'étoit une
obligation pour eux dès les premiers temps de
comparoître aux Bans & arrière-Bans pour en-
courager les combattans par leurs prières, pour
leur donner des bénédictions & pour leur admi-
niſtrer le ſacrement de Pénitence lorſqu'ils étoient
bleſſés à mort. Les capitulaires de Charlema-
gne font mention d'une ſupplique qui fut adreſ-
ſée à ce prince de la part du peuple , pour que
les prélats fuſſent diſpenſés de ſe trouver aux
armées ; & cette ſupplique prouve en même
tems qu'il n'y aſſiſtoient point comme de ſimples
ſpectateurs. « Il ſeroit plus avantageux pour vous
» & pour nous , diſoit-on au roi , que ces pré-
» lats reſtaſſent chez eux que de les voir marcher
» contre l'ennemi & de les ſavoir au combat ;
» ils nous aideroient de leurs prières, au lieu
» que nous ſommes affligés des maux qu'ils en-
» durent (*) ».

On lit dans Monſtrelet que Pierre de Montaigu archevêque de Sens portoit un *baſſinet*, eſpèce
de caſque, au lieu de mitre, une cotte de mailles

(*) *Nàm ſine dubio potiùs vobis nobiſque proficere poſ-
ſunt , ſi remanſerint , quàm ſi in hoſtem vel ad pugnam per-
rexerint , quia tunc eorum precibus adjuvamur , & modò
eorum preſſuris gravamur.* Capitul. lib. 6. & 7.

pour chafuble , & une hache d'armes pour croffe. ·

Loifel dans fes mémoires fur la ville & l'évêché de Beauvais remarque que les peintres en faifant les portraits des pairs de France eccléfiaftiques, n'ont pas manqué de repréfenter l'évêque & comte de Beauvais, Philippe de Dreux, en furplis avec la cotte-d'armes par-deffus. C'eft delà que les évêques fes fucceffeurs ont porté la cotte-d'armes du roi lors de fon couronnement.

C'eft un fait certain que les eccléfiaftiques poffeffeurs de fiefs étoient obligés à un fervice perfonnel dans les armées ; ils portoient la cuiraffe & fuivoient l'exemple des feigneurs & des Barons ; on a même remarqué qu'ils n'étoient pas les moins zélés à s'acquitter de leur devoir.

Mézerai rapporte que les évêques d'Orléans & d'Auxerre furent mandés en 1208 avec leurs vaffaux pour l'expédition du fiège du fort de *Garplie* en Bretagne contre les Anglois. Ces prélats s'y préfentèrent, mais n'y ayant pas trouvé le roi ils s'en retournèrent fans congé, fous prétexte qu'ils ne devoient aller à l'armée que lorfque le prince y étoit en perfonne. Le roi mécontent de leur conduite fit faifir tous les biens qu'ils tenoient de lui, à l'exception des dixmes & des oblations. Les évêques en firent leurs plaintes à Innocent III, mais ce pape judicieux reconnut qu'ils avoient manqué à leur devoir, & ils furent obligés de payer une amende pour rentrer dans leur temporel.

François de Belle-Forêt dans fes grandes annales de la France dit en parlant des conquêtes de nos rois que toute la nobleffe fervoit le prince , & qu'*il n'y avoit eccléfiaftique tant grand*

*saint fût-il, s'il tenoit fief, qui ne vînt faire ser-
vice, à peine de voir son fief saisi.

Depuis Philippe le Hardi jusqu'à François I,
on trouve plusieurs convocations de Ban & arrière-Ban, & des rôles dans lesquels outre les
seigneurs laïques sont compris les archevêques,
évêques, abbés, prieurs, chapitres, &c. (*)

Ces ecclésiastiques cherchoient quelquefois à
s'exempter du Ban : l'évêque de Paris en fut dispensé en 1200 par Philippe-Auguste. Gérard de
de Moret abbé de Saint-Germain-des-Prés, le fut
aussi en 1270 par une chartre de Philippe le Hardi.
Peu-à-peu les exemptions se multiplièrent (**) :

(*) Les abbesses & les religieuses n'en étoient point exemptes; elles étoient tenues d'y contribuer en fournissant des
hommes; on le voit par un état de comparution donné lors
du Ban convoqué en 1470, devant Antoine d'Aubusson. Il
est dit par cet état que l'abbesse & les religieuses de Monti-
villiers firent comparoître Guillaume Richer *avec harnois
complet & un page portant sa lance; avec lui Alexandre le
jeune, armé de brigandine, salade & vouge à trois chevaux,
& pour cela un homme d'armes & un vougier.*

(**) Philippe-le-Bel & Jeanne reine de navarre son épouse
déclarèrent exempts du Ban & de l'arrière-Ban en 1304, les
chevaliers de l'ordre de saint Jean de Jérusalem qui ont toujours été honorés de la protection des rois de France. François I les a maintenus dans cette exemption par des lettres-
patentes de 1523, confirmées en 1526. Sous le règne de
Louis XIII on avoit fait saisir leurs fiefs pour le payement
de la contribution à laquelle on les avoit cru sujets pour
le service du Ban, mais par arrêt du conseil du 12 juillet
1639, ils obtinrent main-levée de cette saisie, avec défenses
à tous Baillis ou sénéchaux de les comprendre à l'avenir
pour aucune contribution.

Il parut en 1640 des lettres-patentes portant que tous les
bénéficiers du royaume sujets aux décimes seroient tenus de
payer des droits d'amortissement pour les biens qu'ils avoient,

Boniface légat du Pape Zacharie employa tout le crédit qu'il avoit à la cour pour délivrer les eccléfiaftiques de cette efpèce d'affujétiffement : on fe contenta d'exiger d'eux des contributions & des hommes à leur place. Finalement au moyen d'une fubvention que le clergé payé au roi ils font aujourd'hui quittes de tout par contrat paffé à ce fujet fous Louis XIII le 29 avril 1636.

. Pour en revenir aux feigneurs laïques & aux poffeffeurs de fief feuls tenus aujourd'hui du fervice du Ban, & pour nous rapprocher des derniers temps où l'exercice de ce droit eft marqué d'une manière plus déterminée, nous allons analyfer ici les principales obligations de ceux qui y font fujets.

Par les ordonnances de François I & de Henri II, de 1545, de 1554 & de 1557, toutes les perfonnes dans le cas d'être convoquées au Ban & à l'arrière-Ban étoient obligées de faire leur fervice perfonnellement : le père feul pouvoit préfenter fon fils à fa place & le frère fervir pour fon frère, pourvu que ce fils ou ce frère ne fuffent pas eux-mêmes fujets au Ban de leur chef. Mais depuis l'ordonnance du 30 juillet 1635 les gentilshommes & les feigneurs de fiefs qui ne peu-

---

acquis depuis 1520, & les chevaliers de Malte furent compris au nombre des bénéficiers. Le clergé de France paya à ce fujet quatre millions cinq cens mille livres, & l'ordre de Malthe deux cens mille livres pour fa part; moyennant quoi il fut dit que cet ordre pourroit, ainfi que le clergé, jouir du privilège de tenir les fiefs, arrière-fiefs & tout ce qu'il avoit acquis depuis 1523, fans contribuer au Ban, arrière-Ban, &c. Louis XIV confirma ce privilège par des lettres-patentes du mois de mai 1655, enregiftrées en la chambre des comptes le 21 juin fuivant.

vent

vent pas faire le service en personne font reçus
à envoyer des gens à leur place en équipage
convenable, à la charge par eux de les foudoyer
durant le service ; & il est dit que le temps de
ce service fera de trois mois dans l'intérieur du
royaume, & de quarante jours hors des frontières à commencer du jour de l'arrivée au lieu
où l'on fera mandé de fe trouver.

Les poffeffeurs de fiefs ne font pas les feuls qui
foient fujets au Ban : ceux qui font profeffion
des armes, qui vivent noblement & qui ont des
biens en roture ou en rentes conftituées, doivent fervir en perfonne avec équipage ou fe
faire repréfenter par quelqu'un en état de les
fuppléer, à la charge par eux de l'entretenir
durant le fervice. S'ils y manquoient ils feroient
dégradés des armes pour jamais : le devoir de la
nobleffe eft de fervir, & ce n'eft qu'à cette
condition tacite qu'elle jouit dans la fociété des
prérogatives attachées à fon état.

Ceux qui poffèdent des fiefs & qui ne font
pas en état de fervir font fujets à des taxations
fuivant les revenus de ces fiefs ; & ces revenus
s'eftiment fur les déclarations qu'on eft obligé
de fournir à peine de faifie féodale. Si ces déclarations ne font pas fournies dans le temps requis, les ordonnances veulent que les taxations
foient faites par forme de provifion par les baillis
ou fénéchaux, fuivant les notions qu'ils pourront avoir du revenu des fiefs, & que les fiefs
de ceux qui auront fourni de fauffes déclarations
foient confifqués.

La femme douairière non plus que l'ufufruitier
ne font pas exempts de la taxe ; c'eft une charge

attachée à la jouissance du fief. Le parlement de Normandie l'a ainsi jugé par arrêt du 27 juin 1638.

Lorsqu'il y a partage de fief entre des cohéritiers, chacun est obligé de contribuer à la taxe suivant ce qu'il possède. Quoique le chef-lieu & le principal manoir soient pour l'aîné des enfans dans quelques coutumes, les autres enfans possesseurs ne sont pas moins obligés de supporter la taxe à proportion de leur jouissance. Il est même dit que ceux qui auront des rentes inféodées sur les fiefs contribueront sur le pié du quart du revenu de ces rentes conjointement avec les seigneurs de ces fiefs.

Quoiqu'en général les gentils-homms & tous ceux qui possèdent des fiefs soient sujets au Ban, ou du moins à une contribution suivant la taxe, il y a cependant nombre de personnes qui sont affranchies & du service & de la contribution.

Voici quels sont ceux qui aux termes des ordonnances sont exempts du Ban & de l'arrière-Ban :

1°. Les officiers, domestiques & commensaux de la maison du roi & de celle de la reine (*) en certifiant qu'ils sont employés sur les états & qu'ils sont payés de leurs gages pour leur service actuel.

2°. Les capitaines & hommes d'armes des

_____

(*) L'ordonnance du 30 juillet 1635 parle aussi de la maison de M. le duc d'Orléans & de celle de M. le prince de Condé. Celle du premier mai 1745 parle indistinctement des maisons du roi, de la reine, & des enfans de France.

compagnies des ordonnances de fa majefté &
des chevaux-légers, ainfi que les autres officiers
en charge dans les troupes à pied ou à cheval,
en rapportant par eux un certificat des commiffaires & contrôleurs ordinaires des guerres pour
juftifier qu'ils ont été employés dans les rôles
de la dernière montre & en affirmant qu'ils n'ont
point depuis été caffés & qu'ils font encore
obligés au fervice. Il eft défendu de donner de
faux certificats fous peine de confifcation de
corps & de biens.

3°. Ceux qui lors de la convocation font le
fervice actuel ; favoir ceux dont les fiefs font
de la valeur de neuf cens livres & au deffus &
qui font enrôlés dans les compagnies de gendar-
mes ou de chevaux-légers, & ceux dont les
fiefs font de moindre valeur, mais qui fervent
actuellement dans les compagnies de *carabins*,
de moufquetaires & dans l'infanterie.

Remarquez qu'il eft dit qu'on rapportera des
certificats de fervice vifés de l'intendant dans le
département duquel on fervira. Il eft dit auffi que
ceux qui feront enrôlés ferviront pendant fix mois
confécutifs dans leur compagnie & qu'ils rap-
porteront au greffe du bailliage ou fénéchauffée
de la fituation de leurs fiefs, des certificats de
ce fervice en bonne forme ; fans quoi l'ordonnance veut qu'ils ne puiffent être réputés avoir
fatisfait au Ban & arrière-Ban, & qu'ils foient
punis par une confifcation de leurs fiefs & par
la privation de l'honneur de porter les armes,
à moins qu'ils n'aient été contraints de quitter
le fervice pour caufe de grande maladie, ce qui
doit être attefté par un congé des généraux d'ar-

mée. Autrement il est enjoint aux baillis ou sénéchaux de procéder contr'eux suivant la rigueur des ordonnances, à peine de répondre de leur négligence en leur propre & privé nom. Il est même dit qu'après la guérison ceux qui font enrôlés feront tenus de rejoindre la troupe, à moins que le délai de six mois de service ne soit expiré, auquel cas en justifiant que la maladie a duré tout ce temps-là, ils doivent être déchargés du service.

Il est encore porté par les ordonnances que ceux qui ne feront point enrôlés dans les troupes avant la convocation, ne pourront y être admis après : ils feront tenus de marcher dans les compagnies de l'arrière-Ban, armés, montés & équipés suivant les revenus de leurs fiefs, à peine de confiscation de ces mêmes fiefs & d'être privés de l'honneur de porter les armes ; & ceux qui feroient assez téméraires pour signer de faux certificats, doivent être punis comme faussaires.

L'ordonnance du mois de mai 1545, défend fous peine de confiscation de corps & de biens, d'exempter du service & de la contribution, d'autres que ceux qui en feront exempts par les commissions données pour la convocation du Ban & par les ordonnances ; & il est dit que les capitaines & lieutenans des petites villes, châteaux & places qui n'exigent point de défense, ne jouiront d'aucune exemption non plus que les morte-payes s'ils ont cent livres ou au-delà de revenu de leurs fiefs, mais que les capitaines des places fortes & des frontières feront exempts.

Cette même loi porte que les gentils-hommes & autres qui font dans des villes franches fans y avoir aucun état ni vacation, ne pourront fe dire exempts, à moins qu'ils n'aient dans ces villes leur vraie & principale demeure.

Comme on cherche fouvent lors des convocations de Ban à commettre des fraudes pour fe fouftraire à fes obligations, l'ordonnance veut que toutes les mutations de fiefs de main exempte à non exempte, ou de main non exempte à main exempte, par contrat, fucceffion ou autrement, foient fignifiées au greffier du bailliage dans la journée de la première convocation, & dans un mois après la mutation échue, afin que le procureur du roi en étant averti, il puiffe requérir ce qu'il jugera convenable ; & il eft ajouté que les donations frauduleufes faites par les non exempts aux exempts, n'empêcheront pas que le donataire ne ferve ou ne contribue.

4°. On met encore dans la claffe des exempts, les pères dont les enfans non mariés fervent dans les troupes, à la charge toutefois par eux de fervir tant qu'elles font fur pied, fans quoi les pères encourent la peine prononcée contre ceux qui font défaut au Ban.

5°. Les capitaines & gardes des côtes, îles, ports & havres, enfemble les autres capitaines, commiffaires, contrôleurs & autres officiers de mer, pourvu qu'ils foient employés dans l'état de la marine.

6°. Les villes anciennes ayant droit de bourgeoifie & d'exemption de Ban (*), à moins qu'il

_____

(*) Parmi les villes qui jouiffent de l'exemption dont il

n'y ait néceſſité de convoquer les perſonnes exemptes & privilégiés.

7°. Les officiers du parlement de Paris, pour quelque cauſe que ce ſoit, quand même la convocation porteroit ſur les exempts & non exempts (*).

---

s'agit, on doit ſans contredit compter la ville de Paris; & cette exemption pour les bourgeois, porte ſur tous leurs fiefs quelque part qu'ils ſoient ſitués. Il y a d'abord eu des lettres-patentes à ce ſujet le 16 avril 1533; un arrêt du mois de ſeptembre 1542 leur a fait main-levée d'une ſaiſie qui avoit été faite de leurs fiefs. Il eſt intervenu enſuite d'autres lettres-patentes en leur faveur au mois de mars 1669 : il y a eu encore pour eux des arrêts du conſeil dès 12 ſeptembre 1674, & 12 avril 1689.

Les autres villes anciennes, qui jouiſſent de la même exemption ſont Pontoiſe, la Rochelle, Troyes, Sens, Châteaulandon, Villeneuve-le-Roi, Bourges, &c.

(*) On met au nombre des officiers du parlement les notaires-ſecrétaires qui y font le ſervice; les greffiers civils & criminels & celui des préſentations. On a même étendu l'exemption aux huiſſiers ſervans, à leurs veuves & à leurs enfans en minorité.

Par une ordonnance du 19 mars 1540, François Premier déclare exempts indiſtinctement les officiers des cours de parlement, du grand'conſeil, des chambres des comptes, des cours des aides.

Une déclaration de Louis XIII du 18 août 1628 exempte auſſi les tréſoriers généraux des finances.

Henri II par une ordonnance du 22 mars 1557 comprend dans l'exemption les officiers du conſeil privé réſidans auprès de ſa perſonne, les maîtres des requêtes de l'hôtel, les ſecrétaires de la maiſon & couronne de France.

Le prévôt de Bar-ſur-Seine en qualité de conſeiller d'honneur au bailliage de cette ville, fut par arrêt du 3 août 1691, jugé exempt de la taxe du Ban pour les fiefs qu'il poſſédoit du chef de ſa femme.

8°. On met encore au nombre des exempts ceux qui possèdent des terres en franc-alèu, attendu que le Ban ne peut concerner que les possesseurs des fiefs donnés dans l'origine à la charge du service : c'est ainsi que le pense Bacquet dans son livre *des francs-fiefs & nouveaux acquets.*

Il y a eu une déclaration de Louis XIII en 1641 qui dispensoit les roturiers possédant des fiefs, du Ban & de l'arrière-Ban en payant une certaine finance.

Un arrêt du conseil du 25 juin 1644 portoit aussi que les roturiers habitans de la province de Normandie possédant fiefs & même les annoblis depuis 30 ans, seroient taxés pour être déchargés à l'avenir du Ban & de l'arrière-Ban, mais une déclaration de 1674 semble avoir révoqué toutes sortes de dispenses en remettant les choses sur l'ancien pied.

Nous venons de voir quelles sont les personnes sujettes au Ban & arrière-Ban & quelles sont celles qui en sont exemptes ; il nous reste à dire deux mots de la manière de convoquer le Ban & de la discipline qu'on doit y observer.

L'assemblée des militaires se faisoit anciennement sous des seigneurs de la plus haute distinction que le roi envoyoit dans les provinces : ils

Le prévôt de la maréchaussée du Perche fut aussi déchargé du Ban en 1643, par les commissaires députés par le roi pour l'exécution de la déclaration de sa majesté du mois de novembre 1641 concernant le Ban & arrière-Ban. Au surplus les exemptions s'étendent ou se restreignent suivant qu'il plaît au roi lors de chaque convocation.

font nommés *légati régales* dans les capitulaires
de Charles le Chauve. Elle s'eft faite enfuite par
les feigneurs Bannerets : chacun d'eux raffem-
bloit fes vaffaux fous fa bannière & les conduifoit à l'armée.

Du temps de Charles .VI, on trouva qu'il
étoit dangereux de laiffer aux feigneurs le droit
d'affembler leurs vaffaux à leur commandement.
On publia l'an 1413 une ordonnance qui défendit fous peine de confifcation de corps & de
biens, à toute perfonne de quelque qualité
qu'elle fût, de fe mettre fous les armes, à
moins que ce ne fût de l'ordre du roi ou du con-
nétable.

Cet ordre fe donnoit encore quelquefois à de
grands feigneurs, mais plus fouvent aux baillis
& fénéchaux qui étoient des officiers militaires
attachés à la perfonne du prince. Dans les derniers temps la convocation du Ban a été définitivement attribuée à ces officiers, & ils en font
encore aujourd'hui en poffeffion. Voici en fubftance ce que portent les règlemens qui eurent
lieu lors des dernières convocations (*).

1°. Les lettres patentes pour la convocation
du Ban & arrière-Ban doivent être adreffées aux
fièges principaux des bailliages & fénéchauffées.
Il eft défendu aux fièges inférieurs de faire aucune convocation s'ils n'en ont des ordres ; &
s'ils font employés à cet effet, ils doivent après
la première montre ou comparution, envoyer

_____

(*) Nous conferverons quelques termes de ces règlemens, quoiqu'il y ait eu depuis bien des changemens dans
la difcipline militaire.

par le greffier au siège principal les rôles qui auront été dressés ; le greffier a pour son voyage soixante sous par jour : il est défendu aux officiers de robe longue de rien prétendre pour vacations ; mais s'ils font obligés de se transporter hors de leur domicile, ils font taxés comme lorsqu'ils vont en commission pour affaires de sa majesté, & cette taxe se prend sur les deniers provenant de la contribution de ceux qui ne font pas en état de servir ou des revenus des fiefs sur lesquels on a établi la saisie féodale.

2°. Les baillis & les sénéchaux doivent publier dans l'étendue de leur reffort les lettres qui leur ont été adressées, avec commandement aux nobles & aux possesseurs des fiefs de se trouver en équipage requis au jour prescrit dans le principal endroit de chaque bailliage & sénéchaussée, à peine de confiscation de leurs fiefs & d'être privés à jamais du droit de porter les armes, à moins qu'ils n'aient une excuse légitime, auquel cas ils doivent envoyer un homme pour les représenter & leur faire entendre ce qui aura été ordonné, afin qu'il y soit par eux pourvu. S'ils se font mis dans le cas de la confiscation, le roi veut qu'en attendant qu'elle soit déclarée acquise, les fiefs soient saisis, que les receveurs royaux les plus proches des lieux soient établis commissaires, & qu'aucun juge, à peine de privation de sa charge, ne puisse donner mainlevée de la saisie si ce n'est en vertu de lettres patentes de sa majesté.

3°. La première montre du Ban & arrière-Ban doit se faire au siège principal de chaque bailliage & sénéchaussée par deux gentils-hom-

mes des plus experts au métier d'armes : ces
deux gentils-hommes doivent être choisis par
le bailli ou sénéchal entre trois que peuvent lui
préſenter les gentils-hommes de chaque bailliage
& ſénéchauſſée.

4°. Les revues générales doivent ſe faire par
les intendans dans chaque généralité en préſence
des baillis & ſénéchaux ou de leurs lieutenans
qui auront fait les premières revues. Pour cet
effet ceux-ci doivent ſe trouver au lieu de l'aſſemblée avec les extraits des premières montres
& les rôles de ceux qui auront été nommés pour
marcher en perſonne ou qui auront fourni des
gens à leur place.

5°. Les officiers de robe longue qui ont coutume d'aſſiſter aux montres, ſont tenus de ſe
trouver aux premières, à peine de privation de
leurs charges. Ils doivent faire dreſſer un rôle
par leurs greffiers contenant au juſte le nombre
des hommes qui ſe ſont trouvés à la montre ,
ſoit de ceux qui ſervent en perſonne , ſoit de
ceux qui remplacent les inhabiles , les exempts
& les défaillans : on doit faire mention du lieu
de leur demeure, du nom des fiefs pour leſquels
ils doivent le ſervice , détailler le nombre des
fiefs ſaiſis , les ſommes reçues des roturiers &
autres ayant des rentes inféodées , & faire ſigner
cet état des baillis ; ſénéchaux , capitaines ;
commiſſaires , controleurs & des avocats &
procureurs du roi qui y ont aſſiſté. Il doit enſuite
être fait un extrait exact de cet état pour l'envoyer à ſa majeſté.

6°. Les gentils-hommes & les poſſeſſeurs de
fiefs qui ne peuvent ſervir en perſonne , doivent

envoyer à leur place des gens en état de porter les armes, les équiper & les foudoyer. Le roi défend aux commiffaires & contrôleurs, lors des revues, de recevoir ceux qui ne feront pas fuffifamment équipés ou qui ne feront pas en état de faire le fervice : les baillis ou fénéchaux doivent en ce cas en prendre d'autres dans l'étendue de leur reffort pour les mettre à la place de ceux qui n'auront point été admis.

7°. Les gentils-hommes qui ont des fiefs dans différens bailliages doivent fervir avec les gentils-hommes du reffort de celui où ils font leur principale demeure, eu égard à la valeur de leurs fiefs ; & s'ils ne fervent point perfonnellement, ils doivent contribuer dans tous les bailliages où ils ont des fiefs.

Quant aux roturiers, quoiqu'ils fervent en perfonne, ils ne font pas moins obligés de contribuer pour tous les fiefs qu'ils ont dans chaque bailliage.

8°. Le roi veut que ceux qui aux premières montres répondront par fuppofition de perfonnes en prenant le droit d'autrui, foient pendus & étranglés, & que ceux qui les auront fubftitués à leur place foient dégradés des armes avec confifcation de biens.

9°. Le fervice du Ban & de l'arrière-Ban doit être fous une feule forme qui eft celle de chevauléger. L'ordonnance veut que ceux qui auront en fief neuf cens ou mille livres de revenu annuel, faffent un chevau-léger avec un équipage requis, ou qu'on réuniffe les fiefs de différens bailliages de manière qu'il y ait dequoi former l'équipage & la folde d'un chevau-léger.

10°. C'est aux gouverneurs des provinces, ou en leur absence aux lieutenans généraux, à prescrire à toutes les compagnies la route qu'elles doivent tenir dans les lieux de leur département. On doit les faire passer par les meilleurs endroits ; les maires, consuls, jurats, échevins,&c. sont tenus de les recevoir & de les faire loger, gratuitement suivant que les logemens seront marqués par les maréchaux-des-logis des compagnies avec les officiers de ville, ainsi qu'il se pratique pour les gens de guerre. Les vivres doivent leur être fournis au prix qu'ils ont valu les trois derniers marchés précédens. Il leur est défendu de rien exiger de leurs hôtes au-delà du logement & du lit, & si ces troupes commettent quelque désordre, excès ou violence, elle doivent être punies suivant la rigueur des ordonnances portées contre les gens de guerre.

11°. Les capitaines doivent toujours marcher avec les compagnies, & il leur est enjoint de mettre entre les mains de la justice ceux qui ont commis du désordre à peine d'en répondre en leur propre nom. Il est enjoint par les anciennes ordonnances à tous ceux qui forment le Ban, d'obéir à leurs chefs, avec défenses d'abandonner leurs enseignes sous peine de confiscation de corps & de biens (*).

_____

(*) A l'égard du rang que doivent avoir les compagnies entr'elles, il est dit par une ordonnance du 12 septembre 1674 qu'elles l'auront du jour de leur arrivée au *rendez-vous* donné. Quant aux compagnies formées dans chaque gouvernement, elles doivent l'avoir du jour de la création du bailliage ou de la sénéchaussée dont elles sont ; & si cette vérification ne peut se faire sur le champ, il est porté que le sort décidera du rang.

12°. Les capitaines ne peuvent donner aucun congé. Celui qui se voit obligé d'abandonner le service pour cause de maladie, doit obtenir un congé du général de l'armée sous les ordres duquel il se trouve. Ce congé doit être certifié de l'intendant, signé du commissaire & du contrôleur qui auront fait les revues de la compagnie, & ceux-ci doivent faire mention sur le congé du temps que le malade aura servi & de l'équipage avec lequel il se sera présenté à l'armée.

13°. Chaque compagnie doit être composée de cent maîtres. S'il ne peut s'en former qu'une dans chaque bailliage, c'est au bailli à la conduire en qualité de capitaine. S'il peut s'en former deux ou plusieurs autres, le bailli a la faculté de commander celle qu'il lui plaît ; les autres doivent être conduites par un capitaine du choix des gentilshommes de la compagnie. S'il y avoit des bailliages qui ne pussent fournir une compagnie, on réuniroit plusieurs ressorts pour la former, & cette compagnie seroit commandée par celui des baillis ou sénéchaux qui seroit commis par les gouverneurs, ou par le roi à leur défaut.

14°. Si les baillis ou sénéchaux n'étoient pas de qualité requise pour commander des gentilshommes, il seroit choisi par le gouverneur de la province entre les gentilshommes des bailliages un capitaine qui recevroit les gages & les appointemens que le bailli ou le sénéchal auroit dû toucher.

15°. Dans chaque compagnie il doit y avoir outre le capitaine, un cornette & un maréchal des logis avec un commissaire à la conduite, & un contrôleur. Le cornette & le maréchal-des-logis font au choix des gentilshommes de chaque bailliage ; les commiffaires doivent être nommés par les maréchaux de France ; & les contrôleurs par les contrôleurs généraux de la cavalerie légère. On donne à ces officiers des appointemens qui fe prenent fur les deniers de la contribution de ceux qui ne font pas en état de fervir, ou fur les deniers qui proviennent de la faifie des fiefs (*).

16°. Les deniers provenant de la contribution des roturiers, de ceux qui ne font pas en état de porter les armes & de la faifie des fiefs, doivent être perçus dans chaque bailliage par un gentilhomme à choifir parmi les gens de condition, & ce gentilhomme doit fervir de receveur à tous les bailliages réunis pour former une compagnie ; il peut cependant avoir un commis pour le maniment, à la charge par lui d'en demeurer refponfable.

17°. Si les gentilshommes refufoient de nommer un receveur, le bailli en nommeroit un en lui faifant donner une bonne caution : le receveur nommé eft tenu de fe trouver à la fuite des compagnies le jour de l'échéance du payement des montres, à peine de punition corporelle.

18°. Le compte des receveurs doit fe rendre par-devant les baillis ou fénéchaux après y avoir appelé l'avocat & le procureur du roi. Les gouverneurs des provinces peuvent nommer des commis pour affifter à cette reddition de compte,

---

(*) Il y avoit anciennement un capitaine général de l'arrière-Ban, mais cette charge fut fupprimée par Henri III à la tenue des états de Blois.

& l'on doit y rapporter les rôles des montres dont il a été parlé ci-deffus. Ceux qui ont contribué aux deniers de recette peuvent y faire trouver qui bon leur femble, parce que l'intention du roi eft que s'il refte quelques deniers, ces mêmes deniers foient rendus aux contribuables au fou la livre de la contribution. A l'égard du falaire des comptables, c'eft au bailli ou à celui qui eft commis pour l'audition du compte à taxer ce falaire, & cette taxe doit fe faire à raifon de douze deniers pour livre de fon maniment, tant pour gages, recouvremens, port & voiture de deniers, que pour la reddition du compte & pour tous autres frais.

19°. Les juges préfidiaux feuls & non d'autres doivent connoître des procès & différens qui peuvent furvenir à l'occafion du Ban & de l'arrière-Ban. Cette attribution leur a été renouvelée par un arrêt du confeil du 9 octobre 1692 revêtu de lettres patentes, avec défenfes expreffes à tous autres juges, même aux cours de parlement d'en connoître. Le roi veut que les jugemens préfidiaux qui feront rendus à ce fujet foient exécutés nonobftant tous empêchemens quelconques; fauf aux parties en cas de léfion, eft-il dit, ou d'erreur à fe retirer par-devant fa majefté pour être par elle ordonné ce qu'elle verra jufte & raifonnable. Sur quoi il eft bon de remarquer qu'il eft défendu aux juges de rien prendre à cet égard, foit à titre de vacations ou d'émolumens (*).

_____

(*) Les greffiers font néanmoins autorifés par les anciennes ordonnances à prendre pour les actes & les expé-

20°. Il doit être furfis pendant le fervice du Ban à toutes les pourfuites qui pourroient être faites (en matière civile) contre les gentilshommes portant les armes. Il eft défendu aux juges de faire contr'eux aucune inftruction pendant ce temps-là, ni de rendre aucun jugement ; à la charge néanmoins par ces gentilshommes de rapporter des certificats fignés des baillis, fénéchaux, commiffaires & contrôleurs dans la forme prefcrite pour les montres du Ban & de l'arrière-Ban, par lefquels il foit attefté qu'ils font actuellement au fervice.

Voilà ce que nous avons trouvé de plus effentiel à recueillir des dernières ordonnances rendues pour le Ban & l'arrière-Ban. Il y a près d'un fiècle qu'il n'a point été queftion de l'exercice de ce droit. Les deux dernières convocations que l'on connoiffe font celles qui eurent lieu en 1674 & en 1689. Louis XIV adreffa fes lettres aux fénéchaux & gouverneurs des provinces : par ces lettres il ordonna à tous les nobles, barons, chevaliers, écuyers & autres non-nobles, vaffaux & communautés, de fe trouver en armes au jour & au lieu qui leur feroient défignés par le gouverneur & lieutenant général de fa majefté en leur province, à l'effet d'aller joindre le corps des troupes fous la conduite du chef qui feroit choifi parmi l'un d'entr'eux pour les commander en la manière accoutumée.

---

ditions qu'ils feront pour le Ban & l'arrière-Ban, les mêmes falaires que ceux qu'ils ont accoutumé de prendre pour les autres expéditions de juftice.

L'adreffe

L'adreffe de ces lettres aux baillis ou fénéchaux étoit conforme comme nous l'avons vû, à ce qui s'étoit pratiqué dans les derniers temps depuis que les feigneurs Bannerets n'avoient plus eu le droit de raffembler leurs vaffaux. L'édit de Crémieu femble même avoir décidément attribué aux baillis & aux fénéchaux la prérogative de convoquer le Ban : fur quoi il eft bon de remarquer que ceci doit s'entendre des grands fénéchaux & des grands Baillis d'épée du royaume & non de ces baillis ou fénéchaux fubalternes qui portent encore aujourd'hui ce titre dans les provinces. On ne doit même pas l'entendre de ceux des duchés-pairies : Brodeau rapporte fur l'article 40 de la coutume de Paris, que la chofe a été ainfi jugée pour le fiège du Mans contre celui de la pairie de Vendôme. Les grands baillis peuvent cependant comme on a pu s'en appercevoir adreffer les ordres qu'ils ont reçus aux autres baillis ou fénéchaux fubalternes de leur canton pour les notifier aux feigneurs des environs.

Par l'édit de décembre 1695 portant création de grands baillis d'épée dans la province de Bretagne, il eft dit au fujet du Ban & de l'arière-Ban, qu'ils convoqueront la nobleffe exclufivement à tous autres chacun dans l'étendue de fon reffort, conformément aux ordres qu'ils en recevront du roi : il leur eft néanmoins permis d'envoyer ces ordres aux fénéchaux de leur diftrict pour faire la convocation aux termes des règlemens de 1635 & de 1639 dont nous avons analyfé les principales difpofitions, mais ces fénéchaux fubalternes font tenus de faire paffer aux grands baillis les procès verbaux qu'ils auront dreſſés de la convocation & de la comparution de la nobleſſe.

Dans le temps des guerres civiles où les ſeigneurs prenoient les armes les uns contre les autres, chaque ſeigneur avoit droit de convoquer ſes vaſſaux pour venir à ſon ſecours. C'eſt ce qui ſe reconnoît encore par les différentes formules de preſtation de foi & hommage que quelques coutumes nous ont conſervées. Le vaſſal jure & promet de *ſervir* ſon ſeigneur envers & contre tous, excepté contre le roi ; mais depuis qu'il eſt défendu aux ſeigneurs de s'attaquer entr'eux, il n'eſt plus queſtion de cette eſpèce de Ban. Il eſt pourtant toujours vrai de dire qu'un ſeigneur qui ſe verroit menacé d'une incurſion de brigands ſeroit encore fondé à exercer ce droit, & les vaſſaux qui refuſeroient de le ſecourir encourroient la perte de leur fief.

Le ſouverain aujourd'hui eſt donc le ſeul à proprement parler qui puiſſe exercer le droit de Ban & d'arrière-Ban. Il y a long-temps comme on le fait qu'il n'en a pas fait uſage, ſur-tout depuis qu'il tient habituellement ſur pied des troupes règlées. L'expérience a fait connoître que la reſſource du Ban eſt auſſi lente que diſpendieuſe (*). Cependant le droit de le convoquer n'en ſubſiſte pas moins, & même c'eſt un des plus anciens & des mieux établis de la couronne.

Anciennement on appeloit encore Ban la convocation qui ſe faiſoit de tous les habitans d'une

---

(*) Lors du Ban de 1674, M. de Turenne ne fut point content d'une milice qui ne ſe conduiſoit pas avec le même ordre & la même obéiſſance que les troupes diſciplinées.

paroiſſe au ſon des cloches pour ſe mettre en garde aux approches de l'ennemi : c'étoit ce qu'on appelle aujourd'hui ſonner le tocſin. *Voyez la déclaration du 8 février 1413 ; l'édit de Fran- çois I du mois de janvier 1543 ; les ordonnances de mai 1545 ; de février 1547 ; de ſeptembre 1551 ; & de février 1553 ; celles de 1554 & de 1557 ; celles du 30 juillet 1635 & du 17 janvier 1639 ; une déclaration du mois de novembre 1641 ; les mé- moires du clergé ; la bibliothèque du droit Fran- çois ; l'indice de Ragueau ; le gloſſaire de Ducange ; le dictionaire étimologique de ménage ; la bibliothèque hiſtorique de la France par le père le Long ; les trai- tés du Ban & de l'arrière-Ban par de la Lande & de la Roque ; la collection de juriſprudence ; le code militaire, &c.* Voyez auſſi les articles TROUPES RÈGLÉES, BAILLI, CONSEIL DE GUERRE, FIEF, SAISIE FÉODALE, FOI ET HOMMAGE, &c. *(Article de M. DAREAU avocat au parlement, de la ſociété littéraire de Clermont-Ferrand.)*

Fin du Tome quatrième

FAUTES A CORRIGER.
TOME II.

Page 160, ligne 23, la compagnie, conſulte ou fournit ; liſez ſa compagnie, conſulté ou fourni.

TOME III.

Page 144, ligne 25, collecteurs ; liſez collateurs.
Page 200, ligne 24, forrinacius ; Julius Clarus ; liſez farinacius, praxis & theoria criminalis ; Julius Clarus, practica criminalis ;
Page 241, ligne 22, à l'aſſemblée des chambres, liſez d'aſſembler les chambres.
Page 314, ligne 32, ceux de la nation ; liſez les armateurs de leur nation.

A V · I S.

POUR fe prêter aux vues de plufieurs perfonnes, & pour faciliter l'acquifition d'un Ouvrage que le Public paroît avoir jugé utile, on s'eft déterminé à prolonger la durée de la foufcription du *Répertoire univerfel & raifonné de jurifprudence*, jufqu'après la publication du fixième Volume, aux mêmes conditions que celles qui font inférées dans le *Profpectus* de cet Ouvrage & à la tête du premier Volume. La principale eft que chaque Soufcripteur aura un mois pour examiner l'Exemplaire qu'il aura acheté, & fi l'Ouvrage ne lui convient pas, il pourra le rapporter au Libraire qui lui rendra fon argent. On indiquera à la fin du fixième Volume le jour auquel la foufcription fera fermée.